MÜNSTERISCHE BEITRÄGE ZUR RECHTS- UND STAATSWISSENSCHAFT

HERAUSGEGEBEN VON DER
RECHTS- UND STAATSWISSENSCHAFTLICHEN FAKULTÄT DER
WESTFÄLISCHEN WILHELMS-UNIVERSITÄT IN MÜNSTER

14

1972

WALTER DE GRUYTER · BERLIN · NEW YORK

SACHTEIL UND SACHZUBEHÖR
IM RÖMISCHEN
UND IM GEMEINEN RECHT

von

ERNST HOLTHÖFER

1972

WALTER DE GRUYTER · BERLIN · NEW YORK

D 6

ISBN 3 11 00 21 67 0

PARENTIBUS MEIS
IN MEMORIAM

Vorwort

Eine erste Fassung dieser Schrift wurde im Winter-Semester 1965/66 von der Rechts- und Staatswissenschaftlichen Fakultät der Westfälischen Wilhelms-Universität in Münster als Dissertation angenommen. Vorliegende, überarbeitete Fassung wurde im November 1969 abgeschlossen und in den Druck gegeben, letzte Ergänzungen wurden bis zum 1. 12. 1971 angebracht. Die im Herbst 1971 erschienene Neuauflage des ersten Halbbandes des „Römischen Privatrechts" vom *Kaser* und der dort (S. 430 Anm. 43) für SZ 88 (1971) noch ohne Seitenzahlangabe angekündigte Aufsatz von *Meincke* über *„superficies solo cedit"* konnten nicht mehr berücksichtigt werden.

Für die verständnisvolle Betreuung der Arbeit möchte ich meinen verehrten Doktorvater, Herrn Prof. D. Nörr (jetzt Universität München) danken. Mein Dank gilt außerdem dem Zweitberichterstatter, Herrn Prof. H. Kiefner, ferner dem Rektor und dem Senat der Universität Münster für die Verleihung eines Preises, der Rechts- und Staatswissenschaftlichen Fakultät für die Aufnahme der Dissertation in ihre Schriftenreihe sowie den Herren Prof. R. Gmür und noch einmal Herrn Prof. Nörr für ihre Bemühungen um Drucklegung und Finanzierung. Er gilt nicht zuletzt dem Lande Nordrhein-Westfalen und der Max-Planck-Gesellschaft, die durch Druckkostenzuschüsse den Druck der Arbeit ermöglicht haben.

Frankfurt am Main, im Dezember 1971

Ernst Holthöfer

Inhaltsverzeichnis und Gliederung

Abkürzungsverzeichnis und Zitiererläuterung

Zur Bezeichnung der antiken Quellen und der rechtshistorischen Sekundärliteratur (Zeitschriften, Sammelwerke, Lexika und dergl.) werden die in der heutigen Romanistik üblichen Abkürzungen verwendet. Insoweit wird auf das Abkürzungsverzeichnis bei *Kaser*, Römisches Zivilprozeßrecht (München 1966), verwiesen, von welchem nur in den folgenden Fällen abgewichen wird:

BIDR	Bulletino dell'Istituto di diritto romano *(Kaser:* Bull.).
DogmJb	Jherings Jahrbücher für die Dogmatik des heutigen römischen und deutschen Privatrechts *(Kaser:* JherJb
ED	*Adolf Berger*, Encyclopedic Dictionary of Roman Law, Philadelphia 1953 (*Kaser:* Berger).
Enc.Dir.	Enciclopedia del diritto *(Kaser:* ED).
NDI	Novissimo digesto italiano *(Kaser:* NNDI).
RISG	Rivista italiana per le scienze giuridiche *(Kaser:* Riv.it.).

Für einige (jedenfalls in Deutschland) heute weniger bekannte Zeitschriften, Entscheidungssammlungen oder Sammelwerke des 19. Jh. werden die folgenden Abkürzungen verwendet:

GU	Sammlung von civilrechtlichen Entscheidungen des (österreichischen) k. k. Obersten Gerichtshofes, herausgegeben von *Julius Glaser*, *Josef Unger* und *Josef v. Walther*. Wien (seit 1853).
GU N.F.	Sammlung von civilrechtlichen Entscheidungen des k. k. Obersten Gerichtshofes, begründet von *J. Glaser*, *J. Unger* und *J. v. Walther*, Neue Folge. Wien (seit 1898).
HansGZ	Hanseatische Gerichtszeitung. Hamburg (seit 1880).
ÖGZ	Allgemeine Österreichische Gerichtszeitung. Wien (seit 1850).
OTE	Entscheidungen des königlichen (preußischen) Obertribunals. Berlin (seit 1837).
Weiske	Rechtslexikon für Juristen aller teutschen Staaten, herausgegeben von *Julius Weiske*. Band 1—15. Leipzig 1839—1861.
ZRpflVw	Zeitschrift für Rechtspflege und Verwaltung (im Königreich Sachsen), Neue Folge. Leipzig (seit 1841).

In den Literaturnachweisen der Fußnoten, des Literaturverzeichnisses und des Quellenregisters bedeuten römische Zahlen ohne besonderen Zusatz die Bandzahl eines mehrbändigen Werkes, arabische in unmittelbarem Anschluß an einen Zeitschriften- oder Reihentitel die Bandzahl der Zeitschrift oder Reihe, in Klammern dahinter die Jahreszahl (bei Entscheidungssammlungen das Aktenzeichen), hinter einem Komma oder in unmittelbarem Anschluß an den Namen des Autors die Seitenzahl. Hiervon abweichend bedeutet bei Seufferts Archiv die auf die Bandzahl folgende, durch Komma von ihr getrennte Zahl die laufende Nummer der Entscheidung und erst die in [eckigen] Klammern nachgesetzte die Seitenzahl des Bandes.

Vorbemerkung

zu Gegenstand, Methode und Ergebnis der Untersuchung

Die Arbeit untersucht die dogmengeschichtlichen Grundlagen des Bestandteils- und Zubehörbegriffs des geltenden deutschen Rechts. Sie findet sie im gemeinrechtlichen Pertinenzbegriff in der Ausprägung, den dieser seit dem Ende des 18. Jahrhunderts durch die Naturrechtskodifikationen und durch die Jurisprudenz des 19. Jahrhunderts erfahren hat.

Obwohl Thema und Zielsetzung der Untersuchung danach primär historisch sind und ihr zeitlicher Schwerpunkt das 19. Jahrhundert ist, verbindet der Verfasser mit ihr zugleich ein methodisches und dogmatisches Anliegen, das schon im ersten, römischrechtlichen Teil sichtbar wird, der hierdurch zum Schlüssel für das Verständnis der folgenden Ausführungen wird. Sein methodischer Versuch besteht in dem Wagnis, die empirische Bestandsaufnahme eines konkret gegebenen Rechts — hier des klassisch römischen — mit einer Interpretation zu verbinden, die den historischen Befund in ein apriorisches dogmatisches Strukturschema übersetzt und als Verwirklichung eines von mehreren möglichen Modellen begreiflich macht. Er glaubt, dadurch zugleich einen Beitrag zur heutigen Dogmatik vom Rechtsobjekt geleistet zu haben, als einer Dogmatik, deren Kategoriengewinn einem historischen Erkenntnisprozeß zu verdanken ist, der sich am gelehrten Umgang mit jenem selben geschichtlichen Recht — dem römischen — vollzogen hat.

Die dargestellte dogmengeschichtliche Entwicklung scheint dem Verfasser für den historischen Aspekt insofern von allgemeinerem Interesse zu sein, als in ihr am Beispiel eines einzelnen Rechtsbegriffs die Mühen des Weges sichtbar werden, den die dem Text des Corpus iuris verpflichtete, der Unbefangenheit des Usus modernus entwachsene Pandektistik hat gehen müssen, um das überlieferte vorindustrielle Recht den neuen Erfordernissen der hochkapitalistischen Industriewirtschaft anzupassen: d. h. in unserem Falle, dem Sicherungsbedürfnis des Betriebskredits ein praktikables, tragfähiges Haftungsobjekt anzubieten. Innerhalb des sehr breiten Spektrums von Reaktionsweisen der Pandektenwissenschaft auf die industrielle Revolution ist die

Geschichte des Pertinenbegriffs daher einer der Fälle, in denen „die Quellen und die Auslegung, die ihnen der logische Formalismus gegeben hatte, in entschiedenem Widerspruch zu den Zeitbedürfnissen stehen", und in denen „die Anpassung an die Wirklichkeit erst spät und mühsam, meist erst bei der Redaktion des BGB, endgültig sich durchsetzt", wie *Wieacker* in seinem Aufsatz über „Pandektenwissenschaft und industrielle Revolution" (Juristen-Jahrbuch, Band 9 [Köln 1969], 1 ff. [13]) es jüngst formuliert hat.

Quellenregister

Die kursiv gesetzten Zahlen bezeichnen die Fußnoten, in denen die jeweilige Quellenstelle herangezogen worden ist. Wenn nichts anderes vermerkt, sind im antiken Quellenregister die Fußnoten des ersten Teils dieses Buches (A), im neueren die des zweiten Teils (B) gemeint. Steht die kursiv gedruckte Zahl in Klammern, so ist die Quellenstelle vor allem in dem Textabschnitt behandelt (oder nur dort zitiert), an den die eingeklammerte Fußnotenzahl anknüpft.

ANTIKE QUELLEN

LITERARISCHE UND VORJUSTINIANISCHE JURISTISCHE QUELLEN

CORPUS IURIS CIVILIS

INSTITUTIONES (I.)

DIGESTA (D.)

NEUERE QUELLEN

GESETZGEBUNG

GERICHTSENTSCHEIDUNGEN

OBERAPPELLATIONSGERICHTE (OAG)

Cassel			
1853		zitiert bei *Zaun*, AcP 43 (1860), 306	*152*
1860		SeuffArch 18,8 (15)	*35*
Darmstadt			
6. 5. 1850		SeuffArch 12, 301 (404)	*302*
Dresden			
1837 (?)		ZRpflVw 4, 166 ff.	*43*
1852		ZRpflVw 11, 288	*49, 305*
1855		ZRpflVw 15, 181	*47, 48*
1. 11. 1856		ZRpflVw 16, 262	*35, 47, 48*
18. 5. 1866		ZRpflVw 29, 244	*49*
München			
29. 4. 1871	(770/70)	SeuffArch 29, 5 (7) = SeuffBl 37, 335 ff.	*35, 50, 67, 69, 303, 390*
2. 5. 1871	(2/71)	SeuffArch 29, 6 (8) = SeuffBl 37, 361 ff.	*35, 43, 48, 51 56, 303, 390*
13. 6. 1879	(5004)	SeuffBl 44, 249	*304, 390*
Oldenburg			
1879		SeuffArch 37, 286 (389)	*43, 48, 55, 56*
Rostock			
18. 5. 1844		SeuffArch 7, 286 (335)	*46, 50, 52*
11. 7. 1856		SeuffArch 17, 207 (327)	*34, 35, 146, 303, 390*
22. 9. 1862		Buchka-Budde 5, 58 ff.	*43*
Wolfenbüttel			
3. 4. 1849		SeuffArch 22, 158 (241)	*43, 57*

OBERLANDESGERICHTE (OLG)

Braunschweig			
26. 2. 1881		SeuffArch 36, 256 (388)	*43, 50*
4. 3. 1881		SeuffArch 36, 256 (389)	*26, 35, 43, 47, 48, 50*
Celle			
28. 9. 1894	(I U 117/94)	SeuffArch 50, 157 (264)	*35, 390*
Darmstadt			
11. 5. 1880		SeuffArch 37, 89 (136)	*43, 47, 48*

Hamburg

7. 11. 1881		HansGerZ 1881, Beibl., 85	*304*
24. 2. 1883		HansGerZ 1883, Civ.Abt.Beibl., 156,	*151*
17. 1. 1884		SeuffArch 40, 24 (37)	*151, 155, 390*
22. 6. 1889		HansGerZ 1889, Civ.Abt.Beibl., 131	*151*
17. 1. 1891		HansGerZ 1891, Civ.Abt.Beibl., 117	*35*
15. 5. 1893		HansGerZ 1893, Civ.Abt.Beibl., 145	*151*

Kiel

16. 1. 1885	(II U 212/84)	SeuffArch 40, 178 (265)	*55, 56*

Rostock

20. 4. 1887		SeuffArch 44, 164 (264)	*35, 49, 67, 390*

BAYRISCHES OBERSTES LANDESGERICHT (BayObLG)

7. 10. 1879	(II 13/79)	BayOblGZ 8, 4	*70, 157*
29. 11. 1880	(I 11/80)	BayObLGZ 8, 632 = SeuffBl 46, 134	*35, 36, 49, 70, 157, 391*
24. 10. 1889	(I 71/89)	BayObLGZ 12, 422 = SeuffArch 45, 73 (130)	*49, 50, 54, 55, 70, 157*
4. 2. 1898	(I 160/98)	BayObLGZ 17, 20 = SeuffBl 63, 194	*35, 70, 157*

ÖSTERREICHISCHER OBERSTER GERICHTSHOF (OGH Wien)

ohne Daten		ÖGZ 1852, 70	*13*
22. 6. 1859	(Z. 6955)	ÖGZ 1859, 478 = GU 2 Nr. 817	*13*
21. 8. 1860	(Z. 9419)	ÖGZ 1861, 273	*13*
12. 6. 1861	(Z. 3599)	ÖGZ 1861, 431	*13*
20. 1. 1904	(Z. 18931)	GU N.F. 7, Nr. 2578	*71*
7. 4. 1904	(Z. 4502)	GU N.F. 7, Nr. 2656	*71*
30. 11. 1909	(Rv I 935/9)	GU N.F. 12, Nr. 4806	*71*

PREUSSISCHES OBERTRIBUNAL (OT Berlin)

22. 11. 1847		OTE 15, 23	*301*
14. 11. 1864		Striethorst 55, 287	*35*
12. 5. 1873	$\left(\frac{569\ I}{3066}\ 72\right)$	zitiert bei RGZ 2, 254	*36*

REICHSGERICHT (RG)

24. 6. 1880	(IV 505/80)	RGZ 2, 251	*36, 39, 176, 304, 390, 391*
24. 4. 1883	(III 476/82)	RGZ 9, 169	*35, 68, 155, 386 390*

23. 5. 1883 (oder 1884)	(I 205/83)	RGZ 12, 157 = SeuffArch 39, 9 (11)	*151, 155*
29. 11. 1884	(V 112/84)	Bolze 1, 110	*35, 62*
26. 10. 1885	(IV 179/85)	Gruchot 30, 846	*35, 36, 39, 71, 176, 391, 393*
24. 3. 1887	(IV 346/86)	JW 1887, 211 Nr. 23	*36, 39, 176, 391*
2. 12. 1887	(III 114/87)	RGZ 20, 204	*54, 55, 66, 92*
22. 10. 1890	(V 134/90)	RGZ 26, 343	*36, 39, 176, 391*
11. 7. 1891	(VI 100/91)	RGZ 28, 146	*66, 67*
4./15. 12. 1891	(III 184/91)	SeuffArch 47, 181 (264)	*54, 55*
29. 11. 1892	(III 192/92)	SeuffArch 48, 170 (265)	*35, 156, 390*
3. 5. 1893	(V 27/93)	Gruchot 37, 961	*39, 176, 391, 393*
7. 2. 1894	(V 273/93)	Gruchot 38, 932	*35, 36, 37, 39, 176, 391, 393*
7. 12. 1895	(V 175/95)	RGZ 36, 261	*36, 39, 176, 391, 393*
21. 12. 1895	(V 198/95)	Gruchot 40, 891	*35, 37, 39, 176, 391, 393*
19. 5. 1896	(III 33/96)	SeuffArch 52, 2 (2)	*35, 49*
27. 2. 1897	(V 291/96)	JW 1897, 214 Nr. 38	*36*
18. 3. 1897	(VI 406/96)	SeuffArch 53, 3 (3)	*35, 36, 304, 390*
20. 8. 1898	(V 67/98)	JW 1898, 371 Nr. 74	*35*
10. 1. 1899	(III 263/98)	JW 1899, 108 Nr. 55	*390*
8. 5. 1899	(VI 72/99)	JW 1899, 400	*35*
28. 5. 1899	(VI 94/99)	JW 1899, 449 Nr. 49	*36*

LITERATURQUELLEN

Gesamtdarstellungen

MITTELALTERLICHE QUELLEN

Glosse:

Gl. ***uno spiritu*** D. 41. 3. 30pr. ***A 41***

Gl. ***desiit dominus*** D. 41. 1. 7. 10 ***135; A 152, 169, 171***

HUMANISMUS, USUS MODERNUS, NATURRECHT

Alciatus, Andreas (1492—1550) (***214***)

Commentarius in tit. Dig. ***de verborum obligationibus, l. qui usumfructum*** (D. 45. 1.58), n. 13—22 ***(unde sciendum*** rell), Ed. Basileae 1582. Vol.2 p.591s. ***A 43***

Connanus, Franciscus (1508—1551)

Commentaria iuris civilis, lib. 3 cap. 6 nr. 7,8 (Ed. Parisiis 1553) ***136***

Brissonius, Barnabas (1531—1591)
Lexicon iuris civilis et canonici, v. *accessio* (Ed. Francofurti 1557) *137*

Donnellus, Hugo (1527—1591)
Commentaria iuris civilis, lib. 4 cap. 23, 27—38 (Ed. Francofurti 1589) *3, 134, 135*

Vinnius, Arnold (1587—1657)
Commentaria in IV libros Institutionum Imperialium. Amstelodami 1655.
ad I. 2. 1. 29 (*nec tamen* rell.) *137*

Struve, Georg Adam (1619—1692)
Syntagma iuris civilis universi (seu: Syntagma iurisprudentiae secundum ordinem Pandectarum). Tom. 2., Jenae 1663, Exercit. 41 (ad D. 41. 1), cap. 23, 36, 41 *137*

Pufendorff, Samuel (1632—1694)
Libri VIII de iure naturae et gentium. Lundini Scanorum 1672. lib. 4 *204*, ibid. cap. *7 205*, ibid. § 2 *137*

Voet, Jan (1647—1714)
Commentarius ad Pandectas. Hagae Comitum 1698/1704, Tom. 2 (1704), ad D. 41. 1 nr. 24 *137*

Lauterbach, Wolfgang Adam (1618—1678)
Collegium theoretico-practicum ad 50 libros pandectarum. Tubingae 1690/1711. Tom. 3 (1711) ad. D. 41. 1 nr. 72, 92, 93 *137*

Berger, Johann Heinrich (1657—1732)
Oeconomia iuris ad usum hodiernum accomodati. Lipsiae 1712. Lib. 2 tit. 2 §16 *137*

Stryck, Samuel (1640—1710)
Usus modernus Pandectarum. Halae 1690/1712. Tom. 4, 2, (1712) ad D. 41.1: § 26 *137*

Westenberg, Johann Ortwin (1667—1737)
Principia iuris secundum ordinem Digestorum. Harderwijk 1712. ad D. 41. 1: § 97 *137*

Heineccius, Johann Gottlieb (1681—1741)
Elementa iuris civilis secundum ordinem Institutionum. Amstelodami 1725. Lib. 2 tit. 1 *204*, ibid. §§ 354ss. *205*
Elementa iuris germanici. Halae 1735/1736. Vol. 2 (1736), lib. 2 § 65 *137, 242*
Elementa iuris naturae et gentium. Halae 1737. *204*. § 250 *207*

Nettelbladt, Daniel (1719—1791)
Systema elementare universae iurisprudentiae naturalis, usui systematis iurisprudentiae positivae accomodatae. Halae 1749. Tom. 2. lib. 1 sect. 2 *204*, sect. 9 §§ 120ss *205*

Wolff, Christian (1679—1754)
Jus naturae. Halae 1740/48. Tom. 2 (1742). *204*. ibid. cap. 1 *203*, cap. 2 § 339 *207*, §§ 348ss *205, 207* § 386 *137*

Pütter, Johann Stephan (1725—1807)
Elementa iuris naturae. Gottingae 1750. *204*. § 333 *207, 242*, § 336 *137*

Pothier, Robert Josephe (1699—1772)
Pandectae Justinianeae in novum ordinem digestae. Parisiis 1748/1752. Vol. 3 (1752), ad D. 41. 1: nr. 15, 21 *137*

Selchow, Johann Heinrich Christian (1732—1795)
Institutiones iurisprudentiae germanicae. Gottingae 1757. *204*. § 552 *206*

Habernikkel, Eberhard (1730—1789)
Elementa iuris romani. Gottingae 1764. Lib. 3 tit. 1 *205*, tit. 4, 2 *137*

Hofacker, Karl Christoph (1749—1793) *(201), 208 ff.)*
Institutiones iuris romani. Gottingae 1773. §§ 67 ss *209*, § 71 *217*, §§ 130 ss *229*, §§ 138, 140 *137*
Elementa iuris civilis Romanorum. Gottingae 1784. §§ 189ss *209*, § 197 *217*, §§ 262ss *229*
Principia iuris civilis romano-germanici. Tubingae 1788/89. Tom. 2, 1 (post a. 1788, ante a. 1794). §§ 716ss *209*, § 716 *210*, § 717 *211*, § 718 *216*, ibid. not. a *212*, § 719 *214*, §§ 727ss *215*, § 727 *217*, *218*, *228*, *237*, *375*, § 728 *220*, *241*, *330*, ibid. not. b *217*, *235*, §§ 728 — 732 *219*, § 729 *221*, § 730 *223*, ibid. not. b *222*, *234*, § 732 *224*, *244*, *325*, § 738 *227*, *236*, *240*, *375*, §§ 738s *215*, *225*, § 739 *226*, ibid. a *213*, g *213*. — Tom. 2, 2 (1794 op. post. cura *Christiani Gmelin*) §§ 922ss *229*, § 947 *231*, § 953 *232*, § 956 *233*, *234*, § 957 *137*, § 961 *137*

Glück, Christian Friedrich (1755—1831)
Ausführliche Erläuterung der Pandekten nach *Joh. Aug. Hellfeld*. Erlangen 1790/1830. Band 8 (1807) §§ 578 f. *137*

CIVILISTIK DES 19. JAHRHUNDERTS

Pandektenlehrbücher

Thibaut, Anton Friedrich Justus (1772—1840) *284*
System des Pandektenrechts. Jena 1803. Band 1 §§ 156, 157 *22*, *23*, *46*. Band 2 § 265 *284*, *308*, § 284 *115*, *146*

Hufeland, Gottlieb (1760—1817) *283*
Lehrbuch des in den deutschen Ländern geltenden gemeinen oder subsidiärischen Civilrechts. Gießen 1808/14. Band 1 (1808) § 78 *283*

Schweppe, Albrecht (1783—1829) *285*
Das römische Privatrecht in seiner Anwendung auf deutsche Gerichte. Altona 1814 Band 1 (4. Aufl. 1828) § 191 *22*, *23*, *47*, *285*, *308*, aaO. S. 444 *26*. Band 2 (4. Aufl. 1831) § 262 *146*

Mackeldey, Ferdinand (1784—1834) *286*
Lehrbuch des heutigen römischen Rechts. Gießen 1814. Band 1 § 153 *22*, *23*, *115*, § 155 *286*, *308*. Band 2 § 247 *115*

Wening-Ingenheim, Johann Nepomuk von (1790—1831) *287*
Lehrbuch des gemeinen Civilrechts. München 1822. Band 1 §§ 55—57 (§ 139) *115*, §§ 56, 57 (§ 139) *146*, § 78 (§ 120) *22*, *23*, *46*, *287*, *308*

Mühlenbruch, Christian Friedrich (1785—1843) *341*
Doctrina Pandectarum. Halle 1823/25 (deutsch unter dem Titel „Lehrbuch des Pandektenrechts". Halle 1835/37). Band 2 (1825, deutsch 1836) § 225 *115, 345*, §§ 225 f. *264, 321, 341 ff.*, § 226 *22, 24, 33, 345*, aaO. I 1 *346*, I Not. 5 *45, 47*, II 1 *346*, §§ 256 f. *115, 146*

Seuffert, Johann Adam (1794—1857) *288*
Praktisches Pandektenrecht. Würzburg 1825. § 64 *22, 23, 46, 288, 308*

Göschen, Johann Friedrich Ludwig (1778—1837) *289*
Vorlesungen über das gemeine Civilrecht (aus dessen hinterlassenen Papieren herausgegeben von *Albrecht Erxleben*). Göttingen 1838/40. *289, 308.* Band 1 (1838) § 80 *22, 23, 46.* Band 2, 1 (1840) §§ 270—273 *115*, § 271aa *146*, § 273aa *146*

Puchta, Georg Friedrich (1798—1846) *362*
Pandekten. Leipzig 1838. § 37 *22, 24, 47, 115, 267, 277, 362 ff., 371, 376, 379, 381*
Vorlesungen über das heutige römische Recht. Leipzig 1838. § 37 *22, 24, 47, 115, 267, 277, 362 ff., 371 376, 379, 381*, aaO. S. 85 *366*, S. 86 *364, 367, 368, 369, 375, 385*, S. 87 *330, 364, 370, 372*, S. 88 *373*

Vangerow, Karl Adolf von (1808—1870) *283*
Leitfaden für Pandektenvorlesungen. Marburg 1838/47. Band 1 (1838) §§ 71, 73 *283*

Kierulff, Johann Friedrich Martin (1806—1894) *342*
Theorie des gemeinen Civilrechts. Altona 1839. Band 1 § 13 E *268, 342 ff.*, aaO. 1 S. 328 ff. *115, 345*, S. 329 *345*, E 3 *22, 46, 345*, aaO. S. 330 *345*, S. 334 *346*, § 14 II b S. 376 (Anm.) *145*

Rosshirt, Konrad Franz (1793—1873) *343*
Gemeines deutsches Civilrecht. Heidelberg 1840. *269.* Band 2 § 208 ff., *343 ff.*, aaO. 1 u. 2 *111*, 3 *345*, § 210 *22, 24, 46, 343, 345, 346*, § 244 *146*, § 246 *146*, §§ 254—256 *115*

Savigny, Friedrich Karl von (1779—1861) *283*
System des heutigen römischen Rechts. Berlin 1840—1849. 8 Bände. *283*

Böcking, Eduard (1802—1870) *347*
Institutionen. Ein Lehrbuch des römischen Privatrechts. Bonn 1843. Band 1 § 81 *347 ff.*, aaO. a *22, 24, 46*, f *271, 347.* Band 2 § 152 *146, 347 ff.*, aaO. m *346, 348*

Sintenis, Carl Friedrich Ferdinand (1804—1868) *347*
Das praktische gemeine Civilrecht. Leipzig 1844. Band 1 § 41 IV 1 und 3 *272, 277, 374, 376, 377*, aaO. 1 *115, 374*, 1 c *374*, aaO. Anm. 20 *33*, 1 d *374*, 3 *22, 24, 374*, aaO. b aa Anm. 45 *45, 46*, aaO. *β* Anm. 52 *53*, § 50 III *115, 146*

Arndts v. Arnesberg, Ludwig (1803—1878) *375*
Lehrbuch der Pandekten. München 1852. § 53 *115, 375, 385*, § 54 *22, 24, 47, 375*, § 150 *115*, § 152 *115*, aaO. Anm. 2 *146*

Brinz, Alois (1820—1887) *349*
Lehrbuch der Pandekten. Erlangen 1857/71. Band 1 (1857, 3. Aufl. 1884), § 144 *276, 349 ff., A 146*, § 116 *115, 276, 349 ff., A 146*, aaO. I 1 Anm. 7 *33*, Anm. 13 *149, 150.* Band 4 (1871, 2. Aufl. besorgt von *Philipp Lotmar*, Erlangen, Leipzig 1892) § 549, 1 a *α* *22, 24, 47, 66, 276, 349 ff.*, aaO. Anm. 11 *56*

Keller, Friedrich Ludwig von (1799—1860) *350*
Pandekten (Vorlesungen, aus dem Nachlaß des Verfassers herausgegeben von *Emil Friedberg*). Leipzig 1861. §§ 45, 46 *350*, § 46 *22, 24, 47, 115, 276*, aaO. S. 78 *350*, § 137 b *115*, §§ 138—140 *115*, § 139 *148, 386*

Windscheid, Bernhard (1817—1892) *383*
Lehrbuch des Pandektenrechts. Düsseldorf 1862 (7. Aufl. 1891, 8./9. Aufl. herausgegeben von *Theodor Kipp*, Frankfurt a. M. 1900/1906). Band 1 § 138 *383, 385*, § 142 *115, 383, 385*, § 143 *22, 24, 47, 383, 385*, aaO. Anm. 2 (= 9. Aufl. Anm. 3) *66*, (7. Aufl.) Anm. 6 *56*, (9. Aufl.) Anm. 7 *383, 385*, § 152 Anm. 6 *145*, § 175 a Anm. 2 *145, 159*, § 188 (1. Aufl.) Anm. 6 *149*, § 188 Anm. 11—13 *148*, § 195 bei Anm. 6 (9. Aufl. Anm. 11—13) *180*

Baron, Julius (1834—1898) *385*
Pandekten. Leipzig 1872. § 37 *385*, § 39 *385*, § 44 *22, 24, 47, 385*, § 139 *115*

Dernburg, Heinrich (1829—1907) *353*
Pandekten. Berlin 1884 (5. Aufl. 1896). Band 1 § 77 *22, 24, 276, 353 ff.*, *358*, aaO. 1 S. 179 *67, 330, 357*, aaO. Anm. 2 *55, 56, 66*, S. 180 Anm. 11 *330, 353, 357*, Anm. 12 *46*, §§ 207—209 *115*, § 208 *148, 387*

Bekker, Ernst Immanuel (1827—1916) *386*
System des heutigen Pandektenrechts. Weimar 1886. Band 1 § 71 (S. 291 ff.) *385, 386*, aaO. S. 292 *386*, S. 294 ff. *115*, S. 295 *148*, § 74 (S. 307 ff.) *22, 24, 386*, aaO. S. 309 ff. (311) *66*, aaO. *β 46*, S. 312 *386*

Wendt, Otto (1846—1911) *355*
Lehrbuch der Pandekten. Jena 1888. § 32, 5 *276, 355*, § 34 *22, 24, 276, 355*, § 132 *115, 149*

Hölder, Eduard (1847—1911) *356*
Pandekten, Allgemeine Lehren. Freiburg 1891. § 30 *356*, aaO. S. 136 *274, 356*, § 35 *22, 24, 115, 148, 276, 356, 387*, aaO. S. 164 *66, 359*, S. 169 *356*

Regelsberger, Ferdinand (1831—1911) *380*
Lehrbuch der Pandekten. Leipzig 1893. Band 1 § 96 III *277, 380*, § 102 *277, 380*, aaO. II *115, 149, 150, 388*, aaO. S. 385 *379, 380, 381*, S. 386 Anm. 5 *158*, Anm. 7 *159*, III A 2 *20*, aaO. S. 388 *66*, III D *57*, S. 390 Anm. 22 *55, 56*, III G S. 391 *47*, IV S. 392 *33, 392*, Anm. 27 *36*

Deutsches Privatrecht

Maurenbrecher, Romeo (1803—1843) *344*
Lehrbuch des heutigen gemeinen deutschen Privatrechts. Bonn 1832. Band 1 §§ 185—187 *22, 24, 265, 344 ff.*, § 185 *345*, § 186 *346, 348*

Gerber, Carl Friedrich Wilhelm (1823—1891)
System des deutschen Privatrechts. Jena 1848. Band 1 § 50 Anm. 2 *357*, § 59 *22, 24*

Beseler, Georg (1809—1888)
System des gemeinen deutschen Privatrechts. Leipzig 1853. Band 1 § 78 *β 22, 24*

Stobbe, Otto (1831—1887)
Handbuch des deutschen Privatrechts. Berlin 1871. Band 1 § 65 *22, 24*

Roth, Paul von (1820—1892) *352*
System des deutschen Privatrechts. Tübingen 1880. Band 1 § 81 *352*, aaO. II *22, 24, 276*
Gierke, Otto von (1841—1921)
Deutsches Privatrecht. Leipzig 1895/1905. Band 2 (1905) § 104 II *20*, § 105 *22, 24*, aaO. III *18, 20*

Partikularrechte

BAYERN

Roth, Paul von (1820—1892)
Bayerisches Civilrecht. Tübingen 1871. Band 2 § 115 *72*
Gönner, Nicolaus Thaddaeus (1764—1827)
Commentar über das Hypothekengesetz für das Königreich Bayern. München 1823. Erl. zu §§ 33 f., S. 277 *72*
Lehner, C. B.
Handbuch des Hypothekenrechts und der Hypothekenordnung des Königreiches Bayern, nach alphabetischer Materienfolge. Amberg 1825. s. v. Zubehörungen der Hypothekenobjekte *72*
Lehrbuch des bayerischen Hypothekenrechts und der Prioritätsordnung mit dem Concurs- und Executionsprozesse. Sulzbach 1838. Band 1 § 23 *72*
Regelsberger, Ferdinand (1831—1911)
Das bayerische Hypothekenrecht (= *Victor v. Meibom*, Deutsches Hypothekenrecht, Band III). Leipzig 1874 (3. Aufl. 1896) § 47 *72*

FRANKREICH (Rheinisches Recht)

Zachariae von Lingenthal, Karl Salomo (1769—1843)
Handbuch des französischen Civilrechts. Heidelberg 1808 (8. Aufl. von *Carl Crome*, Freiburg 1894). Band 1 § 64 (§ 103) = 8. Aufl. § 103 (§ 170) *10*
Marcadé, Victor Napoléon (1810—1854) *340*
Éléments du droit civil français. Paris 1842. (5. Ed. als „Explication du Code civil". Paris 1858). Nr. 348ss (= 5. Aufl. p. 333ss) *340, 381*
Demolombe, Jean Charles Florent (1804—1888) *381*
Cours du Code Napoléon. Paris 1845/82. Vol. 9 (1870) Nr. 191ss (p. 96ss) *381*
Laurent, François (1810—1887) *381*
Principes du droit civil. Paris 1869/79. Vol. 5 (1871) Nr. 433ss (p. 537ss) *381*
Puchelt, Ernst Sigismund (1820—1885)
Das rheinisch-französische Privilegien- und Hypothekenrecht (= *Victor v. Maibom*, Deutsches Hypothekenrecht, Teil VII, 1). Leipzig 1876. I § 13 S. 26 *17*

MECKLENBURG

Kühlewein, Paul v.
Mecklenburgisches Hypothekenrecht (= *Victor v. Meibom*, Deutsches Hypothekenrecht IX). Leipzig 1880. S. 40 *94*

ÖSTERREICH

Zeiller, Franz von (1751—1828)
Commentar über das Allgemeine Bürgerliche Gesetzbuch für die gesamten deutschen Erbländer der österreichischen Monarchie. Wien, Triest 1811/13. Band 1 (1811). Erl. zu §§ 294 ff. § 294 Anm. 3 *19*, Anm. 4 *13*, Erl. zu § 297 *13*

Winiwarter, Josef von (1780—1848)
Das österreichische bürgerliche Recht, systematisch dargestellt und erläutert. Wien 1831/38. Band 2 §§ 7—9 *9, 23, 290*, §§ 101—115 *115*

Stubenrauch, Moritz von (1811—1865)
Das Allgemeine Bürgerliche Gesetzbuch, mit Rücksicht auf das praktische Bedürfnis erläutert. Wien 1853 (8. Aufl. von *M. Schuster v. Bonnot* und *K. Schreiber*, 1902) Band 1, Erl. zu §§ 294 ff. *9*, aaO. Erl. II 3 (aE) (= 8. Aufl. S. 366 Anm. 1) *19*, § 297 Erl. II 4 Anm. 3 *13, 105*, nach § 297 Erl. II 3a *115*, Erl. zu § 404 *115*

Unger, Josef (1828—1913) *376*
System des österreichischen allgemeinen Privatrechts. Leipzig 1856. Band 1 §§ 52—55 *277, 376, 377*, § 52 S. 419 ff. *376*, S. 421 *376*, S. 427 *376*, § 53 *22, 24, 376*, aaO. S. 428 *376*, § 54 *115, 376*, § 55 *9, 22, 24, 376*, aaO. S. 435 ff. *376*, S. 436 *376*, S. 438 Anm. 7 *376*, S. 443 Anm. 19 *19*, S. 444 ff. *63*, S. 444 *148*, S. 446 *17, 64*, S. 450 *280*, S. 451 Anm. 42 *13, 42*, S. 452 *26*, S. 455 *16*, S. 458 Anm. 79 *33, 45, 53*, S. 459 *47*

Hofmann, Franz (1845—1897) und *Pfaff, Leopold* (geb. 1837)
Commentar zum österreichischen Allgemeinen Bürgerlichen Gesetzbuch. Wien 1877. Band 1 (1877), Erl. zu §§ 294 ff. *9*, zu § 294 *115*, zu § 404 *115*

Schiffner, Ludwig (1845—1909)
Systematisches Lehrbuch des österreichischen allgemeinen Civilrechts. Wien 1879. Band 1 Heft 3, § 78 *9*, aaO. Anm. 15 *19*, Anm. 23 *13*, aaO. S. 43 *16*

Burckhard, Max Eugen (1854—1912) *354*
System des österreichischen Privatrechts. Wien 1883/89. Band 2 (1883) § 64 *115, 276, 354*, § 67 *276, 354*, aaO. Anm. 3 und 4 *376*, §§ 67, 68 *9*, § 68 *13, 42*, aaO. Anm. 2 *111*, Anm. 5 *19*, aaO. S. 147 *104*

Krainz, Josef
System des österreichischen allgemeinen Privatrechts. Herausgegeben von *Leopold Pfaff*. Wien 1885 (2. Aufl. 1894). Band 1 §§ 94—96 *9, 115*, § 94 *13, 42, 46, 55*, § 95, *2, 19*, §§ 235—238 *115*, § 270 Anm. 3 *17*, aaO. S. 717 *16*

Pfersche, Emil (1854—1916)
Österreichisches Sachenrecht. Wien 1893. Band 1 § 5 I *9*

Ehrenzweig, Armin (1864—1935)
System des österreichischen allgemeinen Privatrechts. Wien 1923. Band 1, 2 § 164 *115, 122*, §§ 165, 166 *9*, § 165 II 2 *19*, III *13, 42, 55*, § 166 IV *111*, V *17*, §§ 235—238 *115*

PREUSSEN

Bornemann, Friedrich Wilhelm Ludwig (1798—1864)
Systematische Darstellung des preußischen Civilrechts. Berlin 1834/39. Band 1 (1834) § 16, 6 b *8, 23, 290*. Band 2 §§ 81—84 *115*
Koch, Christian Friedrich (1798—1872)
Allgemeines Landrecht. Kommentar. Berlin 1852/56 (8. Aufl. bearbeitet von *Achilles, Hinschius, Johow, Vierhaus*, 1883/86). Band 1 (1852, 8. Aufl. 1883), I 2 § 4 Anm. 6 *243*, § 6 Anm. 8 *36*, §§ 42 ff. *8*, § 42 *115*, aaO. Anm. 32 *251*, § 44 Anm. 35 *251*, § 48 Anm. 36 *248*, aaO. Anm. 37 *249*, Anm. 39 *247*, I 9 §§ 220 ff. *115*
Förster, Franz (1819—1878) *378*
Theorie und Praxis des preußischen Privatrechts. Berlin 1864 (6. Aufl. besorgt von *M. E. Eccius*, 1892/93). Band 1 (6. Aufl. 1892) § 21, *7 277, 378*, aaO. a *115*, b *8, 16, 243, 251, 378*, aaO. S. 115 *392*, aaO. Anm. 34 *36*. Band 3 (6. Aufl. 1893) § 176 I und III *115*, III Anm. 40 *36*
Dernburg, Heinrich (1829—1907)
Lehrbuch des preußischen Privatrechts und der Privatrechtsnormen des Reichs. Halle 1871/80 (5. Aufl. 1889/96). Band 1 (1871, 5. Aufl. 1894) § 61 *115, 392*, § 62 *8, 16, 392*, § 235, 2 und 3 *115*, § 236 *115*, aaO. Anm. 3 *36*

SACHSEN

Siebenhaar, Eduard (1806—1893)
Commentar zum Bürgerlichen Gesetzbuch für das Königreich Sachsen. Leipzig 1864. Band 1, Erl. zu §§ 65 ff. *87*, zu §§ 411, 412 *89*
Grützmann, Paul (geb. 1856)
Lehrbuch des königlich sächsischen Privatrechts. Leipzig 1887. Band 1 § 62 *87*, § 84 *89*
Siegmann, Georg
Das königlich sächsische Hypothekenrecht (= *Victor v. Meibom*, Deutsches Hypothekenrecht IV). Leipzig 1875 *87*, § 17 (S. 64 ff.) *89*

SCHWEIZ

Huber, Eugen (1849—1923)
System und Geschichte des schweizerischen Privatrechts. Basel 1886/88. Band 3 (1888), S. 32 ff. *79, 93*

WÜRTTEMBERG

Wächter, Carl Georg von (1797—1880) *328*
Handbuch des im Königreich Württemberg geltenden Privatrechts. Stuttgart 1842. Band 2 §§ 40, 41 *270, 275, 328 ff., 329, 375, 381*, § 40 *62, 115, 257, 328 ff.*, aaO. Anm. 2 *333*, aaO. S. 242 *332*, S. 243 *331, 332*, S. 244 *335*, § 41 *22, 24, 62, 328 ff.*, aaO. S. 247 *334*, S. 253 Anm. 24 *26*, S. 255 *47*, S. 256 *33, 42, 53*, S. 258 *74*

Reyscher, A. L.
Lehrbuch des gesamten Württembergischen Privatrechts. Tübingen 1837 (2. Aufl. 1843). Band 2 §§ 307 ff. *73*, § 316 *74*

Römer, Robert (1823—1879)
Das württembergische Unterpfandsrecht (= *Victor v. Meibom*, Deutsches Hypothekenrecht VII). Leipzig 1876. *73*. S. 114 f. *74*, S. 116 *74*

Lang, H.
Handbuch des im Königreich Württemberg geltenden Sachenrechts. Ellwangen 1880. Band 2 §§ 166 ff. (S. 149 ff.) *73*, S. 164 ff. *74*, S. 300 f. *74*

ZÜRICH

Bluntschli, Johann Caspar (1808—1881)
Commentar zum Zürcher Civilgesetzbuch. Zürich 1854. Neubearbeitet von *A. Schneider*. Zürich 1888 *79*

Monographische Literatur

Pothier, Robert Josephe (1699—1772)
Traité de la communauté. Paris, Orléans 1769. nr. 44 *6*

Hommel, Carl Ferdinand (1722—1781)
Pertinenz- und Erbsonderungsregister. Leipzig 1767 (letzte Aufl. 1805). *5*

Westphal, Ernst Christian (1737—1792)
Rechtliche Abhandlung von den Pertinenzstücken eines verkauften Hauses, in· Dissertatio theoriam generalem de pertinentiis sistens. Halae 1779 *5*

Beselin, Valentin Johannes
Dissertatio theoriam generalem de pertinentiis sistens. Gottingae 1782 *5*

Savigny, Friedrich Carl von (1779—1861)
Das Recht des Besitzes. Gießen 1803 (6. Aufl. 1836). S. 304 *145*, S. 308 *145*

Gesterding, Franz (1781—1841) *(306 ff.)*
Das System des römischen Rechts von den Pertinenzen, in: Alte und neue Irr-

tümer der Rechtsgelehrten, Abh. 10, S. 301—390. Greifswald 1818. S. 301 ff. *22, 24, 306 ff.*, S. 303 ff. *313*, S. 307 *115, 309, 310, 313, 314, 315, 327*, S. 320 *115, 311*, S. 321 *312, 330*, S. 326 *314*

Funke, Gottlob Leberecht (316 ff.)
Die Lehre von den Pertinenzen. Chemnitz 1827. *22, 24, 266, 273, 316 ff., 374, 375, 376, 379, 381*, § 1 *318*, aaO. S. 6 *319*, § 2 S. 9 *324*, S. 9 f. *115, 320*, S. 10 ff. *320, 330*, S. 14 *115, 322, 323*, § 4 S. 32 ff. *319*, § 5 S. 43 *32, 33*, § 6 S. 47 *53*, § 10 S. 87 f. *32, 33*, § 16 *318*, aaO. S. 159 *319*

Wächter, Carl Georg von (1797—1880)
accessio, in: *Weiske's* Rechtslexikon. Band 1 (1839), S. 9—11 *329*
Accession, in: *Weiske's* Rechtslexikon. Band 1 (1839), S. 11—32 *115, 146, 270, 275, 329*
Die Verpfändung der beweglichen Zubehörungen (Pertinenzen) einer Liegenschaft, in: Erörterungen aus dem römischen, deutschen und württembergischen Privatrechte, S. 36—54. Stuttgart 1845. *22, 24, 62, 73, 270, 275, 329*. S. 40 ff. *74*, S. 44 ff. *74*

Heyne, Friedrich Christian
Pertinenz, in: *Weiske's* Rechtslexikon. Band 7 (1847), S. 904—915. *22, 24*, S. 907 *103*, S. 907 ff. *42, 57*, S. 909 f. *46*, S. 910 *33*, S. 912 *50*, S. 914 *62*

Pagenstecher, Ernst
Die römische Lehre vom Eigentum in ihrer modernen Anwendbarkeit. Heidelberg 1857. Band 2 S. 139 *147, 148*

Girtanner, Wilhelm (1823—1861) *382*
Die Rechtsstellung der Sache und der Eigentumsbegriff mit besonderer Rücksicht auf Sachgesamtheiten, Accession und Miteigentum, in: DogmJb 3 (1859), S. 58—298. S. 154 ff. *115*, S. 163 ff. *147, 148*, S. 177 ff. *115, 382*, S. 180 *382*, S. 182 *382*, S. 184 *382*

Dernburg, Heinrich (1829—1907)
Das Pfandrecht nach den Grundsätzen des heutigen römischen Rechts. Leipzig 1860/64. Band 1 (1860), S. 435 *42, 55*

Zaun,
Über das Prinzip des einheitlichen Eigentums an Boden, Gebäude und den einzelnen Teilen, in: AcP 43 (1860), S. 211—228, 300—314. S. 211 ff. *115*, S. 300 ff. *115, 147, 148*, S. 306 *152*, S. 306 ff. *158*

Baron, Julius (1834—1898)
Gesamtrechtsverhältnisse. Marburg 1864. S. 29 ff. *147, 148*

Bechmann, August (1834—1907) *384*
Zur Lehre vom Eigentumserwerb durch Accession und von den Sachgesamtheiten. Kiel 1867. *115, 384*. S. 42 *33*, S. 47 *147, 148*

Göppert, Heinrich Robert (1838—1882) *351*
Über die organischen Erzeugnisse. Halle 1869. S. 50 ff. *351*, S. 55 ff. *22, 24, 276*, S. 64 ff. *338, 359, 371*
Über einheitliche, zusammengesetzte und Gesamtsachen nach römischem Recht. Halle 1871. *115, 276, 351*. S. 47 f. *349*, S. 48 *351*, S. 85 *33*, S. 92 *147, 148, 387*

Demelius, Gustav (1831—1891)
Die Exhibitionspflicht in ihrer Bedeutung für das klassische und heutige Recht. Graz 1872. S. 100 ff. *115*, S. 102 *149*, S. 107 ff. *A 146*

Kohler, Josef (1849—1919) *(42 ff.) 379*
Die Lehre von den Pertinenzen, in: DogmJb 26 (1888), S. 1—184. *22, 24, 42 ff.* S. 30 ff. *115, 277, 379*, S. 31 f. *379*, S. 32 *47*, S. 33 ff. *379*, S. 35 *379*, S. 36 *379*, S. 37 *379*, S. 38 Anm. 82 *33*, S. 39 *379*, S. 45 ff. *115*, S. 50 ff *147, 148, 392*, S. 60 *158*, S. 76 ff. *20*, S. 96 *66*, S. 117*55, 56, 57*, S. 120 *392*, S. 120 f. *55, 56*, S. 161 *91, 102*, S. 180 *91, 104*, S. 181 f. *105, 106*
„Ist die im Entwurfe eines BGB angenommene Behandlung der Pertinenzen zu billigen oder ist eine Änderung derselben wünschenswert und in welchem Sinne?" Referat zum 20. Deutschen Juristentag, in: Verhandlungen des 20. Deutschen Juristentages. Berlin 1889. Band 3, S. 145—151. *56, 95, 99*

Hachenburg, Max (1860—1951)
„Ist die im Entwurfe eines BGB angenommene Behandlung der Pertinenzen zu billigen oder ist eine Änderung derselben wünschenswert, und in welchem Sinne?", Referat zum 20. Deutschen Juristentag, in: Verhandlungen des 20. Deutschen Juristentages. Berlin 1889. Band 3, S. 122—144 *56, 95, 99*

Biermann, Johannes (1863—1914) *393*
Superficies solo cedit, in: DogmJb 34 (1895), S. 169—280. *117*. S. 182 ff. *115*, S. 203 *149*, S. 203 ff. *393*, S. 205 ff. *36, 393*, S. 206 ff. *33*, S. 217 *158*, S. 219 ff *117*, S. 227 *118*, S. 234 ff. *122*, S. 236 *124*

Demelius, Ernst (1859—1904)
Das Pfandrecht an beweglichen Sachen. Wien 1897. S. 177 *16*, S. 178 *17*

Neumann-Ettenreich, Robert von
Zivilrechtliche Fragen. Wien 1896. S. 12 ff. *13*

Literaturverzeichnis

I. GESAMTDARSTELLUNGEN ZUM RÖMISCHEN RECHT
(soweit in Fußnoten zitiert)

Arangio-Ruiz, Vincenzo Istituzioni di riritto romano. 14 ed. Napoli 1960.

Betti, Emilio Diritto romano I: Parte generale. Padova 1935.

Biondi, Biondo Istituzioni di diritto romano I. 2 ed. Padova 1942.
Istituzioni di diritto romano. 4 ed. Milano 1965.

Bonfante, Pietro Corso di diritto romano II 1, 2. Roma 1926, 1928 (Neudruck 1966).

Burdese, Alberto Manuale di diritto privato romano. Torino 1964.

Ferrari, Giannino I diritti reali. Lezioni. Padova, Milano 1932.

Grosso, Giuseppe Corso di diritto romano: Le cose. Torino 1941.

Kaser, Max Das römische Privatrecht (Handbuch der Altertumswissenschaft X 3,3). Band 1 und 2. München 1955, 1959.

Kunkel, Wolfgang Römisches Privatrecht, auf Grund des Werkes von *Paul Jörs* in 2. Aufl. bearb., 3. Aufl. Berlin, Göttingen, Heidelberg 1949.

Longo, Carlo Corso di diritto romano: Le cose, la proprietà e i suoi modi d'acquisto. Milano 1946.

Longo, Giannetto Diritto romano IV: Diritti reali. 2 ed. Padova 1962.

Marquardt, Joachim Römische Staatsverwaltung. Band 3. 2. Aufl. Leipzig 1885.

Mommsen, Theodor Römisches Staatsrecht. Band 3. 2 Aufl. Leipzig 1887.

Monier, Raymond Manuel élémentaire de droit romain I. 6 ed. Paris 1947.

Perozzi, Silvio Istituzioni di diritto romano I. 2 ed. Firenze 1928.

Rabel, Ernst Grundzüge des römischen Privatrechts (in: *Holtzendorff-Kohler,* Enzyklopädie der Rechtswissenschaft I, 7. Aufl. 1915, S. 399—558). Neudruck: Darmstadt 1955.

Scherillo, Gaetano Lezioni di diritto romano I: Le cose. Milano 1945.

Schulz, Fritz Prinzipien des römischen Rechts. München, Leipzig 1934 (Neudruck 1954).

Scialoja, Vittorio Teoria della proprietà I. Roma 1928.

Segrè, Gino Corso di diritto romano: Le cose, la proprietà. I—III. Parma 1926—1929.

Siber, Heinrich Römisches Recht in Grundzügen II: Römisches Privatrecht. Berlin 1928.

II. EINZELDARSTELLUNGEN

1. Sachbegriff

Girtanner, Wilhelm	Die Rechtsstellung der Sache und der Eigentumsbegriff mit besonderer Berücksichtigung auf Sachgesamtheiten, Accession und Miteigentum. DogmJb 3 (1859), 58 ff. (72 ff.).
Göppert, Heinrich Robert	Über einheitliche, zusammengesetzte und Gesamtsachen nach römischem Recht. Halle 1871.
Affolter, Friedrich Xaver	Das römische Institutionen-System. Sein Wesen und seine Geschichte. Heidelberg 1897. S. 2 ff., 55 ff., 227 ff., 373 ff.
Leonhard, Rudolf	*Causa.* RE III (1899), 1809 ff.
	Corpus. RE IV (1901), 1645.
Sokolowski, Paul	Die Philosophie im Privatrecht. Teil 1: Sachbegriff und Körper in der klassischen Jurisprudenz und der modernen Gesetzgebung. Halle 1902, 28 ff.
Leonhard, Rudolf	*Res.* RE I² 1 (1914), 616 ff.
Kübler, Bernhard	*Causa.* DE II 1 (s. a.), 147 f.
Di Marzo, Salvatore	Le cose ed i diritti reali sulle cose. Palermo 1922.
Kübler, Bernhard	*Res mobiles* und *immobiles.* Studi Bonfante II (Milano 1930), 345 ff.
Stroux, Johannes	Griechische Einflüsse auf die Entwicklung der römischen Rechtswissenschaft gegen Ende der republikanischen Zeit. ACI Roma 1933, I 121 ff.
Schiller, Arthur	*Res mobiles, immobiles* and *se moventes.* ACI Roma 1933, II 431 ff.
Solazzi, Siro	Glosse a Gaio Inst. II 78, 79, 195. Per il XIV centenario della codificazione giustineanea, Studi di diritto (Pavia 1934), 384 ff.
Longo, Carlo	La distinzione delle cose. Proprietà. (Corso). Catania / Muglia 1935.
Roddi, Cesare	I mutamenti della cosa e le loro conseguenze giuridiche in diritto romano. Torino 1936, 5 ff.
Archi, Gian Gualberto	L'epitome Gai. Milano 1937, 241 ff.
	La *summa divisio rerum* in Gaio e in Giustiniano. SDHI 3 (1937), 5 ff.
Dorsey, Roscoe J. C.	The Roman Concept of *res.* BIDR 45 (1938), 368 ff.
Grosso, Giuseppe	Appunti sulle distinzioni delle *res* nelle Istituzioni di Gaio: (II) Le *res incorporales* e la distinzione delle *res mancipi* e *nec mancipi.* Studi Besta I (Milano 1939), 35 ff. (45 ff.).

Pflüger, Heinrich Hackfeld — Über körperliche und unkörperliche Sachen. SZ 65 (1947), 339 ff.

Di Marzo, Salvatore — *Res immobiles.* BIDR 49/50 (1948), 236 ff.

Monier, Raymond — „*Res corporales*“ et „*res incorporales*“. RHD 26 (1948), 374 f.

La date d'apparition du dominium et de la distinction juridique des „*res*“ en „*corporales*“ et „*incorporales*“. Studi Solazzi (Napoli 1948), 357 ff.

Kreller, Hans — *Res* als Zentralbegriff des Institutionensystems. SZ 66 (1948), 572 ff.

Berger, Adolf — *Res.* Enc. Dict. (1953), s. v.

Kaser, Max — Gaius und die Klassiker. SZ 70 (1953), 126 ff. (142).

Pugliese, Giovanni — *Res corporales, res incorporales* e il problema del diritto soggettivo. Studi Arangio-Ruiz III (Napoli 1953), 223 ff.

Wieacker, Franz — Griechische Wurzeln des Institutionensystems. SZ 70 (1953), 93 ff.

Biondi, Biondo — Cosa. NDI IV (1959), 1006 ff.

Cosa corporale, cosa incorporale. NDI IV (1959), 1014 f.

Cosa mobile, cosa immobile. NDI IV (1959), 1023 f.

Cosa semplice, cosa composta. NDI IV (1959), 1039 ff.

Astuti, Guido — Cosa, in senso giuridico, diritto romano ed intermedio. Enc. Dir. 9 (1962), 1 ff.

Naz, Raoul — *Res* (droit romain). DDC VII (1965), 598 f.

Wubbe, Felix Bernhard Josef — *Ius in re.* RE Suppl. X (1965), 333 f.

2. Eigentum und Sachenrecht

Pagenstecher, Ernst — Die römische Lehre vom Eigentum in ihrer modernen Anwendbarkeit. Erste Abteilung: Begriff und gesetzliche Beschränkungen des Eigentums. Heidelberg 1857.

Girtanner, Wilhelm — Die Rechtsstellung der Sache und der Eigentumsbegriff mit besonderer Berücksichtigung auf Sachgesamtheiten, Accession und Miteigentum. DogmJb 3 (1859), 58 ff. (83 ff.)

Affolter, Friedrich Xaver — Das römische Institutionen-System. Sein Wesen und seine Geschichte, Heidelberg 1897. S. 8, 373 ff.

Arangio-Ruiz, Vincenzo — La struttura dei diritti reali sulla cosa altrui. AG 81 (1908), 361 ff.; 82 (1909), 418 ff.

Di Marzo, Salvatore — Le cose e i diritti sulle cose. Palermo 1922.

Vermond, E. — *De iure rerum corporalium privatarum.* Paris 1928. Tom. I, 51 ff., 335 ff.

Ferrari, Giannino — I diritti reali. Lezioni. Padova, Milano 1932.

Cugia, Stanislao — Τὸ ἀσώματον δίκαιον (il diritto incorporale). BIDR 42 (1934), 432 ff.

Kaser, Max — Eigentum und Besitz im altrömischen Recht. Weimar 1943.

Grosso, Giuseppe — I problemi dei diritti reali nell'impostazione romana. Torino 1944.

Villey, Michel — L'idée du droit subjectif et les systèmes juridiques romaines. RHD 24/25 (1946/47), 201 ff.

Monier, Raymond — La date d'apparition du *dominium* et de la distinction juridique des „*res*" en „*corporales*" et „*incorporales*". Studi Solazzi (Napoli 1948), 357 ff.

Pugliese, Giovanni — *Res corporales, res incorporales* e il problema del diritto soggettivo. Studi Arangio-Ruiz III (Napoli 1953), 223 ff.

Steinwenter, Arthur — Über einige Bedeutungen von *ius* in den nachklassischen Quellen. Jura 4 (1953), 133 ff.

Wieacker, Franz — Griechische Wurzeln des Institutionensystems. SZ 70 (1953), 93 ff.

van Warmelo, P. — Joint ownership in Roman Law. TR 25 (1957), 125 ff. (132 ff.).

Sargenti, Manlio — Diritti reali (diritto romano). NDI 5 (1960), 744 ff.

Scherillo, Gaetano — Il concetto di diritti reali. Considerazioni storico-dogmatiche. Studi Betti IV (Milano 1962), 81 ff.

Wubbe, Felix Bernhard Josef — *Ius in re.* RE Suppl. X (1965), 333 f.

Brasiello, Ugo — Proprietà (diritto romano). NDI 14 (1967), 111 ff.

Capogrossi Colognesi, Luigi — La struttura della proprietà e la formazione dei „*iura praediorum*" nell'età repubblicana. Milano 1969.

3. (Privat-)Eigentumsunfähige Sachen

Biondi, Biondo — La vendita delle cose fuori di commercio. Studi Riccobono IV (Palermo 1935), 1 ff.

Lombardi, Gabrio — Ricerche in tema di *ius gentium.* Milano 1946, 90 ff.

Kaser, Max — Vom Begriff des *commercium.* Studi Arangio-Ruiz II (Napoli 1952), 131 ff.

Biondi, Biondo — Beni fuori commercio. NDI 2 (1958), 354 ff.

a) *res divini iuris*

Archi, Gian Gualberto — *La summa divisio rerum* in Gaio e in Giustiniano. SDHI 3 (1937), 5 ff.

Grosso, Giuseppe — Appunti sulle distinzioni delle *res* nelle Istituzioni di Gaio: (II) Le *res incorporales* e la distinzione delle *res mancipi* e *nec mancipi*. Studi Besta I (Milano 1939), 33 ff.

Branca, Giuseppe — Le cose *extra patrimonium humani iuris*. Ann Triest 12 (1940), 248 ff. Für sich: Bologna 1946.

Scherillo, Gaetano — Le cose. Milano 1945, I 36 ff.

Fabbrini, Fabrizio — *Res divini iuris*. NDI 15 (1968), 510 ff.

α) *res sacrae*

Pernice, Alfred — Zum römischen Sakralrecht I. SBer. AkW. Berlin 1885, 1150 ff.

Meurer, Christian — Der Begriff und Eigentümer der heiligen Sachen. Düsseldorf 1894.

Galante, Andrea — Condizione giuridica delle cose sacre. Torino 1903.

Wenger, Leopold — Zum *Cippus Abellanus*. SBer.BayAkW 1915, 33 ff.

Brassloff, Stephan — Studien zur römischen Rechtsgeschichte I (1925), 1 ff.

Kaser, Max — Das altrömische *ius*. Göttingen 1949, 47 f., 51.

Berger, Adolf — The Jewish Synagogue and the *aedes sacrae* in Roman Law. Studi Biondi I (Milano 1965), 143 ff.

Fabbrini, Fabrizio — *Res divini iuris*. NDI 15 (1968), 510 ff. (524 ff., 544 ff.).

β) *res religiosae*

Ferrini, Contardo — *De iure sepulcrorum apud Romanos*. AG 30 (1883), 447 ff.

Albertario, Emilio — *Sepulchra familiaria* e *sepulchra hereditaria*. Fil. 35 (1910), 492 ff. = Studi di diritto romano II (Milano 1941), 3 ff.

Sul contento del *ius sepulchri*. RIL 43 (1910), 533 ff. = Studi diritto romano II (Milano 1941), 31 ff.

Appunti sul dominio del sepolcro. Fil. 35 (1910), 846 ff. = Studi di diritto romano II (Milano 1941), 41 ff.

Fadda, Carlo — Le *res religiosae* nel diritto romano. Studi giuridici I (Napoli 1910), 147 ff.

Kolbert — *Religiosa loca*. RE II 1 (1914), 575 ff.

Reinach, Theodor — Le gnomon d'idiologue, *res religiosae*. RHD 44 (1920), 40 ff.

Morel, Maurice — Le *sepulcrum*. Paris 1928.

De Visscher, Fernand — Le caractère réligieux des tombeaux et le § 2 du Gnomon. RIDA 1 (1948), 199 ff.

Düll, Rudolf — Studien zum römischen Grabrecht. Festschrift Schulz I (Weimar 1951), 191 ff.

De Visscher, Fernand — Le conflit entre la succession testamentaire et le régime des tombeaux de famille. RIDA[3] 1 (1954), 283 ff.

Longo, Giannetto — Comunità cristiane primitive e *res religiosae.* BIDR 59/60 (1956), 237 ff = Studi Vassalli II (Torino 1960), 1023 ff.

De Visscher, Fernand — Le droit des tombeaux romains. Milan 1963.

Longo, Giannetto — Sul diritto sepolcrale romano. Jura 15 (1964), 137 ff.

Santa Cruz, J. — *De iure sepulcrorum.* Estudios clasicos 8 (1964), 140 ff.

Stein, Peter — Some reflexions on *ius sepulchri.* Studi Biondi II (Milano 1965), 111 ff.

De Dominicis, Mario — Il „*ius sepulchri*" nel diritto romano ereditario. RIDA 13 (1966), 177 ff.

Longo, Giannetto — Le droit funéraire romain dans son développement historique. AnnMac NS 1 (1966), 135 ff.

Fabbrini, Fabrizio — *Rcs divini iuris.* NDI 15 (1968), 510 ff. (554 ff.).

γ) *res sanctae*

Fantetti, Elena — L'inquadramento classico delle *res sanctae.* Labeo 2 (1956), 94 ff.

Fabbrini, Fabrizio — *Res divini iuris.* NDI 15 (1968), 510 ff. (540 ff.).

b) *res publici iuris*

Manenti, Carlo — Concetto della *communio* relativamente alle cose private, pubbliche, ed alle *res communes omnium.* Fil. 19 (1894), 321 ff., 492 ff.

Vassalli, Filippo — Sul rapporto tra le *res publicae* e *res fiscales* in diritto. Studi Senesi 25 (1908), 232 ff = Scritti giuridici II (1939), 3 ff.

Scherillo, Gaetano — Le cose. Milano 1945, I 89 ff.

Lombardi, Gabrio — Ricerche in tema di *ius gentium.* Milano 1946, 49 ff.

Branca, Giuseppe — Ancora sulle *res publici iuris gentium.* Studi Redenti I (1951), 177 ff.

α) *res publicae, quarum usus publicus non est*

Zancan, Leandro — *Ager publicus.* Padova 1935.

Burdese, Alberto — Studi sull' *ager publicus.* Torino 1952.

Berger, Adolf — *Ager publicus.* Enc. Dict. (1953), s. v.

Branca, Giuseppe — *Ager publicus. Ager vectigalis.* NDI 1 (1957), 410 ff.

Halkin, Léon — Les esclaves publics chez les Romains. Bruxelles 1897 (Neudruck Rom 1965).

De Ruggiero, Ettore — *Servus publicus.* DE II 1, 750 f.

β) *viae publicae*

Voigt, Moritz — Das römische System der Wege. SBerSächsAkW, Leipzig 1872.

Berger, Adolf — *Interdicta de viis publicis. Interdictum ne quid in loco publico vel itinere fiat.* RE IX (1916), 1649, 1653, s. v. *interdictum.*

Segrè, Gino — La condizione giuridica dei ponti sui fiumi pubblici e l'inscrizione C. D. del Pondel. Miscellanea. BIDR 48 (1941), 1 ff. (17 ff.).

Berger, Adolf — *viae, interdictum de viis publicis.* Enc. Dict. (1953), svv.

γ) *aquae publicae* etc.

De Ruggiero, Ettore — *Aqua publica.* DE I (1895), 539 ff.

Costa, Emilio — Le acque nel diritto romano. Bologna 1919.

Bonfante, Pietro — Il regime delle acque dal diritto romano al diritto odierno. AG 87 (1922), 3 ff = Scritti IV (1926), 242 ff.

Longo, Giannetto — Il regime romano delle acque pubbliche. RISG 68 (1928), 243 ff.

Albertario, Emilio — Le derivazioni d'acqua dei fiumi pubblici in diritto romano. BIDR 38 (1930), 197 ff. = Studi II, 71 ff.

Grosso, Giuseppe — Appunti sulle derivazioni dai fiumi pubblici nel diritto romano. Atti Acc. Torino 66 (1931), 369 ff.

Lauria, Mario — Le derivazioni di acque pubbliche. AnnMac 8 (1932), 243 ff.

Longo, Giannetto — Sull 'uso delle acque pubbliche in diritto romano. Studi Ratti (Milano 1934), 55 ff.

Grosso, Giuseppe — Precisazioni in tema di derivazioni di acque pubbliche in diritto romano. Scritti Santo Romano IV (Padova 1940), 173 ff.

Bove, Lucio — Acque (diritto romano). NDI 1 (1957), 191 ff.

Astuti, Guido — Acque (Storia). Enc.Dir. I (1958), 346 ff.

Grosso, Giuseppe — Acquedotto. Diritto di acquedotto (diritto romano). Enc. Dir. 1 (1958), 466 ff.

Longo, Giannetto — Il regime delle concessioni e le derivazioni di acque pubbliche nel diritto romano classico e giustineaneo. Ann Mac 23 (1959), 51 ff. = Studi Zanobini V (1956), 359 ff.

Burdese, Alberto — *Flumen.* NDI 6 (1961), 414 ff.

c) *res communes omnium*

α) *generaliter*

Manenti, Carlo	Concetto della *communio* relativamente alle cose private, pubbliche, ed alle *res communes omnium.* Fil. 19 (1894), 321 ff. (528 ff.).
Pernice, Alfred	Die sogenannten *res communes omnium.* Berl. Festg. Dernburg (Berlin 1900), 125 ff.
Debray, Louis	Les doctrines de Celsus sur les *res communes omnium* et la composition du livre 39 de ses *Digesta.* Revue générale de droit 45 (1921), 1 ff.
Schnorr v. Carolsfeld, Ludwig	Geschichte der juristischen Person. München 1933, I 103 ff.
Scherillo, Gaetano	Le cose. Milano 1945, I 69 ff.
Lombardi, Gabrio	Ricerche in tema di *ius gentium.* Milano 1946, 90 ff.
Dell'Oro, Aldo	Le *res communes omnium* dell'elenco di Marciano e il problema del loro fondamento giuridico. Studi Urbinati 31 (1962/63), 237 ff.

β) *mare. litus maris. aria*

Pampaloni, Muzio	Sulla condizione giuridica delle rive e del mare in diritto romano. Contributo alla teoria delle *res communes omnium.* BIDR 4 (1891), 198 ff.
Costa, Emilio	Il mare e le sue rive nel diritto romano. Riv.dir.int. 10 (1916), 337 ff.
Biondi, Biondo	La condizione giuridica del *mare* e del *litus maris.* Studi Perozzi (Palermo 1925), 269 ff.
Costa, Emilio	La condizione giuridica del lido nel diritto romano. Rend. Acc.Bol. Ser. II Vol. 10 (1925/26), 1 ff.
Riccobono, Salvatore	Il diritto sullo spazio aereo secondo il diritto romano. Riv. dir. aeronaut. 1 (1932), 141 ff.

d) *res nullius humani iuris*

Landucci, Lando	Il diritto di proprietà e il diritto di caccia presso i Romani. AG 29 (1882), 306 ff.
Kaser, Max	*Occupatio.* RE VII Suppl. (1940), 684 f.
Arnaud, A. J.	Réflexions sur l'occupation, du droit romain au droit moderne. RHD 46 (1968), 183 ff. (186 ff.).
Riccobono, Salvatore	*Res nullius.* NDI 15 (1968), 569 (Abdruck aus dem Nuovo Digesto).

4. Sachteil *(pars. accessio)*

Gesterding, Franz	Das System des römischen Rechts von den Pertinenzen, in: Alte und neue Irrtümer der Rechtsgelehrten (Greifswald 1818), 301 ff.
Funke, Gottlob Leberecht	Die Lehre von den Pertinenzen. Chemnitz 1827.
Wächter, Carl Georg	*Accessio.* Weiske I (1839), 9 ff.
	Accession. Weiske I (1839), 11 ff.
	Die Verpfändung der beweglichen Zubehörungen (Pertinenzen) einer Liegenschaft, in: Erörterungen aus dem römischen, deutschen und württembergischen Privatrechte. Stuttgart 1845, 36 ff.
Heyne, Friedrich Christian	Pertinenz. Weiske VII (1847), 904 ff.
Girtanner, Wilhelm	Die Rechtsstellung der Sache und der Eigentumsbegriff mit besonderer Berücksichtigung auf Sachgesamtheiten, Accession und Miteigentum. DogmJb 3 (1859), 58 ff. (177 ff.).
Bechmann, August	Zur Lehre vom Eigentumserwerb durch Accession und von den Sachgesamtheiten. Kiel 1867.
Göppert, Heinrich Robert	Über die organischen Erzeugnisse. Halle 1869, 55 ff.
	Über einheitliche, zusammengesetzte und Gesamtsachen nach römischem Recht. Halle 1871.
Demelius, Gustav	Die Exhibitionspflicht in ihrer Bedeutung für das klassische und heutige Recht. Graz 1872, 100 ff. (105 ff.).
Schey, Josef	Über Rechtsverwandlungen. GrünhutZ 8 (1881), 110 ff. (122 ff.).
Kohler, Josef	Zur Lehre von den Pertinenzen. DogmJb 26 (1888), 1 ff. (23 ff.).
Voigt, Moritz	Die technische Produktion und die bezüglichen römischrechtlichen Erwerbstitel. AbhSächsAkW XI (1890), 609 ff. (628 ff.).
Leonhard, Rudolf	*Accessio.* RE I (1894), 139.
Biermann, Johannes	*Superficies solo cedit.* DogmJb 34 (1895), 169 ff.
von Czyhlarz, Karl	Zur Lehre vom Eigentumserwerb durch Accession nach römischem Recht. Wiener Festschr. Unger (Stuttgart 1898), 1 ff.
Sokolowski, Paul	Die Philosophie im Privatrecht. Teil 1: Sachbegriff und Körper in der klassischen Jurisprudenz und der modernen Gesetzgebung. Halle 1902, 111 ff.

Guarneri Citati, Andrea	Il ripristino della proprietà sull'alveo derelitto. AnnMac 1 (1927), 107 ff.
	Reviviscenza e quiescenza nel diritto romano. Appunti e frammenti. AnnMess 1 (1927), 33 ff.
	Appunti critici in tema di accessione. AnnMac 5 (1929), 260 ff.
Ratti, Umberto	Rinascita della proprietà in tema di accessione. Studi Bonfante I (Milano 1930), 265 ff.
Guarneri Citati, Andrea	La cosidetta accessione separabile e i suoi effetti. AnnPal 14 (1930), 227 ff.
Francescatti, Gino	Reviviscenza e quiescenza in tema di accessione. AnnMac 9 (1933), 11 ff.
Solazzi, Siro	Glosse a Gaio Inst. II 78, 79, 195. Per il XIV centenario della codificazione giustinianea, Studi di diritto (Pavia 1934), 384 ff.
Roddi, Cesare	I mutamenti della cosa e le loro conseguenze giuridiche in diritto romano. Torino 1936, 30 ff.
Archi, Gian Gualberto	L'epitome Gai. Milano 1937, 241 ff.
Brasiello, Ugo	La proprietà e i suoi modi d'acquisto (Corso). Bologna 1943.
Kaser, Max	Natürliche Eigentumserwerbsarten im altrömischen Recht. SZ 65 (1947), 219 ff. (226 ff.).
Nardi, Enzo	Studi sulla ritenzione in diritto romano. Milano 1947, I 320 ff.
De Zulueta, Francis	Digest 41. 1. *De adquirendo rerum dominio.* 2. Ed. Oxford 1950, 48 ff. (zu D. 41. 1. 7 bis 9. 2), 63 ff. (zu D. 41. 1. 26 bis 30).
Voci, Pasquale	Modi di acquisto di proprietà in diritto romano. Milano 1952, 253 ff.
Rasi, Piero	Le pertinenze e cose accessorie. Padova 1954, 13 ff.
Sanfilippo, Cesare	Accessione (diritto romano). NDI 1 (1957), 129 ff.
Branca, Giuseppe	Accessione. Enc. Dir. 1 (1958), 261 ff.
Mayer-Maly, Theo	Ersitzungsbesitz am Sachbestandteil. SDHI 26 (1960), 176 ff.
Maddalena, Paolo	Possesso del tutto e possesso della parte nei corpi composti. Synteleia Arangio-Ruiz I (Napoli 1964), 366 ff.
Daube, David	Roman Law. Linguistic, Social and Philosophical Aspects. Edinburgh 1969. S. 16.
Marrone, Matteo	*Ruta et caesa.* NDI 16 (1969), 292 f.
	Considerazioni sui ruta (et) caesa. Studi Volterra (Milano 1969)

a) *superficies*

Zaun	Über das Prinzip des einheitlichen Eigentums an Boden, Gebäude, und den einzelnen Teilen. AcP 43 (1860), 211 ff., 300 ff.
Schmidt, Adolf	Das Recht der *superficies.* SZ 11 (1890), 121 ff.
Biermann, Johannes	*Superficies solo cedit.* DogmJb 34 (1895), 169 ff.
Riccobono, Salvatore	*Ius tollendi* e l'accessione di cose ad immobili. AnnPal 3/4 (1917), 445 ff. = Scritti II (Palermo 1964), 247 ff.
	La violazione del principio *„superficies solo cedit"* nel diritto giustinianeo. AnnPal 3/4 (1917) = Scritti II (Palermo 1964), 301 ff.
	Superficies solo cedit. Dal diritto romano classico al diritto moderno. AnnPal 3/4 (1917), 463 ff. (508) ff. = Scritti II (Palermo 1964), 436 ff.
Maschi, Carlo Alberto	Proprietà divisa per piani, superficie, e l'estensione ai provinciali del principio *„superficies solo cedit"*. Studi Arangio-Ruiz IV (Napoli 1953), 135 ff.
Schmidlin, Bruno	Die römischen Rechtsregeln. Köln, Wien 1970. S. 87 ff. *(„superficies solo cedit")*
Meincke, Jens Peter	*Superficies* solo cedit. SZ 88 (1971), 136 ff.

α) *satio. inplantatio*

Maroi, Fulvio	La proprietà degli alberi separata da quella del fondo. SDHI 1 (1935), 349 ff.
Daube, David	*Implantatio* and *satio.* Acta Juridica 1 (1958), 181 ff.

β) *coaedificatio. tignum iunctum*

Pampaloni, Muzio	La legge delle XII tavole *de tigno iuncto.* AG 30 (1883), 157 ff.; 34 (1885), 153 ff.
Monier, Raymond	Le *„tignum iunctum"*. Paris 1922.
Melillo, Generoso	*Tignum iunctum.* Napoli 1964. Bespr. v. *Pasquale Voci,* Jura 16 (1965), 308 ff.; *Max Kaser,* Labeo 12 (1966), 104 ff.; *Maxime Lemosse,* RHD 44 (1966), 89 f.; *Elmar Bund,* TR 35 (1967), 304 ff.; *Theo Mayer-Maly,* SDHJ 33 (1967), 433; *Dieter Medicus,* SZ 84 (1967), 476 ff.
Quadrato, Renato	*Tignum iunctum ne solvito* (Dalle XII Tavole a Giustiniano). Bari 1967. Bespr. v. *Dieter Medicus,* SZ 86 (1969), 516 ff.

b) *ferruminatio. adplumbatio. textura. pictura*

Göppert, Heinrich Robert — Über die Bedeutung von *ferruminare* und *adplumbare.* Breslau 1869.

Pampaloni, Muzio — Sopra il significato delle parole *ferruminare* e *adplumbare* nelle Pandette. AG 23 (1879), 223 ff. = Scritti giuridici I 7 ff.

Calabi Limentani, I. — Lo schiavo Clesippo, „*accessio*" di un candelabro. Acme 10 (1957), 17 ff.

Arnò, Carlo — *Textura.* Mélanges Girard (Paris 1912) I, 27 ff.

Bortolucci, Giovanni — Nota a Gaio Inst. II 78. BIDR 33 (1923), 151 ff.

Tabula picta. Scritti Arnò (Modena 1928), 14 ff.

Nardi, Enzo — Un'osservazione in tema di *tabula picta.* AG 121 (1939), 95 ff.

Maddalena, Paolo — *Tabula picta.* Ritorno a Jhering. Labeo 13 (1967), 68 ff.

Kaser, Max — *Tabula picta.* TR 36 (1968), 31 ff.

c) *commixtio. confusio. consumptio*

Ascoli, Alfredo — Contributi alla teoria della confusione e commistione. RISG 4 (1887), 43 ff.

Voigt, Moritz — Die technische Produktion und die bezüglichen römischrechtlichen Erwerbstitel. AbhSächsAkW XI (1890), 609 ff. (636 ff.).

Mancaleoni, Flaminio — Sulla *commixtio* dei *nummi.* RISG 24 (1897), 198 ff.

Cicù, Antonio — Estinzione dei rapporti giuridici per confusione. Sassari 1899.

Kretschmar, Paul — Theorie der Konfusion. Leipzig 1899.

Leonhard, Rudolf — *Confusio.* RE IV (1901), 873 f.

Pampaloni, Muzio — Appunti sulla confusione e sulla commistione. BIDR 37 (1929), 33 ff.

Burdese, Alberto — In tema di *consumtio nummorum.* Riv. dir. com. 51, 1 (1953), 269 ff.

van Warmelo, P. — Joint Ownership in Roman Law. TR 25 (1957), 125 ff. (132 ff.).

Guizzi, Francesco — Confusione. NDI 4 (1959), 87 ff.

Kaser, Max — Das Geld im römischen Sachenrecht. TR 29 (1961), 167 ff. 183 ff.)

d) *separatio partis. actio ad exhibendum*

Demelius, Gustav — Die Exhibitionspflicht in ihrer Bedeutung für das klassische und heutige Recht. Graz 1872, 100 ff.

Pampaloni, Muzio — La legge delle XII tavole *de tigno iuncto*. AG 30 (1883), 157 ff.; 34 (1885), 153 ff.

Lenel, Otto — *Rei vindicatio* und *actio ad exhibendum*. GrünhutZ 37 (1910), 515 ff.

Beseler, Gerhard — Beiträge zur Kritik der römischen Rechtsquellen. Bd. 1 (Tübingen 1910), 1 ff.

Riccobono, Salvatore — *Ius tollendi* e l'accessione di cose ad immobili. AnnPal 3/4 (1917), 445 ff. = Scritti II (Palermo 1964), 247 ff.

Monier, Raymond — Le „*tignum iunctum*". Paris 1922, 57 ff., 87 ff.

Bossowski, Franciszek — *De actione ad exhibendum*. Bull. Acad. Pol. Scienc. Lettr. Krakow 1927, 180 ff.

Maschi, Carlo Alberto — La concezione naturalistica del diritto e degli istituti giuridici romani. Milano 1937, 177 ff.

Talamanca, Mario — *Actio ad exhibendum*. NDI 1 (1957), 254 ff.

Marrone, Matteo — *Actio ad exhibendum*. AnnPal 26 (1957), 177 ff. (373 ff., 588 ff.). Bespr. v. *Kaser*, Labeo 5 (1959), 218 ff. (219 f).

Levy, Jean Philippe — D.6.1.27.5, le droit de rétention et le „*ius tollendi*". Synteleia Arangio-Ruiz I (Napoli 1964), 97 ff.

Melillo, Generoso — *Tignum iunctum*. Napoli 1964, 102 ff.

Kaser, Max — Die *formula* der *actio ad exhibendum*. RIDA 14 (1967), 263 ff.

5. Spezifikation

Meykow, Ottomar — Die Lehre des römischen Rechts von dem Eigentumserwerb durch Spezification (1846), in: Dorpater Juristische Studien, herausgegeben von *Eduard Osenbrüggen*, Dorpat 1849, 149 ff.

Bechmann, August — Über den Rechtsgrund des Eigentumserwerbs durch Spezifikation. AcP 47 (1864), 25 ff.

Fitting, Hermann — Die Spezifikation. AcP 48 (1865), 1 ff., 149 ff., 311 ff.

Sulzer, A. — Der Eigentumserwerb durch Spezifikation. Zürich 1884.

Ferrini, Contardo — Appunti sulla dottrina della specificazione. BIDR 2 (1889), 182 ff. = Scritti giuridici IV (Milano 1930), 43 ff.

Materia e *species*. Scritti giuridici IV (Milano 1930), 103 ff.

Voigt, Moritz	Die technische Produktion und die bezüglichen römischrechtlichen Erwerbstitel. AbhSächsAkW XI (1890), 609 ff. (632 ff.).
Fischer, Otto	Das Problem der Identität und der Neuheit mit besonderer Berücksichtigung der Spezifikation. Breslauer Festg. Jhering (Breslau 1892), 46 ff.
Hoffmann, Paul	Über die Eigenheit der Sachen. Ein Beitrag zur Spezifikationslehre. GrünhutZ 23 (1896), 433 ff.
Sokolowski, Paul	Die Lehre von der Spezifikation. SZ 17 (1896), 252 ff.
	Die Philosophie im Privatrecht. Teil 1: Sachbegriff und Körper in der klassischen Jurisprudenz und in der modernen Gesetzgebung. Halle 1902, 28 ff. (69 ff., 168 ff.).
Hägerström, Axel	Der römische Obligationenbegriff. Uppsala 1927, I 244 ff.
Roddi, Cesare	I mutamenti della cosa e le loro conseguenze giuridiche in diritto romano. Torino 1936, 46 ff.
Maschi, Carlo Alberto	La concezione naturalistica del diritto e degli istituti giuridici romani. Milano 1937, 38 ff., 254 ff.
De Martino, Francesco	*Navis — eadem navis — specificatio.* Riv. dir. navig. 3 (1937), 179 ff.
	Appunti in tema di *specificatio.* (Auszug aus dem vorigen Titel) Scritti Jovene (Napoli 1954), 297 ff.
Segrè, Gino	Sul frammento 26 § 1 D. 41. 1. BIDR 48 (1941), 34 ff.
Kaser, Max	Natürliche Eigentumserwerbsarten im altrömischen Recht. SZ 65 (1947), 219 ff. (242 ff.).
De Zulueta, Francis	*De adquirendo rerum dominio.* 2. Ed. Oxford 1950, 49 (zu D. 41. 1. 7. 7), 62 ff. (zu D. 41. 1. 24—27).
Voci, Pasquale	Modi d'acquisto di proprietà in diritto romano. Milano 1952, 239 ff.
Coing, Helmut	Zum Einfluß der Philosophie des Aristoteles auf die Entwicklung des römischen Rechts. SZ 69 (1952), 24 ff. (56 f.).
Osuchowski, Waclaw	Des études sur les modes d'acquisition de la proprieté en droit romain. Recherche sur l'auteur de la théorie eclectique en matière de la spécification. Studi Arangio-Ruiz III (Napoli 1953), 37 ff.
Mozzillo, Attanasio	Note in tema di specificazione. Scritti Jovene (Napoli 1954), 711 ff.
Wieacker, Franz	Spezifikation. Schulprobleme und Sachprobleme. Festschr. Rabel II (Tübingen 1954), 263 ff.
Albanese, Bernardo	Esegesi minime in tema di specificazione. Labeo 1 (1955), 166 ff.
Mayer-Maly, Theo	Spezifikation. Leitfälle, Begriffsbildung, Rechtsinstitut. SZ 73 (1956), 120 ff.

Cohen, Boaz — *Specificatio* in Jewish and Roman Law. RIDA 5 (1958), 225 ff.

Thomas, Joseph Anthony, Charles — *Non solet locatio dominium mutare.* Mélanges Meylan I (Lausanne 1963), 339 ff.

Locatio conductio, emptio venditio und *specificatio.* SZ 81 (1964), 109 ff. (123 ff.).

Form and substance in Roman law. Current legal problems (London 1966), 145 ff.

Liebs, Detlef — Gaius und Pomponius. Gaio nel suo tempo, Atti del simposio romanistico (Napoli 1966), 61 ff. (72 ff.).

Calonge, Alfredo — Breve exegesis en materia de especificación. Studi Grosso II (Torino 1968), 193 ff.

6. Zubehör *(instrumentum, pertinentia)*

Gesterding, Franz — Das System des römischen Rechts von den Pertinenzen, in: Alte und neue Irrtümer der Rechtsgelehrten (Greifswald 1818), 301 ff.

Funke, Gottlob Leberecht — Die Lehre von den Pertinenzen. Chemnitz 1827.

Wächter, Carl Georg — Die Verpfändung der beweglichen Zubehörungen (Pertinenzen) einer Liegenschaft, in: Erörterungen aus dem römischen, deutschen und württembergischen Privatrechte. Stuttgart 1845, 36 ff.

Heyne, Friedrich Christian — Pertinenz. Weiske VII (1847), 904 ff. (906 ff.).

Göppert, Heinrich Robert — Über die organischen Erzeugnisse. Halle 1869, 67 ff.

Kohler, Josef — Zur Lehre von den Pertinenzen. DogmJb 26 (1888), 1 ff., (1 ff., 41 ff., 67 ff.).

Sokolowski, Paul — Die Philosophie im Privatrecht. Teil 1: Sachbegriff und Körper in der klassischen Jurisprudenz und in der modernen Gesetzgebung. Halle 1902, 49 ff.

Riccobono, Salvatore — Fragmenta Vaticana 70. *Instrumentum fundi.* Rinegazione delle pertinenze immobili. Studi Brugi I (Palermo 1910), 171 ff.

Schulten, Adolf — *Fundus.* RE VII Suppl. (1912), 297 ff.

Steinwenter, Arthur — *Instrumentum.* RE IX (1916), 1587.

Schulten, Adolf — *Fundus.* DE III (1922), 338 ff.

Oppikofer, Hans — Das Unternehmensrecht in geschichtlicher, vergleichender und rechtspolitischer Betrachtung. Tübingen 1927, 30 ff.

Durst, Karl — Zubehör und Unternehmen im Rechte der Papyri. Diss. Gießen 1938.

Arangio-Ruiz, Vincenzo — *Instrumentum.* DE IV (1942), 59.

Steinwenter, Arthur — *Fundus cum instrumento.* SBerAkW Wien 221, 1 (Wien 1942).

Kaser, Max — Eigentum und Besitz im älteren römischen Recht. Weimar 1943, 260 ff.

Rasi, Piero — La formula di pertinenza nei documenti dell'ultimo periodo postclassico ed il suo valore. Studi Arangio-Ruiz II (Napoli 1953), 105 ff.

Le pertinenze e cose accessorie. Padova 1954, 27 ff.

Herrmann, Johannes — Studien zur Bodenpacht im Recht der graeco-aegyptischen Papyri. München 1958, 86 ff.

Dell'Oro, Aldo — Le cose collettive nel diritto romano. Milano 1963, 75 ff.

Astolfi, Riccardo — Studi sull'oggetto dei legati in diritto romano. Vol. 2. Padova 1969, 1 ff (legato dell'*instrumentum)*

John, Uwe — Die Auslegung des Legats von Sachgesamtheiten im römischen Recht bis Labeo. Karlsruhe 1970, 8 ff. *(instrumentum fundi).*

7. Sachgesamtheiten *(universitates rerum)*

Hasse, Johann Christian — Über *universitas iuris et rerum* und über Universal- und Singular-Succession. AcP 5 (1822), 1 ff.

Warnkönig, Leopold August — Über den Begriff und die juristische Wichtigkeit der sogenannten *universitas rerum.* AcP 11 (1828), 169 ff.

Mühlenbruch, Christian Friedrich — Über die sogenannten *iuris* und *facti universitates.* AcP 17 (1834), 321 ff.

Wächter, Carl Georg — Über Sachgesamtheiten (*rerum universitates*) überhaupt und in besonderer Beziehung auf Pfandrecht, in: Erörterungen aus dem römischen, deutschen und württembergischen Privatrechte. Stuttgart 1845, 1 ff.

Girtanner, Wilhelm — Die Rechtsstellung der Sache und der Eigentumsbegriff mit besonderer Rücksicht auf Sachgesamtheiten, Accession und Miteigentum. DogmJb 3 (1859), 58 ff., (100 ff.).

Baron, Julius — Gesamtrechtsverhältnisse. Marburg 1864, 29 ff.

Bechmann, August — Zur Lehre vom Eigentumserwerb durch Accession und von den Sachgesamtheiten. Kiel 1867, 65 ff.

Göppert, Heinrich Robert — Über einheitliche, zusammengesetzte und Gesamtsachen nach römischem Recht. Halle 1871, 49 ff.

Unger, Josef Das Eigentum an der Gesamtsache. DogmJb 12 (1873), 273 ff.

Till, Ernst Die Lehre von der Gesamtsache. GrünhutZ 12 (1885), 736 ff., (747 ff.).

Milone, Filippo Le *universitates rerum*. Napoli 1894.

Affolter, Friedrich Xaver Das römische Institutionen-System. Sein Wesen und seine Geschichte. Heidelberg 1897, 373 ff.

Sokolowski, Paul Die Philosophie im Privatrecht. Teil 1: Sachbegriff und Körper in der klassischen Jurisprudenz und in der modernen Gesetzgebung. Halle 1902, 69 ff.

Lucci, Arnaldo La dottrina delle *universitas rerum* nel diritto medievale. AG 73 (1904), 305 ff.

Schnorr v. Carolsfeld, Ludwig Geschichte der juristischen Person. Bd. 1: *Universitas, corpus, collegium* im klassischen römischen Recht. München 1933, 116 ff.

Barbero, Domenico Le università patrimoniali. Milano 1936.

Pflüger, Heinrich Hackfeld Über körperliche und unkörperliche Sachen. SZ 65 (1947), 339 ff.

Monier, Raymond La date d'apparition du *dominium* et de la distinction juridique des *„res“* en *„corporales“* et *„incorporales“*. Studi Solazzi (Napoli 1948), 357 ff.

Ehrhardt, Arnold Das Corpus Christi und die Korporationen im spätrömischen Recht. SZ 70 (1953), 299 ff.

Pugliese, Giovanni *Res corporales, res incorporales* e il problema del diritto soggettivo. Studi Arangio-Ruiz III (Napoli 1953), 223 ff.

Steinwenter, Arthur Über einige Bedeutungen von *ius* in den nachklassischen Quellen. Jura 4 (1954), 41 ff.

Philipsborn, Alexander Der Begriff der juristischen Person im römischen Recht SZ 71 (1954), 41 ff.

Rasi, Piero Le pertinenze e cose accessorie. Padova 1954, 7 ff.

Pugliatti, Salvatore Riflessioni in tema di *universitas*. Riv. trim. dir. civ. 9 (1955), 961 ff. = Beni e cosa in senso giuridico. Milano 1962, 259 ff.

Biondi, Biondo La dottrina giuridica dell'*universitas* nelle fonti romane. BIDR 61 (1958), 1 ff. = Scritti Francesco Rovelli. Jus 6 (1955), 254 ff.

Dell'Oro, Aldo Le cose collettive nel diritto romano. Milano 1963. Bespr. v. *Filippo Gallo*, Jura 15 (1964), 305 ff.; *Pasquale Voci*, SHDJ 30 (1964), 434 ff.

a) *Vermächtnis von Sachgesamtheiten*

Astolfi, Riccardo	Studi sull'oggetto dei legati in diritto romano. Vol. 2. Padova 1969.
John, Uwe	Die Auslegung des Legats von Sachgesamtheiten im römischen Recht bis Labeo. Karlsruhe 1970.

b) *Nießbrauch an Sachgesamtheiten*

v. Petrazycki, Leo	Die Lehre vom Einkommen. Berlin 1893, I 143 ff.
Pallucchini, Osvaldo	Usufrutto del gregge. Milano 1940.
Amirante, Luigi	*Ususfructus gregis*. Studi Arangio-Ruiz III (Napoli 1953), 291 ff.

c) *vindicatio gregis*

Pampaloni, Muzio	Sulla *vindicatio gregis* in diritto romano. RISG 10 (1890), 268 ff.
v. Petrazycki, Leo	Die Lehre vom Einkommen. Berlin 1893, I 143 ff.
Bossowski, Franciszek	*De gregis vindicatione*. Studi Riccobono II (Palermo 1936) 257 ff.

d) *pignus tabernae*

Vallet de Goytisolo, J	*Pignus tabernae*. Ann. der. civ. 6 (1953), 783 ff.

EINLEITUNG

Eine Lehre vom Rechtsobjekt muß der Frage nachgehen, nach welchen Kriterien die Grenzen des substantiellen Bestandes zu bestimmen sind, der als individuelles Rechtsobjekt in Erscheinung treten soll. Die Grenzbestimmung spannt zugleich den Rahmen, innerhalb dessen das auf das Rechtsobjekt bezügliche subjektive Recht zur Geltung kommt. Wird die körperliche Sache zum Objekt eines spezifischen subjektiven Rechts erhoben, wie es im römischen Recht und in dessen Tochterrechten in besonders ausgeprägter Weise durch das Institut des Sacheigentums geschehen ist, so müssen die Grenzen desjenigen physikalischen Bestandes ermittelt werden, der als je *eine* Sache im Rechtssinne gelten und Gegenstand des Eigentums sein soll. Daraus ergeben sich zugleich zwei weitere Fragen: erstens, ob und gegebenenfalls unter welchen Voraussetzungen innerhalb des als eine konkrete Sache im Rechtssinne individualisierten körperlichen Bestandes partiale, ebenfalls als solche individualisierbare Bestände als besondere, gleichartige Rechtsobjekte anzuerkennen sind, oder umgekehrt: ob und unter welchen Voraussetzungen Mehrheiten von Individualsachen eine Gesamtsache bilden können, die ein gegenüber der Summe der Gliedsachen selbständiges Sachindividuum darstellt und als solches Gegenstand des Eigentums sein kann; zweitens, ob mehrere Individualsachen auch ohne Zusammenschluß zu einem besonderen Rechtsobjekt doch in ein solches Verhältnis zueinander treten können, daß die an ihnen bestehenden subjektiven Rechte in einem durch den rechtsobjektiven Zusammenhang bestimmten Beziehungsverhältnis zueinander stehen.

Diese beiden letzten Fragen sollen uns hier, unter historischen Aspekten, beschäftigen, und zwar aus folgendem Grunde: Einerseits hat das geltende deutsche Recht (und entsprechend die übrigen römischen Tochterrechte) beide in Frage stehenden Möglichkeiten verwirklicht (so das BGB die erste im *Bestandteil*sbegriff, die zweite im *Zubehör*begriff). Andererseits muß man spätestens seit den Arbeiten von *Steinwenter*[1] und *Rasi*[2] davon ausgehen, daß im römischen Recht nur die erste von beiden realisiert worden ist *(res unita, composita, collectiva; pars rei)*. Die Verschiedenheit positivrechtlicher Ausgestaltung im römischen Recht einerseits und im modernen andererseits fordert die Untersuchung heraus, wann, in welcher Weise und mit welchen Argumenten die neuere, an sich dem römischen Sachbegriff verpflichtete Jurisprudenz auch jene zweite Möglichkeit verwirklicht und welche Wandlungen im Zusammenhang damit der die Sacheinheit bestimmende Integritätsbegriff erlitten hat.

Wie die späteren Ausführungen zeigen werden[3], begegnet uns der Zubehörbegriff des BGB als der Begriff einer Sache, die wegen ihres funktionellen Zusammenhanges mit einer oder mehreren anderen Sachen in gewisser Hinsicht zugleich dem Recht dieser anderen oder einer dieser anderen Sache(n) unterworfen ist, in dieser Gestalt — nach gewissen Ansätzen bei *Pothier* und in der Ordonnanzgesetzgebung des Ancien Régime — zuerst in der systematischen Literatur und in der Gesetzgebung der vorletzten Jahrhundertwende und ist als solcher ein Produkt des späten Naturrechts. Dabei wird sich erweisen, daß sowohl seine dortige Ausprägung als auch seine — zögernde — Rezeption durch die Pandektistik sich in den Denkformen vollzieht, die das überlieferte römische Recht bereitgestellt hat, und — ohne Rücksicht auf seine rechtsinstitutionelle Vorgeschichte[4] — als nichts anderes

---

[1] *Artur Steinwenter*, Fundus cum instrumento. SBer. Ak. Wien 221, 1. Wien 1942.

[2] *Piero Rasi*, Le pertinenze e cose accessorie. Padova 1954.

[3] Vgl. Teil B I vor 1 und II 1.

[4] Vergleiche hierzu die Untersuchungen von *Josef Kohler*, Zur Lehre von den Pertinenzen, DogmJb 26 (1888), 1—184, und *Hans Oppikofer*, Das Unternehmensrecht in geschichtlicher, vergleichender und rechtspolitischer Betrachtung (Tübingen 1927), sowie die in der vorigen Anmerkung genannte Abhandlung von *Rasi*. Bis zu *Oppikofer* hat man den modernen Zubehörbegriff, weil dem römischen Recht unbekannt, auf deutsch-rechtliche Traditionen zurückgeführt, vgl. statt aller *Otto v. Gierke*, DPR II, 71 f. *Oppikofer* hat jedoch darauf aufmerksam gemacht, daß die für den heutigen Zubehörbegriff kennzeichnende funktionelle Bindung der einzelnen Zubehörsachen an eine als Hauptsache *(res principalis)* gedachte andere Einzelsache dem römischen Sachenrechtssystem verpflichtet und deutschrechtlichen Vorstellungen geradezu entgegengesetzt ist (vgl. S. 113 ff.); denn hiernach ist Zubehöreigenschaft als Zugehörigkeit eines Rechtsobjektes zu einer funktional bestimmten Gesamtheit von Rechtsobjekten verstanden worden, deren Glieder durch diese Zugehörigkeit rechtlich wechselseitig verbunden waren, ohne daß eines davon als Hauptsache den anderen als bloßen Nebensachen übergeordnet gewesen wäre. Das alte deutsche Recht hat danach — im Gegensatz zum römischen — nur einen quasi genos-

erscheint denn als eine Modifikation des *römischen* Sachenrechts. Die Dogmengeschichte des Zubehörverhältnisses läßt sich daher genau wie die des Bestandteilsverhältnisses nur durch eine Bezugnahme auf das römische Sachenrechtssystem darstellen und verständlich machen, welches sozusagen den Hintergrund bildet, aus welchem der heutige Zubehörbegriff hervorgewachsen, und in welchem er eingebettet geblieben ist. Zu diesem Zweck sind zunächst der römische Sachbegriff und die römische Ordnung der Bestandteils- und Zubehörverhältnisse[5] zu rekapitulieren.

---

senschaftlich strukturierten Gegenstandsverband gekannt. Einen solchen hat es im römischen Recht zwar auch, aber nur in bestimmten Gestalten gegeben — nämlich der *universitas rerum* (*corpus ex distantibus consistens*) und der durch Spezifikation entstandenen *res composita*, deren Struktur aber für das nach dem hierarchischen Prinzip von *res principalis* und *res accessoria* aufgebauten Zubehörverhältnis gerade nicht das Modell abgegeben hat. Der deutschrechtliche Gehalt des modernen Zubehörbegriffs reduziert sich daher auf eine gegenständliche Erweiterung des Kreises von durch sachenrechtliche Beziehungen verknüpften Rechtsobjekten, romanistisch gesprochen, auf die Erweiterung des Anwendungsbereichs des *perpetuus usus alicuius rei, cui alia destinari potest.* Die institutionelle Vorgeschichte dieses aus der römischen Tradition hervorgegangenen Zubehörbegriffs hat *Rasi* untersucht (vgl. S. 71 ff.).

[5] Diese letzteren freilich in einem untechnischen, nur auf die tatsächliche Zweckverbindung abstellenden Sinne. Denn es wurde ja eben darauf hingewiesen, daß das römische Recht das Zubehörverhältnis gerade nicht als objektive Sachbeziehung verstanden und daher sachenrechtlich nicht erfaßt hat.

A. ERSTER TEIL:

Sachteil und Zubehör im römischen Recht

I. DER RÖMISCHE SACHBEGRIFF

1. Der Sachbegriff als Begriff des sachenrechtlichen Gegenstandes

Die Bestimmung des Sachbegriffs im klassischen römischen Recht als eines Rechtsbegriffs — und zwar eines Rechtsgegenstandsbegriffs — muß sich am Begriff desjenigen subjektiven Rechts orientieren, als dessen Objekt er in Betracht kommt. Dieses subjektive Recht ist das Eigentum (*dominium, proprietas*). Unter *Sache* soll daher im folgenden (nur) dasjenige verstanden werden, was möglicher Gegenstand von (privatem) Eigentum und der von ihm *in concreto* ableitbaren[1] beschränkt dinglichen Rechte (der „Sachenrechte") sowie der sachenrechtsspezifischen Zustände (*possessio*) oder Vorgänge (*mancipatio, in iure cessio, vindicatio, usucapio, traditio, legatum per vindicationem*) gewesen ist. Ihre Fähigkeit, als Sache Gegenstand von Eigentum und der sonstigen sachenrechtlichen Regelungen zu sein, soll fortan als *Sachenrechtsfähigkeit* bezeichnet werden[2].

a) Der Sachbegriff in der römischen Rechtssprache

Verständnis und Darstellung dieses Sachbegriffs[3] stoßen auf gewisse Schwierigkeiten, weil die Rechtssprache der römischen Juristen einen ein-

---

[1] Durch diese Einschränkung werden alle diejenigen Gegenstände aus dem Sachbegriff ausgeschieden, die zwar als Gegenstände einzelner sachenrechtsspezifischer Regelungen in Betracht kommen, deren Rechtsinhaberschaft selbst aber nicht als Eigentum zu qualifizieren ist (vgl. unten 2 c nach Anm. 17, desgleichen Anm. 212).

[2] Diesen methodischen Ansatz übernimmt Verf. von *Pietro Bonfante*, vgl. Corso di diritto romano, Band II 1 (Rom 1926), 4, und hier Anm. 12.

[3] Zum römischen *Sachbegriff* im Rechtssinne vgl. die monographische Literatur im Literaturverzeichnis unter II 1, aus der Lehrbuchliteratur vor allem: *Windscheid-Kipp* (1906) I §§ 137 ff.; *Bonfante* (1926) II 1, 1 ff.; *Segrè* (1926) I, 81 ff.; *Perozzi* (1928) I, 580 ff.; *Scialoja* (1928) I, 11 ff.; *Betti*, Dir. rom. (1935) I, 683 ff.; *Grosso* (1941), 1 ff.; *Betti*, Ist. (1942) I, 352 ff.; *Scherillo* (1945), 1 ff.; *C. Longo*

deutigen und spezifischen Terminus hierfür nicht kennt. *Res*[4], die Vokabel, welche jedenfalls im klassischen Latein unserem Wort *Sache* in seiner allgemeinen Bedeutung entspricht, meint zwar zunächst die körperliche, sinnlich wahrnehmbare Einzelsache, aber darüber hinaus, und zwar auch in der Fachsprache der Juristen, alles, was sonst Gegenstand des Rechts oder eines rechtserheblichen Vorgangs sein kann, ferner das Vermögen im ganzen, ja schließlich alles, was als von einer Person verschieden gedacht werden kann. *Corpus*[5] kann zwar die körperliche Sache, und zwar in spezifischerem Sinne als *res* die Sache gerade in ihrer Körperlichkeit bedeuten, meint aber außerdem, und zwar in seinem ursprünglichen Wortsinn, nicht Körper einer leblosen, sondern einer lebenden Substanz, nämlich Körper von Mensch oder Tier. In einem weiteren Sinne wird darunter auch ein Inbegriff von Einzelstücken (leblosen Sachen, Tieren, Menschen) verstanden. Sowohl *res* als auch *corpus* decken also einen weiteren Gegenstandsbereich als Sachen im Sinne von Sachenrechtsgegenständen. Andere Wörter, die für Sachen im hier gemeinten Sinne verwendet werden, wie etwa *pecunia* und *patrimonium*[6], sind noch weniger spezifisch, *pecunia* außerdem nicht umfassend genug. *Causa* taucht als Synonymon für *res* erst in nachantiken Quellen auf[7].

Von allen in den römischen juristischen Quellen gebrauchten Ausdrücken kommt dem Sachbegriff, so wie er hier verstanden werden soll, am nächsten die *res corporalis* des *Gaius*, die dieser selbst (in der Mehrzahl) als

---

(1946), 1 ff.; *Monier* (1947) I, 341 ff.; *Kunkel* (1949) § 46; *Kaser* I (1955) § 92, II (1959) § 237; *Arangio-Ruiz* (1960), 162 ff.; *Burdese* (1964), 193 ff.; *Biondi* (1965), 151 ff. — Zum römischen *Sachenrechtsbegriff* vgl. Lit. Vz. II 2 und *Bonfante* II 1, 3 ff.; *Perozzi* I, 608; *Betti*, Ist. 367 ff.; *Arangio-Ruiz* 173 ff.; *Burdese* 337 ff.; *Biondi* 223 ff.

[4] Vgl. die Quellenbelege bei *Heumann-Seckel* und im VIR s.h.v.; im übrigen die in Anm. 3 zitierte Literatur.

[5] Vgl. die Quellenbelege bei *Heumann-Seckel* und im VIR s.h.v.; ferner *Leonhard*, RE IV (1901), 1645 s.h.v. und aus Lit.Vz. II 7 die Schriften von *Schnorr von Carolsfeld* (1933) und *Philippsborn* (1954).

[6] Vgl. *Heumann-Seckel* und VIR s.h.v.

[7] Von *causa* leitet sich auch die Vokabel für *Sache* in den romanischen Sprachen her (*cosa, chose*). In den klassischen Juristentexten bedeutet *causa* niemals Sache im Sinne von *res* (*corporalis seu incorporalis*), sondern — abgesehen von den mannigfachen, hier ferner liegenden Inhalten — nur Attribute von Sachen (z. B. ihre rechtserhebliche Beschaffenheit, Ausstattung und dgl.: „*omnis causa*"), vgl. *Heumann-Seckel*, s. v. 5; *Affolter* 2 ff.

„*(res), quae tangi possunt*" definiert und in Gegensatz bringt zu den „*res incorporales, qualia sunt ea, quae iure consistunt*"[8]. Dieses von *Gaius* als eines unter anderen verwendete Einteilungsprinzip für die *res* stammt allerdings nicht von ihm selbst, und ist überhaupt keine Erfindung der römischen Juristen, sondern der griechischen Philosophen und Grammatiker[9]. Es ist daher nicht verwunderlich, daß die Termini *res corporalis* und *res incorporalis* vor allem in der Schuljurisprudenz begegnen[10], während sie von der Klassik gemieden werden[11]. Die außerjuristische Herkunft und seltene Überlieferung in der Literatur der klassischen Praxis deutet darauf hin, daß der nach diesem Prinzip gebildete Begriff der *res corporalis* jedenfalls für die Rechtsbildung der Klassik ohne Bedeutung war; seine Verwendung im Unterrichtswerk des Juristen *Gaius* läßt allenfalls darauf schließen, daß dieser ihn für geeignet hielt, das nach ganz anderen Prinzipien gefundene Recht systematisch zu erfassen und charakteristische Unterschiede bestimmter Rechtslagen zu erklären.

---

[8] Gai. Inst. 2. 12—14. Zum gajanischen Sachbegriff (*res*) vgl. aus den im Lit.Vz. unter II 1 Genannten: *Affolter, Sokolowski, Stroux, Schiller, C. Longo, Archi* (beide Titel), *Grosso, Pflüger, Monier* (beide Titel), *Kaser, Pugliese* und *Wieacker,* ferner aus Lit.Vz. II 2 *Cugia* und *Villey.*

[9] Auf die philosophische (und zwar peripatetische) Herkunft des gajanischen *res*-Begriffes, insbesondere seine Untergliederung in *res corporalis* und *res incorporalis,* hat mit ausführlicher Begründung zunächst *Sokolowski,* 41 ff. hingewiesen. Außer den übrigen in der vorigen Anmerkung zitierten Autoren gehen auch *Bonfante* II 1, 6 f. und *Scialoja* 21 ff. genauer darauf ein. Grammatiker-Einflüsse wurden erst in jüngerer Zeit von *Stroux* und *Wieacker* nachgewiesen (vgl. vorige Anmerkung).

[10] Und zwar nur bei *Gaius* selbst, vgl. außer Inst. 2. 12—14 ebendort 2.38; 3.83, 85; 4.3. Auch in seinem Kommentar zum Provinzialedikt kommt *res corporalis* einmal vor (lib. 4 = D. 41. 3. 9).

[11] Vgl. *Arangio-Ruiz,* Ist. 164 Anm. 2; *Cugia,* BIDR 42 (1934), 432 ff.; *Kaser,* SZ 70 (1953), 142 f.; *ders.* RPR I, 319. Doch fehlen sie auch hier nicht gänzlich. Etwa gleichzeitig mit *Gaius* treten sie auf bei *Javolen* (4 Plaut. D. 12. 6. 46), *Maecian* (2 fideicomm. D. 32.95), und dem hier zitierten *Aristo.* Allerdings bedeuten *res corporales* bei ihnen, ebenso wie bei dem etwas jüngeren *Venulejus* (10 act. D. 34. 4. 32 pr), nicht die körperlichen Sachen schlechthin in ihrem Gegensatz zu unkörperlichen, wie bei *Gaius,* sondern körperliche Sachen unter Ausschluß der *numerata pecunia* (vielleicht sogar nur unvertretbare Sachen), und werden hierzu in Gegensatz gebracht. Erst in der Praktikerliteratur der Spätklassik wird *res corporalis* in dem umfassenden gaianischen Sinne verwendet, so bei *Ulpian* (30 Sab. D. 10. 3. 4 pr; 33 ed. D. 23. 3. 39 pr) und *Marcian* (form. hyp. D. 20. 6. 8 pr); desgleichen in Ep. Ulp. 19.15 und PS 3. 6. 11.

b) Methodische Folgerungen

Daß für den Begriff der Sache im Sinne von *Gegenstand des Sachenrechts* in der Sprache der klassischen römischen Praxis ein terminus specificus fehlt, jedenfalls in den Klassikerschriften nicht überliefert ist, bedeutet nun noch nicht, daß ein solcher Begriff dem klassischen Rechtsdenken fremd gewesen wäre. Auch das geltende Recht, welches doch in viel höherem Maße systematisch aufbereitet ist als das römische, enthält hier eine Vielzahl von Rechtsbegriffen, die sprachlich unzureichend fixiert sind. Es bleibt also die Frage zu beantworten, in welcher Weise die römischen Klassiker den Allgemeinbegriff der *Sache* in diesem Sinne jeweils gefunden und angewendet haben, wenn sie im Einzelfall zu der Entscheidung gelangten, der Kläger könne vindizieren oder der Beklagte dürfe die Sache behalten, weil ihm ein Nießbrauch daran zustehe. Denn diese Entscheidung konnte ja nur getroffen werden, wenn der Gegenstand, um den es ging, als ein solcher erkannt worden war, der des Eigentums, des Besitzes, des Nießbrauchs usw. fähig, mit anderen Worten, nachdem er unter einen „Sachbegriff", wenn auch unbewußt, subsumiert worden war.

Nun ist es für uns heute schwierig, die Denkvorgänge der Klassiker nachzuvollziehen, weil wir deren Vorstellungsinhalte nicht vollständig kennen und auch nicht restlos rekonstruieren können. Es ist denkbar, daß sie eine wenn auch noch unscharfe Vorstellung von einem Allgemeinbegriff der „Sache" als Sachenrechtsobjekt hatten und hiervon ausgingen, wenn es im Einzelfall darum ging, einem Gegenstand ein sachenrechtliches Prädikat zuzusprechen. Es ist auch denkbar, daß sie sich nur an bestimmten charakteristischen Sachtopoi orientierten, deren Sachenrechtsfähigkeit unproblematisch war, z. B. *fundus, mancipium, tignum* usw. Diese denkpsychologischen Fragen können hier jedoch dahingestellt bleiben. Es genügt vielmehr, sozusagen vom Ergebnis her, das Feld für Gegenstände abzustecken, die nach den Entscheidungen der Klassiker, wenn auch impizit, Objekte von Sachenrechten gewesen sind. Im Anschluß daran soll versucht werden, aus der Summe der überlieferten Entscheidungen einen ihnen objektiv immanenten Sachbegriff abzuleiten und mit den Denkfiguren heutiger Dogmatik zu untersuchen[12].

---

[12] Verf. folgt in dieser Untersuchung der von *Emilio Betti* begründeten Methode der dogmatischen Interpretation historischer Rechte. Vorliegende Arbeit kann daher zugleich als Versuch verstanden werden, deren Ergiebigkeit an einem Modellthema zu exemplifizieren. Die von *Franz Wieacker* in einer solchen Methode gesehenen Gefahren einer unkritischen Identifikation moderner mit historischen Rechts-

2. Abgrenzung der sachenrechtsfähigen von den nicht sachenrechtsfähigen Gegenständen

Versucht man, die Vielzahl der Gegenstände, deren Sachenrechtsfähigkeit sich aus den römischen Quellen beispielhaft ergibt, nach natürlichen Gesichtspunkten zu gruppieren, so ergibt sich folgendes[13].

a) Die unbeschränkt sachenrechtsfähigen Gegenstände

α) Unbeschränkt sachenrechtsfähig, d. h. möglicher Gegenstand von Sachenrechten schlechthin, waren einmal durch den Menschen beherrschbare lebende Individuen, mit Ausnahme des freien Menschen selbst. Sachen in diesem Sinne waren also der Sklave, das Haustier und das gezähmte wilde Tier.

β) Sachenrechtsfähig waren ferner individuelle Stücke der den Menschen umgebenden toten Natur, die als von ihrer Umgebung allseitig abgegrenzt sinnlich wahrnehmbar sowie selbständig beherrschbar und nutzbar waren. Hierzu gehören einmal unbearbeitete Naturprodukte, z. B. das Metallstück, der gefällte Baumstamm, die vom Baum getrennte Frucht; ferner die durch Be- oder Verarbeitung, u. U. durch Zusammenfügung ursprünglich verschiedener Substanzen daraus gewonnenen Erzeugnisse, wie die goldene oder legierte Vase, das Geldstück, der Balken, der Tisch, das Schiff, das (für sich aufbewahrte) Quantum Wein, Essig oder Öl, usw.

---

begriffen hofft Verf. vermieden zu haben. Zum methodischen Programm *Bettis* vgl. dessen Aufsätze: Diritto romano e dogmatica moderna, AG 99 (1928), 129 ff.; 100 (1928), 26 ff.; Methode und Wert des heutigen Studiums des römischen Rechts (Die rechtsdogmatische Methode), TR 15 (1937), 137 ff.; Jurisprudenz und Rechtsgeschichte vor dem Problem der Auslegung, ARSP 40 (1952), 354 ff. (363 ff.); zu *Wieacker's* Bedenken vgl. dessen Notizen zur rechtshistorischen Hermeneutik, Nachr. AkW Göttingen, phil.hist. Kl., (Göttingen) 1963, H. 1 (11 ff.). Auf die notwendige Gemeinsamkeit der juristischen Denkformen in intertemporär (oder interregional) verschiedenen Rechtsordnungen hat jüngst auch *Günther Jahr* hingewiesen, um — umgekehrt — den Erkenntniswert historischer Rechte (insbesondere des römischen) für die moderne Dogmatik zu begründen, vgl. Romanistische Beiträge zur modernen Zivilrechtswissenschaft, AcP 168 (1968), 9 ff. (25 f.). Auch damit wird der hermeneutische Wert der modernen Dogmatik für die historischen Rechte impliziert.

[13] Vgl. zum folgenden: *Bonfante* II 1, 1 ff.; *C. Longo*, Le cose, 1 ff.; *G. Longo*, Dir. rom. IV, 7 ff.; *Perozzi* I, 584 ff., *Scherillo*, Le cose, 11 ff.; *Scialoja* I 1, 15 ff.

γ) Sachenrechtsfähig waren außerdem willkürlich voneinander abgegrenzte, durch eine bestimmte Nutzungsweise individualisierte Teile der Erdoberfläche, also die landwirtschaftlichen oder städtischen Grundstücke in ihrer jeweiligen natürlichen oder durch den Menschen bewirkten Oberflächenausstattung.

δ) Sachenrechtsfähig waren schließlich als solche wahrnehmbare Mehrheiten von gleichartigen lebenden oder toten Individualkörpern, die wegen ihrer geringen Größe nur als Summenquantum wirtschaftlich nutzbar waren und als Einzelobjekte sachenrechtlich nie in Erscheinung traten[14], wie z. B. der Bienenschwarm oder der Getreidehaufen.

b) Die Gegenstände mit beschränkter oder zweifelhafter Sachenrechtsfähigkeit

Außer diesen grundsätzlich unbeschränkt sachenrechtsfähigen Gegenständen gibt es weitere, deren Sachenrechtsfähigkeit *problematisch* ist, weil sich nicht mit Sicherheit ausmachen läßt, ob und ggf. inwieweit die diesem Typus zugehörigen Gegenstandseinheiten selbst unmittelbar Gegenstände von Sachenrechten, d. h. des Eigentums und der davon ableitbaren beschränkt dinglichen Rechte gewesen sind. Hierher gehören gewisse als solche wahrnehmbare, eine wirtschaftliche Einheit bildenden Mehrheiten von voneinander getrennten Individualkörpern, die auch als einzelne voll sachenrechtsfähig sind, wie etwa die Viehherde, das (aus Sklaven bestehende) schauspielerische oder musikalische Ensemble, das Gespann, das landwirtschaftliche oder gewerbliche Inventar, die Sammlung[15]. Bei anderen steht die Sachenrechtsfähigkeit dem Grunde nach zwar fest, ist aber in bestimmten Hinsichten *beschränkt.* Dies gilt für solche Sachen, die miteinander körperlich zu einem Ganzen verbunden sind, ohne unlösbar darin aufzugehen[16]. Sie können zwar Gegenstände des Eigentums und der übrigen Sachenrechte sowie der meisten sachenrechtlichen Vorgänge sein, sind aber in ihrem Rechtsstatus nicht selbständig, weil in mancherlei Weise von dem der ganzen Sache abhängig, indem sie auch in ihrer Eigenschaft als besondere Sachen wenigstens subsidiär, z. T. sogar zwingend an den Rechten des Ganzen teilnehmen; bezüglich mancher Vorgänge *(usucapio, vindicatio)*

---

[14] Die *acervatio* der Stoiker, vgl. *Seneca,* Natur. quaest. 2, 2; zur rechtlichen Behandlung im einzelnen s. u. II 1 b *δ* und c *β*.

[15] Vgl. hierüber unten II 3.

[16] Die zweitstufig integrierenden Sachen (Bestandteile), vgl. unten II 2.

war es umstritten, ob sie als solche überhaupt davon betroffen werden konnten, so daß insoweit ihre Sachenrechtsfähigkeit selbst zweifelhaft ist.

c) Die nicht sachenrechtsfähigen Rechtsgegenstände

Alle übrigen Rechtsgegenstände waren *Nichtsachen*, d. h. grundsätzlich *sachenrechtsunfähig*. Innerhalb des vermögensrechtlichen Bereichs waren dies:

α) die Forderungen;

β) die Sachenrechte selbst;

γ) die Sachinbegriffe, sofern sie als unmittelbarer Gegenstand des Eigentums nicht in Betracht kamen;

δ) durch subjektive Momente individualisierte Inbegriffe von Vermögensgegenständen schlechthin, wie das Vermögen einer Person im ganzen, ihr Nachlaß, die Mitgift der Ehefrau, das Sondergut Vermögensunfähiger;

ε) alle jene Vermögenswerte, die vom römischen Recht überhaupt noch nicht als rechtserhebliche Erscheinungen anerkannt waren, z. B. Immaterialgüterrechte, Unternehmensrechte und das Unternehmen als Ganzes[17];

Von diesen Nichtsachen waren allerdings einige in der einen oder anderen Hinsicht sachenrechtlichen Regelungen zugänglich, und zwar vor allem der *Verpfändung* (nämlich grundsätzlich alles, was verkäuflich war[18], also außer den [verkehrsfähigen] körperlichen Sachen auch unkörperliche Einzelgegenstände wie Forderungen und Pfandrechte[19], ferner Vermögensgesamtheiten, wie z. B. das Vermögen einer Person im ganzen [in seinen ver-

---

[17] Vgl. zuletzt *Steinwenter*, Fundus c. instr. (1942), passim mit Nachweisen, gegen *Oppikofer*, Unternehmensrecht (1927), 30 ff. Zu unternehmensrechtlichen Ansätzen im Begriff des (sachenrechtsfähigen) *fundus* vgl. *Schulten*, v. Fundus, RE VII (1912), 297 ff.; *ders.*, DE III (1922), 338 ff. s. h. v.; *Oppikofer*, l. c.; *Durst*, Zubehör und Unternehmen im Rechte der Papyri, Diss. Gießen 1938, 86 ff.; *Steinwenter* aaO. 10 ff.

[18] Gai. D. 20. 1. 9. 1.

[19] Zur *Forderung* vgl. C. 4. 39. 7; 8. 16. 4; zum *Pfandrecht* Scaev. D. 44. 3. 14. 3; Marci. D. 20. 1. 13. 2. Beim Pfandrecht läßt sich freilich darüber streiten, ob das Unterpfand dogmatisch als Pfandrecht am Pfandrecht oder als (nachrangiges) Pfandrecht an der Sache zu qualifizieren ist. Vgl. hierzu für das gemeine Recht *Windscheid-Kipp* I § 239 Anm. 14 mit Nachweisen.

kehrsfähigen Bestandteilen][20], ebenso wohl auch die personenspezifisch abgegrenzten Sondervermögen, wie die *dos* und das *peculium*, desgleichen wohl auch der Nachlaß[21]; schließlich auch einige sonst unveräußerliche Sachenrechte, wie Nießbrauch, Emphyteuse und Feldservituten[22]), aber auch der *Ersitzung* (Servituten[23] und Nachlaß[24]), der *vindicatio* (Servituten und Nießbrauch[25], Pfandrecht[26], Nachlaß[27]), sowie schließlich der *in iure cessio* (Servituten, Nießbrauch und Nachlaß) und der *mancipatio* (Feldservituten)[28].

---

[20] Gai. D. 20. 1. 15. 1; Ulp. eod. tit. 6; Marci. D. 40. 8. 6; vgl. dazu jetzt *Heribert Wagner*, Voraussetzungen, Vorstufen und Anfänge der römischen Generalverpfändung, Marburg 1968. Ob beim Generalpfandrecht wirklich die Vermögensgesamtheit selbst unmittelbar oder nur deren Einzelbestandteile Rechtsgegenstand waren, ist freilich ebenso problematisch wie bei den soeben erwähnten funktionellen Sachgesamtheiten (den drittstufigen Integraten, vgl. unten II 3).

[21] Hierzu sind meines Wissens keine Quellen überliefert. Doch wird man davon ausgehen können, daß der von *Gaius* in D. 20. 1. 9. 1 formulierte Grundsatz insofern keine Ausnahme hatte.

[22] Zum *ususfructus* vgl. Marci.-Pap. D. 20. 1. 11. 2; zur *emphyteusis* Scaev. D. 20. 1. 31 pr; Paul. D. 13. 7. 16. 2; zu den Feldservituten Pomp.-Paul. D. 20. 1. 12, und *Kunkel* § 99 Anm. 4, *Kaser*, RPR I § 105 Anm. 27. Gegen die Verpfändbarkeit der Feldservituten jedoch *Siro Solazzi*, Requisiti e modi di costituzione delle servitù prediali (1947), 54 ff. Hier und bei *Kunkel* aaO. weitere Literatur dazu.

[23] Bis zur *Lex Scribonia* (spätrepublikanisch) konnten Servituten schlechthin usucapiert werden, vgl. Paul. D. 41. 3. 4. 28. Später wurde nur noch die unvordenkliche Ausübung von Servituten, und zwar honorarrechtlich, geschützt, vgl. Ulp. D. 8. 5. 10 pr; 39. 3. 1. 23. Diese prätorische Fiktion rechtmäßigen Erwerbs war freilich kein sachenrechtsspezifischer Vorgang mehr. Doch konnte der Nießbrauch möglicherweise auch noch nach der *Lex Scribonia* usucapiert werden, vgl. *Kaser*, RPR I § 106 I 3 Anm. 19 bis 21. Erbpacht und *superficies* sind dagegen nicht der *usucapio* zugänglich gewesen, vgl. *Kaser*, RPR I § 107 I Anm. 5, *Windscheid-Kipp* I § 221 Anm. 7 bis 8a, § 223 Anm. 14. Weitere Nachweise zur Servitutenersitzung bei *Kaser*, RPR I § 105 IV Anm. 34, 35; II § 246 II 2 Anm. 28—31, § 247 II Anm. 23.

[24] Ebenfalls nur in vorklassischer Zeit, vgl. Gai. 2. 55, dazu *Kaser*, RPR I § 25 III. In der Klassik ist die *usucapio pro herede* nur noch Ersitzung von Nachlaßgegenständen, nicht mehr der *hereditas* als Ganzes, vgl. Gai. l. c., *Kaser* I § 176 II.

[25] Vgl. zur *vindicatio servitutis* D. 8. 1. 4 pr; 8. 5. 2. 1; 39. 1. 9; 43. 27. 1. 5; zur *vindicatio ususfructus* D. 7. 1. 34. 1; 7. 6. 1 pr; 40. 12. 8. 2; 44. 2. 21. 3; Literatur bei *Kaser* I § 105 VI, § 106 I 6.

[26] Auch die Pfandverfolgung mit Hilfe der *formula Serviana* wird *vindicatio pignoris* genannt, vgl. D. 20. 1. 16. 3; h.t. 28; Lit. bei *Kaser* I § 111 IV.

[27] Vgl. Gai. 2. 120 und *Kaser* I § 92 I.

[28] Vgl. zur *in iure cessio* Gai. 2. 29 *(in iure cessio servitutum praedialium)*, 30 *(in iure cessio ususfructus)*, 34 *(in iure cessio hereditatis)*, ferner *Kaser* I § 105 IV,

Nicht sachenrechtsfähig waren schließlich gewisse Gegenstände, die zwar an sich in den Kreis der oben beschriebenen, als sachenrechtsfähig erklärten Gegenstandsgruppen gehörten, die aber wegen ihres besonderen Nutzungszwecks oder wegen ihrer natürlichen Beschaffenheit traditionell nicht Gegenstand des Privatrechtsverkehrs waren, nämlich die sogen. *res extra commercium,* sowie gewisse ungetrennte Sachteile, deren Verbindung mit dem Ganzen als unauflöslich angesehen wurde, so daß sie als eigene Rechtsobjekte aus traditionellen oder praktischen Gründen nicht in Betracht kamen[29].

3. Körperlichkeit des Gegenstandes als Kriterium unbeschränkter Sachenrechtsfähigkeit. Geltungsbereich und Bedeutung dieses Kriteriums

Stellt man die Gegenstände, die nach römischem Recht unbeschränkt sachenrechtsfähig waren, denjenigen gegenüber, die es nicht waren oder deren Sachenrechtsfähigkeit doch problematisch oder beschränkt war, so drängt sich dem an den Begriffen des modernen Rechts geschulten Betrachter das bereits von *Gaius* gebildete Gegensatzpaar körperlich-unkörperlich auf: Sämtliche unter 2 a) genannten Gegenstandsgruppen bestehen ausschließlich aus unserer juristischen Vorstellung vorgegebenen, physikalisch nachweisbaren Körpern und treten dem Menschen unmittelbar, d. h. ohne

---

§ 106 I 3, § 176 III, zur *in iure cessio hereditatis* insbesondere *Siro Solazzi,* L' *„in iure cessio hereditatis"* e la natura dell'antica *hereditas,* Jura 3 (1952), 21 ff., und *Emilio Betti,* La *in iure cessio hereditatis,* RIDA 13 (1966), 97 ff.; zur *mancipatio servitutis praedialis rustici* vgl. Gai. 2. 29. — Von allen oben erwähnten sachenrechtlichen Vorgängen fanden in vorklassischer Zeit *usucapio, vindicatio* und *in iure cessio* auch außerhalb des Vermögensrechts, nämlich beim Erwerb und der Geltendmachung von Personenrechten *(manus, patria potestas)* Verwendung. Doch war dies nur ein Ausdruck dessen, daß die Gewalt über Personen und über Sachen begrifflich und institutionell damals noch eine einheitliche war. Nur als *vindicatio in libertatem* erscheint die Vindikation auch in klassischer Zeit noch als Rechtsinstitut des Personenrechts, vgl. *Kaser* I § 67 IV.

[29] Zu den *res extra commercium* s. sogleich im Text unter 3a, zu den sachenrechtsunfähigen (erststufig integrierenden) Sachteilen weiter unten, unter 3 b β $\alpha\alpha$ und II 1.

Zuhilfenahme von Beobachtungsinstrumenten, sinnlich wahrnehmbar in die Erscheinung. Die unter 2 c) aufgeführten Nichtsachen dagegen existieren als Gegenstände nur in unserer juristischen Vorstellung, sei es als subjektive Rechte, d. h. als durch die Geltungskraft des objektiven Rechts hervorgebrachte Gebilde, die eine bestimmte, dem Rechtssubjekt zuerkannte Rechtsmacht kennzeichnen, sei es als Inbegriffe, die aus einer Summe solcher Rechte oder einer Summe von Rechten und sachenrechtsfähigen Gegenständen bestehen.

a) Beschränkung der Sachenrechtsfähigkeit auf wirtschaftlich nutzbare Sachkörper

Die Charakterisierung der sachenrechtsfähigen Gegenstände als „körperlich", der anderen als „unkörperlich" reicht allerdings nur zu einer vorläufigen und vagen systematischen Orientierung hin. Sie beantwortet nicht alle Fragen, die sich bei dem Versuch eines genaueren Verständnisses des römischen Sachbegriffs stellen, wirft vielmehr weitere auf. Sie ist zunächst einmal durch die Ausführung des obigen Hinweises zu ergänzen, daß eben nicht alle körperlichen Substanzen sachenrechtsfähig waren. Eine solche Ausnahme bildeten die unter 2 c (aE) schon erwähnten *res extra commercium*[30]. Es waren dies z. T. solche Sachen, die ihrer natürlichen Erscheinung nach zu den unter 2 a β und γ beschriebenen Typen gehörten, aber aus

[30] Diese im gemeinen Recht übliche Bezeichnung ist allerdings nicht quellenmäßig. Die Quellen sprechen entweder von (*res quarum*) *commercium non est* (so Pomp. D. 18. 1. 6 pr, wo nicht einmal alle verkehrsunfähigen Sachen damit gemeint sind, sondern nur solche *humani iuris*, also die *res publicae* und die [hier allerdings nicht erwähnten] *res communes omnium*, während die [ebenfalls verkehrsunfähigen] *res divini iuris* als unselbständige Kategorie neben den *res quarum commercium non est* erscheinen; ferner I. 2. 20. 4, wo unter *res quarum commercium non est* alle verkehrsunfähigen Sachen und damit dasselbe verstanden wird, wie unter den gemeinrechtlichen *res extra commercium*), oder von *res extra nostrum patrimonium* (so Gai. 2. 1, der hierunter nur die *res divini iuris* und die *res nullius humani iuris* versteht). Den terminologischen Unterschieden liegen zum Teil sachliche zugrunde. Der Kreis der menschlichen Eigentums unfähigen Sachen geht im Kreis der verkehrsunfähigen Sachen auf, während dieser sich mit dem Kreis der *res in nostro patrimonio* schneidet. Außerdem gab es privateigentums- und damit sachenrechtsfähige Sachen, deren Verkehrsfähigkeit beschränkt war. Vgl. zu diesen Unterschieden z. B. *Kaser*, RPR I § 92 II; *Biondi*, NDI 2 (1958), 354 ff. s. v. Beni fuori commercio. Zu den *res extra commercium* im übrigen vgl. das Lit. Vz. II 3 sowie von den Lehrbüchern *Bonfante* II 1, 10 ff.; *Perozzi* I, 591 ff.; *Scialoja* I, 121 ff.; *Grosso* 42 ff.; *Scherillo* I, 29 ff.; *Monier* I, 343 ff.; *Kunkel* § 46, 4; *Kaser* I § 92 II; *Arangio-Ruiz* 167 ff.; *Burdese* 195 ff.; *Biondi* 153 ff.

traditionellen Gründen wegen ihrer besonderen Zweckbestimmung nicht nur dem Privatrechtsverkehr entzogen, sondern überhaupt aus der Sphäre des Privatrechts herausgenommen waren (nämlich die *res divini iuris*[31] *[res sacrae*[32], *res religiosae*[33] , *res sanctae*[34]*]*, die *res publicae*[35], sowie von den *res communes omnium*[36] der Meeresstrand[37]). Zum Teil waren es aber auch solche körperlichen Substanzen, die sich schon ihrer natürlichen Beschaffenheit nach von den unter 2 a genannten in einer für ihre Nutzbarkeit wesentlichen Weise unterschieden, nämlich die übrigen *res communes omnium*, (wie z. B. das Meer, das fließende Wasser, der Niederschlag,

---

[31] Oder *res nullius divini iuris*. Ihnen treten die — verkehrsfähigen oder verkehrsunfähigen — *res humani iuris* gegenüber, vgl. Gai. 2.2 ff.; Ulp. D. 43. 1. 1 pr. Die Terminologie ist, ebenso wie die in der vorigen und in den folgenden Anmerkungen sowie im Text erwähnten, schulmäßig. Aus der Literatur zu den *res divini iuris* vgl. Lit. Vz. II 3a, ferner *Scherillo* I, 36 ff. und *Biondi* 154 Anm. 9.

[32] Die gottesdienstlichen Zwecken geweihten Sachen. Zur Gliederung der *res divini iuris* in *res sacrae, res religiosae* und *res sanctae* vgl. Marci. D. 1. 8. 6. 2 ff.; eod. tit. 8 pr; I. 2. 1. 7 ff. Zu Begriff und Rechtslage der *res sacrae* vgl. Gai. 2. 4,5; I. 2. 1. 8; Marci. D. 1. 8. 6. 3; Ulp. eod. tit. 9 pr bis 2. Sekundärliteratur außer den in Anm. 30 genannten Lehrbüchern: *Joachim Marquardt*, Römische Staatsverwaltung, Bd. 3 (2. Aufl. Leipzig 1885), 143 ff.; *Theodor Mommsen*, Römisches Staatsrecht, Bd. 2 (3. Aufl. Leipzig 1887), 59 ff.; ferner das Lit. Vz. II 3a α.

[33] Die Grabstätten, Gai. 2. 6,7; I. 2. 1. 9; Marci. D. 1. 8. 6. 4,5. Vgl. dazu Lit. Vz. II 3a *β*.

[34] Die unter göttlichem Schutz stehenden Stadtmauern und -tore, Gai. 2. 8; I. 2. 1. 10; Marci. D. 1. 8. 8; Ulp. eod. tit. 9. 4; Herm. D. 43. 6. 2. Dazu Lit. Vz. II 3a *γ*.

[35] Die im öffentlichen Eigentum stehenden Sachen, sei es, daß sie im Gemeingebrauch stehen (*usus publicus*), wie Straßen, Plätze, Theater, Stadien, Bäder, sei es, daß sie es nicht tun, wie der *ager publicus, servus publicus* etc., vgl. Gai. 2. 11; Pomp. D. 18. 1. 6 pr; Pap. eod. tit. 72. 1. In den Institutionen und bei *Marcian* erscheinen sie als (*res quae*) *universitatis sunt*, I. 2. 1 pr, 6; D. 1. 8. 2 pr. Sekundärliteratur zu den *res publicae* im allgemeinen im Lit. Vz. unter II 3b, vgl. außerdem *Scherillo* I, 89 ff. Zum *Wegerecht* vgl. Lit. Vz. II 3b *β*, zum *ager publicus* und *servus publicus* ibid. II 3b α mit weiteren Nachweisen in den dort erwähnten Schriften. Die gleichfalls zu den *res publicae* im Gemeingebrauch gerechneten ständig Wasser führenden Flüsse (*flumina perennia*) lassen sich ihrer natürlichen Beschaffenheit nach nur noch bedingt den oben unter 2a *β* und *γ* beschriebenen Typen zuordnen. Vgl. dazu und zum römischen *Wasserrecht* überhaupt Lit. Vz. II 3b *γ*.

[36] Die weder in privatem noch in öffentlichem Eigentum stehenden, im Gemeingebrauch befindlichen Sachen, Marci. D. 1. 8. 2 pr; I. 2. 1 pr, 1; vgl. dazu allgemein Lit. Vz. II 3c und *Scherillo* I, 69 ff. Zu weiteren Nachweisen vgl. die beiden folgenden Anmerkungen.

[37] Das *litus maris*, vgl. Lit. Vz. II 3c α.

die Lufthülle)[38]; denn sie sind nicht in gleicher Weise wie jene räumlich abgegrenzt und entziehen sich daher der ausschließlichen Beherrschung durch das Privatrechtssubjekt, welcher jene zugänglich sind. Nicht sachenrechtsfähig waren außer all diesen *res extra commercium* gewisse sonstige Sachen, die sich natürlicherweise menschlicher Herrschaft überhaupt entzogen, z. B. frei lebende wilde Tiere[39].

Versucht man nun, diese Ausnahmen prinzipiell zu begründen, so findet sich als gemeinsames Merkmal eine fehlende oder beschränkte Eignung dieser Sachen für eine umfassende, ausschließliche wirtschaftliche Beherrschung durch das private Rechtssubjekt. Der Eignungsmangel beruht zum Teil auf der natürlichen Beschaffenheit der Sachen (im Zusammenhang mit den damaligen technischen Möglichkeiten von Naturbeherrschung), zum Teil auf dem Zweck, dem sie gewidmet waren, und dessen traditioneller Bewertung.

Damit läßt sich der Kreis der nach römischem Recht unbeschränkt sachenrechtsfähigen Gegenstände bereits etwas präziser beschreiben: er umfaßt nicht alle körperlichen Gegenstände schlechthin, sondern nur solche, die nach den technischen Möglichkeiten und religiösen oder politischen Vorstellungen der damaligen Zeit einer umfassenden wirtschaftlichen Beherrschung zugänglich waren.

b) Individualität und Integrität als Grenzbegriffe der Körperlichkeit

Die Erkenntnis, daß die Körperlichkeit des Gegenstandes ein zur Begründung seiner unbeschränkten Sachenrechtsfähigkeit erforderliches, wenn auch nicht hinreichendes Merkmal ist, wirft nun weiterhin die Frage auf, nach welchen Kriterien Individualität und Integrität des (sachenrechtsfähigen) Sachkörpers zu bestimmen sind. Es ist dies die Frage nach den Grenzbestimmungen desjenigen physikalischen Bestandes, der als *eine* Sache gelten soll; und zwar einer Bestimmung der Grenze sozusagen von außen her

---

[38] Exemplifikation bei I. 2. 1. 1 und Marci. D. 1. 8. 2. 1. Zum offenen Meer und zur Luft vgl. Lit. Vz. II 3c α. Das fließende Wasser (*aqua profluens*) ständig Wasser führender Flüsse gehörte zu den *res publicae*, vgl. Anm. 35.

[39] Sie gehören zu den *res nullius humani iuris* der Schuldoktrin, vgl. Gai. 2. 66, 67 = I. 2. 1. 12, und unterscheiden sich von den *res extra commercium* dadurch, daß sie sachenrechtsfähig werden können, wenn der ihre Sachenrechtsfähigkeit ausschließende Grund, nämlich die Unmöglichkeit ihrer Beherrschung, wegfällt, indem sie gefangen werden. Vgl. hierzu Lit. Vz. II 3c β.

gegenüber dem, was mit dem Gegenstand nicht identisch ist (Individualität), und von innen her gegenüber dem, was nicht mehr dazu gehört (Integrität).

α) Die *Individualität* des Sachkörpers bestimmte sich im römischen Recht nach den Momenten, die die Sache nach der Anschauung eines natürlichen Betrachters mit Rücksicht auf ihre wirtschaftliche Funktion als einen auf Grund sinnlicher Wahrnehmung von seiner Umgebung abgrenzbaren und unterscheidbaren Materialbestand erscheinen ließ.

Für die zur Gruppe 2 a *α* zusammengefaßten Sachen ergab sich daher die Individualisierung ohne weiteres aus der organisch-biologischen Einheit des lebenden Körpers. Bei der Gruppe 2 a *β* ist zu unterscheiden: soweit diese Sachen eine Gestaltidee[40] verkörpern (Individualsachen), wie z. B. die Baumfrucht, der Balken, der Tisch, das Schiff, das Gebäude, die Vase, das geprägte Geldstück, wird die Sache durch die gestaltgewordene Idee individualisiert (materiale Individuation). Soweit sie bloße Materialquanten sind, wie z. B. der Goldbarren, das Quantum Wein, werden sie durch die sie umgebenden, von ihnen physikalisch verschiedenen Substanzen (bei festem Material in der Regel die Lufthülle und der Körper, welchem das Quantum aufliegt; bei flüssigem der Behälter) individualisiert (formale Individuation). Das gleiche gilt für die unter 2 a *δ* fallenden Summenquanten von Individualkörpern. Die Grundstücke schließlich werden durch ihre Grenzen, d. h. durch die gedachten Linien individualisiert, die das Kontinuum der Erdoberfläche vertikal zerteilen.

β) Die Kriterien für die *Integrität* der Sache waren komplex. Zwar läßt sich auch hier allgemein sagen, daß sie durch den räumlich-körperlichen Zusammenhang der Partikel begründet wurde, deren Gesamtheit nach der Auffassung des Rechtsverkehrs als individualisierbare körperliche Einheit erschien. Eine Komplikation besteht jedoch darin, daß das römische Recht wenigstens zwei, wenn nicht drei verschiedene Integrationsstufen gekannt hat, in denen sich ein Materialbestand als „Sache“ hat manifestieren und welche in ein und demselben Bestand gleichzeitig haben verwirklicht sein können, ohne daß das Integrat der höheren Stufe die in ihm vereinigten Integrate der niederen Stufe als Sachindividuen stets aufgehoben hätte.

Die drei Integrationsstufen lassen sich einmal nach der unterschiedlichen sachenrechtlichen Binnenstruktur des Integrates, also nomologisch, bestimmen. In der untersten erscheint nur das Integrat als sachenrechtsfähige Einheit, während seine Komponenten jeglicher Sachenrechtsfähigkeit ent-

[40] Also das, was die Peripatetiker als εἶδος die Stoiker als ἕξις bezeichneten.

behren. In der mittleren und oberen treten das Integrat und seine Komponenten als konkurrierende sachenrechtliche Einheiten auf, wobei in der mittleren allein das Integrat, in der oberen nur die Gliedsachen voll entwickelte Sachenrechtsobjekte sind. Diesen nomologisch bestimmten Integrationsstufen entsprechen typische, nach der substantiellen, physikalischen Intensität des Verbindungszusammenhangs unterscheidbare, „natürliche" Integrationsdichten, in denen die Sachindividuen dem natürlichen Betrachter gegenübertreten. Sie bilden zugleich die Anschauungsmodelle für eine naturphilosophisch-realontologische Systematik der Sachenwelt.

Solche „natürlichen" Integrationsmodelle sind es, an welche *Pomponius* in seiner berühmten Sabinuskommentarstelle über die *tria genera corporum* anknüpft. Im Anschluß an die Frage, ob die Vereinigung mehrerer Sachen zu einer einzigen die Ersitzungsfrist der an der Vereinigung beteiligten Teil-Sachen unterbricht, entfaltet er dort bekanntlich folgendes dreistufiges Sachensystem:

Pomp. 30 Sab. D. 41.3.30pr.

... *Tria autem genera sunt corporum, unum, quod continetur uno spiritu et Graece* ἡνωμένον *vocatur, ut homo tignum lapis et similia: alterum, quod ex contingentibus, hoc est pluribus inter se cohaerentibus constat, quod* συνημμένον *vocatur, ut aedificium navis armarium: tertium, quod ex distantibus constat ut corpora plura non soluta, sed uni nomini subiecta, veluti populus legio grex.*

Allerdings werden die genaueren Kriterien dieser Dreiteilung von *Pomponius* weder hier noch an anderen, in den Digesten überlieferten Stellen mitgeteilt. Wie er diese Kriterien verstanden hat, mag hier auch dahingestellt bleiben. Denn genau wie das gajanische, in *res corporales* und *res incorporales* gegliederte Sachensystem hat es für die Bildung des klassischen Rechts keinen konstitutiven Gehalt gehabt, war vielmehr ein von der stoischen Physik entlehntes[41] bloßes Hilfsmittel für eine schuljuristische

---

[41] Die philosophische und zwar stoische Herkunft der pomponianischen Dreiteilung wurde bereits von den Glossatoren vermutet: Die Glosse (*uno spiritu*) verweist bei der *Pomponius*-Stelle auf *Seneca.* In neuerer Zeit haben sich um die Erforschung des philosophischen Hintergrundes dieser Stelle vor allem bemüht: *Göppert,* Gesamtsachen (1871), passim und *Sokolowski,* Sachbegriff 48 ff. und passim (beide im Lit. Vz. II 1); ferner *Schnorr von Carolsfeld* (1933, vgl. Lit. Vz. II 7), 177 ff.; *Ehrhardt,* SZ 70 (1953), 308 ff. Nachweise zur Interpretationsgeschichte bei *Göppert* a.a.O. 9. Zur rechtlichen Relevanz der *tria genera*-Lehre bei den Klassikern

Erläuterung des von ihm vorgefundenen klassischen Rechtsbestandes[42]. Auch seine genaue Kenntnis würde uns daher nicht der Notwendigkeit entheben, uns aus der Summe der überlieferten Klassiker-Entscheidungen ein eigenes Bild davon zu machen, welche Anhaltspunkte sie für eine nomologisch-systematische Erfassung des klassischen Sachenrechts bieten. Das pomponianische System würde dabei allenfalls unterstützende Hinweise geben können, denn es wäre durchaus denkbar, daß das von der stoischen Physik beeinflußte System des *Pomponius* die charakteristischen Unterschiede, welche die Rechtslagen der drei Integrate aufweisen, nicht kongruent wiedergibt und von *Pomponius* nur als dasjenige herangezogen wurde, welches unter den damals bekannten ontologischen Systemen zu einer systematischen Erfassung des römischen Sachenrechts am besten taugte[43]. Je-

---

vgl. außerdem *Bonfante* I 1, 100 ff.; *Perozzi* I 336; *Scialoja* I 36 ff.; *Kaser*, RPR I § 93 II (S. 324) mit Nachweisen.

[42] Zum Systemdenken im römischen Recht vgl. *Giorgio La Pira*, La genesi del sistema nella giurisprudenza romana: l'arte sistematrice, BIDR 42 (1934), 336 ff.; *ders.*, La genesi etc.: il metodo, SDHI 1 (1935), 319 ff.; *ders.*, La genesi etc. (complett), Studi F. Virgili (Siena 1935), 159 ff.; *Betti*, Methode und Wert etc., TR 15 (1937), 137 ff. (145 ff.); *Mario Lauria*, Jus Romanum. Tom. 1. Napoli 1963; *Max Kaser*, Zur Methode der römischen Rechtsfindung. Nachr. AkW. Göttingen, phil. hist. Kl., (Göttingen) 1962, 49 ff. (68 ff.); *Antonio Carcaterra*, Le definizioni dei giuristi romani, Napoli 1966; *Remo Martini*, (gleichfalls:) Le definizioni dei giuristi romani, Milano 1966; beide bespr. v. *Peter Stein*, TR 37 (1969), 273 ff.; *Peter Stein*, Regulae iuris, Edinburgh 1966; *Bruno Schmidlin*, Die römischen Rechtsregeln, Köln, Wien 1970. Zur Abhängigkeit der römischen Juristen von der hellenistischen Philosophie und Rhetorik vgl. auch *Paolo Frezza*, La cultura di Ulpiano, SDHI 34 (1968), 363 ff.

[43] Es verdient Beachtung, daß *Pomponius* von *tria genera corporum*, nicht *rerum* (*corporalium*) spricht. Daß seine Klassifizierung sich an ontologischen und nicht an nomologischen Befunden orientiert, erhellt auch daraus, daß unter den Beispielen, die er für die *corpora quae ex distantibus constant* nennt, Gesamtheiten sind, die als privates Herrschaftsobjekt und damit als Objekt von Sachenrechten überhaupt nicht in Betracht kommen, wie *populus* und *legio*. Die gemeinrechtliche Doktrin hat bezeichnenderweise jenen Unterschied zwischen *corpus* und *res corporalis* vernachlässigt und seit *Alciat* sogar beide Begriffe ausdrücklich miteinander identifiziert („*rerum seu corporum tres esse sectiones*", so *Alciat*, Comm. in l. qui usumfructum Dig. de verborum obligationibus [D. 45. 1. 58], n. 13—22 [*unde sciendum rell.*], vgl. Op. omn., Basileae 1582, Tom. II p. 591 s.). Seitdem ist die pomponianische Dreiteilung der *corpora* in ἡνωμένα (*res unita, corpus unitum*), συνημμένα (*res composita, corpus cohaerens seu connexum*), und *quod in contingentibus constat* (*stoisch* σῶμα ἐκ διεστώτων, gemeinrechtlich *universitas rerum, corpus collectivum*) für das systematische Rechtsdenken in gleichem Maße vorbildlich geworden wie die gajanische Unterscheidung der *res* in *corporales* und *incorporales.*

denfalls wären Rückschlüsse von einer Subsumption eines Gegenstandes unter einen dieser Sachbegriffe *(genera)* auf seine Rechtslage nicht zwingend[44].

Statt des Versuchs einer deduktiven oder induktiven Erläuterung des von Hause aus ohnehin nicht juristischen, sondern philosophisch-*ontologischen* Systems des *Pomponius* sollen daher hier die römischen Rechtsquellen unter dem oben angegebenen *nomologischen* Gesichtspunkt nach Sachen von gleicher integraler Binnenstruktur abgetastet, d. h. alle in den Quellen vorkommenden Sachen zu Gruppen zusammengestellt werden, die unter diesem Gesichtspunkt dieselben rechtlichen Eigenschaften aufweisen.

Sie ist bis heute das einzige Modell für eine systematische Erfassung der integralen Binnenstruktur der Sache als Rechtsobjekt geblieben. Die gemeinrechtliche lateinische Terminologie geht ebenfalls auf *Alciat* zurück (vgl. a.a.O.), worauf schon *Bonfante*, I, 104 hingewiesen hat.

[44] Dies ist bei den bisherigen Versuchen, Herkunft und Inhalt des pomponianischen Systems historisch-kritisch zu ergründen, nicht immer beachtet worden, ganz zu schweigen von den Bemühungen der Pandektistik, durch bloßes systematisches Weiterdenken des von *Pomponius* überlieferten Schemas ein System zu gewinnen, welches die Rechtslage jeder darunter subsumierbaren Sache vorherbestimmt.

II. DER INTEGRIERENDE BESTAND SACHENRECHTSFÄHIGER EINHEITEN UND DEREN INTEGRALE BINNENSTRUKTUR. DIE DREI INTEGRATIONSSTUFEN

Bestimmt man die Integrationsstufen nicht realontologisch, sondern nomologisch allein nach der sachenrechtlichen Binnenstruktur der Sache[45], so ergibt sich für das positive römische Recht folgendes Bild:

1. Die erststufigen Integrate

a) Rechtliche Eigenschaften

Die erste, unterste Stufe ist dadurch gekennzeichnet, daß die ihr angehörigen Sachen ein rechtsobjektiv nicht weiter gliederbares Continuum dar-

---

[45] Indem er die *Rechtslage* der den integralen Bestand ausmachenden Sachen zum Gliederungsprinzip erhebt, glaubt Verf. einen neuen methodischen Weg einzuschlagen, der den Versuchungen aus dem Wege geht, denen die Pandektistik erlegen ist. Er wird, wie die folgenden Ausführungen zeigen werden, ebenfalls zu einer Dreiteilung führen, die wohl im großen und ganzen, nicht aber in allen Einzelheiten der von vorrechtlich-ontologischen Prinzipien ausgehenden Dreiteilung durch *Pomponius* entspricht. Die Unterschiede bestehen u. a. in folgendem:

1. Das der *res unita* entsprechende Integrat erster Stufe umfaßt auch die aus Grundstück und *superficies* gebildete Einheit sowie die unteilbaren Stoffquanten, deren Subsumierbarkeit unter das pomponianische ἡνωμένον zweifelhaft ist.

2. Das Gebäude ist zwar insofern ein zweitstufiges Integrat — und damit der dem συνημμένον entsprechenden Kategorie zugehörig — als es aus sachenrechtsfähigen Bestandteilen zusammengesetzt ist. Doch stellt es als Ganzes keine eigene sachenrechtsfähige Einheit dar — eine Eigenschaft, die sonst allen Integraten zukommt —, ist vielmehr nur erststufig integrierender Bestandteil des Bodens, auf dem es steht.

3. Die Existenz der Integrate dritter Stufe als sachenrechtsfähiger Einheiten wird in Frage gestellt, während *Pomponius* die Existenz der *corpora ex distantibus* als ontologischer Einheiten voraussetzt.

stellen. Die substantiellen Teile[46], aus welchen es besteht, bilden für sich keine besonderen sachenrechtsfähigen Einheiten gegenüber dem Ganzen, sind also als solche weder möglicher Gegenstand von Eigentum noch von beschränkten dinglichen Rechten, weder von Besitz noch von rechtserheblichen sachenrechtlichen Vorgängen (wie Vindikation, Ersitzung usw.). Zu sachenrechtsfähigen Objekten können sie nur unter Auflösung des Zusammenhanges werden, der die Sacheinheit herstellt. Hierzu bedarf es eines Trennungsvorganges, der die zunächst nur *ein* Sachindividuum bildenden Teile zu besonderen Sachindividuen macht: d. h. bei beweglichen Sachen der körperlichen Abtrennung der Teilstücke, bei Grundstücken und Gebäuden der Realteilung.

b) Entstehungsgründe und betroffener Gegenstandsbereich

Zu den Sachen dieser ersten, untersten Integrationsstufe, den *erststufigen Integraten* (ontologischer Parallelbegriff: *einheitliche Sachen,* ἡνωμένα, *res unitae, cose semplici)*[47], gehören:

α) Die lebenden Einzelsachen, also der einzelne Sklave, das einzelne Tier, und zwar in ihrem gesamten organischen Bestande, einschließlich der Leibesfrucht[48];

---

[46] Ein spezifischer Terminus für erststufig integrierende Teile fehlt. Sowohl *portio* als auch *pars* werden für integrierende Bestandteile schlechthin verwendet (also auch für zweitstufige) und selbst hierin ist ihr Bedeutungsinhalt nicht erschöpft: auch der Bruchteil heißt z. B. *portio* oder *pars* (vgl. hierzu und wegen weiterer Bedeutungen *Heumann-Seckel* shhvv.). Immerhin ist der Anwendungsbereich von *portio* und *pars* negativ insofern bestimmt, als nur integrierend verbundene Sachen so bezeichnet werden. Von körperlichen Sachen, die in einem nicht integrierenden Zusammenhang stehen, wird ausdrücklich gesagt, daß sie nicht *partes rei* sind (sondern allenfalls *quasi partes,* oder daß sie zum Instrument oder zur Suppellex gehören, vgl. dazu weiter unten III).

[47] Nicht identisch sind die erststufigen Integrate mit den *res, quae sine interitu dividi non possunt* (Paul. D. 6. 1. 35. 3; Gai. D. 35. 2. 80. 1), vielmehr überschneiden sich die Anwendungsbereiche beider Begriffe. Einerseits gibt es teilbare erststufige Integrate (z. B. *lapis, tignum,* sowie alle Quantensachen), andererseits sind sämtliche zweitstufigen Integrate hinsichtlich ihrer herstellenden Bestandteile unteilbar (zur Bedeutung dieses Begriffs s. u. 2c *β ββ* (2)). Auch der Begriff der *einfachen Sache* (*res unita, cosa semplice*), welcher insofern enger ist als der des erststufigen Integrates, als er den aus Grundstück einerseits, Aussaat, Pflanzung, Gebäude andererseits bestehenden *Komplex* nicht umfaßt, geht nicht im Begriff der unteilbaren Sache auf, vgl. auch *Bonfante* II 1, 95; *Rasi* 7.

[48] Individualität und Integrität werden hier also durch dieselben Momente bestimmt.

β) Das durch seine horizontale Begrenzung individualisierte Grundstück in seiner gesamten natürlichen Ausstattung sowie in gewissen (nämlich den wirtschaftlich bedeutsamsten) durch Menschenhand bewirkten Ausstattungen seines Oberflächenbestandes, nämlich der Aussaat, der Pflanzung und der Bauführung;

γ) bestimmte tote bewegliche Einzelsachen der oben unter I 2 a *β* beschriebenen Gruppe. Dabei ist wiederum zu unterscheiden zwischen den eine Gestaltidee verkörpernden Sachen (Individualsachen) und den Stoffquanten.

Von jenen gehören diejenigen hierher, deren Teile in einem so engen Zusammenhang stehen, daß sie nicht individualisierbar sind und in ihrer Bedeutung im Verhältnis zum Sachganzen so sehr zurücktreten, daß sie nach tratitioneller Rechtsanschauung als eigene Rechtsobjekte nicht in Betracht kommen[49]. Solche Sachganze sind z. B.[50] die (abgeerntete)[51] Baumfrucht, der Balken[52], der Ziegel, der behauene Stein, die Vase, die Statue, das beschriebene oder bemalte Blatt[53], der (gefärbte oder ungefärbte) Stoff[54] usw. Dabei ist es gleichgültig, ob die Sache aus chemisch homogenen oder heterogenen Stoffen zusammengesetzt ist (z. B. die Vase aus Gold oder Messing ist), und

---

[49] Auf diese Formel lassen sich die Fälle, in welchen die römischen Juristen Sachenrechtsunfähigkeit von Teilen beweglicher Individualsachen angenommen haben, für ein heutiges dogmatisches Verständnis zurückzuführen. Inwieweit sie selbst zu ihren Ergebnissen durch Übernahme philosophischer Erkenntnisse oder durch eine natürlich-wirtschaftliche Betrachtungsweise gekommen sind, soll hier dahingestellt bleiben (in jenem Sinne vor allem *Göppert,* Gesamtsachen, 71 ff., welcher eine stoische, und *Sokolowski,* Sachbegriff 48 ff., welcher eher eine peripatetische Beeinflussung annimmt; in diesem Sinne *Bonfante* II 1, 100 ff.; *Perozzi* I 366 N. 5 dagegen leugnet überhaupt, daß die römischen Juristen einen nach integralen Kriterien gegliederten Sachbegriff gehabt haben.).

[50] Zur Exemplifikation vgl. *C. Longo,* Le cose etc., 30, 54.

[51] Solange sie noch am Baum hängt, ist sie selbst erststufig integrierender Teil des Baumes und damit des Grundstücks.

[52] Pomp. D. 41. 3. 30 pr.

[53] Gai. 2. 77; I. 2. 1. 33 = D. 41. 1. 9. 1; Ulp.-Jul. D. 10. 4. 3. 14; Paul. D. 6. 1. 23. 3.

[54] Ein erststufiges Integrat wurde jedenfalls zwischen Stoff (bzw. Webfaden) und Farbe gebildet, vgl. Paul. D. 41. 1. 26. 2 (*tinctura*). Ob der Stoff in seiner Zusammensetzung aus den Webfäden (*textura*) selbst erststufiges Integrat gewesen ist, ist allerdings zweifelhaft; dafür sprechen I. 2. 1. 26 und *Ulpian* in D. 34. 2. 23. 1, dagegen derselbe in D. 10. 4. 7. 2, wo er sich für Zweitstufigkeit ausspricht.

ob ihr Materialbestand eine ursprüngliche oder eine durch spätere Zusätze gebildete Einheit darstellt (z. B. ob die Statue ihre ursprüngliche Integrität bewahrt hat oder diese nachträglich durch *ferruminatio* wiederhergestellt worden ist[55]).

Von den bloßen Stoffquanten gehören hierher einmal alle diejenigen, die in ihrem Bestand eine ursprüngliche, durch keinen späteren Zusatz veränderte Einheit darstellen, also etwa der unvermischte, unverschnittene Wein, entsprechend andere Flüssigkeiten, wie Öl, Essig, Honig usw., ferner das (ausgeschmolzene oder unausgeschmolzene) Metallstück; zweitens von den durch spätere (gleichartige oder ungleichartige) Zusätze in ihrem Bestand veränderten Quanten diejenigen, deren Primärquanten entweder bei ihrer Verbindung in einerlei Eigentum gestanden haben oder sich nach ihrer Verbindung nicht mehr trennen lassen[56].

δ) Summenquanten (vgl. o. I 2 a δ), und zwar unter den gleichen Voraussetzungen wie die soeben erwähnten Stoffquanten, die aus kontinuierlich sich durchdringenden Partikeln bestehen[57].

c) *Rechtsfolgen der Verbindung mehrerer Einzelsachen zu einem erststufigen Integrat*

Da nun die ungetrennten Teile erststufiger Integrate sachenrechtsunfähig sind, ergeben sich dort rechtliche Probleme, wo mehrere Einzelsachen verschiedener Eigentümer zu einem solchen Integrat zusammengefügt werden[58]. Da jene ihre sachenrechtliche Individualität verlieren und nur die

---

[55] Die *ferruminatio* hat schon den römischen Juristen ebenso wie später den Gemeinrechtlern als Leitfall für die Herstellung eines erststufigen Integrates beweglicher Individualsachen gedient. Sie steht im Gegensatz zur *adplumbatio,* die nur ein zweitstufiges Intergrat hervorbringt. Zum technischen Unterschied zwischen beiden Verbindungen vgl. *Göppert,* Über die Bedeutung von *ferruminare* und *adplumbare,* Breslau 1869. Zu diesen und den vorigen Integrationsbeispielen vgl. auch *Kaser,* SZ 65 (1947), 219 ff. (230 ff.).

[56] Zu den durch Vermengung hergestellten erststufigen Integraten vgl. *Bonfante* II 2, 122 ff.; *Scialoja* I 2, 80 ff.; *Pampaloni,* BIDR 37 (1929), 33 ff.; *Warmelo,* TR 25 (1957), 132 ff. Der Vermengungsvorgang heißt bei der Verschmelzung fester Substanzen *confusio,* bei der Vermischung flüssiger *commixtio* (letzteres nach *Kaser,* RPR I § 102 III 3 Anm. 27 als Substantiv quellenfremd), das Mischungsergebnis *mulsum.*

[57] Zur *acervatio* vgl. *Bonfante* II 1, 106; *G. Longo,* Diritti reali, 275; *Göppert,* Gesamtsachen 77 ff.

[58] Die Sachverbindung (und zwar jede integrierende) und der dadurch ausgelöste

aus der Vereinigung gebildete Sache, das Integrat, sachenrechtsfähig ist, erhebt sich die Frage, in wessen Eigentum diese neue Sache stehen und was aus dem Eigentum an den Primärsachen werden soll. Diese Frage ist von den römischen Juristen je nach der Beschaffenheit des aus der Vereinigung hervorgegangenen Integrates verschieden gelöst worden. Auch hier ist wieder zwischen den Individualsachen und den bloßen Stoffquanten zu unterscheiden.

α) Bei den *Individualsachen* erstreckt sich das Eigentum einer der Primärsachen, und zwar derjenigen, die gegenüber den anderen als Hauptsache *(res principalis)*[59] angesehen wird, auf die übrigen, während das Eigentum an diesen erlischt[60]. Hauptsache ist bei einer Verbindung beweglicher Sachen mit einem Grundstück immer das letztere[61]. Unter beweglichen Sachen ist es diejenige, deren äußere Gestalt vor der Verbindung der Gestalt der durch die Verbindung hergestellten Sache am nächsten kommt[62]. Stellt sich diese

Rechtsvorgang wird schon von der Klassik, wenn auch unspezifisch, *accessio* genannt, vgl. *Heumann-Seckel* s. h. v. 3, die ausgelöste Rechtsfolge durch Ulp. D. 34. 2. 19. 13 als *„accessio cedit (rei) principali"* formuliert, ähnlich schon Gai. D. 33. 8. 2 (zur Quellenkritik vgl. *Kaser* I § 102 III 1 Anm. 19); vgl. hierzu auch unten Teil B Anm. 206. Das Schrifttum zum römischen *Accessionsbegriff* ist fast unübersehbar, vgl. dazu das Lit. Vz. II 4, zur *Quantenaccession* insbesondere Lit. Vz. II 4c. Aus der Lehrbuchliteratur sind hervorzuheben *Rabel* (1915), 399 ff., 442 ff.; *Bonfante* (1928) II 2, 68 ff.; *Perozzi* (1928) I, 699 ff.; *Brasiello* (1943), 97 ff.; *Scialoja* (1945) II, 54 ff.; *Monier* (1947), I 398 ff.; *Kunkel* (1949), § 73, 4; *Kaser* (1955), I § 102; *G. Longo* (1962), 34 ff.; *Burdese* (1964), 373 ff.; *Biondi* (1965), 239 ff.; ferner aus der gerade hier sehr ergiebigen Pandektistik *Wächter*, Hdb. I 2 (1842) §§ 40, 41; *Sintenis* (1844), I § 41 IV, § 50 III; *Unger* (1856), I §§ 54, 55; *Brinz* (1857), I § 146; *Windscheid-Kipp* (1906), I §§ 142, 188—190.

59 Der lateinische Terminus für Hauptsache, *res principalis*, ist ebenfalls schon aus klassischer Zeit, vgl. *Heumann-Seckel* s. v. principalis, 1; desgleichen *accessio* im Sinne von Nebensache, ein Wort, welches allerdings auch für nicht integrierende Nebensachen gebraucht wird, vgl. ibid. s.h.v. 3 und *Daube* (Lit. Vz. II 4c).

60 Vgl. *Kaser* I § 102 III (S. 360); *Bonfante* II 2, 72; *Scialoja* I 2, 70 ff.; *Voci*, Modi d'acquisto, 253 ff.

61 Vgl. für die *Aussaat* (*satio*) Gai. 2. 75 = I. 2. 1. 32 = D. 41. 1. 9 pr; für die *Pflanzung* (unklassisch *inplantatio*) Gai. 2. 74; id. D. 41. 1. 9 pr; h.t. 7. 13; für die *Bauführung* (in Quellenanlehnung *coaedificatio)* Gai. 2. 73; id. D. 41. 1. 7. 10—12. Daß gelegentlich nicht das Gebäude als Teil des Grundstücks, sondern umgekehrt das Grundstück als Teil des Gebäudes bezeichnet wird (so z. B. Cels. D. 6. 1. 49), besagt demgegenüber nichts. Aus der Literatur zur *superficies* überhaupt vgl. Lit. Vz. II 4a, zu *satio* und *inplantatio* insbesondere Lit. Vz. II 4a α, zur *coaedificatio* Lit. Vz. II 4a *β*.

62 Auch hier sind die römischen Juristen philosophischen Vorbildern gefolgt, vgl.

als von allen zu ihrer Herstellung verwendeten Teilen so verschieden dar, daß keiner davon als Hauptsache angesehen werden kann (z. B. bei der Anfertigung einer metallenen Vase aus Metallquanten verschiedener Eigentümer), so bestimmt sich das Eigentum an der neuen Sache nach demjenigen sämtlicher Teilsachen, so daß deren Eigentümer Miteigentümer der ganzen Sache werden. In allen diesen Fällen, in denen der Integrationsvorgang nicht nur zur Vervollständigung oder Ergänzung einer schon vorhandenen, sondern zur Herstellung einer neuen Sache führte und damit der Tatbestand der Spezifikation gegeben war, war es allerdings streitig, ob und inwieweit die Eigentumsbestimmung der neuen Sache sich überhaupt nach dem Eigentum an Teilsachen (so die Sabinianer) und nicht vielmehr nach der Person des Herstellers (so die Proculianer) richten sollte[63].

β) Bei den bloßen *Stoffquanten,* und ebenfalls bei den *Summenquanten,* hängt die Rechtslage davon ab, ob die Verbindung im Einverständnis der Eigentümer der Teilquanten zustande gekommen ist oder nicht. Liegt ein Einverständnis vor, so entsteht nach einhelliger Auffassung eine *communio pro indiviso* unter ihnen hinsichtlich der einsgewordenen Sache, die als Rechtsobjekt an die Stelle der Teile getreten ist[64]. Soweit es am Einverständnis der

---

statt aller *Kaser* I § 102 S. 361 und die in Anm. 21 ebendort zitierte Literatur. Quellenbelege sind zur *ferruminatio bracchi ad statuam:* Paul. D. 6. 1. 23. 5; Pomp. D. 41. 1. 27. 2; zur *tinctura:* Paul. D. 41. 1. 26. 2; zur *inscriptio:* Gai. 2. 77; id. D. 41. 1. 9. 1; Paul. D. 6. 1. 23. 3; zur *pictura tabulae:* Gai. 2. 78; I. 2. 1. 34; Gai. D. 41. 1. 9. 2; Paul. D. 6. 1. 23. 3. Im letzten Falle gaben allerdings einige Juristen, wie D. 6. 1. 23. 3 zeigt, das Eigentum am Bilde dem Maler; man nimmt an, daß es sich auch hier um proculianische Tradition handelt. Spezialliteratur zu *ferruminatio, adplumbatio, textura* und *pictura* im Lit. Vz. II 4b.

[63] Zur *Spezifikation* und ihrer Abgrenzung gegenüber der Accession kann hier nicht im einzelnen Stellung genommen werden, vgl. dazu die im Lit. Vz. unter II 5 aufgeführte Literatur, aus der Lehrbuchliteratur vor allem: *Brinz* I (1857) § 149; *Windscheid-Kipp* (1906), I § 187 (mit Nachweisen); *Bonfante* (1928), II 2, 116 ff.; *Brasiello,* Proprietà (1943), 115 ff.; *Scialoja* (1945), I 2, 82 ff.; *Kunkel* (1949), § 73, 7; *Kaser,* I (1955) § 102 III 3; *G. Longo,* Diritti reali (1962), 113 ff. Weitere Nachweise zum gemeinen Recht und der Romanistik des späten 19. Jahrhunderts unter anderem bei *Osuchowski* 38 Anm. 3.

[64] Gai. D. 41. 1. 7. 8 = I. 2. 1. 27 (Verschmelzung fester oder Vermischung flüssiger Materialquanten gleicher oder verschiedener Art); Ulp.-Pomp. D. 6. 1. 5 pr (Vermengung von Getreide). Bei einer Emulsion aus Wein und Honig hält man allerdings eine Spezifikation für gegeben, weil das hergestellte Gemisch (*mulsum*) *suam speciem pristinam non continet,* vgl. Ulp.-Pomp. D. 6. 1. 5. 1; Gai. D. 41. 1. 7. 7; I. 2. 1. 27. Daraus ziehen *Ulpian-Pomponius* die Konsequenz, daß der Vermengende (und zwar ohne Rücksicht auf den Willen der übrigen Beteiligten) Allein-

Quanteneigentümer fehlt, gehen die Ansichten der römischen Juristen auseinander. Nach *Gaius*[65] soll für die Verschmelzung fester und die Vermischung flüssiger Stoffe gleicher oder verschiedener Art auch bei mangelndem Einverständnis der Beteiligten dasselbe gelten wie bei der einverständlichen Verbindung (Miteigentum an der einheitlichen, nicht weiter gegliederten Sache). Nur bei der Vermengung von Summenquanten soll es auf den Willen der Beteiligten ankommen, indem bei fehlendem Einverständnis das Eigentum an den in der einheitlichen Sache aufgegangenen Primärquanten sich in ein Quasi-Eigentum an einer Realquote verwandelt, deren Größe sich nach der Größe des beigesteuerten Quantums bemißt und (im Anschluß an eine erfolgreiche *actio ad exhibendum*) anstatt des nicht mehr individualisierbaren Primärquantums vindizierbar ist *(vindicatio pro parte)*[66]; eine *communio pro indiviso* wird insoweit verneint[67]. Hier sind also die realen Auseinandersetzungsquoten am Gesamtquantum als Rechtsobjekt an die Stelle der das Gesamtquantum konstituierenden, als Sachindividuen untergegangenen Einzelquanten getreten; doch existiert neben den Realquoten auch das Gesamtquantum als Rechtsobjekt[68]: es steht den Beteiligten als einer *communio pro diviso*[69] gemeinschaftlich zu. Nach *Ulpian*[70], welcher sich auf *Pomponius* beruft, soll dagegen in allen Fällen nicht einverständlicher Verbindung[71] ohne Rücksicht auf die Beschaffenheit der vereinigten Substanzen eine Verwandlung des Primärquanten-Eigentums in ein Realquoten-Eigentum mit den eben angedeuteten Konsequenzen stattfinden. Eine Mittelmeinung vertritt *Paulus*[72], der sowohl eine *actio communi dividundo* (also die Teilungsklage der *communio pro indiviso*) als auch eine

---

eigentümer der neuen Sache wird. *Gaius* nimmt dessen ungeachtet Miteigentum an, vgl. D. 41. 1. 7. 8; I. 2. 1. 27. Zur Sekundärliteratur vgl. Lit. Vz. II 4c.

[65] D. 41. 1. 7. 8 und 9; I. 2. 1. 27.

[66] Zur *vindicatio pro parte* vgl. *Kaser*, TR 29 (1961), 169 ff. (187, 192 ff.).

[67] I. 2. 1. 28 (ohne Entsprechung in D. 41. 1. 7). Der Unterschied gegenüber der Behandlung des untrennbar Zusammengeschmolzenen oder -gegossenen wird damit erklärt, daß die Partikel der vermischten Quanten, wenn auch nach ihrer Herkunft nicht mehr unterscheidbar, so doch *in sua substantia durant*.

[68] Die Rechtsobjektivität des Gesamtquantums zeigt sich daran, daß es als ganzes von einem Dritten vindiziert werden kann.

[69] *divisum* ist hier die Realquote.

[70] D. 6. 1. 3. 2 (Verschmelzung fester oder Vermengung flüssiger Quanten).

[71] Mit Ausnahme freilich der Spezifikationsfälle (vgl. Anmerkung 63).

[72] D. 6. 1. 4.

vindicatio pro parte gewährt. Danach waren die Juristen nur bei den Summenquanten über die Rechtsfolgen einer nicht einverständlichen Vermengung sich einig; nur dort wurde allgemein (anstatt oder neben der *actio communi dividundo)* die *vindicatio pro parte* an der an die Stelle des Primärquantums getretenen Realquote gewährt[73].

2. Die zweitstufigen Integrate

a) Rechtliche Eigenschaften

Die der zweiten Integrationsstufe angehörigen Sachen, die *zweitstufigen Integrate* (ontologischer Parallelbegriff: *zusammengesetzte oder Gesamtsachen*, συνημμένα *res compositae, cose composte)*[74] bestehen aus Teilen, die ungeachtet ihrer Zugehörigkeit zum Ganzen neben diesem rechtlich besondere, sachenrechtsfähige Einheiten darstellen. Allerdings ist die Sachenrechtsfähigkeit der Teilsachen nicht voll entwickelt. Bezüglich gewisser sachenrechtlicher Vorgänge kommen sie entweder überhaupt nicht, oder jedenfalls als besondere, von der Gesamtsache verschiedene Sachen nicht in Betracht: insoweit ruht ihre Sachenrechtsfähigkeit. Im übrigen wird ihr sachenrechtlicher Status wenigstens subsidiär durch denjenigen der Gesamtsache mitgeprägt: sie folgen grundsätzlich deren Recht, soweit nur dieser Folge nicht ein besonderes Recht an der Teilsache entgegensteht. Über der auf

[73] Hier wird bei fehlendem Einverständnis der Beteiligten mit der Vermischung allgemein eine *communio pro diviso* angenommen und die *vindicatio pro parte* gewährt, vgl. Ulp.-Pomp. D. 6. 1. 5 pr (Vermengung von Getreide), I. 2. 1. 28 (desgleichen, ohne Entsprechung in D. 41. 1. 7). Der Unterschied, den *Gaius* zwischen Mengensachen und anderen Vermischungen macht, wird von ihm damit begründet, daß dort die Partikel der vermischten Quanten *in sua substantia durant.* Unklar bleibt allerdings der Anwendungsbereich dieser für Summenquanten beobachteten Grundsätze auf die nicht einverständliche Geldvermengung. Stellen hierzu sind weder von *Gaius* noch von *Pomponius* oder *Ulpian* überliefert. Das einzige überkommene Zeugnis stammt von *Javolen-Cassius* (Jav. 11 Cass. D. 46. 3. 78). *Javolen* sieht allerdings für Geld eine besondere Regelung vor, nach welcher der Vermengende Alleineigentümer und der sein Eigentum Verlierende auf eine *actio furti* verwiesen wird. Doch ist es zweifelhaft, ob diese Ansicht unbestritten war und ob nicht nach Ansicht anderer Juristen die Geldvermengung analog der Vermengung von Summenquanten behandelt werden sollte (vgl. dazu *Kaser,* TR 29 [1961], 189 ff.).

[74] Der quellenmäßige Terminus ist *pars* oder *portio,* in prädikativer Form *esse* c. gen. (vgl. auch Anm. 46).

diese Weise beschränkten Rechtsobjektivität der Teilsachen erhebt sich dann die unbeschränkte Rechtsobjektivität der ganzen Sache, die durch die Teilsachen auf der höheren, zweiten Stufe integriert wird (das zweitstufige Integrat). Die Rechtskreise der Teilsachen und der Rechtskreis der ganzen Sache haben je ein besonderes Dasein, wirken aber, wie schon angedeutet und unten näher zu erläutern, in mancherlei Hinsicht aufeinander ein[75].

b) Entstehungsgründe

Zustande kommt das zweitstufige Integrat dadurch, daß mehrere (wenigstens zwei) zunächst räumlich voneinander getrennte Sachen miteinander körperlich verbunden werden, ohne daß dabei die qualifizierenden Merkmale vorliegen, bei denen eine erststufige Integration stattfindet. Indem das zweitstufige Integrat die Vorexistenz seiner Bestandteile als selbständige Sachen voraussetzt, ist es notwendig sekundär und unterscheidet sich hierdurch vom erststufigen, das zwar auch durch Verbindung ursprünglich selbständiger Sachen zustandegekommen sein kann (z. B. das bebaute Grundstück, die durch *ferruminatio* ergänzte Statue)[76], das aber auch eine ursprüngliche Einheit darstellen (z. B. Balken, Ziegel, Vase, die heile Statue), und daher entweder Primär- oder Sekundärsache sein kann. Nur jene ursprünglich selbständigen Individualsachen, aus denen das zweitstufige Integrat gebildet oder um die es ergänzt oder erweitert worden ist, stellen seine sachenrechtsfähigen Bestandteile dar, während sonstige, nur quantitativ bestimmbare Teile genau wie bei den erststufigen Integraten sachenrechtsunfähig sind.

c) Betroffener Gegenstandsbereich

α) Von welcher Art die körperliche Verbindung sein muß, um ein Integrat (wenigstens) der zweiten Stufe hervorzubringen, läßt sich aus den Quellen nicht einheitlich beantworten. Die zahlreichen, in den Digesten überlieferten Stellen ergeben ein überaus buntes Bild, welches sowohl in seiner Gesamtstruktur als auch in seinen Einzelheiten bis heute zu unterschiedlichen Deutungen Anlaß gegeben hat[77]. So stellt ein Teil der Stellen ausdrücklich oder implizit allein auf die Körperlichkeit bzw. auf die Festigkeit der kör-

[75] Zur Konkurrenz der Rechtskreise vgl. *Guarneri Citati,* APal 14 (1930), 275 ff.

[76] Bemerkenswerterweise erwähnt *Pomponius* nur diese letzteren als Beispiele für sein σῶμα ἡνωμένον.

[77] Vgl. *Bonfante* II 1, 144 ff.; *Rasi,* Pertinenze (1954), 16 f. mit Nachweisen.

perlichen Verbindung ab. Andere bestimmen die Zugehörigkeit von (Teil-) Sachen zu einem zweitstufigen Integrat nach ihrer Erforderlichkeit für die „Vollendung" (*perfectio*) des aus ihnen gebildeten Ganzen. Manche messen zusätzlich der vom Eigentümer beabsichtigten Dauer der Verbindung (*perpetuus usus*) Bedeutung bei und lassen einerseits eine nur vorübergehende Verbindung zur Integration nicht genügen, andererseits eine nur vorübergehende Lösung des einheitsstiftenden Zusammenhanges nicht schaden[78].

Die Pandektistik hat versucht, die den Klassikerentscheidungen zugrundeliegenden einander widerstreitenden Prinzipien zu harmonisieren[79]. Ihre Versuche, sie auf ein einheitliches Prinzip zurückzuführen, sind jedoch gescheitert. Eine historisch-kritische Untersuchung des überlieferten Quellenbestandes kann einen Teil der Widersprüche durch das verschiedene Alter der Juristen erklären. So fällt z. B. auf, daß die Berücksichtigung des Verbindungswillens und der davon abhängigen (vermuteten) Verbindungsdauer in der späteren Zeit zunimmt[80], eine Erkenntnis, die es erlaubt, einige weitere Einzelheiten interpolationskritisch zu erklären. Doch bleiben auch dann noch nicht weiter aufklärbare Widersprüche bestehen. Die durchweg unpolemische und vielfach schulmäßige Behandlung unserer Frage bei den klassischen Juristen legt den Schluß nahe, daß die Divergenzen in den Entscheidungen nicht auf offenen Kontroversen beruhen, sondern das Ergebnis eines unbewußten Befolgens heterogener Beurteilungsprinzipien gewesen sind, wobei zum Teil natürliche Unterschiede des Streitobjekts (Grundstücksteile, Gebäudeteile, Mobiliarteile) eine unterschiedliche Behandlung nahegelegt haben.

β) Ein an den natürlichen Unterschieden der miteinander verbundenen Sachen orientierter Überblick ergibt folgendes:

aa) Mit einem *Grundstück* verbundene Sachen bilden mit diesem zusammen regelmäßig nur dann ein Integrat, wenn sie (fest) in dieses eingefügt sind. Die Mehrzahl der dazu überlieferten einschlägigen Stellen stammt aus dem Ediktskommentar[81] von *Ulpian*, welcher dieses Ergebnis bereits als Grundsatz formuliert hat: *Fundi nihil est nisi quod terra se tenet*[82].

---

78 Vgl. hierzu im einzelnen weiter unten β.

79 Ins einzelne gehende Nachweise bei *Bonfante* II 1, 144 f. und *Rasi* 16 ff.

80 Wenn man von der Vorwegnahme dieser Entwicklung durch die *perpetuus usus*-Stelle *Labeos* einmal absehen will (vgl. auch dazu u. bei Anm. 126).

81 lib. 32.

82 D. 19. 1. 17pr.

Die nach dieser Formel integrierten Grundstücksbestandteile, an anderer Stelle von *Celsus* als *vincta fixaque*[83] umschrieben, treten in Gegensatz zu den *ruta et caesa*[84], d. h. zu den (ehemaligen) Bodenbestandteilen, deren Verbindung mit dem Boden gelöst worden ist und die nur noch in getrenntem Zustand auf dem Grundstück aufbewahrt werden, ein Begriff, der dann über seinen wortsinngemäßen ursprünglichen Anwendungsbereich hinaus für alles verwendet wird, was mit dem Boden nicht „niet- und nagelfest" verbunden und daher nicht integrierender Bestandteil ist[85].

Da von den mit dem Boden fest verbundenen Sachen Gebäude, Bäume und Pflanzen mit dem Boden zusammen ein Integrat erster Stufe bilden (vgl. oben 1 b β), bleiben für die Bildung eines zweitstufigen nur einige wenige Sachen übrig, und zwar Sachen, die gegenüber jenen von geringerer wirtschaftlicher Bedeutung sind. Quellenmäßige Beispiele sind: Brunnen (*puteum*, und zwar nicht nur dessen in den Boden eingemauerte Fassung, sondern auch der unter Umständen nur lose aufliegende Deckel, *putealia*)[86], Springbrunnen (*aquae salientes*)[87], Wasserleitungen (*lines et labra, fistulae, canales*)[88], in den Boden eingelassene oder in das Gebäude eingebaute Ölmühlen (*molae oleariae*)[89] und schließlich Streu und Dünger (*stramenta et sterculinum*)[90]. Bei weiteren mit dem Grund und Boden fest verbundenen Sachen ist die Quellenlage zwiespältig, nämlich bei den Weinbergpfählen (*pali vineae*) sowie den in den Boden fest eingelassenen Weinfässern (*dolia defossa, infixa, defixa* etc.) und Weinkeltern (*praela, torcularia*). Teilweise werden auch sie als Grundstücksteile behandelt[91],

---

[83] D. 19. 1. 38. 2.

[84] Cels. ibid.; vgl. auch Ulp. D. 19. 1. 17. 6; 10. 4. 5. 2; Q. Muc.-Pomp. D. 18. 1. 66. 2; Sekundärliteratur: *Marrone* (Lit. Vz. II 4 aE.).

[85] Ulp. D. 50. 16. 241.

[86] Ulp. D. 19. 1. 13. 31; Pomp. D. 19. 1. 14.

[87] Ulp. D. 19. 1. 15.

[88] ibid.; ferner Cels. D. 19. 1. 38. 2.

[89] Pomp. D. 33. 7. 21, welcher verallgemeinernd *quaecumque infixa inaedificataque* hinzusetzt. Zu den dort gleichfalls erwähnten Weinkeltern Fässern (*dolia*) und (*praela*) vgl. sogleich den Text und die Anm. 91 und 92.

[90] Ulp. D. 19. 1. 17. 2; vgl. jedoch Anm. 98.

[91] Vgl. bezüglich der *pali:* Ulp. D. 19. 1. 17. 11, vielleicht auch Paul. D. 7. 1. 59. 2; bezüglich der *dolia:* Paul. D. 18. 1. 76 pr; Pomp. D. 33. 7. 21; *Labeo* und *Trebatius* bei Jav. D. 33. 7. 26 pr, sowie *Javolen* selbst ebenda unter der Voraussetzung, daß sie *„ita illigata sint aedibus, ut ibi perpetuo posita sint"*; bezüglich der *praela:* Pomp. D. 33. 7. 21.

teilweise nur dem Instrument zugerechnet[92]; dabei ist die Echtheit der Stellen zweifelhaft[93].

Inwieweit bei den hier genannten Grundstücksbestandteilen außer der tatsächlich vollzogenen körperlichen Verbindung mit dem Grund und Boden der Wille des (berechtigten) Einfügenden, insbesondere also die von ihm beabsichtigte Dauer der Verbindung (vorübergehend oder endgültig) von Erheblichkeit war, ist nur in einem Falle[94], nämlich bei Streu und Dünger erwähnt: hier wird die Integration davon abhängig gemacht, daß der Dünger auf dem Grundstück selbst verwendet werden soll; soll er verkauft (und daher nur vorübergehend auf dem Grundstück gelagert) werden, ist er nicht Teil des Grundstücks[95]. Doch ist der Text möglicherweise überarbeitet und als eines der Zeugnisse nachklassischen oder justinianischen, dem Willen allenthalben verstärkte Bedeutung zumessenden Rechtsdenkens anzusehen[96]. Gleiches gilt mit Sicherheit von einer anderen Stelle, welche ganz allgemein auf den Fortbestand der körperlichen Verbindung verzichtet, sofern die Lösung zu vorübergehendem Zweck vorgenommen wurde[97]. Dabei ist zu beachten, daß selbst hier der Bearbeiter nicht soweit gegangen ist, auf den wenigstens schon einmal durchgeführten Vollzug der Verbindung zu verzichten und statt dessen bereits die zum Zwecke der Verbindung gemachte Anschaffung (und Lagerung auf dem Grundstück) genügen zu lassen. Ist es daher zweifelhaft, inwieweit schon in klassischer Zeit die individuelle Zweckwidmung durch den Eigentümer für den Integrationserfolg erheblich war, so ist allen einhellig als integrierend anerkannten Verbindungen doch eigentümlich, daß sie typischerweise für immer im Grundstückskörper verbleiben[98], und zwar auch dann, wenn eine

---

[92] Vgl. wegen *pali:* Ulp. D. 33. 7. 12. 11; Alf. D. 33. 7. 16. 1; wegen *dolia:* Ulp. D. 19. 1. 17pr; 33. 6. 3. 1; 33. 7. 8pr; vielleicht auch 7. 1. 15. 6; Scaev. D. 32. 93. 4; wegen *torcularia:* Ulp. D. 19. 1. 17 pr. Zu diesen und den in der vorigen Anm. zitierten entgegengesetzten Stellen vgl. *Steinwenter,* Fundus cum instrumento 94 ff., und aus der gemeinrechtlichen Literatur vor allem *Funke,* Pertinenzen 130 ff.

[93] Vgl. hierzu *Steinwenter* aaO.

[94] Die gleichfalls in diese Richtung weisenden Zeugnisse *Labeos* (bei Ulp. D. 19. 1. 17. 7. und Jav. D. 33. 7. 26 pr) handeln von *fistulae* und *dolia* als *partes aedium,* vgl. hierzu unten bei Anm. 125.

[95] Ulp.-Treb. D. 19. 1. 17. 2.

[96] Vgl. *Rasi* 21 mit Nachweisen, aber auch sogleich Anm. 98.

[97] Ulp. D. 19. 1. 17. 11; zum Interpolationsverdacht *Rasi* 20.

[98] Eine Ausnahme macht hier nur der Dünger, der auch als Handelsobjekt in Betracht kam. Daß er trotzdem *pars fundi* war, mag seinen Grund darin haben,

Lösung und folgende Einfügung in ein anderes Grundstück technisch möglich wäre (wie z. B. bei den Wasserleitungen).

ββ) Während für die mit einem Grundstück verbundenen Sachen — unbeschadet einiger wahrscheinlich späterer willenstheoretischer Differenzierungen — grundsätzlich ihre Befestigung im Boden Kriterium für die Integration war, und die überlieferten Entscheidungen sich wenigstens insoweit auf ein einheitliches Prinzip zurückführen lassen, als die feste und typischerweise dauernde körperliche Verbindung notwendig[99], wenn auch nicht in jedem Falle ausreichend war, ist die Rechtslage bei den Gebäudebestandteilen, d. h. den Sachen, die zu oder mit einem *Gebäude* verbunden werden, komplizierter. Daß dies bereits den römischen Juristen bewußt war, ergibt sich aus dem Fortgang der oben *αα*) zitierten *Ulpian*-Stelle: *Fundi nihil est nisi quod terra se tenet; aedium autem multa esse, quae aedibus adfixa non sunt*[100].

(1) Ein Überblick über die zahlreich überlieferten Stellen zeigt hier, daß es zwar eine Gruppe von Sachen gab, welche ebenso wie die Grund-

---

daß er in der älteren, noch nicht spezialisierten Agrarwirtschaft nur auf demselben *fundus* Verwendung zu finden pflegte, auf welchem er erzeugt worden war, und man später an seiner ursprünglichen rechtlichen Qualifikation festhielt. Berücksichtigt man übrigens diese Entwicklung, die gerade für den Dünger zum Aufhören der typischen Zweckbindung an den Produktionsbetrieb führte, und die bei den anderen zweitstufigen Grundstücksintegraten keine Parallele hat, so blieb für eine nicht kritiklos einer überholten Tradition verhafteten Betrachtungsweise, die man weder *Trebaz* noch *Ulpian* ohne Grund unterstellen darf, zur zweckgerechten Beurteilung der Bestandteilseigenschaft hier nur der Rückgriff auf den individuellen Verwendungszweck des Eigentümers übrig; die in D. 19. 1. 17. 2 überlieferte Entscheidung kann daher sachlich durchaus echt sein.

99 Eine Ausnahme machen nur die (in ihrer Bestandteilseigenschaft ja auch umstrittenen) *pali vineae*, die ohne besondere Verankerung in den Boden gerammt werden und sich ohne weitere Umstände auch wieder herausziehen und z. B. an anderer Stelle hineinstoßen lassen. Bei ihnen wird das fehlende Moment der Festigkeit kompensiert durch die im Vergleich zu den übrigen Grundstücksverbindungen (außer dem sogleich zu erwähnenden Dünger) kurze Lebensdauer und ihren im Vergleich zum Grund und Boden, in dem sie allmählich verwittern und dann durch neue ersetzt werden müssen, völlig untergeordneten Wert. Noch ausgeprägter ist dies Moment der Unterordnung und Vergänglichkeit bei *sterculinum*. Hier tritt an die Stelle der mechanischen Festigkeit die noch intensivere, chemische Verbindung, die den Dünger mit der Zeit im Boden gänzlich aufgehen läßt.

100 D. 19. 1. 17 pr. Zwar ist die Echtheit der zweiten Satzhälfte umstritten (vgl. *Rasi* 20 Fn. 29). Die weiteren Ausführungen zeigen jedoch, daß die Unterscheidungen den Klassikern bewußt gewesen sein müssen.

stücksbestandteile mit dem Grundstück fest mit dem Gebäude verbunden sein mußten, um mit diesem zusammen ein (zweitstufiges) Integrat zu bilden. Bei einer anderen Gruppe hingegen war eine feste körperliche Verbindung nicht erforderlich, vielmehr jede technisch zweckentsprechende Art der Zusammenfügung oder Einfügung, selbst periodischer Natur, genügend.

Zur ersten Gruppe zählen: Wandschränke und Wandregale (*scrinia, armaria, pegmata*)[101], Wandspiegel (*specularia adfixa*)[102], Fresken, Mosaiken, in die Wand eingelassene Bilder (*tabulae pictae pro tectorio, crustae marmoreae*)[103], fest gemauerte Statuen (*sigilla et statuae adfixae*)[104], ferner Wasserleitungen (*fistulae*)[105] sowie die daran festgelöteten Hähne (*epitomia adplumbata aut quae terra continentur*)[106], Wasserbehälter (*castella plumbea*)[107], Brunnen nebst Deckel (*putea, copercula puteorum*)[108]. Bezüglich der schmückenden Inaedifikate (*statuae, tabulae, lychni*) ist allerdings eine *Pomponius*-Stelle[109] überliefert, die unter Berufung auf *Labeo* die Bestandteilseigenschaft mit der Begründung verneint, sie seien nur *ornatus causa*, nicht *quo aedes perficiantur* angebracht. Doch ist die Echtheit dieser Stelle umstritten[110]; im Falle ihrer Echtheit würde sie darauf schließen lassen, daß es (jedenfalls in der Hochklassik) Sachen gegeben hat, bei denen die körperliche Befestigung am Gebäude zur Begründung ihrer Bestandteilseigenschaft nicht einmal ausreichte, vielmehr Eignung und Bestimmung zur *perfectio* des Gebäudes hinzukommen mußte[111].

Zur zweiten Gruppe gehören: die Mauersteine (*lapides*)[112], Balken (*tigna*)[112], Bedachung (*tegulae impositae*[113], *plumbum quod tegulis poni-*

---

[101] Ulp. D. 32. 52. 7a; 33. 7. 12. 25.

[102] Ulp. D. 33. 7. 12. 25.

[103] Ulp. D. 19. 1. 17. 3.

[104] Ulp. D. 33. 7. 12. 23.

[105] Ulp. D. 19. 1. 15; h. t. 17. 7; Cels. D. 19. 1. 38. 2, welcher das Erfordernis des Einbaues (*sub terram missae*) hervorhebt; anders Ulp. D. 33. 7. 12. 21 (nur Instrument).

[106] Ulp. D. 19. 1. 17. 8.

[107] ibid.

[108] ibid.

[109] D. 50. 16. 245; anders Ulp.-Pap. D. 33. 7. 12. 23.

[110] Vgl. *Rasi* 24.

[111] Wobei hier offenbleiben muß, welche Momente die *perfectio* ausmachen.

[112] tit. de tigno iuncto. D. 47. 3 (zwei *Ulpian*-Fragmente: 37 ed., 42 Sab.).

[113] Jav. D. 19. 1. 18. 1.

tur[114]), Fenster (*fenestrae*)[115], Türen (*ostia*)[116], Winterböden (*stratura ex tabulis factis quae aestate tolluntur et hieme ponuntur*)[117], Hausschlösser und Schlüssel (*serae, claves, claustra*)[118]; dagegen nicht: Winterdächer (*plumbum quod hypaethri tegendi causa ponitur*)[119], Sonnenvorhänge (*vela, quae umbrae causa in domo sunt*)[120], Säulendraperien (*reticuli circa columnas positi*)[121], Wandverkleidungen aus Holz (*plutei circa parietes positi*)[122].

(2) Vergleicht man nun die erste Gruppe mit der zweiten nach der Funktion, die den ihnen angehörigen Sachen für das Gebäudeganze zukommt, so ergibt sich, daß diejenigen Sachen, die nach den damaligen technischen und wirtschaftlichen Verhältnissen zur Errichtung und Immobiliarausstattung des Gebäudes notwendig waren, deren Fehlen also das Gebäude als unfertig erscheinen lassen mußte, sämtlich der zweiten Gruppe angehören. Andererseits besteht die erste Gruppe ausschließlich aus solchen Sachen, die den praktischen oder ästhetischen Wert des Gebäudes steigern, für seinen Elementarbestand aber nicht notwendig sind[123]. Dieses Ergebnis wird man bei der Vielzahl der überlieferten Quellen nicht als zufällig ansehen können. Es deutet vielmehr darauf hin, daß die römischen Juristen bewußt einen Unterschied gemacht haben müssen zwischen den zur Herstellung (oder Erhaltung) eines Gebäudes notwendigen, und sonstigen mit einem Gebäude verbundenen Sachen, zwischen spezifizierenden und accessorischen Bestandteilen also, einen Unterschied, der in der Natur der Sache begründet war: erst wenn jene Sachen vorhanden und — in einer der damaligen Hausbautechnik entsprechenden Weise — zusammengefügt waren, war ein z. B. einem Grundstück vergleichbares Objekt vorhanden, welches wie dieses durch die feste (sei es gleichzeitige, sei es nachträgliche) Einfügung von (weiteren) Sachen in seinem integralen Bestande erweitert werden konnte. Diese in der Natur der Sache begründete Verschiedenheit ist es, welche die Römer veranlaßt haben wird, bei den typischen das Gebäude

---

[114] *Labeo* bei Jav. D. 50. 16. 242. 2.

[115] Jul. D. 6. 1. 59.

[116] ibid.

[117] *Labeo* bei Jav. D. 50. 16. 242. 4.

[118] Ulp. D. 19. 1. 17pr.

[119] *Labeo* bei Jav. D. 50. 16. 242. 2.

[120] Ulp. D. 33. 7. 12. 16 (nicht einmal Instrument).

[121] Ulp. D. 19. 1. 17. 4.

[122] ibid.

[123] Dieselbe Beobachtung macht *Bonfante* II 1, 136.

herstellenden Sachen ein anderes Integrationskriterium zu verwenden als bei denjenigen, die nur zur weiteren (wenn auch üblichen) Ausstattung des Gebäudes beitrugen[124]. Nur bei diesen bestand kein Anlaß, die Bestandteilseigenschaft an andere Voraussetzungen zu knüpfen als bei Bestandteilen des Grundstücks; bei jenen dagegen lag es nahe, jede der Bautechnik entsprechende Art und Weise der Verbindung genügen zu lassen. Allerdings mag die Grenzziehung zwischen den durch bloße technisch richtige Applikation und den nur durch feste Einmauerung integrierbaren Sachen, bzw. zwischen denjenigen nur lose angebrachten, die (als herstellend oder quasi herstellend) Bestandteile waren und denen, die (weil nicht herstellend) es nicht waren, etwas willkürlich erscheinen. Bei den Verschlußmitteln z. B. würde auch eine gegenteilige Behandlung sich mit dem vermuteten Ausgangsprinzip vertragen; erst recht scheint die Verschiedenbehandlung von Winterböden einerseits und Winterdächern andererseits nicht zwingend. Doch wird hierdurch die Zulässigkeit unseres aus den Quellen abgeleiteten Schlusses auf ein den römischen Juristen bewußtes Entscheidungsprinzip des oben bezeichneten Inhalts nicht in Frage gestellt. Vielmehr ist die Behandlung dieser Grenzfälle durch die Klassiker entweder ein Hinweis darauf, was damals als zur Herstellung eines Gebäudes unumgänglich erachtet wurde und was nicht; oder sie ist von der Zufälligkeit, die einer Grenzziehung zwischen den Anwendungsbereichen zweier widerstreitender Prinzipien in einem Fallrecht notwendig anhaftet.

(3) Der bisherige, an den in den Quellen genannten verschiedenen Verbindungsobjekten orientierte Überblick hat die beiden objektiven Kriterien hervortreten lassen, die für die Beurteilung der Bestandteilseigenschaft bei Gebäuden maßgeblich waren: nämlich entweder die *Notwendigkeit* der Verbindung zur *Herstellung* des Gebäudes als eines *neuen* integralen *Ganzen* (ideelles Moment) oder die *Festigkeit* der Verbindung eines Inädifikates, das zur Herstellung des Gebäudes nicht notwendig ist, mit dem in seinem notwendigen Bestand bereits vorhandenen oder in der Herstellung begriffenen Gebäude (materielles Moment). Wie bei den Grundstücksbestandteilen gibt es jedoch auch hier, und zwar in größerer Anzahl und mannigfacheren Inhalts als dort, Stellen, in welchen die Bestandteilseigenschaft von subjektiven Voraussetzungen abhängig gemacht wird. Dabei wird nicht immer deutlich, ob und inwieweit diese subjektiven Momente als zusätzliches

[124] Soweit daher in D. 50. 16. 245 die *perfectio aedium* überhaupt als integrationserhebliches Moment genannt wird, ist gegen die Echtheit der Stelle meines Erachtens nichts einzuwenden.

Erfordernis neben die erwähnten objektiven treten oder selbständige, die Bestandteilseigenschaft begründende Tatbestände kennzeichnen sollen.

Diese Unklarheit geht vor allem von den auf *Labeo* zurückgehenden Stellen aus[125], die darauf abstellen, daß die Sache zu ständigem Gebrauch, *perpetui usus causa* mit dem Gebäude in Verbindung gesetzt ist. Eine grundsätzliche, aber nicht eindeutige Formulierung bietet die von *Ulpian* zitierte Stelle *„ea, quae perpetui usus causa in aedificiis sunt, aedificii esse, quae vero ad praesens, non esse aedificii“*[126]. Selbst wenn man das *ea, quae . . . in aedificiis sunt* sinngemäß auf solche Sachen beschränkt, die mit der Gebäudenutzung in Zusammenhang stehen, indem sie diese ermöglichen oder erleichtern, modifiziert diese Definition den Begriff des Gebäudebestandteils gegenüber demjenigen, der aus den oben als maßgeblich erkannten objektiven Momenten sich ergab. Indem hier ganz allgemein ohne (überlieferte) Bezugnahme auf objektive Kriterien die Dauerhaftigkeit der Zweckwidmung der Sache (für das Gebäude) zum Kriterium erhoben wird, erhebt sich die Frage, wie *Labeo* den Satz gemeint hat. Drei verschiedene Versionen erscheinen denkbar: 1.) Die Dauerhaftigkeit der Zweckwidmung ist das einzige Kriterium für die Eigenschaft einer Sache als Gebäudebestandteil. 2.) Sie ist eines neben anderen (objektiven) Momenten, welches für sich allein die Bestandteilseigenschaft begründen kann. 3.) Sie muß jeweils zu einem der objektiven Momente hinzutreten, um Bestandteilseigenschaft zu begründen. Welche Version als die labeonianische zu gelten hat, läßt sich ohne Kenntnis des Zusammenhangs, aus welchem *Ulpian* das Zitat entnommen hat, nicht mit Sicherheit feststellen. Die Frage, die meines Erachtens noch einer genaueren Untersuchung wert ist, kann hier nicht abschließend beantwortet werden[127]. Da die notwendigen Bestandteile stets, die fest verbundenen in der Regel auf Dauer mit dem Gebäude

---

125 Bei *Ulpian* 32 ed. D. 19. 1. 17. 7; bei *Javolen* 2 post. Lab. D. 50. 16. 242. 4, und 5 post. Lab. D. 33. 7. 26 pr (wo außerdem *Trebatius* als Gewährsmann genannt wird).

126 D. 19. 1. 17. 7.

127 Auffallend ist, daß die Mehrzahl der Stellen, aus welchen die Maßgeblichkeit der beiden objektiven Prinzipien abgeleitet wurde, von dem Spätklassiker *Ulpian* stammen, während es der Frühklassiker *Labeo* ist, welcher auf das subjektive Moment der Zweckwidmung abstellt. Bei einer Untersuchung des Sinngehaltes der labeonianischen Theorie ist zu berücksichtigen, daß *Labeo* alle jene späteren Zeugnisse natürlich nicht gekannt hat. Das darin enthaltene Gedankengut darf also nur unter der Voraussetzung zur Interpretation der *Labeo*-Stellen herangezogen werden, daß es bereits zu *Labeos* Zeit vorhanden war.

in Verbindung gesetzt werden, würde die Frage praktische Bedeutung gehabt haben vor allem für die Sachen, die nach den sonst als maßgeblich festgestellten objektiven Kriterien nicht Bestandteile des Gebäudes wären (also z. B. die Winterdächer, Sonnenvorhänge usw.). Das von *Ulpian* in unmittelbarem Anschluß an das *Labeo*-Zitat gebrachte Beispiel der *fistulae* ist insofern eine Ausnahme. Der Zusammenhang, in welchem das Zitat bei *Ulpian* steht und der Mangel eines Hinweises auf einen abweichenden Standpunkt legt die Annahme nahe, daß jedenfalls *Ulpian* seinen Gewährsmann *Labeo* nicht im Sinne der ersten, sondern wahrscheinlich im Sinne der dritten Version verstanden hat[128].

Neben dem *perpetuus usus* als einem für Gebäudebestandteile spezifischen subjektiven Kriterium erscheint auch bei Gebäudeverbindungen die Absicht der Wiederverbindung getrennter Teile als ein die Bestandteilseigenschaft begründendes (oder genauer: erhaltendes) Moment, während die (erstmalige) bloße Verbringung der Sache auf das Grundstück oder in das Gebäude zum Zwecke späterer Inädifikation nicht genügt[129]. Wie schon bei den Grundstücksverbindungen handelt es sich aber auch hier offenbar um nachklassisches Gedankengut[130].

γγ) Es entspricht der besonderen wirtschaftlichen Bedeutung von Grundstück und Gebäude, daß sie die am häufigsten erörterten Anwendungsfälle einer zweitstufigen Sachintegration in den römischen Quellen darstellen. Jedenfalls sind bezüglich anderer Integrate dieser Stufe vergleichsweise wenige Stellen überliefert. Ein Rückschluß von diesen Stellen auf allgemeinere die Bestandteilseigenschaft begründende Kriterien ist daher besonders unsicher.

(1) Das dem Gebäude seiner Herstellungsweise und Beschaffenheit nach ähnlichste Beispiel einer zweitstufigen Sachintegration, das in den Quellen erwähnt wird, ist das *Denkmal* (*monumentum*). Genau wie beim Gebäude ist hier die Frage nach der Bestandteilseigenschaft der Statuen gegenüber dem Denkmalssockel erörtert worden, auf dem sie stehen. Die einzige uns

---

[128] Daß *Labeo* es so gemeint hat, könnte man aus Jav. D. 50. 16. 242. 2 entnehmen: Die Verneinung der Bestandteilseigenschaft der Winterdächer, die genau so *perpetui usus causa* angeschafft werden, wie die Winterböden, die auch *Labeo* als Bestandteile ansieht (ibid. § 4), ist nur verständlich, wenn man zusätzlich als objektives Erfordernis die Unentbehrlichkeit zur Gebäudeherstellung verlangt.

[129] Jav. D. 19. 1. 18. 1.

[130] *Rasi* 20; *Steinwenter* 98.

überkommene Stelle ist ein von *Ulpian* mitgeteiltes *Celsus*-Zitat[131]. *Celsus* spricht sich dort, unter Zustimmung *Ulpians*, für die Bestandteilseigenschaft der Statue aus ohne Rücksicht darauf, ob sie *adplumbata* oder *adfixa* sei, oder etwa nur durch ihre Schwerkraft auf dem Sockel ruhe. Geht man davon aus, daß dieser Standpunkt in der Klassik unbestritten war (was den oben angemeldeten Bedenken unterliegt), so ergibt sich ein bemerkenswerter Unterschied zur Rechtslage der Gebäudeornamente: Hier wurden nach einhelliger Auffassung, wenn überhaupt, nur befestigte Statuen als Gebäudebestandteil anerkannt, (nämlich von *Papinian*, *Ulpian*, sowie, wenn man dem Rekonstruktionsversuch *Rasi*'s folgt, *Pomponius*), während spätestens *Tribonian* sogar diesen wegen ihres nur schmückenden Charakters die Bestandteilseigenschaft abgesprochen hat[132]. Der Verzicht der Klassiker (und auch der späteren Überarbeiter) auf diese Einschränkungen bei der Denkmalsfigur läßt sich wohl dadurch erklären, daß diese in einem engeren Zweckzusammenhang mit dem gesamten Denkmal steht als die ein Gebäude zierende Statue mit dem Gebäude. Das gilt schon für das Grabdenkmal[133], erst recht aber für das freie Standbild: hier wird die Statue geradezu zur Hauptsache des Ganzen. Man kann eben sagen, daß die Denkmalsfigur — im Gegensatz zur am Gebäude angebrachten Statue — in demselben Sinne zur Herstellung des Denkmals schlechthin erforderlich ist wie Mauersteine, Balken und Ziegel zur Herstellung des Gebäudes. Dies mag der Grund dafür sein, daß *Ulpian* und *Celsus* bei der Denkmalsfigur genau so von dem Erfordernis hermetischer Verbindung abgesehen haben und die jeweils technisch angebrachte Art und Weise der Zusammensetzung haben genügen lassen wie bei den herstellenden Gebäudebestandteilen. Ein (nachklassischer) Ausschluß der Bestandteilseigenschaft wegen bloß schmückenden Charakters kam bei einem nicht praktischen Zwecken dienenden Gegenstand ohnehin nicht in Frage.

(2) Schwieriger ist die Deutung der Stellen, die sich mit den Bestandteilen von *Schiffen* befassen. Sie betreffen vor allem Gegenstände der Schiffsausrüstung (einschließlich des Hauptmastes); die Bestandteilseigenschaft der den Schiffsrumpf bildenden Bretter und Balken ist offenbar nie streitig gewesen und, soweit ersichtlich, nur ein einziges Mal erörtert worden[134]. Von der Ausstattung wurde der Hauptmast (*malus*) übereinstim-

---

131 D. 47. 12. 2.

132 Vgl. o. bei Anm. 110.

133 Um ein solches handelt es sich bei *Celsus*.

134 Ulp. D. 10. 4. 7. 2.

mend als Bestandteil angesehen[135]. Ebenso einhellig wird die Bestandteilseigenschaft des Bei- oder Rettungsbootes (*scapha*) verneint[136]. Bei der Takelage gehen die Ansichten auseinander. Während *Labeo* und, ihm folgend, *Javolen*, das Bramsegel (*artemo*) und damit wohl auch die ganze übrige Takelage nicht zu den Schiffsbestandteilen (sondern nur zum Schiffsinstrument) rechnen[137], bezieht *Alfenus* die gesamte mit dem Schiff verbundene Schiffsausrüstung ein, wobei er (außer dem *malus*) die Rahen (*antemnae*) und Segel (*velum*), außerdem das Steuerruder (*gubernaculum*) nennt, dagegen die *scapha* als *„non coniuncta"* ausdrücklich ausschließt[138].

Was in diesen beiden Zeugnissen, den einzigen uns überlieferten, auffällt, ist, daß sich der weitere Bestandteilsbegriff hier bei dem ältesten der drei Juristen, dem Spätrepublikaner *Alfenus*, findet, während der etwa eine Generation jüngere *Labeo* den engeren verwendet und der Hochklassiker *Javolen* diesen übernimmt. Läßt man außer Betracht, daß es möglicherweise noch andere, dieses Bild der Entwicklung modifizierende Klassikerentscheidungen gegeben hat, die nicht in die Digesten aufgenommen worden sind, so zeigt sich bei den Schiffsbestandteilen — anders als bei den sonstigen[139] — offensichtlich die Tendenz einer fortschreitenden Einschränkung des Bestandteilsbegriffs.

Vergleicht man nun die für das Schiff mit den für das Gebäude in Betracht gezogenen, insbesondere den als Gebäudebestandteil anerkannten Sachen, um Anknüpfungspunkte für die für den Schiffsbestandteil maßgebenden Entscheidungskriterien zu gewinnen, so ergibt sich: Die Entscheidung der Juristen *Labeo* und *Javolen*, zu den Bestandteilen des Schiffes gehöre (außer dem Holzwerk des Schiffsrumpfes) nur der Schiffsmast, nicht aber das Segel, ist sowohl dann verständlich, wenn man eine hermetisch feste Verbindung (wie bei den nicht notwendigen Gebäudebestandteilen) zum Kriterium erhebt, als auch dann, wenn man bei den zur Herstellung des Schiffes nötigen Teilen die bautechnisch übliche Art der Verbindung ohne Rücksicht auf deren Intensität genügen läßt. In diesem letzteren Falle würde

---

135 *Labeo* bei Jav. D. 50. 16. 242pr; Alf. D. 21. 2. 44.

136 So ausdrücklich *Alfenus* l. c.; bei *Labeo-Javolen* wird man aus dem Ausschluß des *artemo* auch auf einen Ausschluß der sonstigen Ausrüstung schließen müssen.

137 l. c.

138 l. c.

139 Vgl. hierzu u. bei Anm. 143.

das heißen, daß wohl der Hauptmast, nicht aber das Hauptsegel (als *pars pro toto* für die Takelage) als zum Herstellungsbestand des Schiffes gehörig betrachtet wurde. Eine solche Auffassung würde durchaus naheliegen, wenn man sich den mit der Einfügung des Hauptmastes beendeten Bauvorgang beim Schiff vor Augen führt und die Funktion des Takelzeugs als eines bloßen, noch dazu leicht auswechselbaren Betriebsmittels des Schiffes in Betracht zieht. *Alfenus,* auf der anderen Seite, legt mit dem Hinweis auf die *coniunctio* das Prinzip seines weiteren Bestandteilsbegriffs offen. Da er jede, auch die auf periodische Lösung eingerichtete und daher nur sehr lockere Verbindung genügen läßt, gelangt er zu einem umfassenderen Bestandteilsbegriff als dem für das Gebäude gültigen, wo ja für nicht herstellende, sondern nur ausstattende Teile hermetische Verbindung verlangt wird; die geringe Intensität der Verbindung kommt damit derjenigen nahe, die bei gewissen (zweitstufig integrierenden) Grundstücksbestandteilen beobachtet wurde. Andererseits würde sich die alfenianische Entscheidung auch auf Grund des Herstellungsprinzips halten lassen. Denn genau so wie die Winterdecken und die Verschlußmittel beim Gebäude unter die zur Herstellung notwendigen Sachen fallen (oder jedenfalls so behandelt werden), ließe sich der zur Herstellung des Schiffes notwendige Bestand auf die Takelage erstrecken; und die Teile des Schiffsrumpfes und der Hauptmast sind allemal *coniuncta* (und nicht bloß *imposita,* wie z. B. die Dachziegel).

(3) Weitere in den Quellen vorkommende Beispiele zweitstufiger Integrate, die Rückschlüsse auf die Bestandteilseigenschaft bestimmter Sachen innerhalb zweitstufiger Integrate zulassen, sind[140]: das einem *Schrank* eingefügte Brett (*tabula armario iuncta*), das an einen *Wagen* montierte Rad (*rota vehiculo aptata*), der einer (beschädigten) *Statue* mit Bleibolzen eingedübelte Arm (*bracchium statuae adunata* bzw. *adplumbata*), der in einen *Ring* eingefügte Edelstein (*gemma auro sive anulo inclusa*), der einem *Gewand* eingewebte Purpurfaden (*purpura vestimento intexta*)[141], der an einem *Becher* befestigte Henkel (*ansa scypho iuncta*), die an einer *Trinkschale* oder einem *Leuchter* angebrachten Ornamente (*emblemata phialae*

[140] Die folgenden Beispiele stammen mit Ausnahme der *gemma auro inclusa* und dem *sigillum candelabro inclusum,* welche beide aus dem Sabinuskommentar des *Paulus* entnommen sind (14 Sab. D. 10. 4. 6), sämtlich aus dem *Ulpian*ischen Ediktskommentar (24 ed. D. 10. 4. 7. 1, 2). Parallelstellen sind: Pomp. D. 41. 3. 30. 1; Paul. D. 6. 1. 23. 5.

[141] Hier nehmen allerdings *Gaius* (I. 2. 1. 26) und *Ulpian* (D. 34. 2. 23. 1) Verbindung zu einem erststufigen Integrat an (vgl. auch oben Anm. 54).

iuncta, sigillum candelabro inclusum). Ihnen allen ist gemeinsam, daß die integrierenden Sachen körperlich miteinander verbunden sind. Die Intensität der Verbindung ist unterschiedlich. Bei Wagenrad und Edelstein, u. U. auch beim Schrankbrett ist sie ohne Beschädigung wieder lösbar, während dies bei dem Arm der Statue schon schwieriger, in den übrigen Fällen unmöglich ist. Sie hat hier danach eine ähnlich weite Spannweite wie bei den Gebäudebestandteilen. Auch hier zeigt sich dabei, daß die nicht hermetisch verbundenen integrierenden Sachen sämtlich herstellende Bestandteile sind; die hermetisch oder untrennbar verbundenen dagegen sind zum Teil nur ausstattend (*sigilla, emblemata*), zum Teil ebenfalls herstellend (*purpura*), zum Teil ein Grenzfall (*ansa*).

γ) Versucht man nun, die aus den herangezogenen Quellenbeispielen resultierenden Ergebnisse zusammenzufassen, so bleibt für die klassische Zeit als einziges, allen zweitstufigen Integrationen gemeinsames Merkmal die (wenn auch nur periodische) *körperliche Verbindung* der integrierenden Sachen, und selbst dies nur vorbehaltlich eines möglicherweise abweichenden, weil auch auf dies Erfordernis (zugunsten der Zweckdienlichkeit) verzichtenden Standpunktes *Labeo*'s bei den Gebäudebestandteilen. Man wird daher (unter diesem Vorbehalt) sagen können, daß die körperliche Verbindung im Sinne eines wenn auch lockeren Zusammenhanges stets notwendige, wenn auch nicht durchweg ausreichende Voraussetzung für die Bildung eines zweitstufigen Integrates gewesen ist. Als notwendige weitere Momente, bei deren Verwirklichung die körperliche Verbindung integrationsbildend war, waren zu beobachten: die *Notwendigkeit* der Verbindung für die *Herstellung* einer neuen Sache (bzw. zur Wiederherstellung dieser Sache in ihrem notwendigen Bestande), die *Dauerhaftigkeit* des Verbindungszwecks, sowie die Art und Weise der Verbindung (vor allem ihre *Intensität*), wobei die Intensitätsgrade verschieden waren[142]. Manche Sachen waren Nichtbestandteile, obwohl sie mit derselben Sache in gleicher Weise verbunden waren wie andere Sachen, die als Bestandteile angesehen wurden. Andererseits gab es Fälle, in denen sich das Erfordernis zusätzlicher Momente, die die körperliche Verbindung als integrationsbildend qualifizieren, nicht hat feststellen lassen.

---

[142] Insoweit ist also die alte Streitfrage, ob *coniunctio* oder *perfectio* die Bestandteilseigenschaft begründe (vgl. dazu *Rasi* 17 f., mit Nachweis), nicht im Sinne eines entweder-oder, sondern eines sowohl-als-auch zu entscheiden. Im übrigen stehen *coniunctio* und *perfectio* miteinander in Wechselwirkung, indem die mangelnde Notwendigkeit der Verbindung durch deren Intensität kompensiert werden mußte.

Eine einheitliche Entwicklungstendenz läßt sich in der klassischen Zeit nicht nachweisen[143]. Soweit die verschiedenen Ergebnisse auf unterschiedliche prinzipielle Ausgangspunkte rückführbar sind, wird man eine verschiedene Tradition in den beiden Rechtsschulen, unter Umständen auch philosophische Einflüsse verantwortlich machen können[144]. Auch die *perpetuus usus*-Lehre *Labeo*'s stellt nur einen nicht weiter entwickelten subjektiven Ansatz innerhalb der klassischen Tradition dar. Erst in der Nachklassik wird eine Entwicklung erkennbar, welche mit der Zulassung der (Wieder-) Verbindungsabsicht als selbständiges integrationsbildendes (bzw. erhaltendes) Moment auch hier subjektiven Kriterien verstärkt Geltung verschafft[145].

d) Rechtsfolgen der Verbindung mehrerer Einzelsachen zu einem zweitstufigen Integrat

Wie oben schon angedeutet wurde, besteht die Eigentümlichkeit des zweitstufigen Integrates darin, daß es aus Teilsachen zusammengesetzt ist, die ihrerseits (wenn auch nur beschränkt) sachenrechtsfähig sind und sowohl untereinander als auch gegenüber der durch sie integrierten Gesamtsache, dem Integrat, je besondere Rechtsobjekte darstellen, denen je besondere Rechtskreise zugeordnet sind. Daraus ergibt sich die Frage, in welcher Weise und in welchem Umfang die verschiedenen, integrierten Rechtsobjekte ihre Sachenrechtsfähigkeit entfalten und in welchem Verhältnis die dazugehörigen Rechtskreise zueinander stehen, insbesondere ob und in welcher Richtung sie

---

[143] Die von *Rasi* 26 behauptete „costante tendenza di estendere il concetto della congiunzione, comprendoci *l'impositio* (*tegulae, claves, putealia* ecc.) e la legatura (*velum*)" scheint mir für die klassische Zeit nicht belegbar zu sein. Dafür, daß man die Mauersteine früher als Bestandteile des Hauses behandelt hat als die Dachziegel, geben die Quellen keine Anhaltspunkte. Im Gegenteil stammen die Zeugnisse, die ausdrücklich andere Momente als die *coniunctio* als integrationsbegründend nennen, sämtlich von *Labeo*, also schon aus der Frühklassik (vgl. auch die folgende Anmerkung). Bei Schiffsbestandteilen ist man sogar ganz offensichtlich von einer großzügigeren zu einer strengeren Auffassung übergegangen (vgl. o. Anm. 139).

[144] Das wird von *Rasi* aaO. vermutet, der die nicht (allein) auf die Körperlichkeit der Verbindung abstellenden Äußerungen für prokulianisch hält. Für die Richtigkeit dieser Vermutung ließe sich anführen, daß die Stellen, in denen andere Momente ausdrücklich als integrationsbegründend genannt werden (*perfectio, perpetuus usus*) sämtlich auf *Labeo* zurückgehen, an den Proculus und seine Schule vor allem angeknüpft haben.

[145] *Bonfante* II 1, 136; *Rasi* 26.

aufeinander einwirken können. Diese Frage stellt sich hier nicht — wie bei den erststufigen Integraten — allein bei der Herstellung der Gesamtsache, die einen Gründungsstatus braucht und zu dessen Bestimmung man auf den der Teilsachen (oder wenigstens einer von ihnen) zurückgreifen muß, soweit nicht an die Person des Herstellers anzuknüpfen ist. Vielmehr stellt sie sich hier, wo die Teilsachen auch nach Herstellung der Verbindung ihre Sachenrechtsfähigkeit grundsätzlich behalten, als Dauerproblem, solange das Integrat existiert. Denn die mit dem Fortbestand der Teilsachen als besondere Sachindividuen gegebene Pluralität von Rechtsobjekten und der ihnen zugeordneten Rechtskreise innerhalb ein und desselben, durch die Gesamtsache repräsentierten substantiellen Bestandes erzeugt Spannungen, die gelöst werden müssen. Für ein Ausgleichssystem bieten sich verschiedene Konstruktionsprinzipien an. Eins davon ist das Prinzip der Subsidiarität, das den Teilsachen ihre Selbständigkeit beläßt und sie nur insoweit dem Recht der Gesamtsache unterwirft, als besondere Rechte an den Teilsachen nicht entgegenstehen. Ein Ausgleich kann aber z. B. auch dadurch hergestellt werden, daß die verschiedenen Rechtskreise in ihrem materiellen Gehalt harmonisiert werden, indem etwa die Teilsachen zwingend den Rechtsstatus der Gesamtsache übernehmen und damit ihre Selbständigkeit einbüßen. In beiden Fällen läßt die Zugehörigkeit der Teilsachen zum Integrat deren Sachenrechtsfähigkeit als formale Qualität noch unberührt und führt nur materiell zu einer (subsidiären oder totalen) Heteronomie. Noch weitergehend kann aber schließlich sogar die Sachenrechtsfähigkeit der Teilsachen selbst eingeschränkt werden, indem sie in gewissen Hinsichten als Sachenrechtsobjekte überhaupt nicht mehr, d. h. auch nicht als heteronom durch die Gesamtsache bestimmte, in Betracht kommen.

Wie die folgenden Ausführungen zeigen werden, hat das römische Recht eine Regelung gefunden, die sich aus einer eigentümlichen Mischung dieser verschiedenen Lösungsprinzipien zusammensetzt.

a) Werden mehrere getrennte Einzelsachen zu einem Integrat zweiter Stufe verbunden, so erhebt sich genau wie bei der Verbindung zu einem erststufigen Integrat die Frage, wer Eigentümer des Integrates werden soll. Der Unterschied zu den erststufigen Integraten besteht hier allein darin, daß bei den erststufig integrierenden Sachen mit der Eigentümerbestimmung die Frage einhergeht, wessen Teileigentum erlischt, während sich diese Frage bei den zweitstufigen Integraten wegen des prinzipiellen Fortbestandes der Teilsachen als selbständiger Individuen gar nicht, oder jedenfalls nicht mit Notwendigkeit stellt[146].

Wie bei den durch Zusammenfügung getrennter Teilsachen entstandenen Integraten der ersten Stufe wird auch in der zweiten Stufe bei den Individualsachen das Eigentum daran durch das Eigentum der Hauptsache[147] bestimmt[148]. Das bedeutet, daß bei der Entstehung der zusammengesetzten Sache zweiter Stufe deren Rechtskreis durch den Rechtskreis einer der Teilsachen, nämlich der Hauptsache, oder in Ermangelung einer solchen durch den Rechtskreis sämtlicher Teilsachen (Miteigentum) geprägt wird. Dabei wird die Frage nach der Hauptsache nicht anders beantwortet wie bei der Herstellung eines erststufigen Integrates. Im Falle der Spezifikation übernimmt nach proculianischer Anschauung allerdings auch hier die Person des Werkschöpfers die Funktion, den Rechtsstatus der neuen Sache zu bestimmen.

---

[146] Das den Integraten aller Stufen eigentümliche Phänomen, daß das bei der Konstituierung des Integrates bestehende Eigentum an der Hauptsache durch seine Erhebung zum Eigentum am Integrat eine gegenständliche Erweiterung erfährt, und daß bei späteren Accessionen entsprechend das Eigentum am Integrat um den Bestand der in den integralen Zusammenhang aufgenommenen Sache gegenständlich erweitert wird, ist von der später zu erörternden, nur bei den zweitstufig integrierenden Sachen sich erhebenden Frage nach einem evtl. Eigentümerwechsel bezüglich des sachenrechtsfähig gebliebenen Bestandteils zu unterscheiden. Beide Vorgänge — Erweiterung des Integrateigentums einerseits, Erwerb des Bestandteilseigentums andererseits — werden vielfach nicht deutlich genug auseinandergehalten. Seitdem man sich überhaupt um die dogmatische Erfassung der durch die zweitstufige Integration ausgelösten sachenrechtlichen Statusveränderungen bemüht hat (also nach ersten Ansätzen in der Glosse seit *Donellus*, vgl. u. Anm. 152 und Teil B bei Anm. 134 ff.), hat man den ersten Vorgang meist übersehen und nur den zweiten ins Auge gefaßt in dem Glauben, mit dessen Qualifikation das ganze dogmatische Problem gelöst zu haben. Auf jenen ist man erst später aufmerksam geworden, dann aber, um nun die Existenz dieses zweiten überhaupt zu leugnen, weil im Bestandteil ein des Eigentumswechsels fähiges, besonderes Objekt überhaupt nicht vorhanden sei (so vor allem *Brinz*, Pandekten I §§ 144, 146; *G. Demelius*, Exhibitionspflicht (1872), 107 ff.; *Kohler*, Pertinenzen, DogmJb 26 (1888), 30 ff., 45 ff.). Das führte im Ergebnis dazu, die Existenz zweitstufiger Integrate als sachenrechtsfähige Zusammenschlüsse von Teilsachen, die ihrerseits (wenigstens beschränkt) sachenrechtsfähig bleiben, überhaupt zu leugnen und die ganze Kategorie zweitstufiger Integrate zugunsten der erststufigen aufzulösen. Daß diese Betrachtungsweise den Quellen nicht gerecht wird, werden die folgenden Ausführungen zeigen.

[147] Die Hauptsache heißt auch hier *res principalis*, die Nebensache auch hier *accessio*.

[148] Vgl. *Kaser*, RPR I § 102 III (S. 361); *Bonfante* II 2, 68 ff. (72 ff.); *Scialoja* I 2, 71 ff.; *Guarneri Citati*, APal 14 (1930), 314 ff.; *Voci*, Modi d'acquisto (1952), 264 ff.

Hat die zu einem zweitstufigen Integrat zusammengesetzte Sache auf diese Weise durch Übernahme des Rechtsstatus einer der (oder aller) Teilsachen ihren eigenen Rechtsstatus erst einmal erworben, so bleibt sie in Zukunft von demjenigen der ursprünglich für sie statusprägenden Teilsache(n), insbesondere also der „Hauptsache", unbeeinflußt. Auch spätere Veränderungen im substantiellen Bestande des Integrates, etwa die Auswechselung oder Hinzufügung von Teilsachen, insbesondere wiederum die Auswechselung der „Hauptsache", berühren seinen Rechtsstatus nicht mehr, und zwar selbst dann nicht, wenn schließlich sämtliche zum Erstbestande gehörenden Teilsachen durch andere ersetzt worden sind[149]. Auch hierin äußert sich die mit der Herstellung eintretende rechtliche Unabhängigkeit des Integrates von den Teilsachen: seine Identität ist von der Identität der integrierenden Teilsachen unabhängig. Ist das Integrat einmal geschaffen, so bleibt es ohne Rücksicht auf seine jeweilige Zusammensetzung so lange mit sich identisch — und ermöglicht als solches die kontinuierliche Fortexistenz der an ihm bestehenden Rechte — als nicht der integrierende Zusammenhang seiner sämtlichen jeweiligen Teile vollständig gelöst, die Sache also in ihre Bestandteile zerlegt wird[150].

Die Übernahme des Rechtsstatus der Hauptsache (oder aller Teilsachen) durch das Integrat im Zeitpunkt seiner Herstellung ist danach der einzige Fall, in welchem eine materielle Einwirkung des Rechtskreises von Teilsachen auf den Rechtskreis der ganzen Sache stattfindet. Neben diesem einen

---

[149] Quellenmäßiger Topos ist die *refectio navis*, vgl. *Alfenus* 6 dig. D. 5. 1. 76 (bei *itemque navem*), *Julian* 6 Minic. D. 6. 1. 61 und die in folgender Anmerkung zitierte *Paulus*-Stelle.

[150] Vgl. *Paulus* 72 ed. D. 45. 1. 83. 5 (bei *nam etsi navem)*. Ob eine vorübergehende Zerlegung in seine Bestandteile die Identität des wiederhergestellten mit dem aufgelösten Integrat aufhebt, war streitig: dagegen *Paulus* l. c., der in einem solchen Fall die Unmöglichkeit der stipulierten Leistung verneint, dafür *Ulpian* und *Sabinus,* Ulp. 17 Sab. D. 7. 4. 10. 7, die den Nießbrauch auch dann wegen Untergang des Rechtsgegenstandes endgültig erlöschen lassen, wenn die Sache aus denselben Teilen wieder zusammengesetzt wird. Auch *Paulus* wird freilich die Kontinuität an die Voraussetzung geknüpft haben, daß die neu gebildete Sache von gleicher Gestalt wie die frühere und das *consilium* (*rem compingentis*) *domini* von vornherein auf die Wiederherstellung der alten Sache gerichtet war. Zum philosophischen Hintergrund und der juristischen Bedeutung dieser Stellen vgl. unter anderem *Girtanner,* DogmJb 3 (1859), 161, 191; *Ferrini,* BIDR 2 (1889), 182 ff. (222 ff.); *Sokolowski,* Sachbegriff (1902), 335; *Hägerström,* Obligationenbegriff (1927), I, 248 ff.; *Roddi,* Mutamenti (1936), 56 f.; *De Martino,* RivDirNav (1937), 179 ff.; *Kaser,* SZ 65 (1947), 246, Anm. 94a a. E.; *Wieacker,* Festschr. Rabel II (1954), 275 f.; *Cohen,* RIDA 5 (1958), 228 ff.

Fall materieller Einwirkung eines Teilsachen-Rechtskreises auf den Rechtsstatus des Integrates ist nur noch ein Fall *formeller* Beeinträchtigung des Integrates durch die Existenz konkurrierender Teilsachen-Rechtskreise festzustellen. Er besteht darin, daß das zweitstufige Integrat — allerdings mit Ausnahme der Gebäude — durch die Möglichkeit einer gegen seinen Besitzer gerichteten *actio ad exhibendum* wenigstens mittelbar der Gefahr der Desintegration ausgesetzt ist, eine Besonderheit, die z. B. bei den erststufigen Integraten keine Parallele hat. Weitere statusmindernde Einflußnahmen finden auch in formeller Hinsicht nicht statt. Insbesondere ist die Sachenrechtsfähigkeit des zweitstufigen Integrates durch die gleichzeitige Existenz der Teilsachen als konkurrierender Sachenrechtsobjekte im Gegensatz zu den drittstufigen in keiner Weise beeinträchtigt. Das Integrat ist vielmehr unbeschränkt sachenrechtsfähig: es ist möglicher Gegenstand von Eigentum und Besitz sowie sämtlicher beschränkt dinglicher Rechte, desgleichen von allen Bewegungsvorgängen, die die Rechtszuständigkeit für Sachen verändern können, wie *mancipatio*, *in iure cessio*, *traditio ex iusta causa*, *usucapio*, *occupatio*, oder bloß deren Besitzlage, wie *vindicatio* oder *furtum*[151].

β) Beschränkt sich die Relevanz der Teilsachen für den Rechtsstatus des Integrates darauf, daß dieses bei seiner Herstellung den Status der Hauptsache oder aller Teilsachen übernimmt und der Desintegrationsgefahr bei erfolgreicher *actio ad exhibendum* ausgesetzt bleibt, so wird umgekehrt der Rechtsstatus der Teilsachen durch ihre Zugehörigkeit zu einem zweitstufigen Integrat in mannigfacher Weise berührt. Hier ist zunächst — entsprechend der bereits festgestellten statusprägenden Kraft von Teilsachen für das Integrat — wiederum die Frage nach der *materiellen* Beeinflussung der Teilsachen-Rechtskreise durch das Integrat zu stellen.

aa) Der Versuch einer Antwort muß von der Doppelnatur der Teilsachen ausgehen, die darin besteht, daß diese einmal besondere Sachindividuen geblieben, andererseits integrierende Teile eines höheren Ganzen geworden sind, dessen körperliches Substrat sie in ihrer Gesamtheit darstellen. Da nun das Integrat selbst (und zwar unbeschränkt) sachenrechtsfähig ist, wird es von den Rechten, denen es unterworfen ist, in seiner Totalität, d. h. in allen Teilen seines jeweiligen Bestandes ergriffen. Dies

---

[151] Daß dem zweitstufigen Integrat alle diese Eigenschaften nicht von seinen integrierenden Bestandteilen vermittelt werden, sondern ihm aus eigenem Recht zukommen, ist dort, wo es auf diesen Unterschied besonders ankommt, beim *furtum*, in den Quellen ausdrücklich gesagt, vgl. Paul.-Pomp. D. 47. 2. 21. 4.

folgt logisch mit Notwendigkeit daraus, daß alles, was von einem Gegenstande gilt, von ihm in allen seinen Teilen gilt. Wäre es anders, so wäre eine Sachenrechtsfähigkeit des Integrates gar nicht denkbar: weil dieses nur in seinen Teilen besteht, würde das Recht sonst seines Gegenstandes entbehren. Hieraus folgt, daß die Teilsachen in ihrer Eigenschaft als integrierende Teile des Ganzen an dessen Rechtsschicksal teilnehmen.

(1) Eine andere Frage ist es dagegen, ob die Teilsachen in ihrer Eigenschaft als fortbestehende Sachindividuen in dem ihnen eigentümlichen Rechtskreis materiell durch den Rechtskreis der Gesamtsache geprägt werden, insbesondere also, ob sich der *Eigentumsstatus* des Bestandteils verändert[152]. Anders als bei der vorigen ist hier die Antwort nicht logisch determiniert, sondern dem positiven historischen Recht anheimgegeben und daher empirisch-hermeneutisch zu ermitteln.

Die Ermittlung des römischen Rechtszustandes stößt hier auf gewisse Schwierigkeiten, weil die überlieferten Quellen dazu keine zuverlässige, geschweige denn eine erschöpfende Auskunft geben. Ihre Äußerungen zum Rechtsstatus des Bestandteils beim zweitstufigen Integrat, insbesondere zu seinem Eigentumsstatus, sind z. T. dunkel, z. T. widersprüchlich. Sie lassen sowohl den Schluß zu, daß das Eigentum am Bestandteil in dessen Hand bleibt, in der es sich vor der Verbindung befand[153], als auch den umgekehrten, daß es für die Dauer der Verbindung auf den Gesamtsacheneigentümer übergeht[154]. Eindeutig sind nur ihre Aussagen zur Eigentumslage nach Auf-

---

[152] Die Notwendigkeit einer doppelten rechtlichen Qualifikation des Bestandteils — einmal in seiner Eigenschaft als Teil des Ganzen (Sachteil, *res uti pars*), zum zweiten als für sich betrachtetes Rechtsobjekt (Teilsache, *res uti singula*) — ist bereits von der Glosse erkannt worden, vgl. Gl. *desiit dominus* D. 41. 1. 7. 10, worauf schon *Landsberg* hingewiesen hat (vgl. *Ernst L.*, Die Glosse des Accursius und ihre Lehre vom Eigentum, Leipzig 1883, S. 244—246). Diese rechtsontologische Einsicht präjudiziert freilich nicht die positivrechtlich zu beantwortende Frage, ob das Bestandteilseigentum unter beiden Aspekten auch verschiedenen Subjekten zustehen kann oder notwendig ein und demselben zuzuordnen ist. Die Glosse hat allerdings auch (oder gerade) diese Frage beantwortet und zwar im ersteren Sinne.

[153] In diesem Sinne ausdrücklich *Gaius* 2 rer. cott. D. 41. 1. 7. 10 = I. 2. 1. 29 (*nec. . . . desiit dominus esse*) und *Ulpian* 75 ed. D. 44. 2. 7. 2 (*etenim cuius insula est, non utique et caementa sunt ... dominus vindicare potest*); mittelbar *Paulus* 21 ed. D. 6. 1. 23. 5 (*quamdiu cohaerent, dominus vindicare non potest*) und Paul.-Cass. ibid. (*quod semel alienum factum sit, redire ad priorem dominum non potest*).

[154] Eine den *Gaius*- und *Ulpian*-Stellen entsprechende ausdrückliche Aberkennung des bisherigen Eigentums am Bestandteil findet sich nur in einer Consitution der Kaiser *Severus* und *Caracalla* (a. 213), C. 3. 32. 2 (§ 1: *sed et id, quod in solo tuo*

lösung der Verbindung: Von diesem Zeitpunkt an ist Eigentümer der wieder verselbständigten Teilsache grundsätzlich derjenige, der es vor Herstellung der Verbindung war (wenn man von gewissen, zumal umstrittenen Besonderheiten bei der Bauführung auf fremdem Grunde absieht, von denen sogleich die Rede sein wird). Eindeutig sind außerdem die Quellenbefunde zur Vindikationsfähigkeit der Teilsachen[155]. Aufschlüsse über den Eigentumsstatus der verbundenen Teilsachen lassen sich daher nur durch Rückschlüsse aus jenen beiden Daten gewinnen.

(a) Am leichtesten ist die Frage nach den Wirkungen der Sachverbindung auf den Eigentumsstatus des Bestandteils dort zu beantworten, wo derjenige, der vor der Verbindung Eigentümer der Teilsache war, auch nach Auflösung der Verbindung ausnahmsweise keine Rechte an der Teilsache mehr hat. Hier ist es offensichtlich, daß die Verbindung zu einem Untergang des ursprünglichen Eigentums geführt hat, und es bliebe allein die weitere Frage zu stellen, ob mit dem Eigentum des Teilsacheneigentümers auch dessen Substrat als Sachenrechtsobjekt untergegangen ist, so daß in Wahrheit eine nicht nur zweitstufige, sondern eine erststufige Integration vorläge. Die Teilsache hätte dann nicht eigentlich den Eigentümer gewechselt, der Gesamtsacheneigentümer das Eigentum daran also nicht als besonderes Eigentum erworben, sondern es hätte nur eine gegenständliche Erweiterung seines Integrateigentums stattgefunden, dessen substantielles Substrat um die verbundene Teilsache vergrößert wurde. Solch ein endgültiger, die Zeit der Verbindung überdauernder Rechtsverlust ist aber, wenn überhaupt, nur ausnahmsweise eingetreten, nämlich bei Gebäudebestandteilen, die deren Eigentümer auf fremdem Grund zusammengefügt hatte. Doch ist die Zuverlässigkeit der Überlieferung auch insoweit umstritten. Nach *Gaius*[156] sollte der Bauführer, der wissentlich eigenes Material

---

aedificatum est, quoad in eadem causa remanet, iure ad te pertinet. si vero fuerit dissolutum, materia eius ad pristinum dominum redit); mittelbar in diesem Sinne wiederum *Julian* 2 Minic. D. 6. 1. 59 (*in pristinam causam reverti*) und, im Widerspruch zu seiner in der vorigen Anmerkung zitierten, entgegengesetzten Formulierung an der dortigen Stelle etwas weiter unten *Paulus* (*redire ad priorem dominum*). Auch von *Ulpian* ist eine Stelle überliefert, deren Wortlaut — im Gegensatz zu lib. 75 ed. D. 44. 2. 7. 2 — auf einen zwischenzeitlichen Eigentumsverlust schließen läßt, vgl. 36 Sab. D. 25. 1. 9 in fin.: „*permittendum est maritum auferre ornatum quem posuit, si futurum est eius quod abstulit.*"

[155] Und damit zu einer Frage, die nicht mehr die materielle Beeinflussung des Teilsachen-Rechts durch die Gesamtsache, sondern den Einfluß der Sachverbindung auf die Sachenrechtsfähigkeit der Teilsache betrifft.

[156] D. 41. 1. 7. 12; I. 2. 1. 30.

auf fremdem Grund verbaut hatte, das Eigentum daran endgültig an den Grundeigentümer, der zugleich Gebäudeeigentümer wurde, verlieren[157]. Möglicherweise hat *Celsus*[158] in einem Falle sogar den gutgläubigen Bauführer sein Eigentum für immer einbüßen lassen[159]. Andererseits schließt ein — wiederum überarbeitetes[160] — Reskript *Caracalla*'s[161] einen (endgültigen) Eigentumserwerb durch den Grundeigentümer sogar bei bösgläubiger Bauführung aus. Die Echtheitsfrage mag hier auf sich beruhen. Selbst wenn man die Divergenzen auf Klassikerkontroversen zurückführt, bleibt als Ergebnis, daß nur bei auf fremdem Grund zusammen- oder eingefügten Gebäudebestandteilen die Verbindung zu einem (endgültigen) Eigentümerwechsel führen konnte.

(b) In allen anderen Fällen konnte derjenige, dessen Sache in ein zweitstufiges Integrat eingebracht war, einhellig mit der *rei vindicatio* Herausgabe seiner Teilsache verlangen, sobald der die Bestandteilseigenschaft begründende Zusammenhang aufgelöst war[162]. Solange die Verbindung noch bestand, konnte er (und mußte, wenn er vindizieren wollte) jene für die *rei vindicatio* notwendige Voraussetzung durch eine persönliche, gegen den Besitzer des Integrates gerichtete Trennungsklage, die *actio ad exhibendum* (*ad separandum*), willkürlich schaffen[163]. Nur bei Gebäudebestandteilen war es ihm verwehrt, in dieser Weise auf die Integrität der zusammengesetzten Sache, des Gebäudes, einzuwirken[164]. Statt der die *rei vindicatio*

[157] Zur Quellenkritik vgl. die Nachweise bei *Kaser*, SZ 65 (1947), 219 ff. (234 Fn. 49).

[158] D. 6. 1. 38.

[159] Nach einer Textkritik *Sibers*, RPR 58, der *usque-est* und *dum-officias* für interpoliert erklärt und so das Wegnahmerecht fortfallen läßt. Zur Textkritik im übrigen *Kaser* aaO. 235 Fn. 50; *Gerhard von Beseler*, Beiträge zur Kritik der römischen Rechtsquellen, SZ 66 (1948), 265 ff. (299) und *Nardi*, Ritenzione, I (1947), 326 ff.

[160] Vgl. *Kaser* aaO. 235 Fn. 49.

[161] C. 3. 32. 2. 1 (a. 213).

[162] Ulp. D. 44. 2. 7. 2; Paul. D. 6. 1. 23. 7.

[163] Paul. D. 6. 1. 23. 5. Der ungetrennte Bestandteil war deswegen nicht vindikationsfähig, weil er als solcher nicht *in iure* vorgelegt werden konnte, vgl. *Kaser*, SZ 65 (1947), 236 ff. Zur *actio ad* (*separandum et*) *exhibendum* vgl. Lit. Vz. II 4 d.

[164] Schon das Zwölftafelgesetz schloß ein Trennungsbegehren bei einem *tignum iunctum* aus: „*tignum iunctum aedibus vineaeve ne solvito*" (6. 7). Ausdehnung auf alle Gebäudebestandteile durch *Gaius* D. 41. 1. 7. 10 = I. 2. 1. 29; ebenso Ulp. D. 10. 4. 7 pr.

vorbereitenden Trennungsklage hatte er hier, solange die Verbindung bestand, nur einen Anspruch auf Werterstattung: die auf das Doppelte des Teilsachenwertes gerichtete *actio de tigno iuncto*[165]. Nur bei bösgläubiger Inädifikation des fremden Bestandteils durch den Gebäudeeigentümer gab man in der Spätklassik auch hier dem Bestandteilseigentümer (außer der *actio de tigno iuncto*) die Trennungsklage[166]. Im übrigen mußte er darauf warten, daß es aus anderen Gründen zur Trennung des Bestandteils kam (z. B. durch Einsturz oder Abbruch des Gebäudes oder durch Auswechslung des Teils); hatte nämlich eine Trennung aus welchem Grunde auch immer stattgefunden, so konnte jeder Bestandteilseigentümer Exhibition verlangen und vindizieren[167].

(c) Der Ausschluß des (ehemaligen) Teilsacheneigentümers von der Vindikation des ungetrennten Bestandteils sowie die (sogleich noch näher zu erörternde) Unmöglichkeit, den Bestandteil als solchen im Rechtssinne zu besitzen, einerseits — andererseits aber die ihm grundsätzlich gegebene Möglichkeit, durch *actio ad exhibendum* die Voraussetzungen für Vindikation und Besitz zu schaffen, sowie sein Wiedereintreten in seine alte Rechtsstellung nach Auflösung der Integration lassen für die dogmatische Interpretation des Bestandteilseigentums eine zweifache Deutung zu. Mißt man jenem Phänomen das größere Gewicht bei, so kann man zu der Auffassung gelangen, daß das ursprüngliche Eigentum mit der Verbindung auf den Gesamtsacheneigentümer übergeht[168] und nach der Trennung in der Hand des

[165] Gai. l. c.; Paul. D. 6. 1. 23. 6; Ulp. D. 47. 3. 1 pr. Zur *actio de tigno iuncto* vgl. insbesondere Lit. Vz. II 4a *β*. Zum Erfordernis der Furtivität des *tignum alienum* (Paul. D. 24.1.63; Ulp. D. 47. 3. 1 pr; h.t. 2) vgl. außerdem *Salvatore Riccobono,* Interpretazione e critica del fr. D. 24. 1. 63 (Paul. 3 Nerat.) ed il requisito della furtività nell'*actio de tigno iuncto,* AG 53 (1894), 521 ff.; 54 (1895), 265 ff.; *Muzio Pampaloni,* Studi sopra il delitto di furto, BIDR 21 (1910), 205 ff.; *Max Kaser,* Typisierter *dolus* im altrömischen Recht, BIDR 65 (1962), 79 ff. (91 ff.); ferner *Monier* 112 ff., 185 ff.; *Melillo* 42 ff.; *Quadrato* 12 ff., 70 ff; *Kaser,* Labeo 12 (1966), 106 ff.; *Medicus,* SZ 84 (1967), 477 ff.

[166] Ulp. D. 47. 3. 2; Paul. D. 6. 1. 23. 6, während Gai. D. 41. 1. 7. 10 = I. 2. 1. 29 keine Ausnahme macht. Zur Diskrepanz dieser Stellen vgl. *Monier* 205 ff.; *Melillo* 101 ff; *Quadrato* 85 ff.; *Kaser,* Labeo 12 (1966), 107; *Medicus* SZ 84 (1967), 479.

[167] Paul. D. 6. 1. 23. 7; Ulp. D. 47. 3. 2; Gai. D. 41. 1. 7. 10. Zum Verhältnis der Vindikation zur *actio de tigno iuncto* vgl. *Monier* 185 ff.; *Melillo* 118 ff.; *Quadrato* 27 ff., 70 ff.; *Kaser,* Labeo 12 (1966), 110; *Medicus,* SZ 84 (1967), 479 f.

[168] Es sei denn, man folgert aus der Besitzunfähigkeit auch die Eigentumsunfähigkeit. Dann würde das Bestandteilseigentum im Integratseigentum aufgehen

ursprünglich Berechtigten neu entsteht; was ihm in der Zwischenzeit verbleibt, ist dann ein bloßes Heimfallrecht, das er über die *actio ad exhibendum* jederzeit aktualisieren kann. Im anderen Falle wird man eher einen Fortbestand des Bestandteilseigentums in der Hand des ursprünglich Berechtigten und ein bloßes Ruhen dieses Rechts während der Dauer der Verbindung annehmen. Ohne zu dieser seit *Donellus*[169] kontroversen Frage an dieser Stelle ausführlich Stellung nehmen zu wollen, scheint mir die letztere Deutung — Fortbestand eines ruhenden Eigentums — den Vorzug zu verdienen, weil sie die Rechtsstellung[170], die dem Eigentümer des wieder getrennten Bestandteils zukommt, plausibler erklärt[171]. Doch wird man sich bei der Entscheidung für die eine oder andere Version vor Augen halten müssen, daß die Quellen keinen zuverlässigen Anhaltspunkt dafür bieten, ob die Klassiker sich diese Frage in ihrer ganzen begrifflichen

---

(so z. B., wenn auch aus noch grundsätzlicheren Erwägungen, *Brinz* I 555 ff.; ähnlich *Kohler*, Pertinenzen, DogmJb 26 [1888], 45 ff.).

[169] Der sich entgegen der Glosse für einen durch die Verbindung begründeten Eigentumserwerb des Gesamtsacheneigentümers am Bestandteil auch insoweit entschieden hat, als dieser als Rechtsobjekt für sich in Betracht kommt, vgl. Teil B Anm. 134, 135.

[170] Die er nach einhelliger Auffassung nicht vom Eigentümer der desintegrierten Gesamtsache abgeleitet.

[171] Sie hat sich, nachdem sie in der zweiten Hälfte des vergangenen Jahrhunderts gerade unter den historisch-kritischen Autoren der Pandektenwissenschaft bereits das Übergewicht erlangt hatte, nach der Kontroverse zwischen *Guarneri Citati* und *Ratti* in der modernen Romanistik durchgesetzt, vgl. *Guarneri Citati*, Reviviscenza e quiescenza nel diritto romano (AnnMess 1 [1927], 33 ff.), und Appunti critici in materia di accessione nel diritto romano (AnnMac 5 [1929], 260 ff.), dagegen *Ratti*, Rinascita della proprietà in tema di accessione (Studi Bonfante [1930] I, 265 ff.), Replik von *Guarneri Citati*, La cosidetta accessione separabile e i suoi effetti (AnnPal 14 [1930], 227 ff.). Ihm ist dann *Kaser*, Natürliche Erwerbsarten etc. SZ 65 (1947), 232 ff. und die neuere Lehrbuchliteratur gefolgt, vgl. statt aller *Kunkel* § 73,4, der allerdings trotzdem der Teilsache während der Verbindung Rechtsobjektivität abspricht und damit das auch von ihm als fortbestehend verstandene Bestandsteilseigentum seines Objektes beraubt; auch seine Formulierung, während der Verbindung bestehe „nur noch eine Sache und ein Eigentum“ steht zur These vom Fortbestand eines ruhenden Bestandteilseigentums in Widerspruch. — Freilich ist festzuhalten, daß die Entscheidung für den Fortbestand des Bestandteilseigentums in der Hand des Teilsacheneigentümers nur für den Rechtsstatus des Bestandteils in seiner Eigenschaft als besonderes Rechtsobjekt gilt (*uti singulum*); in seiner Eigenschaft als konstituierender Teil des Ganzen (*uti pars*) erstreckt sich das Eigentum an diesem auch auf ihn. Verf. kommt damit, wie schon *Monier* 37, auf die dogmatische Position der Glosse zurück.

Schärfe überhaupt gestellt haben[172]. Sie heute zu stellen, ist daher nur unter dem Vorbehalt zulässig, daß dies allein zu dem Zwecke geschieht, die in den Quellen überlieferten Entscheidungstopoi nach ihrer Aussagekraft für ein modernes theoretisches Verständnis des klassischen römischen Sachenrechts zu befragen[173].

Macht man sich die hier als näherliegend bevorzugte Deutung, daß die Inkorporation einer Sache in ein zweitstufiges Integrat deren Eigentum unberührt läßt, zu eigen, so ist die Frage nach einer Beeinflussung der Teilsachen-Rechtskreise durch den Rechtskreis des Integrates insoweit negativ zu beantworten. Allerdings sind mit der Verneinung eines privativen Eigentumserwerbs durch den Gesamtsacheneigentümer auf Kosten des Teilsacheneigentümers die denkbaren Einwirkungsmöglichkeiten der Gesamtsache auf den Eigentumsstatus des Bestandteils noch nicht erschöpft. So bleibt es z. B. denkbar, daß das Gesamtsacheneigentum das Bestandteilseigentum und dessen Träger zwar nicht verdrängt, aber doch wenigstens subsidiär dessen Inhalt und Zuordnung bestimmt. D. h. daß der Eigentumsstatus des Bestandteils sich immer dann nach dem der Gesamtsache richten würde, wenn das Recht am Bestandteil dem nicht entgegenstünde, z. B. bei (ursprünglicher oder nachträglicher) Herrenlosigkeit der Teilsache. Doch lassen uns die Quellen insoweit vollständig im Stich, so daß diese Frage hier offen bleiben muß. Dasselbe gilt für den Wirkungsgrad beschränkt dinglicher Rechte an der Gesamtsache auf den Bestandteil[174].

(2) Nach den Einflüssen der zweitstufig integrierenden Sachverbindung auf den Eigentumsstatus der Teilsache sind nun die die Gesamtsache betreffenden sachenrechtsspezifischen *Vorgänge* auf ihre Reichweite für die Bestandteile zu untersuchen. Als solche Vorgänge kommen alle diejenigen

---

[172] Das gilt wohl auch für die Stellen, in denen die Eigentumsfrage nicht nur beiläufig gestreift und incidenter entschieden, sondern direkt gestellt und beantwortet wird, nämlich Gai. D. 41. 1. 7. 10 = I. 2. 1. 29 und Ulp. D. 44. 2. 7. 2 einerseits, die Severerkonstitution C. 3. 32. 2 andererseits. Denn auch sie sind gänzlich unpolemisch gehalten, haben also den jeweils entgegengesetzten Äußerungen offenbar keine Bedeutung beigemessen. Bezeichnend ist ferner die Widersprüchlichkeit des *Paulus* in D. 6. 1. 23. 5.

[173] Diesen Vorbehalt lassen auch die nach-pandektistischen Beiträge zur Problemerörterung von *Guarneri Citati* und *Ratti* meines Erachtens nicht hinreichend deutlich werden.

[174] Die beiden Pfandrechtsstellen Paul. D. 13. 7. 21; 20. 1. 29. 2, die sich für eine Erstreckung des Pfandrechts auf den Sachteil aussprechen, beziehen sich auf das Verhältnis des Grundstücks zum Gebäude, betreffen also einen Fall erststufiger Integration und sind daher hier nicht einschlägig.

in Betracht, die eine Veränderung der Rechtslage der Sache bewirken oder vorbereiten: die Vindikation, die den Besitzerwerb durch den Eigentümer, die Ersitzung, die den Eigentumserwerb durch den Besitzer herbeiführt, sowie schließlich die Verfügungsgeschäfte im engeren (*mancipatio, in iure cessio, traditio ex iusta causa, legatum per vindicationem*) und im weiteren Sinne (*venditio, stipulatio, legatum per vindicationem* und dergleichen).

(a) Auch hier ist das Bild, das die Quellen uns bieten, bunt und z. T. widersprüchlich. Die verschiedenen Gestaltungsmöglichkeiten und deren quellenmäßig belegbare Realisierungen lassen sich am besten am Fall der *usucapio* zeigen. Die Wirkung von die Gesamtsache betreffenden Rechtsvorgängen auf die Bestandteile soll daher zunächst für diesen Bereich untersucht werden.

Nach den bisherigen Ausführungen wären die Beziehungen zwischen Bestandteil und zweitstufigem Integrat bei der Ersitzung in vier verschiedenen Arten vorstellbar. Einmal ließe es sich denken, daß der Bestandteil gegenüber dem Integrat nicht nur besonderer, sondern auch selbständiger Ersitzungsgegenstand, die Integration für die Bestandteilsersitzung also ohne Bedeutung ist: der Bestandteil würde dann genau so ersessen als wenn die Sachverbindung gar nicht stattgefunden hätte, Bestandteil und Gesamtsache also nicht körperlich, sondern etwa nur räumlich verbunden wären. Denkbar wäre zweitens, daß der Bestandteil wohl noch besonderer, aber nicht mehr selbständiger Ersitzungsgegenstand ist, indem er subsidiär, d. h. insoweit an der Ersitzung des Integrates teilnimmt, als seine Ersitzungslage (für sich betrachtet) von derjenigen der Gesamtsache nicht abweicht. Auch in diesem Falle würde er im Ergebnis unter gleichen Bedingungen ersessen wie eine selbständige Sache, weil sich der Unterschied zwischen unmittelbarer und mittelbarer (d. h. durch die Gesamtsache vermittelter) rechtsobjektiver Betroffenheit bei der Ersitzung praktisch nicht auswirkt[175]. Ein Unterschied zeigt sich erst dann (drittens), wenn sich

[175] Die Gleichheit der Rechtslage von selbständiger und unselbständiger, subsidiär fremdem Recht unterworfener Sache hat seinen Grund hier darin, daß beide Objekte, der Bestandteil und die Gesamtsache, wegen ihres begriffsnotwendigen räumlichen Zusammenhanges bei der Ersitzung während der Verbindungsdauer denselben tatsächlichen Bedingungen ausgesetzt sind (Eigenbesitz durch ein und dieselbe Person innerhalb ein und desselben Zeitraums u. dgl.), an die das Recht die Ersitzungswirkungen knüpft. Der sonst mögliche Fall, daß der Bestandteil (für sich betrachtet) als Objekt der für die Gesamtsache geltenden Regelungen außer Betracht bleiben kann (der Verkauf der Gesamtsache z. B. ist nicht notwendig zugleich Verkauf des einzelnen Bestandteils), ist hier ausgeschlossen.

seine Unselbständigkeit zu einer ausschließlichen Abhängigkeit vom Integrat steigert. Denn dann würde er stets und nur unter den Bedingungen der Gesamtsache ersessen, selbst wenn für ihn allein die Ersitzungsvoraussetzungen gar nicht oder zu anderem Zeitpunkt gegeben wären oder umgekehrt. Schließlich (viertens) käme in Betracht, daß der Bestandteil als solcher überhaupt nicht ersessen werden kann, die Ersitzungsfähigkeit der verbundenen Teilsache also ruht. Diese würde danach, solange sie Bestandteil ist, bezüglich der Ersitzung als nicht existent behandelt mit der Folge, daß z. B. eine vor der Verbindung in Gang gesetzte Ersitzungsfrist gehemmt und erst nach Lösung der Verbindung ihren Fortgang nehmen würde. Paradoxerweise würde sie damit trotz ihres hier am stärksten geminderten sachenrechtlichen Status ihre Unabhängigkeit vom Integrat, die sie im dritten Falle bei Fortbestand ihrer Fähigkeit, besonderer Ersitzungsgegenstand zu sein, verloren hatte, zurückerhalten.

Wie *Mayer-Maly*[176] zuletzt nachgewiesen hat, ist die von den römischen Juristen für die Bestandteilsersitzung getroffene Entscheidung nicht so einhellig gewesen wie bisher angenommen wurde. Zwar sprechen sich die Mehrheit der überlieferten Stellen für die letzte Möglichkeit aus[177] und sprechen zum Teil dem Bestandteil nicht nur die *Er*sitzbarkeit, sondern schlechthin die *Be*sitzbarkeit ab[178]. Doch zeigen nicht nur die ausdrücklich abweichenden Stellungnahmen der *Labeo* und *Pomponius*[179], sondern auch die Behutsamkeit, mit der *Gaius* und *Javolen*[180] ihre Meinung äußern, daß die Frage jedenfalls noch in hochklassischer Zeit kontrovers war. Wahrscheinlich haben alle Lösungen zur Diskussion gestanden[181] und hat sich erst in der Spätklassik die letzte als maßgeblich durchgesetzt[182].

---

[176] Der Ersitzungsbesitz am Sachbestandteil, SDHI 26 (1960), 176 ff. Nachweise zu den zahlreichen Erörterungen des Problems in der Pandektistik bei *Windscheid-Kipp* I § 152 Anm. 6, § 175 a Anm.2; vgl. auch *Monier* 230 ff.

[177] Gai. D. 41. 1. 7. 11; Jav. D. 41. 3. 23 pr, 2; Ulp.-Pomp. D. 10. 4. 7. 1; Paul. D. 6. 1. 23. 7.

[178] *Javolen* und *Ulpian* l. c.

[179] D. 41. 3. 30. 1. Freilich geht *Labeo* hier von einem Grenzfall aus, so daß seine Entscheidung sich auch als Billigkeitsurteil denken läßt. Dagegen argumentiert *Pomponius* grundsätzlich, wie seine philosophische Begründung (Permanenz der Materie) zeigt. Doch ist auch er nicht immer dieser Meinung gewesen, wenn man dem Zitat in Ulp. D. 10. 4. 7. 1 Glauben schenken darf.

[180] Vgl. Gai. l. c. (Anm. 177): *recte quaeritur — causa dubitationis est — non placuit;* Jav. l. c. pr: *non puto.*

[181], [182] siehe die folgende Seite.

(b) Bei der *vindicatio* ist die Quellenausbeute spärlicher. Sedes materiae ist hier ein (z. T. überarbeitetes) *Ulpian*-Fragment aus dem Digestentitel *de exceptione rei iudicatae*[183], in dem die Frage, ob sich die Vindikation der Gesamtsache auch auf die Bestandteile bezieht, in einem Zusammenhang erörtert wird, wo sie von besonderer praktischer Bedeutung ist, nämlich der objektiven Rechtskraftwirkung. Aber selbst dies eine Fragment, wo in der uns überlieferten Fassung statt einer Mehrzahl kontroverser Stimmen nur noch ein einziger Jurist zu Worte kommt, bietet ein ähnlich buntes, wenn auch durch Interpolationen entstelltes Bild wie die Summe der verschiedenen Juristenzeugnisse bei der *usucapio*. *Ulpian* selbst scheint mit doppelter Zunge zu sprechen. Zu Beginn des Fragments sagt er allgemein, daß das *petitum* des Ganzen gleich den Teil mitergreife[184] und exemplifiziert dies anschließend zunächst an erststufig integrierenden Sachen[185], darauf aber auch an den (hier allein interessierenden) Bestandteilen zweitstufiger Integrate (*insula — tigna, lapides; navis — singulae tabulae*)[186]. Ordnet man dies Ergebnis in das bei der Ersitzung entwickelte Modell ein, so bedeutet das, daß *Ulpian* sich hier — anders als bei der *usucapio* — für die dritte Möglichkeit, d. h. für die notwendige, ausschließliche Teilnahme des Bestandteils am Rechtsstatus der Gesamtsache ausgesprochen hat. Weiter unten[187] erscheint dann jedoch überraschend eine Ausnahme, die mit dem oben aufgestellten Grundsatz insofern in Widerspruch steht, als für Grundsatz und Ausnahme dieselben Beispiele genannt werden: *insula — cementa et tigna*. Bei ihnen soll nun die Einrede der Rechtskraft des Vindikationsurteils über das Haus nicht schaden, wenn sie später als Bestandteile vindiziert werden. Als Begründung erscheint der Satz, daß *insula* und *cementa* in verschiedenem Eigentum stehen können und daher die Vindikation des

---

[181] So spricht sich *Pomponius* im *gemma-anula*-Fall für die selbständige Ersitzung, *Labeo* bei den *columnae* und *tegulae* möglicherweise ebenfalls, möglicherweise aber auch für die von der Gesamtsache abgeleitete Ersitzung der Bestandteile aus, je nachdem ob der Gebäudebesitz (*si aedificium possedisset*) als Eigentümerbesitz oder als Ersitzungsbesitz aufzufassen ist; dies gilt für *Labeo* freilich nur unter der Voraussetzung, daß man in seiner Entscheidung eine grundsätzliche und keine bloß billige sehen darf.

[182] Vgl. *Mayer-Maly* 189.

[183] 75 ed. D. 44. 2. 7.

[184] l. c. pr.

[185] *pars fundi* als reale Teilfläche, *arbores, insula.*

[186] l. c. pr. in fin.

[187] § 2.

einen nicht zugleich Vindikation des anderen, vielmehr ein „*aliud*“ sei. Zur Lösung des offensichtlichen Widerspruchs des § 2 zum *principium* und § 1 des Fragments sind zahlreiche Versuche unternommen worden, auf die hier nicht näher eingegangen werden kann[188]. Mit Sicherheit wird man davon ausgehen können, daß an Stelle des § 2 ein von *Ulpian* mitgeteilter Kontroversenbericht gestanden hat. Möglicherweise hat der gestrichene Passus tatbestandliche Differenzierungen enthalten, so daß der in § 2 überlieferten Entscheidung der *Ulpian* ein gegenüber dem *principium* etwas veränderter Ausgangsfall zugrundelag, oder es hat sich aus dem Zusammenhang der getilgten Stelle mit dem vorangehenden Teil des Fragments ergeben, daß die dort genannten Fälle nicht als bloße Subsumtionsbeispiele für den im *principium* vorangestellten Grundsatz gemeint waren, sondern daß mit ihrer Aufzählung bereits ein Fächer möglicher Zweifelsfälle ausgebreitet werden sollte, der vom *principium* bis in den § 1 hineinreicht und erst mit „*magnae quaestionis est*“ abschließt, und deren Lösung dann in dem folgenden gestrichenen Teil diskutiert worden ist. Wie auch immer der verstümmelte Text gelautet haben mag, so wird man in jedem Falle davon ausgehen müssen, daß einige Juristen (wahrscheinlich die „*plerique*“, möglicherweise auch *Ulpian*) bei der *vindicatio* den gleichen Standpunkt vertreten haben wie er bei der *usucapio* schließlich herrschend wurde, daß nämlich der Bestandteil von dem die Gesamtsache betreffenden Vorgang nicht berührt werde. Da der Fall, daß ein Dritter das Bestandteilseigentum geltend macht, hier ausscheidet[189], man vielmehr davon ausgehen muß, daß bei der *vindicatio totius rei* das Bestandteilseigentum sich in der Hand des damaligen Vindikationsklägers befand, würde die den Hintergrund des § 2 bildende Entscheidung der *plerique* ein Votum für das vierte der oben dargestellten Entscheidungsmodelle bedeuten (Ruhen der Vindikationsfähigkeit des Bestandteils auch insoweit, als er zusammen mit der Gesamtsache in Anspruch genommen wird).

---

188 Vgl. zuletzt *Giuseppe Provera*, La *pluris petitio* nel processo romano: La procedura formulare, Turin 1958, 43 f., besprochen von *Kaser*, Jura 10 (1959), 263 ff. (264); ferner: *Savigny*, System VI, 501 ff.; *Beseler*, Beiträge III, 21, IV, 256 ff.; *ders.*, SZ 45 (1925), 480 ff.; *ders.*, *Meletemata iuris romani*, Mnemosuna Pappoulia, Athen (1934), 59; *Guarneri Citati*, La cosidetta accessione separabile etc. 291 ff.; *Ratti*, Rinascita della proprietà, Studi Bonfante I, 286 ff. Aus dem älteren gemeinen Recht Nachweise bei *Savigny* l. c., aus der Pandektistik bei *Unger*, System I (5. Aufl.), 422 Anm. 12 (§ 52).

189 Ihm würde die *exceptio rei iudicatae* schon aus subjektiven Gründen nicht entgegengehalten werden können.

(c) Zur Wirkung der *Verfügungsgeschäfte* im engeren Sinne (*mancipatio, in iure cessio, traditio ex iusta causa, legatum per vindicationem*) auf die Bestandteile des Verfügungsgegenstandes sind für diese Geschäfte speziell keine Quellen überliefert. Während sie für *mancipatio* und *in iure cessio* überhaupt fehlen, sind sie für das Vindikationslegat in den diesbezüglichen Stellen zum Legat schlechthin mitenthalten, die bei der Erörterung des gegenständlichen Umfangs des Vermächtnisinhalts zwischen Damnationslegat und Vindikationslegat keinen Unterschied machen; was die *traditio* betrifft, wird die Frage nicht für die *traditio* als solche, sondern bei der *causa venditionis* abgehandelt. Zur Wirkung dieser beiden Verfügungsgeschäfte (im weiteren Sinne), von *venditio* und *legatum* also, auf die Bestandteile des Verfügungsgegenstandes sind wiederum zahlreiche Quellenstellen vorhanden. Im Gegensatz zu den kontroversen und z. T. widersprüchlichen Befunden bei *usucapio* und *vindicatio* ist das Bild hier durchweg einheitlich; nur bei einem Teilkomplex des Kaufrechts, der Eviktion, kommen noch Kontroversen zum Vorschein. Während hier *Paulus*[190] die Eviktionshaftung des Gesamtsachenverkäufers bei einer Eviktion des Bestandteils mit der allgemein gehaltenen Begründung ausschließt, daß im Verkauf der Gesamtsache der Verkauf der Bestandteile nicht enthalten sei[191], und sich damit auch hier für eine Lösung ausspricht, die der von den *plerique* befürworteten Behandlung des Bestandteils bei *usucapio* und *vindicatio* der Gesamtsache entspricht, neigt *Javolen*[192] in diesem Falle — anders als bei der Ersitzungsfrage — zur Einbeziehung des Bestandteils in die Eviktionshaftung. Im übrigen sprechen sich sämtliche *venditio*-Stellen[193] — auch die des *Paulus*[194] — ebenso wie die überlieferten Stellen zum Legat[195] zweitstufig integrierender Sachen für eine Teilnahme des Bestandteils an den Gesamtsachenverfügungen aus. Daraus ist zu schließen, daß auch der *ex causa venditionis sive legati* (und gleichfalls wohl der übri-

---

[190] 29 ed. D. 21. 2. 36. Vgl. dazu *Siro Solazzi*, Note sparse al Digesto, Atti Acc. sc. mor. e pol. Napoli 63 (1951), 103 (116 f.).

[191] Nach *Paulus* 53 ed. D. 21. 2. 42 soll das sogar für den *partus ancillae*, also eine erststufig integrierende Teilsache gelten.

[192] 9 epist. D. 41. 3. 23. 1: *„puto" te ex empto cum venditore recte acturum.*

[193] Vgl. z. B. Jav. D. 19. 1. 18. 1; Cels. D. 19. 1. 38. 2; Pomp. D. 18. 1. 66. 2; 19. 1. 14; Ulp. D. 19. 1. 13. 31; h. t. 17 pr, 2—4, 6—11.

[194] 6 resp. D. 18. 1. 76 pr.

[195] Direkt einschlägig nur Pomp. D. 33. 7. 21 (und dagegen Scaev. D. 32. 93. 4) indirekt zahlreiche Stellen zum *instrumentum legatum*, z. B. Jav. D. 33. 7. 26 pr; Ulp. D. 33. 6. 3. 1; eod. 7. 8 pr; h. t. 12. 11, 16, 23, 25.

gen Erwerbsgründe) vollzogene Eigentümerwechsel an der Gesamtsache denjenigen am Bestandteil nach sich gezogen hat, soweit dessen besonderer Status es erlaubte[196]. Hier wäre eine gegenteilige Entscheidung in der Tat absurd gewesen: es lag auf der Hand, daß dem Erwerber einer Gesamtsache das Eigentum an einem ihrer Bestandteile vom Veräußerer[197] nicht allgemein mit der Begründung streitig gemacht werden konnte, es sei nur die Gesamtsache, nicht aber deren einzelne sachenrechtsfähigen Bestandteile (oder jedenfalls ein bestimmter Bestandteil nicht) Geschäftsgegenstand gewesen; hierzu bedurfte es vielmehr eines besonderen, auf bestimmte Bestandteile beschränkten Ausschlusses. Das würde bedeuten, daß das bei *usucapio* und *vindicatio* von der Mehrzahl der römischen Juristen angenommene Ruhen der Sachenrechtsfähigkeit des Bestandteils in allen anderen Fällen nicht eingetreten ist, und zugleich, daß die von *Javolen* zur Begründung des Ersitzungsausschlusses aufgestellte These von der Besitzunfähigkeit des Bestandteils in dieser Allgemeinheit nicht zutraf: denn ein durch *traditio ex iusta causa* erfolgter Eigentumserwerb am Bestandteil setzt dessen Besitzfähigkeit insoweit voraus. Dagegen bleibt offen, ob die Bestandteile als selbständige oder als unselbständige Sachenrechtsobjekte das Eigentum gewechselt haben. Im ersten Falle ließe sich der Eigentumsübergang allein durch gewillkürte Erstreckung des Geschäftswillens auf die Bestandteile, also willenstheoretisch erklären, und nur im zweiten Falle als unmittelbarer Ausfluß rechtsobjektiver Verbundenheit des Bestandteils mit der der Gesamtsache, nämlich einer (subsidiären) Teilnahme am Recht der Gesamtsache begreifen. Eine Stellungnahme zu dieser rein rechtstheoretischen Frage durfte man freilich von den römischen Juristen auch nicht erwarten; sie werden sich diese Frage überhaupt nicht gestellt haben[198].

---

196 Das heißt zum Beispiel, daß der Eigentümer der Gesamtsache zugleich Eigentümer des Bestandteils sein muß; anderenfalls blieb der Bestandteil von den Verfügungswirkungen ausgeschlossen, das Bestandteilseigentum des Dritten also unverändert, vgl. die in Anm. 190 bis 192 belegten Eviktionsfälle. Wenn man will, mag man diese Stellen als einen Beweis e contrario dafür ansehen, daß der Bestandteil soweit als möglich der Gesamtsache folgte.

197 Wohl von einem Dritten, vgl. die vorige Anm.

198 Es ist daher verständlich, daß der Modus der Teilnahme der Bestandteile an den die Gesamtsache betreffenden Rechtsvorgängen seit der Pandektistik (vgl. dort vor allem *Kohler*, Pertinenzen, DogmJb 26 [1888], 45 ff.) kaum untersucht worden ist. Nur *Guarneri Citati* hat dem Problem bisher Aufmerksamkeit gewidmet (vgl. La cosidetta accessione separabile, APal 14 [1930], 227 ff.).

ββ) Nach den materiellen Einwirkungen des Rechts der Gesamtsache auf den Rechtsstatus des Bestandteils bleibt zu untersuchen, ob und welche *formellen* Veränderungen der Rechtsstatus einer Sache erleidet, die als zweitstufig integrierender Bestandteil einer Gesamtsache eingefügt worden ist: Das heißt, nach der Frage, inwieweit der Bestandteil am Recht der Gesamtsache teilnimmt, ist auf jene andere einzugehen, inwieweit er seine Fähigkeit verliert, besonderes Sachenrechtsobjekt zu sein. Zum größeren Teil ist sie durch die vorigen Ausführungen schon implicit beantwortet. Bei der Untersuchung einer Einwirkung des Eigentumsstatus der Gesamtsache auf den des Bestandteils ergab sich, daß die Eigentumsfähigkeit des Bestandteils unberührt blieb[199]. Andererseits wurde festgestellt, daß eine besondere Vindikation des ungetrennten Bestandteils ausgeschlossen, und erst nach Vornahme der unter Umständen durch *actio ad exhibendum ad separandum* erzwungenen Trennung und folglicher Aufhebung der Bestandteilseigenschaft möglich war[200]. Auch die Besitzfähigkeit des Bestandteils wurde geklärt: während sie bezüglich des Ersitzungsbesitzes nach umstrittener, aber schließlich siegreicher Meinung zu verneinen war, blieb sie im übrigen jedenfalls insoweit erhalten, als sie zum durch Tradition oder *in iure cessio* vollzogenen Eigentumserwerb erforderlich war[201]. Offen bleibt danach nur noch die Frage, ob der Bestandteil besonderer Verfügungsgegenstand sein, d. h. ob über ihn unter Ausschluß der Gesamtsache verfügt werden, er also für sich allein mancipiert, *in iure* cediert, verkauft, stipuliert, vermacht werden konnte und dergleichen. Sie wird von den Quellen nur für einzelne Geschäftstypen, nämlich für *venditio, stipulatio* und *legatum*, und nicht für Sachbestandteile als solche, sondern für die *res futurae*, insbesondere für Früchte, einschließlich der *fructus pendentes*, beantwortet und bejaht[202]. Der *ex argumento a fortiori* naheliegende Schluß, daß das, was für in ihrer Substanz noch gar nicht vorhandene, oder zwar substantiell vorhandene, aber erststufig integrierende und als solche sachenrechtsunfähige Sachteile gegolten hat, erst recht für die zweitstufig integrierenden Sachbestandteile hat gelten müssen, wird durch das an anderer

---

[199] Und zwar unabhängig davon, ob das Bestandteilseigentum beim bisherigen Eigentümer als *dominium dormiens* verblieb oder vorläufig auf den Gesamtsacheneigentümer überging (anders nur, wenn es im Gesamtsacheneigentum *auf*ging).

[200] Vgl. oben *αα* (1) (b) und (c).

[201] Vgl. oben *αα* (2) (b) und (c).

[202] Vgl. zur *rei futurae venditio:* Pomp. D. 18. 1. 8 pr; Jul. D. 18. 1. 39. 1; 19. 1 25; *stipulatio:* Paul. D. 45. 1. 73; *legatum:* Gai. 2. 203; zur *fructuum pendentium venditio* insbesondere die beiden Julian-Stellen.

Stelle überlieferte Verbot des Gebäudeverkaufs oder -vermächtnisses auf Abbruch bestätigt[203]. Dies Verbot ist nur verständlich, wenn die (in der Regel zweitstufig integrierenden) Bestandteile des Gebäudes an sich verkehrsfähig waren. Ferner wird man davon ausgehen können, daß die Verkehrsfähigkeit der Sachbestandteile sich nicht auf die in den Quellen erwähnten, praktisch besonders häufigen Geschäfte wie Kauf, Stipulation und Vermächtnis beschränkte, sondern auch darüber hinaus bestand. Etwas anderes muß allein für solche Geschäfte gegolten haben, zu deren Tatbestand die *traditio* oder die Vorlage der Sache vor dem Prätor gehörte (also z. B. die *pignoris datio,* vor allem aber die „Übereignung" durch *traditio ex iusta causa;* andererseits die *in iure cessio*). Denn beides war beim Bestandteil unter Ausschluß der Gesamtsache natürlicherweise nur nach dessen Abtrennung und folglich nach Auflösung des integrierenden Zusammenhangs möglich. Auch die *mancipatio* eines Sachbestandteils — also etwa der *partus ancillae* — wird ausgeschlossen gewesen sein, weil nur die ganze Sache zu dem geschlossenen Katalog der *res mancipi* gehörte.

γ) Das Ergebnis unserer Untersuchungen über die Struktur zweitstufiger Integrate im römischen Recht läßt sich danach wie folgt zusammenfassen: Das Integrat ist unbeschränkt sachenrechtsfähig. Sein Rechtsschicksal ist ferner von dem seiner Bestandteile unabhängig, dies letztere nur mit zwei Einschränkungen: in materieller Hinsicht, weil sein Gründungsstatus sich von dem eines seiner Bestandteile, der Hauptsache, ableitet, sofern er sich nicht (im Spezifikationsfalle) nach der Person des Schöpfers der neuen Gesamtsache richtet; in formeller, als der Fortbestand ihrer Integrität durch eine im Wege der *actio ad exhibendum* (*ad separandum*) vorbereitete Geltendmachung des Bestandteilsrechts bedroht ist, wenn dies einem anderen als dem Herrn der Gesamtsache zusteht.

Die das Integrat konstituierenden Bestandteile dagegen sind in ihrer Sachenrechtsfähigkeit beschränkt: Ersessen und vindiziert werden können sie nach der schließlich herrschenden Auffassung überhaupt nicht, nicht einmal auf dem Umweg über eine Ersitzung oder Vindikation der Gesamtsache; Entsprechendes ist vereinzelt auch für die Eviktion angenommen worden.

---

[203] Vgl. zum *Kauf:* Paul. D. 18. 1. 52; Marci. D. 39. 2. 48; *Alexander Severus* C. 8. 10. 2. (a. 222); zum *Vermächtnis:* Ulp. D. 30. 41. 1. Als Rechtsquellen des Verbotes werden allgemein (mit Ausnahme *Marcians,* der den Urheber nicht nennt), ein von *Mommsen* auf das Jahr 122 n. Chr. datiertes SC (vgl. in der großen Ausgabe Bd. II, S. 10 Anm. 2, in der kleinen S. 459 Anm. 4, beide zu D. 30. 41. 1), in der Constitution des *Alexander Severus* außerdem ein Edikt *Vespasians* genannt.

Insoweit sind sie danach überhaupt sachenrechtsunfähig. *In iure* cediert, mancipiert und tradiert werden können sie, jedoch nur zusammen mit der Gesamtsache, deren Bestandteil sie sind. Insofern sind sie nur formell, nicht aber materiell sachenrechtsfähig, d. h. sie treten wohl schon als von der Gesamtsache zu unterscheidende Träger sachenrechtlicher Eigenschaften in Erscheinung, übernehmen aber diese Eigenschaften von der Gesamtsache, haben also insoweit noch keinen autonomen sachenrechtlichen Status, sind insoweit noch nicht sonderrechtsfähig. In jeder anderen Hinsicht, also abgesehen von *usucapio, vindicatio, in iure cessio, mancipatio, traditio,* sind sie dagegen nicht nur formell, sondern auch materiell sachenrechtsfähig, können mithin auch Träger von besonderen, von denen der Gesamtsache verschiedenen sachenrechtlichen Eigenschaften, vor allem Gegenstand besonderer, einem anderen Subjekt zustehender dinglicher Rechte sein, und sind damit in diesem Umfang (also bezüglich ihres Eigentumsstatus und der besitzunabhängigen Verfügungsgeschäfte wie Verkauf, Stipulation, Legat) sonderrechtsfähig. Selbst als solche treten sie aber noch nicht gänzlich aus dem sachenrechtlichen Einflußbereich der Gesamtsache heraus. Vielmehr bleiben sie in jedem Falle subsidiär dem Rechtsstatus der Gesamtsache unterworfen: er bleibt für sie bestimmend, wo nicht konkrete besondere Rechte oder Verfügungen bezüglich der Teilsachen dem entgegenstehen.

3. Die drittstufigen Integrate

a) Rechtliche Eigenschaften

Die *drittstufigen Integrate* (ontologischer Parallelbegriff: *Sachgesamtheiten,* σώματα ἐκ διεστώτων, *universitas rerum, cose collettive)* haben mit den zweitstufigen gemeinsam, daß sie aus ihrerseits sachenrechtsfähigen Gliedern bestehen, die in ihrer Gesamtheit das Integrat konstituieren. Anders als dort ist jedoch hier die Sachenrechtsfähigkeit der Glieder keinen Beschränkungen mehr unterworfen. Die Gliedsachen eines drittstufigen Integrates können also auch für sich besessen werden und sind sowohl der Ersitzung und Vindikation[204] als auch besonderer *mancipatio, in iure cessio* und *traditio* zugänglich. Hier ist es vielmehr das Integrat, dessen Sachenrechtsfähigkeit problematisch erscheint. Schon die Existenz drittstufiger Integrate als (sei

[204] Vgl. hierzu z. B. Pomp. D. 41. 3. 30. 2.

es auch nur beschränkt) sachenrechtsfähiger Einheiten ist zweifelhaft, die Frage also, ob es im römischen Recht überhaupt (unter Umständen beschränkt) sachenrechtsfähige Sachgesamtheiten gegeben hat, oder ob die einheitlich benannten Sachmehrheiten bloß nominelle Sammelbezeichnungen der dazugehörigen Einzelsachen gewesen sind, und allein diesen letzteren Sachenrechtsfähigkeit zukommt. Aber selbst wenn man die Existenz drittstufiger Integrate im römischen Recht bejaht, sind sowohl die Voraussetzungen, unter denen eine Mehrheit für sich bestehender Einzelsachen eine (beschränkt) sachenrechtsfähige Einheit, und damit ein als drittstufiges Integrat ansprechbares Gebilde darstellt (also dessen gegenständlicher Umfang), als auch das Ausmaß einer grundsätzlich bejahten Sachenrechtsfähigkeit (also deren funktioneller Umfang) nur schwer zu bestimmen[205].

Der in ihrer Existenz bereits zweifelhaften und in ihrem gegenständlichen und funktionellen Umfang zudem schwer bestimmbaren Sachenrechtsfähigkeit des Integrates dritter Stufe entspricht das äußere Erscheinungsbild der dazu gehörigen „Sachen". Während die zu einem zweitstufigen Integrat zusammengeschlossenen Teilsachen körperlich miteinander verbunden waren und das Integrat dadurch selbst als kompakte Sache in Erscheinung trat, bleiben die Gliedsachen des drittstufigen voneinander körperlich getrennt und lassen die Integrität des aus ihnen gebildeten Ganzen nur noch durch eine gewisse räumliche Nähe der Glieder zueinander sichtbar werden.

b) Die Problematik positiver Existenz drittstufiger Integrate

Ob die Römer überhaupt Mehrheiten unverbundener Sachen ihrerseits als Sachen behandelt, mit anderen Worten, ob sie überhaupt sachenrechtsfähige Integrate der dritten Stufe gekannt haben, wenn ja, welche Sachmehrheiten dies gewesen sind und in welchen Hinsichten bei ihnen von einer Sachenrechtsfähigkeit gesprochen werden kann, läßt sich aus den Quellen nicht mit Eindeutigkeit entnehmen. Soweit sie von eine Sachmehrheit betreffenden Rechtsgeschäften handeln[206], legen sie zwar den Gedanken nahe, daß die Sachmehrheit selbst Geschäftsgegenstand sein sollte, und nicht

---

205 Vgl. Lit.Vz. II 7, ferner *Windscheid-Kipp* I § 137 (mit weiteren Hinweisen zur gerade hier sehr umfangreichen gemeinrechtlichen Literatur); *Fadda* V, 1 ff.; *Bonfante* II 1, 108 ff.; *Perozzi* I, 586 f.; *Scialoja* I 1, 36 ff.; *Kaser* I § 93 II.

206 Vgl. zum Beispiel zum *Vindikationslegat:* I. 2. 20. 18; Ulp. D. 30. 21; Pomp. D. 30. 22; Paul. D. 31. 6 (sämtlich für den *grex;* dazu *Petrazycki* [Lit. Vz. II 7b]); Ulp. D. 34. 2. 27. 4 (*omne aurum);* Cels. D. 32.79pr (*familia, chorus*); Paul. D. 33. 7. 1. 1 (*instrumentum fundi*); Sekundärliteratur zum Vermächtnis von Sachgesamt-

etwa der sie kennzeichnende Begriff eine bloß nominelle Zusammenfassung der (bei wechselnden Beständen auch zukünftigen) Einzelstücke war, welche ihrerseits die wahren Gegenstände des Geschäfts gewesen wären; doch ist das Gegenteil nicht mit Sicherheit auszuschließen[207].

Die Arten von Sachmehrheiten, die in den Quellen als (sei es reale sei es nominale) Gegenstände von *Verkehrsgeschäften* erscheinen, sind mannigfaltig[208]. Neben dem *grex* als dem Prototyp einer gleichartigen Sachmehrheit sind andere Mehrheiten gleichartiger (z. B. *familia, chorus, omnes servi, quadriga*) oder auch ungleichartiger Sachen genannt (z. B. das *instrumentum fundi* oder *tabernae*, die *suppellex*, oder, ganz allgemein *ea, quae pondere numero mensurave constant*). Bei der *vindicatio* dagegen sind nur auf einen *grex* bezügliche Stellen überliefert[209]. Doch ließe sich auch hier vielleicht die Benennung der Sachmehrheit als Vindikationsgegenstand (*vindicatio gregis*) unter Umständen als eine bloße, der Prozeßerleichterung dienende Besonderheit erklären, die es dem Kläger erspa-

---

heiten und Sachmehrheiten überhaupt von *Astolfi* und *John* (Lit. Vz. II 7a). — Zum *ususfructus* Ulp. D. 7. 1. 68. 2; h. t. 70 pr — 4; Pomp. D. 7. 1. 69; eod. 4. 31 (*grex*, dazu *Palucchini* und *Amirante*, Lit. Vz. II 7 c); Ulp. D. 7. 4. 10. 8; Paul. D. h. t. 11 (*quadriga*); Pomp. D. 7. 8. 16 pr (*instrumentum fundi*); Sekundärliteratur zum *fructus universitatis: Petrazycki*, 143 ff. — Zum *Pfandrecht:* Marci. D. 20. 1. 13 pr (*grex*); Scaev. D. 20. 1. 34 (*taberna*, dazu *Vallet de Goytisolo*, Lit. Vz. II 7 d). — Zur *Stipulation:* Ulp. D. 45. 1. 29 pr; h. t. 86 (allgemein, exemplifiziert an *familia, omnes servi, quadriga*). — Zum *Verkauf:* Gai. D. 18. 1. 35. 6 (*grex*); ibid. § 5 (*ea, quae pondere numero mensurave constant*); Afr. D. 21. 1. 34 (allgemein, exemplifiziert an *comoedi, chorus, quadriga*). — Zum (*Damnations*)-*Legat:* Mod. D. 22. 1. 39 (*grex*); Pap. D. 31. 65. 1 (*quadriga*); idem ibid. pr (*familia*); Paul. D. 33. 7. 19; Scaev. D. 33. 7. 28; 36. 2. 28 (*instrumentum fundi*); Ulp.-Sab.-Cass. D. 32. 52. 3; Ulp.-Nerva ibid. § 7 (*bibliotheca* = [*omnes*] *libri*); Ulp.-Pomp. D. 32. 52. 8; Paul. D. 32. 53 (*dactyliotheca* = *omnes anuli*); Sekundärliteratur: *Astolfi* und *John* (Lit. Vz. II 7a).

207 Eindeutig in dem einen oder anderen Sinne sind zwei Stellen zum Vindikationslegat (unum *legatum:* Paul. D. 32. 6; *plura legata:* Cels. eod. 79 pr). — Die Auffassung, daß in Wahrheit nur die Einzelstücke, wenn auch in ihrer Summe, Geschäftsgegenstand sind (weil nur sie es sein können), schließt natürlich nicht aus, das nach dem auszulegenden Parteiwillen auf die Einzelstücke bezügliche Geschäft nur insoweit gelten zu lassen, als die *universitas*, die diese in ihrer Gesamtheit miteinander bilden, bestehen bleibt, vgl. *Philipsborn* SZ 71 (1954), 54.

208 Vgl. die vorvorige Anmerkung (206).

209 Vgl. Ulp.-Pomp. D. 6. 1. 1. 3; Ulp.-Marcel. ibid. pr; Paul h. t. 2 und 23. 5; Gai. 4. 17. Gleichgestellt wird *quae gregatim habentur*, vgl. D. 6. 1. 1. 3. Literatur zur *vindicatio gregis: Pampaloni, Petrazycki, Bossowski* (vgl. Lit. Vz. II 7b).

ren soll, die Einzelstücke als die in Wahrheit allein möglichen Vindikationsgegenstände in der *intentio* einzeln aufzuführen[210], wenngleich es ebenso wie bei den Verkehrsgeschäften näher liegen mag, den *grex* als solchen als Vindikationsgegenstand zu betrachten. Seine Vindikationsfähigkeit würde dann die Eigentumsfähigkeit[211] — und damit die Sachenrechtsfähigkeit[212]

---

[210] In diesem Sinne *Philipsborn,* 55 ff. Dagegen spricht freilich Ulp.-Pomp. D. 6. 1. 1. 3, und Paul. h. t. 23. 5: *quamvis aries tuus sit immixtus.*

[211] So spricht Ulp. l. c. davon, „*gregem ipsum nostrum esse*".

[212] Denn nur die Eigentumsfähigkeit ist ja Kriterium für die Sachenrechtsfähigkeit (mag sie dann auch durch den Ausschluß bestimmter, an sich daraus resultierender Eigenschaften, wie Ersitzbarkeit und dgl. beschränkt sein), vgl. o. A I 1 bei Anm. 1. Ohne Eigentumsfähigkeit der Sachgesamtheit würde man also von deren Sachenrechtsfähigkeit auch dann nicht sprechen können, wenn sich herausstellen sollte, daß sie immerhin selbständiger Gegenstand einzelner beschränkt dinglicher Rechte oder sachenrechtsspezifischer Vorgänge sein konnte; diese Fähigkeit allein würde sie genau so wenig zum Objekt des Sachenrechts erheben, wie die Forderung, die diese Eigenschaften ja ebenfalls besitzt. Soweit Sachgesamtheiten in den Quellen als (nomineller oder realer) Gegenstand dinglicher Rechte oder Rechtsvorgänge vorkommen (vgl. Anm. 206), kann dies allenfalls als Indiz dafür dienen, daß sie auch Gegenstand von Eigentum sein konnten, kann also auch nur Indiz für ihre Sachenrechtsfähigkeit sein. Das gilt an sich auch für die Vindikation, so daß auch die Vindikationsfähigkeit des *grex ipse* nur als Indiz für seine Sachenrechtsfähigkeit dienen kann. Denn auch der *vindicatio* sind Gegenstände unterworfen, an denen kein Eigentum besteht und die daher nicht sachenrechtsfähig sind, wie die beschränkt dinglichen Rechte, die *hereditas* und sogar der personenrechtliche *status libertatis.* Immerhin läßt die Vindikation einer Sachgesamtheit schon eher einen Schluß auf ein damit geltend zu machendes *dominium gregis* etc *ipsius* zu, sofern es sich ausmachen läßt, daß wirklich die Gesamtheit selbst und nicht bloß die Summe ihrer Glieder Regelungsgegenstand ist. Denn überall, wo die *vindicatio* sonst außerhalb ihres eigentlichen Anwendungsbereichs (also nicht als *rei* [*corporalis*] *vindicatio*) vorkommt, unterscheidet sie sich von dieser dadurch, daß entweder ein nur beschränkt dingliches Recht an einem sachenrechtsfähigen Gegenstand oder das Vollrecht an einer Mehrheit von nicht notwendig sachenrechtsfähigen Einzelgegenständen geltend gemacht wird (*hereditas*) — wenn man die *vindicatio in libertatem* als personenrechtliches Institut einmal außer Betracht läßt. Hier liegt es danach auf der Hand, daß mit der Vindikation nicht Eigentum geltend gemacht wird. Beim *grex* und den anderen als drittstufige Integrate in Frage kommenden Sachgesamtheiten ist die Vindikation dagegen — wie bei der *rei vindicatio* — sowohl Geltendmachung des Vollrechts als auch körperlicher Sachzugriff, so daß zumindest offenbleibt, ob es hier nicht doch ein *dominium* ist, das zur Vindikation legitimiert. Ein noch stichhaltigeres Argument für die Sachenrechtsfähigkeit der Sachgesamtheit als die *vindicatio*-Stellen liefern vielleicht die Stellen zum Vindikationslegat (vgl. o. Anm. 206), freilich auch sie unter der Voraussetzung, daß die Sachgesamtheit selbst und nicht nur die darin enthaltenen Einzel-

— indizieren. Sehr zweifelhaft bleibt dagegen die Besitz-, insbesondere die Ersitzungsfähigkeit von Sachmehrheiten[213].

Die Schwierigkeit des Versuchs, aus den Quellen ein eindeutiges Bild von der Existenz, dem gegenständlichen Anwendungsbereich und dem Effektivitätsgrad drittstufiger Integrate zu gewinnen, erinnert an jene anderen, die uns zuvor bei der Untersuchung der Binnenstruktur zweitstufiger Integrate begegnet sind. Dort war es freilich nicht das Integrat, sondern der Bestandteil gewesen, dessen Sachenrechtsfähigkeit zwar nicht existentiell zweifelhaft, wie die der drittstufigen Integrate, aber doch graduell zum Teil schwer bestimmbar war, und wo auch das Ausmaß seiner materiellen Abhängigkeit vom Rechtsstatus des Integrats aus den Quellen sich nicht unmittelbar entnehmen ließ. Die Schweigsamkeit der römischen Juristen war dort erklärlich, weil die Ergebnisse, für die jene Fragen präjudiziell waren, jeweils für selbstverständlich angesehen wurden. Bei den drittstufigen Integraten mag es ähnlich gewesen sein. Die Sachenrechtsfähigkeit von Sachmehrheiten ist dann praktisch weitgehend (mit Ausnahme nämlich der Vindikationsfähigkeit) unerheblich, wenn man als selbstverständlich davon ausgeht, daß die Gliedsachen der Sachmehrheit nicht nur unbeschränkt sachenrechtsfähig, sondern auch insoweit autonom sind, als ihr Recht im Konfliktsfalle dem Recht an der Sachgesamtheit (wenn es ein solches gibt) stets vorgeht, dieses also, wenn überhaupt, dann nur subsidiär die Gliedsachen ergreifen kann. Unter dieser Voraussetzung würde die Frage, ob die Sachgesamtheit kraft rechtsobjektiven Zusammenhangs teilnehmen, soweit nicht deren besonderes Recht entgegensteht, oder ob allein die (kollektiv benannten) Einzelsachen die sachenrechtlichen Bezugsobjekte sind, im Ergebnis gleichgültig sein. Allein bei der Vindikation (und ihrem Derivat, der *in iure cessio*) könnte es auf die Sachenrechtsfähigkeit der Sachgesamtheit ankommen. War die *vindicatio gregis* nur Vindikation der der Herde angehörigen Einzeltiere, so konnte der Kläger nur die ihm

---

sachen vermacht sein sollen. Denn dem Vindikationslegat sind nur Sachen zugänglich, die in quiritischem Eigentum stehen, sei es, daß das Vollrecht selbst oder daß beschränkt dingliche Rechte (Nießbrauch, Servitut) vermacht werden. Das Vindikationslegat einer Sachgesamtheit könnte daher, wenn wirklich die Gesamtheit als solche als Vermächtnisgegenstand anzusehen ist, das *dominium ex iure Quiritium* daran implizieren. Zwingend ist allerdings auch dieser Schluß noch nicht. Denn auch das Vindikationslegat einer Sachgesamtheit läßt sich, gleich der Vindikation von Gegenständen, mit der nicht Eigentum geltend gemacht wird, als Analogiebildung deuten.

[213] Vgl. Pomp. D. 41. 3. 30. 2. Gegen Ersitzbarkeit, außer den in Anmerkung 214 Genannten, *Mayer-Maly*, SHDI 26 (1960), 188.

gehörenden vindizieren (und mußte, streng genommen, sein Eigentum an jedem Einzelstück dartun); war dagegen der *grex* selbst Vindikationsgegenstand, so waren auch die dem Kläger nicht gehörenden Stücke einbegriffen.

Die bis in die Gegenwart kontroverse Frage nach Existenz und Grad der Sachenrechtsfähigkeit von Sachgesamtheiten im römischen Recht[214] reduziert sich hier daher weitgehend — nämlich mit Ausnahme der Vindikationsfähigkeit — auf die wohl nie mit letzter Sicherheit zu beantwortende Frage nach dem dogmatischen Verständnis der römischen Juristen einerseits und einem modernen dogmatischen Verständnis des klassischen römischen Rechts andererseits[215]. Leugnet man die Existenz drittstufiger Inte-

---

[214] Gang und Stand der Kontroverse sind folgende: Nachdem man im älteren gemeinen Recht alle Arten von *universitates* weitgehend als sachenrechtsfähig behandelt hatte (vgl. die Nachweise bei *Girtanner,* DogmJb 3 [1859], 95 ff.), wurden schon in der frühen Pandektistik Zweifel sowohl am gegenständlichen Umfang der drittstufigen Integrate als auch am Grad ihrer Sachenrechtsfähigkeit laut (z. B. bei *Wächter,* Erörterungen [1845], 17 ff.; weitere Nachweise bei *Windscheid-Kipp* I § 137, Anmerkung 4 bis 9), oder sogar ihre Existenz verneint (so zuerst mit aller Entschiedenheit von *Göppert,* Gesamtsachen [1869], 94 ff.; andere Nachweise ebenfalls bei *Windscheid-Kipp* l. c.). Seitdem ist die Existenz drittstufiger Integrate und der Grad ihrer Sachenrechtsfähigkeit kontrovers geblieben. Mit *Göppert* haben sich gegen Sachenrechtsfähigkeit von Sachmehrheiten schlechthin ausgesprochen z. B. *Perozzi* (1928) I, 587 N. 1, *Barbero* (1936), 18 ff. und *Philipsborn,* SZ 71 (1954), 52 ff. Eine gegenständlich auf den *grex,* und evtl. gleichartige Tiermehrheiten beschränkte Sachenrechtsfähigkeit wird von *Windscheid* § 137; *Bonfante* II 1 (1928), 108 ff.; *Scialoja* I 1 (1928), 36 ff.; *Gallo,* Jura 15 (1964), 305 ff. anerkannt, wobei jedoch auch insoweit die Ersitzungsfähigkeit ausgeschlossen wird. Darüber hinaus haben *Fadda* (1930) V, 1; *Sokolowski,* Sachbegriff (1902), 48 ff. (56 ff.); *Schnorr von Carolsfeld,* Geschichte der juristischen Person (1933), 116 ff.; *Rasi,* Pertinenze (1954), 9 ff., und neuerdings, besonders weitgehend, *Dell'Oro,* Cose collettive (1963), passim (unter heftigem Widerspruch von *Gallo* l. c.) auch weitere Sachmehrheiten für sachenrechtsfähig erachtet, manche von ihnen allerdings gleichfalls unter Ausschluß der Ersitzungsfähigkeit (*Sokolowski* und *Schnorr,* dgl. *Kaser,* RPR I, 324, der grundsätzlich von der Sachenrechtsfähigkeit von Sachgesamtheiten ausgeht, ohne jedoch deren gegenständlichen Umfang zu bestimmen. Auch *Astolfi,* Oggetto dei legati II (1969), hält außer dem *grex* auch alle anderen Tiermehrheiten und den Sklavenbestand, ferner das *instrumentum* für primäre Vermächtnisobjekte (vgl. S. 317 ff., 325 ff., 32 ff.). *John,* Legat von Sachgesamtheiten (1970), geht auf die Frage der Sachenrechtsfähigkeit der vermachten Sachgesamtheiten überhaupt nicht ein.

[215] Sie soll hier nicht weiter vertieft werden, weil ihre Beantwortung für das Thema der Arbeit, die Statusbestimmung von Sachbestandteil und Sachzubehör, nicht unmittelbar von Bedeutung ist. Gleichwohl soll nicht verschwiegen werden, daß

grate als sachenrechtsfähige Einheiten schlechthin, so würde damit die Grenze zwischen sachenrechtsfähigen und nicht sachenrechtsfähigen Sachbeständen mit der äußeren Grenze der zweitstufigen Integrate zusammenfallen. Sie würde also dort verlaufen, wo die Verbindung aufeinander bezogener Einzelsachen nicht mehr die (in erster Linie durch die Körperlichkeit der Verbindung gekennzeichneten) Merkmale aufwiese, die für das dem zweitstufigen Integrat in der Wirklichkeit entsprechende Sachenbild charakteristisch sind. Nur wenn man die Existenz drittstufiger Integrate grundsätzlich bejaht, bleibt als weitere Frage, wo dann innerhalb der Sachmehrheiten die Grenze zwischen sachenrechtsfähigen und nicht sachenrechtsfähigen verlaufen soll. Denn selbst wenn man es für die Zuerkennung der Sachenrechtsfähigkeit genügen läßt, daß die jeweilige Sachmehrheit ihrer Gattung nach in den Quellen in irgendeiner Hinsicht als wenigstens nomineller Geschäftsgegenstand einmal erscheint, bleiben eine Anzahl Arten von Sachmehrheiten übrig, die mit Sicherheit sachenrechtsunfähig sind.

c) Ihr möglicher Gegenstandsbereich

Die in den Quellen als (wenigstens) nomineller Geschäftsgegenstand vorkommenden Sachmehrheiten lassen sich zu folgenden Gruppen zusammenfassen:

α) Mehrheiten gleichartiger, lebender Einzelsachen. Diese Gattung kommt als einheitlicher Bezugsgegenstand sachenrechtlich relevanter Tatbestände in den Quellen am häufigsten vor. Prototyp ist die Viehherde, *grex*; sie ist die Art von Sachmehrheit, von welcher die zahlreichsten und mannigfaltigsten Stellen überliefert sind, die einen Schluß auf die Sachenrechtsfähig-

---

Verf. bezüglich der dogmatischen Qualifikation des Rechts an der Sachgesamtheit durch die römischen Juristen selbst zu der Annahme neigt, daß der *grex* (und *quae gregatim habentur)* jedenfalls seit der Hochklassik überwiegend (anders offenbar nur *Celsus,* vgl. D. 32. 79pr) als besonderer Rechtsgegenstand aufgefaßt und die Rechtsinhaberschaft daran (wie dann die Zulassung der *vindicatio* nahelegt) wohl auch als Eigentum betrachtet worden ist. Das gilt auf alle Fälle für *Ulpian* (vgl. D. 6. 1. 1. 3), wahrscheinlich für *Pomponius* (ibid.) und *Paulus* (h. t. 23. 5), aber wohl auch für *Gaius* (Inst. 4. 17) und *Marcellus* (D. 6. 1. 3 pr). Das würde bedeuten, daß der *grex* (und *quae gregatim habentur*) jedenfalls beschränkt (nämlich möglicherweise unter Ausschluß der Ersitzungsfähigkeit) sachenrechtsfähig gewesen sind. Mindestens in diesem Umfang scheint mir auch eine heutige dogmatische Qualifikation des historischen Befundes zur Anerkennung der Sachenrechtsfähgkeit von Sachgesamtheiten, und damit zur Existenz drittstufiger Integrate im römischen Recht kommen zu müssen.

keit einer Sachmehrheit zulässig erscheinen lassen. Als andere Sachmehrheiten dieser Gattung kommen vor: Mehrheiten von Sklaven, wobei das einheitsstiftende Moment entweder die Person ihres Eigentümers ist (*omnes servi, familia*), oder eine bestimmte Funktion, die die Einzelglieder in ihrer Gesamtheit als Ensemble ausüben (*chorus, comoedi*); ferner Mehrheiten einzelner Tiere, die keine Zuchtgemeinschaft bilden (wie gerade die Herde), sondern zu bestimmten Fertigkeiten abgerichtet sind, welche sie nur in einer individuell bestimmten Zusammensetzung ausüben können (*quadriga*).

β) Mehrheiten von beweglichen (lebenden oder toten) Einzelsachen, die, zu einer produktiven Einheit zusammengefaßt, in ihrer Gesamtheit der Bewirtschaftung eines Unternehmens dienen (*instrumentum fundi, tabernae* etc.).

γ) Mehrheiten von Gebrauchsgegenständen oder Quantensachen, deren Zusammengehörigkeit wiederum durch die Person ihres Eigentümers, bei den Gebrauchsgegenständen außerdem durch den Gebrauchszweck, bestimmt wird (*suppellex, omne aurum, omne argentum, ea quae pondere numero mensurave constant,* [*omnes*] *libri* = *bibliotheca,* [*omnes*] *anuli* = *dactyliotheca*).

III. FUNKTIONALE SACHEINHEITEN OHNE SACHENRECHTSFÄHIGKEIT

1. Gegenstandsbereich

Alle sonstigen Mehrheiten funktionell zusammengehöriger Sachen sind mit Sicherheit sachenrechtsunfähig gewesen. Sie lassen sich in zwei Gruppen gliedern:

a) Die kleineren Einheiten,

d. h. sonstige Mehrheiten beweglicher toter Einzelsachen, die ebenso wie die unter II 3 c β genannten eine funktionelle Einheit bilden, ohne die Gesamtheit eines Unternehmensinventars auszumachen[216]. Hierher zählen vor allem solche Sachenensembles, deren funktionelle Einheit durch den Gebrauchszweck einer einzigen (oder auch einer Gruppe von gleichartigen) Einzelsache(n) bestimmt wird, dem die andere(n) dem Ensemble zugehörige(n) Einzelsache(n) als Hilfssachen untergeordnet sind, wie z. B. die aus Behältnis und Inhalt bestehende Sacheinheit. Hier fehlt es bezeichnenderweise im Lateinischen schon sprachlich an einem die Gesamtheit jeweils bezeichnenden Terminus. Als in den Quellen vorkommende Beispiele

[216] Vgl. *Bonfante* II 1, 146 ff.; *Rasi*, Pertinenze 26 ff.; *Scialoja* I 1, 85 ff. Die Glieder auch dieser, sachenrechtsunfähigen, Sachmehrheiten werden in den Quellen *res principalis* einerseits, *accessio* andererseits genannt, während ein *terminus specificus* für die nicht integrierende *accessio* (im Gegensatz zur integrierenden *pars*) fehlt. Zur Vermeidung von Mißverständnissen verwenden daher *Bonfante* und *Rasi* die (der klassischen *accessio* entsprechende jüngere) Bezeichnung *res accessoria* (*cosa accessoria*) nur noch für die nicht integrierenden Nebensachen. In der Pandektistik sind die Grenzen zwischen integrierenden und nicht integrierenden Nebensachen durch die Ausscheidung der nun als *Pertinenzen* bezeichneten, an sich gleichfalls integrierenden Nebensachen aus dem integralen Bestand verwischt worden. Durch die nur noch willenstheoretisch begründete Teilnahme der Pertinenzen am Recht der Hauptsache wurden sie den *res accessoriae* im Sinne von *Bonfante* und *Rasi* jedenfalls insoweit gleichgestellt, als auch deren Einbeziehung in das Hauptsachengeschäft vermutet wurde, vgl. *Bonfante* aaO. und hier unten B I 2a.

solcher Hilfssachen seien genannt: Behälter zur Aufbewahrung von Flüssigkeiten, insbesondere Wein *(cullei*[217], *utres*[218], *dolia*[219], *vasa*[220], *cuppae*[221], *amphora*[222], *cadi*[223]), ferner Behälter zur Aufbewahrung fester Sachen, z. B. Bücherregale *(bibliothecae)*[224], Vasenständer *(ἐνβάσεις)*[225], Schränke *(armaria, scrinia)*[226], Schmuckkästchen *(dactyliothecae)*[227], Geld- oder Silbertruhen *(arcae, arculae)*[228].

b) Das Unternehmen

Eine zweite Gruppe bildet landwirtschaftliche, gewerbliche oder kaufmännische Unternehmen selbst als die Gesamtheit der einem produktiven

---

[217] Ulp. D. 33. 6. 3. 1.

[218] Ulp. l. c.

[219] Ulp. l. c.; Proc. D. 33. 6. 15.

[220] Paul. D. 33. 9. 4pr; Pomp. D. 33. 6. 14; Proc. D. 33. 6. 15; Ulp.-Cels. D. 33. 6. 3. 1.

[221] Ulp. Cels. D. 33. 6. 3. 1.

[222] [223] Vgl. die Stellen in Anm. 220 mit Ausnahme der *Paulus*-Stelle.

[224] Ulp.-Sab.-Cass. D. 32. 52. 3; Ulp.-Nerva ibid. § 7; Ulp. ibid. § 7 a. Vgl. hierzu Anm. 228 und 235.

[225] Jav.-Lab.-Treb.-Proc. D. 32. 100. 3.

[226] Vgl. die in Anm. 224 genannten Stellen, ferner die Ausführungen in Anm. 228 und 235.

[227] Paul. D. 32. 53. 1; Ulp.-Pomp.-Lab. D. 32. 52. 8. Vgl. hierzu Anm. 228 und 235.

[228] Paul. D. 32. 53 pr. Alle diese Hilfssachen bildeten auch dann mit dem Behältnisinhalt keine nominelle (und damit möglicherweise sachenrechtsfähige) Einheit, wenn sich eine metaphorische Benennung des Inhalts nach seinem Behältnis eingebürgert hatte, wie schon damals bei der *bibliotheca* und bei der *dactyliotheca* (vgl. D. 32. 52. 7,8). Obwohl dann Behältnis und Inhalt mit demselben Wort bezeichnet wurden, waren sie nicht so wie die Glieder nomineller Sachgesamtheiten (*grex* etc) *uni nomini subiecta*. Denn die gemeinsame Bezeichnung war nicht Dachbegriff für Inhalt und Behältnis, sondern nur Synonymon für die eine wie die andere Sache. Soweit daher die Quellen davon sprechen, daß in der Verfügung über die eine die andere stillschweigend einbegriffen sei (so *Nerva* und *Ulpian* für das *legatum bibliothecae*, ibid. § 7, *Labeo, Pomponius* und *Ulpian* für das *legatum dactyliothecae*, l. c. § 8) bedeutet dies nur, daß von zwei durch kein integratives Band verbundenen Sachen die eine als Nebensache (jeweils das Behältnis) der anderen nach ihr benannten Hauptsache (dem Behältnisinhalt, der, aus mehreren gleichartigen Sachen bestehend, seinerseits eine nominelle Sachgesamtheit darstellt) nach dem mutmaßlichen Willen des Verfügenden folgen solle. Vgl. dazu Anm. 235.

Zweck gewidmeten, organisatorisch zusammengefaßten Einzelsachen. Wichtigstes und am häufigsten belegtes Beispiel ist das Landgut *(fundus cum instrumento, fundus instructus)*, ferner das Ladengeschäft *(taberna)*.

2. Rechtliche Behandlung

a) Allgemeines

Diese mit Sicherheit sachenrechtsunfähigen Sachmehrheiten unterscheiden sich von den vorher genannten, möglicherweise beschränkt sachenrechtsfähigen, dadurch, daß die Quellen hier den eindeutigen Schluß erlauben, daß die Sachmehrheit selbst weder Gegenstand von Besitz noch von Eigentum, und weder vindizierbar noch *uno actu* übertragbar gewesen ist. Ihr Mangel an Rechtsobjektivität liegt schon aus tatsächlichen Gründen nahe, weil die Verschiedenartigkeit der Einzelsachen ihre nominelle Zusammenfassung unter einen einheitlichen Artbegriff (wie z. B. *omnes servi, omne aurum*) unmöglich machte und ein spezifischer Terminus für die heterogen zusammengesetzte Sachmehrheit (wie z. B. *instrumentum*) nicht vorhanden war, so daß es schon an sprachlichen Anknüpfungspunkten für das Rechtsobjekt fehlte. Auch repräsentiert die Hauptsache des Bestandes diesen nicht, wie z. B. bei den zweitstufigen, aus Hauptteil und Nebenteilen bestehenden Integraten. Während also dort die zusammengesetzte Sache selbst Verkehrsgegenstand war und die Verfügung hierüber in der Regel sämtliche dem Bestande angehörigen Teilsachen im Rahmen des rechtlich Möglichen ergriff (sei es wegen ihres realen Zusammenhanges, sei es aus vermutetem Parteiwillen), kommen hier nur die die Sachenmehrheit konstituierenden Einzelsachen als Geschäftsgegenstand in Betracht. Knüpft ein Geschäft an einen einer nicht sachenrechtsfähigen Sachmehrheit angehörigen Einzelgegenstand, insbesondere an die „Hauptsache" dieser Mehrheit an, so werden die übrigen Sachen (Nebensachen) stets nur dann von dem Geschäft betroffen, wenn der Parteiwille auf deren Einbeziehung gerichtet ist. Das bedeutet, daß eine ursprünglich bestehende Einheitlichkeit der Rechtslage von Haupt- und Nebensachen nur dadurch gewährleistet wird, daß deren Eigentümer bei Verkehrsvorgängen jeweils sämtliche der Sachmehrheit angehörigen Sachen zum Verkehrsgegenstand macht. Wird bei dem Geschäft nur die Hauptsache ausdrücklich genannt, so ist eine Erstreckung der Geschäftswirkungen auf die Nebensache nur auf dem Wege der Auslegung zu erreichen. Hierbei haben die römischen Juristen allerdings für einige

Gattungen von Nebensachen Auslegungsregeln entwickelt, die auch bei fehlender ausdrücklicher Vereinbarung oder Nichtfeststellbarkeit eines auch die Nebensachen einbeziehenden Geschäftswillens zu einer Erstreckung der Wirkungen des Geschäfts auf die Nebensachen führen. Die in den Quellen genannten Beispiele betreffen vor allem die Behältnisse, in denen eine den Gegenstand des Geschäfts bildende Flüssigkeit aufbewahrt wird[229]. Die Sonderbehandlung dieser Nebensachen ist verständlich, weil sie für den Gebrauch der Hauptsache nicht nur dienlich, sondern unerläßlich sind und sozusagen als deren ständige Hülle in Erscheinung treten. Dabei ist es bezeichnend, daß die Auslegungsregel für solche Behältnisse nicht gilt, die von vornherein zur Aufbewahrung wechselnder Quanten bestimmt sind[230]. Hier ist die Beziehung der jeweiligen Hauptsache zum Behältnis wegen dessen von vornherein über deren Lebensdauer hinausreichender Zweckbestimmung gleichsam nicht mehr individuell genug, als daß dieses mit der Hauptsache selbstverständlich mitgemeint wäre. Außerdem ist hier das Wertverhältnis zwischen Flüssigkeit und Behälter in der Regel zugunsten des Behälters verschoben. Erst recht entfällt die Vermutung bei Behältnissen, die zur Aufbewahrung fester Gegenstände dienen, z. B. bei den Bücherregalen[231], Silbertruhen[232] und Schmuckkästchen[233], die oft ihrerseits einen erheblichen Wert verkörperten[234]. Hier sowie bei allen anderen Nebensachen zog eine Verfügung über die Hauptsache jene nur nach sich, wenn sie ausdrücklich zum Geschäftsgegenstand gemacht war oder deren gewollte Einbeziehung sich aus den Umständen ergab[235].

---

[229] Ulp.-Cels. D. 33. 6. 3. 1; Pomp. D. 33. 6. 14; Proc. D. 33. 6. 15 (*vasa, cuppae, amphorae, cadi* als Weinbehälter); Paul. D. 33. 9. 4pr (*vasa* als Behälter von Flüssigkeiten überhaupt). Entsprechende Behandlung von *vasa penuaria* (Gefäße zur Aufbewahrung von Lebensmitteln) bei Ulp.-Arist. D. 33. 9. 3. 11, und von *aviaria* (Geflügelkäfigen) bei Paul. D. 32. 66. Zum *legatum vini cum vasis, doliis* etc. vgl. *Astolfi* 142 ff., zum *legatum vasorum penuarium* dens. 90 f.

[230] Z. B. *dolia* (Ulp. D. 33. 6. 3. 1; Proc. D. 33. 6. 15), *cullei* und *utres* (Ulp. l. c.); vgl. auch Pomp. D. 33. 6. 14.

[231] Ulp.-Sab.-Cass. D. 32. 52. 3; Ulp.-Nerva ibid. § 7; Ulp. ibid. § 7 a (*bibliothecae, armaria, scrinia*). Zum *legatum bibliothecae* vgl. *Astolfi* 279 ff., zum analogen Fall der Vasenständer (ἐνβάσεις) die Kontroverse zwischen *Trebatius, Labeo* und *Proculus* in D. 32. 100. 3, dazu *John* 105 f.

[232] Paul. D. 32. 53pr (*arculae*).

[233] Ulp.-Pomp.-Lab. D. 32. 52. 8; Paul. D. 32. 53. 1 (*dactyliothecae*).

[234] Vgl. die *eborea bibliotheca* bei Ulp.-Nerva D. 32. 52. 7, die ἐνβάσεις *aeneae* materialgleicher *vasa Corinthia* bei Jav.-Lab.-Treb.-Proc. D. 32. 100. 3.

[235] Die Anforderungen, die die Juristen an die Einbeziehung der Behältnisse

b) Fundus cum instrumento

Bestand die Sachmehrheit aus einer Hauptsache und einem Komplex von Nebensachen, die gerade in ihrer Gesamtheit dem Zweck der Hauptsache oder einem gemeinsamen Zweck gewidmet waren (z. B. das Instrument)[236], so galten hinsichtlich der Reichweite einer an die Hauptsache anknüpfende Verfügung besondere Grundsätze[237]. Führte die Verfügung zu einem vollständigen, dauernden Ausscheiden der Hauptsache aus dem Vermögen des Verfügenden (oder seines Universalnachfolgers), z. B. bei einer Veräußerung unter Lebenden oder beim Legat, so folgte das Instrument der Hauptsache stets nur dann, wenn es ausdrücklich in das Geschäft mit einbezogen war[238]. Bei bloß zeitweiliger Nutzungs-

---

stellten, waren zum Teil kontrovers. Während *Sabinus*, *Cassius* und *Paulus* sich dagegen aussprachen, daß die Behältnisse ohne ausdrückliche Bestimmung der vermachten Hauptsache folgten (so *Sabinus* und *Cassius* bei Ulp. D. 32. 52. 3,7a bezüglich der *bibliotheca*, und *Paulus* D. 32. 53 bezüglich der *arculae* und *dactyliothecae*), *Trebatius*, *Proculus* und *Javolen* aber mit Einschränkungen dafür (bei den ἐνβάσεις in D. 32. 100. 3, und zwar *Trebatius* unter der Voraussetzung, daß sie *vasorum collocandorum causa paratae*, *Proculus* und *Javolen*, daß sie *aeneae* waren), stellten *Labeo*, *Nerva*, *Pomponius* und *Ulpian* auf den Willensinhalt des Erblassers ab (so Ulp.-Nerva D. 32. 52. 7 bei der *bibliotheca*, Ulp.-Pomp.-Lab. ibid § 8 bei der *dactyliotheca*, *Labeo* bei den ἐνβάσεις, D. 32. 100. 3). Ein Anhaltspunkt für einen auf Einbeziehung des Behältnisses gerichteten Willen war ihrer Meinung nach unter anderem dann gegeben, wenn der den Vermächtnisgegenstand bildende Behältnisinhalt gerade nach dem Behälter genannt worden war, was bei *bibliotheca* und *dactyliotheca* sprachlich möglich war. Hier stellte sich die Frage zunächst sogar umgekehrt: ob nämlich nur das Behältnis oder auch dessen Inhalt vermacht war. Im letzteren Falle war dann freilich der nach dem Behältnis genannte Inhalt Hauptgegenstand des Vermächtnisses, und das Behältnis folgte als mutmaßlich darin einbezogen nach. Vgl. auch Anm. 228.

[236] Quellenstellen zum *instrumentum* bei *Heumann-Seckel* und im VIR s. h. v. Aus dem Schrifttum vgl. dazu auch, insbesondere zum Verhältnis zwischen Instrument und Pertinenz, die Autoren im Lit.Vz. II 6 an den dort zitierten Stellen, ferner *Bonfante* II 1, 140 ff.; *Scialoja* I 1, 85 ff.

[237] Auf diese besondere Behandlung in den Quellen hat vor allem *Rasi* 27 ff. Gewicht gelegt und sie zum Anlaß einer systematischen Unterscheidung zwischen *res accessoriae uti singulae* und *res accessoriae uti apparatus* gemacht. In den letzteren sieht er die Keimzelle der späteren Pertinenzen.

[238] Ausführlich behandelt wird die Frage von den Juristen allerdings nur beim Legat (vgl. den Digestentitel *de instructo vel instrumento legato*, 33. 7). Hier deuten sämtliche überlieferte Stellen darauf hin, daß das Instrument ausdrücklich mitvermacht werden mußte (vgl. vor allem Call. D. 33. 10. 14; Lab. D. 33. 7. 5; Scaev.

überlassung wurde dagegen auch ohne besondere Erwähnung des Instruments vermutet, daß die Verfügung über die Hauptsache sich auf das Instrument erstrecken sollte[239]. Was die römischen Juristen zu dieser in sich unterschiedlichen Behandlung des Instruments bewogen und, im Falle der Veräußerung, dazu veranlaßt hat, die Aufrechterhaltung der aus Hauptsache und Instrument bestehenden wirtschaftlichen Einheit durch strikte Interpretation des an die Hauptsache anknüpfenden Veräußerungsgeschäfts zu erschweren, soll hier offen bleiben[240]. Wie die zahlreichen, nicht nur in den Digesten überlieferten Quellen zeigen[241], hat sich die Kautelarpraxis jedenfalls darauf einzustellen gewußt und eine Anzahl von zum Teil recht knappen, die Einbeziehung des Instruments nur andeutenden Formeln entwickelt, die den von der Spruchpraxis gestellten Anforderungen genügten. Man wird daher wohl davon ausgehen können, daß in aller Regel dort, wo immer es dem verfügenden Subjekt auf die Aufrechterhaltung der wirtschaftlichen Einheit ankam, es sich einer dieser Formeln bedient und auf diese Weise eine unerwünschte Auseinanderreißung wirtschaftlich zusammengehöriger und aufeinander angewiesener Gegenstände vermieden hat. Da abgesehen von der Generalexekution durch *missio in bona,* die die wirtschaftliche Existenz ohnehin in der Regel vernichtete, ein rechtsändernder Eingriff durch die dritte Hand[242] nicht in Betracht kam, wird also selbst bei dem sehr losen, nur durch ausdrückliche Betätigung des verfügenden

---

D. 32. 93. 4; 33. 7. 18. 13; 33. 7. 20pr, 3; Pap. D. 33. 7. 2. 1; Paul. D. 33. 7. 1; h. t. 5). Daß dies einhellige Auffassung der Klassiker war, wird auch nicht durch PS III 6, 34 in Frage gestellt (vgl. *Steinwenter,* Fundus c. i. 66, 82; *Rasi,* Pertinenze 45). Beim Kauf dagegen haben anscheinend die Parteien für das Schicksal des Instruments so regelmäßig durch die *leges contractus* Vorsorge getroffen, daß ein Anlaß zu juristischer Erörterung nicht gegeben war. Doch wird man auch hier davon ausgehen müssen, daß in Ermangelung einer ausdrücklichen Erklärung das Instrument nicht als mitverkauft galt (einen Anhaltspunkt gibt Ulp. D. 19. 1. 17pr, vgl. im übrigen *Steinwenter* 81; *Riccobono,* Studi Brugi I, 189).

239 Ulp. D. 7. 1. 15. 6; h. t. 9. 7 (Nießbrauch); Ulp. D. 19. 2. 19. 2 (Pacht). Vgl. *Steinwenter* 85.

240 Möglicherweise waren es wirtschaftliche Gründe, indem der Pächter in der Regel nicht in der Lage war, das Instrument selbst zu stellen, eine Verpachtung des *fundus* typischermaßen also nur dann sinnvoll war, wenn der wirtschaftlich stärkere Verpächter es stellte und mitverpachtete. Vgl. dazu auch *Steinwenter* 99 ff.

241 Vgl. die bei *Bruns,* Fontes, mitgeteilten Zeugnisse: *testamentum Dasumii* (a. 108), 307; *testamentum Galli* (1. Jh. n. Chr.), 310 f.; *emtio domus* (a. 159), 331; *donatio* (2. bis 3. Jh. n. Chr.), 338. Ferner *Arangio-Ruiz,* FIRA III, 444: *emptio fundi Africani* (a. 493).

242 Insbesondere also das uns heute geläufige Vollstreckungspfandrecht.

Parteiwillens jeweils für den Augenblick hergestellten Band zwischen Hauptsache und Instrument eine weitgehende Gleichheit der Rechtslage für beide bestanden haben. In der nachklassischen Zeit hat dann die Wirtschaftsgesetzgebung der Spätantike durch ein Verbot, Landgüter von ihren Arbeitskräften durch separate Veräußerungen zu entblößen, hinsichtlich des wichtigsten Verkehrsgeschäfts, des Kaufs, für einen wesentlichen Teil des *instrumentum fundi* (nämlich das gesamte *instrumentum vocale*) zu einer gesetzlichen Bindung des *instrumentum* an die Hauptsache geführt[243]. Dogmengeschichtlich bemerkenswert ist dabei jedoch, daß auch hier die Bindung durch ein Verbot separater Verfügung, und nicht etwa durch eine generelle, zwingende Unterwerfung des Instruments unter das Recht der Hauptsache (z. B. eine „Verliegenschaftung" im mittelalterlichen Sinne) erreicht worden ist. Die nachklassischen Kaiserjuristen haben also auch hier an den Denkschemen der Klassik festgehalten und die Bindung des Instruments an die Hauptsache durch reglementierende Einwirkung auf den die Bindung allein gewährleistenden Parteiwillen statt durch Herstellung eines (z. B. nicht willkürlich lösbaren) dinglichen Rechtsbandes zu erreichen gesucht.

c) Praktische Auswirkungen der Sachenrechtsunfähigkeit. Rechtslagevergleich sachenrechtsfähiger und nicht sachenrechtsfähiger Einheiten

Als Ergebnis bleibt daher festzuhalten, daß auch bei solchen Sachmehrheiten, deren funktionelle Einheit sich nicht zu einem besonderen, gegenüber den Gliedsachen selbständigen, sachenrechtsfähigen Rechtsobjekt verdichtet hatte, eine Gleichheit der Rechtslage der dem Bestande angehörigen, allein sachenrechtsfähigen Gliedsachen insoweit gewahrt blieb, als das darüber verfügende Subjekt es wollte und seinen Willen in der gehörigen Weise zum Ausdruck brachte und vollzog. Andererseits konnte der Eigentümer eines zweitstufigen (und, soweit man ein solches anerkennt, auch eines drittstufigen) Integrates die Gleichheit der Rechtslage von Integrat und integrierenden Bestandteilen mutwillig zerstören, indem er bei einer Verfügung über das Integrat einen Bestandteil ausdrücklich von der Verfügung ausnahm. Ein zwingender, durch Parteiwillkür nicht korrigierbarer Unterschied zwischen Einzelsachen, die einer nicht sachenrechtsfähigen Sachmehrheit

---

243 Constitutionen des Kaisers *Constantius*, CJ 11. 48 (47). 2 = CT 13. 10. 3. (ca. 357), und der Kaiser *Valentinian, Valens* und *Gratian*, CJ 11. 48 (47). 7pr (a. 375—378).

angehören, und solchen, die in einem integrierenden Zusammenhang stehen, besteht danach nur hinsichtlich der erststufig integrierenden, sowie hinsichtlich der zweitstufig integrierenden insoweit, als die integrale Bindung diese Sachen bezüglich bestimmter Vorgänge (*usucapio, vindicatio, in iure cessio, mancipatio, traditio*, evt. *evictio*) in ihrer Sachenrechtsfähigkeit beschränkte und dadurch als Gegenstand sachenrechtlicher Vorgänge entweder überhaupt nicht in Betracht kommen ließ oder ihnen den Rechtsstatus der Gesamtsache aufnötigte. Im übrigen war der Unterschied zwischen der Rechtslage integrierender und nicht integrierender Sachen bloß dispositiv, d. h. nur so lange aktuell, als er nicht durch abweichende parteiauonome Gestaltung um seinen Effekt gebracht wurde. Geschah dies nicht, so bestand er darin, daß die integrierenden Sachen (und zwar nun auch die drittstufigen) subsidiär dem Recht der Gesamtsache unterworfen waren, während die nicht integrierenden notwendigerweise allein ihrem eigenen Recht folgten, da eine sie umschließende sachenrechtsfähige Sachgesamtheit, an deren Recht sie hätten teilnehmen können, nicht existierte. Dieser Unterschied wirkte sich darin aus, daß jeder die Gesamtsache — und damit zugleich deren Glieder[244] — betreffende Akt *ein* Geschäft war, während bei den übrigen Sachmehrheiten stets so viele Akte vorlagen (und notwendig waren), als Einzelsachen vorhanden waren.

[244] Und zwar auch insoweit, als deren Sachenrechtsfähigkeit nicht beschränkt war, sie also besonderer Verfügung zugänglich waren.

IV. DIE ERSCHEINUNGSFORMEN UND ENTSTEHUNGSGRÜNDE VON SACHEINHEITEN IM RÖMISCHEN RECHT

(Folgerungen aus II und III)

Im vorigen Abschnitt wurde versucht, den realen Bestand zu umschreiben, den die Römer als Sache behandelt haben, wobei unter Sache dasjenige verstanden wurde, was möglicher Gegenstand von Sachenrechten, oder genauer: des Eigentums und der davon in concreto ableitbaren Sachenrechte, war. In diesem Zusammenhang wurde außerdem gezeigt, welche Sacheinheiten bereits jenseits des durch die zweitstufigen oder — wenn vorhanden — drittstufigen Integrate gebildeten Grenzstreifens lagen, also mit Sicherheit nicht mehr als *eine* Sache anzusprechen waren.

Diese Ausführungen haben zugleich Auskunft gegeben auf die Frage nach den Rechtsbeziehungen, in welchen *verschiedene* Sachen zueinander gestanden haben können. Ihr Ergebnis braucht daher hier nur noch einmal unter diesem Gesichtspunkt zusammengefaßt zu werden:

1. Die sachenrechtsfähigen Einheiten (Integrate)

Verschiedene Sachen können einmal dergestalt miteinander in Beziehung gestanden haben, daß sie zusammen ein Integrat, d. h. wiederum *eine* aus ihnen zusammengesetzte Sache gebildet haben. Dabei ließen sich je nach den Rechtsfolgen der Integration, d. h. nach den jeweils unterschiedlichen Wirkungen auf den Rechtsstatus der integrierenden Sachen einerseits und des Integrates andererseits drei verschiedene Integrationsstufen unterscheiden.

a) Erscheinungsformen

α) Die Verbindung zu einem *Integrat erster Stufe* führte zu einem vollständigen, endgültigen Verlust des Rechtsstatus und der Rechtsfähigkeit aller beteiligten Sachen mit Ausnahme derjenigen unter ihnen, die als Hauptsache angesehen werden konnte. Deren Rechtsstatus blieb unverändert und erstreckte sich nun auf die im Rechtssinne untergegangenen übrigen, das Integrat bildenden Teilsachen. War keine Hauptsache vorhanden, so wurde ein neuer Rechtsstatus an dem Integrat begründet, der durch die Gesamtheit der integrierten Objekte (Miteigentum am Ganzen oder Alleineigentum an Realquoten bei Stoffquanten) bestimmt wurde. In den Spezifikationsfällen wurde allerdings von einigen Juristen (Proculianerschule) der Gründungsstatus des Integrates überhaupt nicht durch den Ausgangsstatus der konstituierenden Substanz oder eines ihrer Teile, sondern nach der Person des integrierenden Subjekts bestimmt.

β) Die Verbindung zu einem *Integrat zweiter Stufe* ließ die integrierenden Sachen zwar als prinzipiell sachenrechtsfähige Objekte fortbestehen, wirkte jedoch modifizierend auf ihren sachenrechtlichen Status ein. Sie wurden in bestimmter Hinsicht in der Entfaltung ihrer sachenrechtlichen Eigenschaften gehemmt (Ausschluß von *usucapio, vindicatio,* evtl. auch *evictio)* und büßten zugleich ihre sachenrechtliche Autonomie ein, indem sie teilweise die Fähigkeit verloren, für sich — d. h. unter Ausschluß der Gesamtsache — Gegenstand sachenrechtlicher Vorgänge zu sein, und insofern das Rechtsschicksal der Gesamtsache notwendig teilten (so bei den besitzrelevanten Vorgängen wie *vindicatio, in iure cessio, traditio*), und im übrigen, d. h. soweit sie ihre Sonderrechtsfähigkeit behielten, immerhin subsidiär den Rechtsstatus der Gesamtsache übernahmen (sei es unmittelbar kraft rechtsobjektiven Zusammenhanges, sei es auf dem Umweg über einen vermuteten Parteiwillen). Über den sachenrechtsfähig gebliebenen Teilsachen erhob sich das aus ihnen gebildete Integrat. Dies war seinerseits eine im Rechtssinne voll ausgeprägte Sache mit eigenem Rechtsstatus, der bei der Herstellung des Integrates von dem der integrierenden Hauptsache oder in Ermangelung einer solchen von dem sämtlicher Teilsachen abgeleitet war bzw. auch hier nach der Person des integrierenden Subjekts bestimmt wurde. In seinem Fortbestand war das Integrat gegenüber den integrierenden Teilsachen autonom und blieb bei substantiellen Veränderungen des integrierenden Bestandes mit sich selbst identisch. Bei Desintegrationen blieb die Identität solange gewahrt als der verbliebene (unter Umständen auch wiederhergestellte) Bestand als identische Verkörperung der das Integrat prägenden Gestaltidee anzusehen war.

γ) Verschiedene einzelne Sachen konnten möglicherweise auch ein *drittstufiges Integrat* bilden. Wie beim zweitstufigen blieben die integrierenden Sachen hier als sachenrechtsfähige Objekte fortbestehen. Anders als dort trat aber keine Beschränkung in der Aktualisierbarkeit ihres sachenrechtlichen Status ein. In Betracht kam allenfalls eine Beeinträchtigung ihrer sachenrechtlichen Autonomie, und auch dies höchstens in Gestalt einer subsidiären Teilnahme am Recht der Sachgesamtheit. Schließlich war selbst diese beschränkte Heteronomie nur gegeben, wenn die Sachmehrheit als sachenrechtsfähige Einheit, an welchen sich die Gliedsachen anlehnen konnten, überhaupt existierte. Deren Existenz war aber grundsätzlich (und damit die Existenz drittstufiger Integrate überhaupt) fraglich und höchstens partiell verwirklicht.

b) Entstehungsgründe

Die Voraussetzungen einer Integration waren je nach der Stufe, auf welcher sie sich vollzog, unterschiedlich, und auch auf der jeweils selben Stufe nicht immer einheitlich, die von den Klassikern als maßgeblich erachteten Kriterien überdies nicht immer klar erkennbar. Es konnten daher an Hand der Quellen mit Sicherheit nur die Merkmale registriert werden, die an den dort beispielhaft auftauchenden Integraten beobachtet wurden; erst aus Übereinstimmungen und, allerdings mit Vorbehalten aufzunehmenden, gelegentlichen Äußerungen der Juristen ließen sich gegebenenfalls Rückschlüsse auf die den Einzelentscheidungen zugrundeliegenden Kriterien ziehen. Als allen Integrationen gemeinschaftliches Moment war nur eine gewisse räumliche Nähe der integrierenden Glieder und eine von der Verkehrsanschauung getragene Integritätsvorstellung festzustellen, die in einer Benennbarkeit des Integrats zum Ausdruck kam. Im übrigen wurde auf den einzelnen Stufen folgendes beobachtet:

α) Auf der *ersten Stufe* war zwischen Individualsachen und Quantensachen zu unterscheiden. Bei jenen standen die integrierenden Bestandteile in einem besonders innigen körperlichen Zusammenhang, dessen Lösung in der Regel nur durch irreparable Zertrümmerung des Ganzen möglich war. Dieses Ganze (das Integrat) war entweder ein lebender Organismus, oder eine unmittelbar aus dem gestaltlosen Ausgangsstoff „aus einem Guß" hervorgebrachte künstliche Schöpfung, oder eine nachträgliche, untrennbare Vereinigung schon gegebener Individualsachen, und zwar bei Grundstücksintegraten durch Aussaat, Einpflanzung oder Bauführung, bei Mobiliarintegraten durch hermetische Verbindung von Einzelsachen zu einem körperlichen Ganzen, dem die konstituierenden Teile nach der Verkehrsauffassung funktionell so untergeordnet erschienen, daß sie als besondere Rechtsobjekte nicht mehr in Betracht kamen. Bei den Quantensachen handelte es sich um einheitliche Stoff- oder Summenquanten, die entweder gleichfalls ein ursprüngliches substantielles Continuum bildeten oder nachträglich un(unter)-scheidbar miteinander verschmolzen oder vermischt waren.

β) Auf der *zweiten Stufe* waren die integrierenden Sachen ebenfalls körperlich, wenn auch zum Teil nur lose oder periodisch lösbar, miteinander verbunden, wobei allerdings nicht auszuschließen ist, daß es in der Frühklassik eine Strömung gegeben hat, die bei Gebäudeintegraten nicht auf die Körperlichkeit der Verbindung, sondern allein auf die Dauerhaftigkeit der Zweckwidmung abstellte. Auch genügte seit der Nachklassik ganz allgemein bei körperlich voneinander getrennten, aber ehedem zu einem (zweitstufigen) Integrat verbunden gewesenen Sachen die Wiederverbindungsabsicht des Berechtigten. Im übrigen wurde jedoch am Erfordernis der körperlichen Verbindung festgehalten. Auf die Art und Weise der Verbindung kam es bei den das Integrat in seinem notwendigen Bestande herstellenden Bestandteilen offenbar nicht an; hier genügte je nach den technischen Erfordernissen ein unter Umständen allein auf der Schwerkraft beruhender Zussammenhalt. Bei den übrigen wurde die Bestandteilseigenschaft vielfach davon abhängig gemacht, daß die Verbindung durch bestimmte, der natürlichen Beschaffenheit der Hauptsache Rechnung tragende Festigkeitsmerkmale qualifiziert war (bei Grundstücken mußten die Sachen *terra teneri* oder *defossa esse*, bei Gebäuden oder Mobilien *adfixa*, *adplumbata* etc. *esse);* andererseits wurden sowohl Fälle beobachtet, wo die Bestandteilseigenschaft auch bei loserer Verbindung (nicht notwendig herstellender Teile) bejaht, als auch, wo sie trotz Vorliegens jener Voraussetzungen verneint wurde. Bei (nicht herstellenden) Gebäudebestandteilen bedurfte es möglicherweise nach einer frühklassischen Auffassung außerdem einer dauerhaften Zweckwidmung, möglicherweise ersetzte sie auch das Erfordernis der durch Festigkeit qualifizierten Verbindung.

γ) War demnach bei den erststufigen und zweitstufigen Integraten die körperliche Verbindung der integrierenden Teile gemeinsames, wenn auch nicht hinreichendes Merkmal, so waren die Gliedsachen *drittstufiger* Integrate nie körperlich, sondern nur räumlich und funktionell miteinander verbunden. Hier kam der Zusammenschluß zu einem Integrat bzw. die Einfügung in ein solches dadurch zustande, daß die Einzelstücke in einen solchen räumlichen und funktionellen Zusammenhang gebracht und darin belassen wurden, wie er für eine der als Integrat anerkannten Sachgesamtheiten charakteristisch war.

2. Die nicht sachenrechtsfähigen Sacheinheiten

Verschiedene Sachen konnten aber auch eine wirtschaftlich-funktionelle Einheit gebildet haben, die als solche nicht sachenrechtsfähig war. Hier war die Zugehörigkeit zu einer übergeordneten Einheit sachenrechtlich ohne Belang. Als Sachenrechtsobjekte konnten ohnehin nur die Glieder dieser Einheit in Erscheinung treten. Es wurde aber auch die sachenrechtliche Verknüpfung mit dem hier nicht existierenden Integrat nicht etwa durch eine solche zwischen der einen (prinzipalen) und der oder den anderen (akzessorischen) der funktionalen Einheit angehörigen Sachen, die vertikale also nicht durch eine horizontale Akzessorietät ersetzt (wie z. B. später bei den Pertinenzen). Auch erlitten die Gliedsachen, jedenfalls in klassischer Zeit, keine Einbuße in ihrer sachenrechtlichen Aktualität. Die funktionelle Zusammengehörigkeit solcher nicht integrierender Einzelsachen wurde rechtlich nur dann relevant, wenn die die funktionelle Einheit ausmachenden Gliedsachen (wegen ihrer wirtschaftlichen Zusammengehörigkeit) gemeinsam zum Gegenstand eines Rechtsgeschäfts gemacht wurden, welches gleiche Rechtsfolgen für die Gliedsachen vorsah. Sie wurde also in das Recht transformiert nur durch den rechtsgeschäftlichen Willen des verfügenden Subjekts und manifestierte sich dann nur in der Gleichartigkeit, nicht der Identität der Rechtslage. Die Behandlung der Gliedsachen als *partes mente conceptae*[245] führte nur zu einer unter den Parteien wirkenden fiktiven Integration. Allerdings wurde die Einheitlichkeit der Rechtslage durch die Kautelarpraxis, die dem Erfordernis besonderer Einbeziehung der funktionell zusammengehörigen Sachen in dem wünschenswerten Rahmen Rechnung trug, und durch die Entscheidungspraxis, die die Einbeziehung von im Geschäft nicht ausdrücklich genannten Gliedsachen in das Geschäft über die die Einheit repräsentierende Hauptsache in gewissen Fällen vermutete, weitgehend gewahrt.

---

[245] Eine von *Rasi* (S. 42) eingeführte Bezeichnung.

B. ZWEITER TEIL:

Sachteil und Zubehör im gemeinen Recht und in den Landesrechten seit dem Ende des 18. Jahrhunderts

I. DIE INSTITUTIONENGESCHICHTE DES BESTANDTEILS- UND ZUBEHÖRRECHTS

Das gelehrte Recht des Mittelalters und der älteren Neuzeit hat an dem traditionellen römischen Sachbegriff festgehalten[1]. Unverändert geblieben ist einmal die Beschränkung der sachenrechtsfähigen Gegenstände auf körperliche, nach den herkömmlichen Integrationsmerkmalen integrierte (Einzel-)Sachen und damit der Ausschluß höhere funktionelle Einheiten bildender Gegenstandszusammenschlüsse vom Sachenrecht, mit anderen Worten die Außengrenze der vom Sachbegriff erfaßten Gegenstandswelt[2]. Unverändert geblieben ist im wesentlichen ferner der Grenzverlauf zwi-

---

[1] Unter *Sache* wird dabei auch im folgenden dasjenige verstanden, das möglicher Gegenstand von Sachenrechten ist. Von diesem Sachbegriff ist freilich jener andere zu unterscheiden, der — gajanisch gesprochen — *res sive corporales sive incorporales* meint und jeden vermögenswerten Rechtsgegenstand umfaßt. Der auf diesen Sachbegriff bezogene, weite Eigentumsbegriff des Vernunftrechts hat sich in der Tat vom römischen entfernt. Doch ist innerhalb dieses weiteren Sach- und Eigentumsbegriffs der überlieferte engere römische Sachbegriff (so wie er hier verstanden wird) als Unterbegriff ebenso unverändert erhalten geblieben wie dessen Korrespondenz mit einem engeren, eben dem römischen, Eigentumsbegriff. Soweit dieser letztere selbst Veränderungen unterworfen war, betreffen sie nicht seinen gegenständlichen Anwendungsbereich, sondern seinen rechtlichen Inhalt (wie z. B. die Unterscheidung von Ober- und Untereigentum). Zur Invarianz des Sachbegriffs im hier verstandenen Sinne vgl. die Ergebnisse von *Rasi*, Pertinenze (1954), 71 ff.

[2] Das gilt auch für die drittstufigen Integrate. Der Anwendungsbereich der gemeinrechtlichen *universitates facti aut iuris* hat zwar die äußersten Grenzen des Bestandes erreicht, der nach klassischem römischem Recht möglicherweise von der drittstufigen Integration erfaßt wurde, sie aber nicht überschritten. Insbesondere hat er sich auch jetzt nicht auf das Unternehmen erstreckt. Vgl. aus Lit. Vz. II 7 die Nachweise bei *Dell'Oro* (1964), 1 ff.; *Barbero* (1936), 302 ff.; *Lucci*, AG 73 (1904), 305 ff.; *Girtanner*, DogmJb 3 (1859), 58 ff. (207); ferner *Windscheid-Kipp* I § 137 Anmerkung 5. Anders allerdings die deutschrechtliche Ausgestaltung des Unternehmensbegriffes, vgl. *Oppikofer*, Unternehmensrecht (1927), 70 ff.

schen den Integrationsstufen und deren sachenrechtliche Binnenstruktur[3]. Unverändert geblieben ist schließlich der Modus rechtlicher Verknüpfung verschiedener Sachen außerhalb integrierender Zusammenhänge. Das gilt insbesondere für das Verhältnis zwischen Instrument (bzw. den einzelnen, der Sachgesamtheit des Instruments angehörigen Instrumentalsachen) und Grundstück[4]. Als *„Pertinenzen"* (*pertinentiae*), wie man seit dem Mittelalter alle Sachen und Rechte bezeichnete, die zusammen mit einem als Hauptsache gedachten Grundstück eine Nutzungseinheit bildeten, und zu denen also auch die Instrumentalsachen gehörten, folgten sie dem Recht der Hauptsache nur willkürlich dadurch, daß sie jeweils in das Verfügungsgeschäft über die Hauptsache einbezogen wurden[5].

---

[3] Eine Einschränkung ist hier nur für die Beurteilung des Eigentumsstatus zweitstufig integrierender Bestandteile zu machen. Seit *Donellus*, der — anders als noch die Glosse — sich gegen den Fortbestand des Bestandteilseigentums als *dominium dormiens* gewendet und für einen Accessionserwerb des Bestandteils durch den Gesamtsacheneigentümer, d. h. also für eine notwendige Identität der Eigentümer von Bestandteil und Gesamtsache ausgesprochen hat, hat sich der integrative Zusammenhang zweitstufiger Integrate zu einem quasi erststufigen verdichtet (vgl. u. 2 b).

[4] Dies ist von *Rasi* 71 ff. ausführlich nachgewiesen und dargestellt worden; anders freilich für den deutschrechtlichen Bereich *Oppikofer* 47 ff. (60 ff.).

[5] Der Terminus *Pertinentia* ist mittelalterlich, vgl. *Niermeyer*, MedLatLexMin sv 793 f.; die Klassik kennt nur die Verbalform *pertinere*, deren Bedeutungsinhalt durchaus untechnisch verstanden wird, vgl. *Heumann-Seckel* sv. Doch bleibt auch in der mittelalterlichen und neueren Jurisprudenz der Begriff *Pertinentia*, der sich erst in der Neuzeit gegenüber seinem mittelalterlichen Synonym *aysium* bzw. *aysamentum* durchsetzt, hybride. In einem weiteren Sinne werden darunter alle diejenigen einen wirtschaftlichen Zweckverband bildenden Gegenstände verstanden, die bei Dispositionen über einen anderen Gegenstand (vor allem ein Grundstück oder radizierte Herrschaftsrechte), dem sie in ihrer Gesamtheit zugeordnet sind, notwendig oder willkürlich mitbetroffen werden. Dieser Pertinenzbegriff umfaßt also sowohl integrierende als auch nicht integrierende Nebensachen (und Rechte), wobei seine spezifische Bedeutung freilich in der Kennzeichnung der letzteren besteht, deren Einbeziehung in das Verfügungsgeschäft über die Hauptsache nach römischem Recht nicht vermutet wurde. Außer in diesem zweiten, engeren Sinne wurden Pertinenzen aber auch gerade solche Sachen genannt, die zwar gleichfalls nicht zum integrierenden Bestand der Hauptsache gehörten, aber doch in einem so engen Verhältnis zu ihr stehen, daß ihre willkürliche Einbeziehung in die Hauptsachenverfügung typisch ist und deren Einbeziehung daher in der gemeinrechtlichen Praxis vermutet wurde, wenn nur die Verfügungserklärung den nicht weiter spezifizierten Zusatz „cum pertinentiis" enthielt (vgl. u. Anm. 12). Aus der Primärliteratur des späten Usus modernus zum Pertinenzbegriff vgl. die im Quellenregister verzeichneten Abhandlungen von *Hommel* (1767/1805), *Westphal* (1779) und *Beselin* (1782).

Mit den Naturrechtskodifikationen wird demgegenüber eine bis heute noch nicht abgeschlossene Entwicklung sichtbar, die den hergebrachten gemeinrechtlichen Zustand allmählich, aber in zunehmendem Ausmaß und in mehrfacher Hinsicht umwandelt. Den Ursprüngen dieser Entwicklung, die sich in die Ordonnanzgesetzgebung des französischen Ancien Régime zurückverfolgen läßt und für die allgemein germanische Rechtsvorstellungen verantwortlich gemacht werden, soll hier nicht weiter nachgegangen werden[6]. Vielmehr ist hier nur die jüngere Rechtsentwicklung zu untersuchen und darzustellen, die mit den Naturrechtsgesetzbüchern beginnt, in denen auch bei unserem Problembereich von der gemeinrechtlichen Überlieferung abweichende Rechtsvorstellungen manifest werden.

1. Pertinenz und Zubehör

Von Veränderungen betroffen wurde einmal das Verhältnis nicht integrierter, eine bloß funktionelle Einheit bildender (Einzel-)Sachen. Nach überliefertem römischem Recht war dies Verhältnis sachenrechtlich irrelevant: es war nicht nur das aus ihnen gebildete Ensemble selbst kein Gegenstand von Sachenrechten; sondern es fand auch keine dingliche Wechselwirkung zwischen den einzelnen Gliedern dieser Sachmehrheit in der Weise statt, daß der dingliche Rechtsstatus einer der Gliedsachen (der Hauptsache) auf den Status der anderen eingewirkt hätte. Gleiche dingliche Rechtslagen für alle dem Ensemble angehörigen Glieder ließen sich nur dadurch herstellen und aufrecht erhalten, daß jeweils über alle Glieder einzeln und im gleichen Sinne verfügt wurde. Die Rechtsgleichheit war also stets und ausschließlich durch den jeweiligen rechtsgeschäftlichen Willen des verfügenden Subjekts vermittelt[7].

---

[6] Vgl. hierzu *Oppikofer* 111; *Kohler*, Pertinenzen, DogmJb 26 (1888), 1 ff. (132 ff.). In der Literatur hat als erster *Pothier* sich grundsätzlich für eine dingliche Bindung der Instrumentalsachen an die Hauptsache eingesetzt, vgl. Traité de la communauté (1769) nr. 44 (zitiert bei *Kohler* aaO.).

[7] Vgl. oben Hauptteil A III 2b.

a) Die Naturrechtsgesetzbücher

Hierin wird in den Naturrechtsgesetzbüchern ein Wandel sichtbar. Sowohl das preußische *Allgemeine Landrecht* (1794) als auch der französische *Code Civil* (1804) und das österreichische *Allgemeine Bürgerliche Gesetzbuch* (1811) haben die Pertinenzen, insbesondere also die Instrumentalsachen in den Rechtskreis der (unbeweglichen) Hauptsache einbezogen, indem sie den gesamten bis dahin nur willkürlich mit der Hauptsache verknüpfbaren Pertinentialbestand als *„Zubehör“* (*„Zugehör“*) oder *„Immeuble par destination“* nunmehr kraft Gesetzes mehr oder weniger weitgehend dem Recht der Hauptsache unterworfen haben.

α) Daß nun das *instrumentum* schlechthin (*fundi, domus, negotii* etc.) in den gesetzlichen Pertinenzbegriff eingegangen war, läßt sich schon aus den diesbezüglichen Legaldefinitionen entnehmen, die jedes der drei Gesetzbücher enthält. Sie lauten:

ALR I 2 § 42:

„Eine Sache, welche zwar für sich bestehen kann, die aber mit einer anderen Sache in eine fortwährende Verbindung gesetzt worden, wird Zubehör oder Pertinenzstück derselben genannt.“

aaO. § 44:

„... Sachen, die einem andern Ganzen durch die Handlung oder Bestimmung eines Menschen zugeschlagen werden, (haben) die Eigenschaft eines Pertinenzstücks[8]*.“*

ABGB § 294:

„Unter Zugehör versteht man dasjenige, was mit einer Sache in fortdauernde Verbindung gesetzt wird. Dahin gehören nicht nur der Zuwachs einer Sache, solange er von derselben nicht abgesondert ist; sondern auch die Nebensache, ohne welche die Hauptsache nicht gebraucht werden kann, oder die das Gesetz oder der Eigentümer zum fortdauernden Gebrauch der Hauptsache bestimmt hat[9]*.“*

---

[8] Aus der Literatur zum Pertinenzbegriff (*„Zubehör“*) im *preußischen* Recht vgl. die Erläuterungen zu ALR I 2 §§ 42 ff. im Kommentar von *Koch* (1852/1883) sowie in den Lehrbüchern von *Bornemann* (1834/1842), I § 16, 6b; *Förster(-Eccius)* (1864/1892), I § 21, 7b; *Dernburg* (1871/1894), I § 62. (Bibliographische Angaben im Quellenverzeichnis).

[9] Aus der Literatur zum Pertinenzbegriff (*„Zugehör“*) im *österreichischen* Recht vgl. die Erläuterungen in den Kommentaren zu §§ 294 bis 297 ABGB von *Zeiller* (1812), *Stubenrauch* (1853/1884) und *Hoffmann-Pfaff* (1877), ferner die Lehrbücher

CC Art. § 524:

„Les objets que le propriétaire d'un fonds y a placés pour le service et l'exploitation de ce fonds sont immeubles par destination.

Ainsi, sont immeubles par destination, quand ils ont été placés par le propriétaire pour le service et l'exploitation du fonds (folgt Aufzählung).

Sont aussi immeubles par destination, tous mobiliers que le propriétaire a attachés au fonds à perpetuelle demeure[10]."

Freilich bleibt zu beachten, daß der Passus *„Sachen, die einem anderen Ganzen durch die ... Bestimmung eines Menschen zugeschlagen werden"* bzw. *„die der Eigentümer zum fortwährenden Gebrauche der Hauptsache bestimmt hat"*, ebenso wie das *„que le propriétaire a attachés au fonds à perpetuelle demeure"*, an die labeonianische *destinatio ad usum perpetuum* anklingt, deren (dort integritätsbegründende) Voraussetzung bei der Zweckwidmung des Instruments im römischen Recht gerade nicht gegeben war; denn dort wurde ja der Nutzen seines Gebrauchs nicht auf die Hauptsache selbst (*fundus, domus, negotium, navis* etc.), sondern auf die (wechselnde) Person des Hauptsachennutzers bezogen und war daher bezüglich der Hauptsache nicht *perpetuus*, sondern *praesens*[11]. Daß nun auch die instrumentale Widmung als für die Hauptsache fortwährende betrachtet werden sollte, und folglich (wie schon im Usus modernus) auch die Instrumentalsachen zu den Pertinenzen gehören sollten, erhellt im ALR aus dem anschließenden umfangreichen Pertinentialkatalog des Gesetzes (§§ 48 ff., worunter § 48 für das landwirtschaftliche und § 93 für das Fabrikinventar hervorzuheben sind), im CC aus den im zweiten Absatz des Art. 524 genannten Beispielen (zu ihnen gehören z. B. *„les utensils aratoires"*, *„les animaux attachés à la culture"*, *„les utensils nécessaires à l'exploitation des forges, papeteries et autres usines"*). Zwar hat das ABGB mit gleicher Eindeutigkeit nur die Pertinenzierung des landwirtschaftlichen Inventars zum Ausdruck gebracht (§ 296), während bezüglich

---

von *Winiwarter* (1832), II §§ 7—9; *Unger* (1856), I § 55; *Schiffner* (1879), I § 78; *Burckhard* (1883), II §§ 67, 68; *Krainz-Pfaff* (1885), I §§ 94—96; *Pfersche* (1893), I § 5 I; *Ehrenzweig* (1923/1957), I 2, §§ 165, 166. (Bibliogr. s. QuellenVz.).

[10] Aus der Literatur zum Pertinenzbegriff *(„immeubles par destination")* im *französischen* Recht vgl. u. a. die Lehrbücher von *Zachariae v. Lingenthal* (1808), I § 64, 8. Aufl. v. *Crome* (1894), I § 103 (170); *Marcadé* (1842), II Nr. 348 ff., 5. Ed. (1858) II S. 333 ff.; *Demolombe* (1870), IX Nr. 191 ff. (S. 96 ff.); *Laurent* (1871) V Nr. 433 ff. (S. 537 ff.). (Bibliogr. s. QuellenVz.).

[11] Vgl. oben Hauptteil A, II 2 *β ββ* bei Anm. 125 ff., und unten 1 b *β ββ*.

der *instrumenta domus et negotii* nur Beispiele für „erd-, niet- und nagelfeste“[12] Pertinenzen angegeben werden und im übrigen nur die allgemein gehaltene Formulierung des § 294 sinngemäß wiederholt wird (§ 297). Wie aus dem *Zeiller*schen Kommentar zu ersehen ist, war jedoch auch in diesem Gesetzbuch die Pertinenzierung des gesamten Instruments beabsichtigt[13].

β) Nun war freilich die Einbeziehung des Instruments in den Pertinenzbegriff durch die Naturrechtsgesetzbücher gegenüber dem Usus modernus insofern nicht neues, als auch dieser schon einen umfassenden, sowohl integrierende als auch nicht integrierende Nebensachen umschließen-

---

[12] Die „erd-, niet- und nagelfeste“ Verbindung wurde im Usus modernus meist als hinreichendes Kriterium für die Pertinentialität von Gebäudeinventar betrachtet. Derart verbundene Sachen folgten den Verfügungen über das Haus, wenn nur ganz allgemein die Einbeziehung der Pertinenzen vereinbart war, ohne daß es ihrer besonderen Erwähnung bedurfte, vgl. Anm. 5 und die dort zitierte Literatur.

[13] Vgl. Erl. § 297 a. E. und Anm. 4 zu § 294, wo der bewegliche Pertinenzbestand mit dem des Inventars identifiziert wird. Allerdings hat die Rechtsanwendung des ABGB im 19. Jahrhundert diesen gesetzgeberischen Fortschritt zum Teil wieder rückgängig gemacht, indem sie den § 297 gemeinrechtlich, also restriktiv auslegte, und das unverbundene Haus- und Gewerbeinventar aus dem Pertinenzbegriff wieder ausschied (so z. B. *Unger* 451 Anm. 42; *Burckhard* II § 68 Anm. 2), oder nur unter qualifizierten Voraussetzungen zuließ, wie etwa bei fester Verbindung des Inventarstücks mit dem Gebäude (so z. B. *Stubenrauch* I § 297, Erl. II 4 Anm. 3 [4. Aufl.] und *Krainz* I § 94), oder dann, wenn die gewerbliche Zweckbestimmung des Gebäudes in dessen Gestalt ihren sichtbaren Ausdruck gefunden hatte (so ebenfalls *Stubenrauch* und *Krainz* a.a.O. und *Ehrenzweig* I 2, § 165 III; ähnlich auch OGH *Wien* s. d. [ÖGZ 1852, 70 f]; v. 21. 8. 1860 [Z. 9419, ÖGZ 1861, 273 f.]; v. 12. 6. 1861 [Z. 3599, ÖGZ 1861, 431 f.]) oder aus dem Grundbuch hervorging (OGH *Wien* v. 22. 6. 1859 [Z. 6955, ÖGZ 1859, S. 478 = GU 2 Nr. 817]), wobei über die Eintragungsfähigkeit der Fabrikeigenschaft und der diesbezüglichen Zweckbestimmung des einverleibten Inventars nicht einmal Einigkeit bestand, so daß dessen Pertinenzierung letztlich daran scheitern konnte, daß die dazu für erforderlich gehaltene Eintragung im Grundbuch als unzulässig angesehen wurde (vgl. dazu *Josef Stöger*, Über die Verpfändung von Maschinen, Gerichtshalle 1864, 511 ff. — Weitere Judikatur zur Pertinenzierung von Gewerbeinventar bei *Schiffner* I § 78 Anm. 23, sowie im ausführlichen und kritischen Bericht von *Neumann-Ettenreich*, 12 ff.). Diese Entwicklung, die sich vom gesetzgeberischen Ausgangspunkt entfernte und zu einer am gemeinen Recht orientierten Interpretation führte, um dann erst auf dem Umwege über die allmähliche gemeinrechtliche Rezeption des landrechtlichen Pertinenzbegriffs zu ihrem Ausgangspunkt zurückzukehren, ist beispielhaft für den Einfluß der Pandektistik auf die partikularrechtliche Jurisprudenz seit der Jahrhundertmitte, ein Einfluß, der sich gerade in Österreich seit *Unger* besonders stark geltend machte. Zur pandektistischen Umdeutung des Pertinenzbegriffs des ABGB vgl. auch Anmerkung 16.

den Pertinenzbegriff gekannt hatte. Doch war er dort nur eine nominelle Zusammenfassung alles dessen gewesen, was bei einer Verfügung über eine Liegenschaft notwendig oder willkürlich an der Verfügungswirkung teilnahm, ohne daß damit der herkömmliche Rechtsstatus der in diesem Sinne ebenfalls zu den Pertinenzen zählenden Instrumentalsachen verändert wurde. Worin die Naturrechtskodifikationen über den insoweit mit dem römischen Recht noch konformen Usus modernus hinausgeführt haben, ist die nicht mehr auf den (wirklichen oder vermuteten) Parteiwillen rekurrierende, sondern objektive Bestimmung eines die Instrumentalsachen umfassenden Pertinenzbegriffs und die gesetzliche Bindung des so bestimmten Pertinentialbestandes an das Rechtsschicksal der Hauptsache. Zwar sind sie noch nicht so weit gegangen, die Instrumentalsachen zusammen mit der Hauptsache zu einer neuen, sachenrechtsfähigen Gesamtsache zusammenzufassen (etwa zu einem als sachenrechtsfähigen Gegenstand anerkannten Betrieb), haben sie vielmehr in ihrem bisherigen sachenrechtlichen Zustand insoweit belassen, als sie für sich bestehende, keiner höheren sachenrechtlichen Einheit angehörige Rechtsobjekte geblieben sind. Doch sind sie nun zur Hauptsache in ein Abhängigkeitsverhältnis versetzt worden, das der Abhängigkeit integrierender Sachen vom Recht der Gesamtsache im Ergebnis weitgehend entspricht: sie nehmen jetzt in bestimmten Hinsichten ohne weiteres am Recht der Hauptsache teil, indem Rechtslagen oder Rechte, denen die Hauptsache ausgesetzt oder unterworfen ist, in mehr oder weniger weitgehendem Umfang ipso iure zugleich die Instrumentalsache treffen, soweit nicht besondere Rechte an dieser entgegenstehen. Eine solche Teilnahme findet nun statt nicht nur bei allen Verkehrsgeschäften, sondern auch bei sonstigen rechtsgeschäftlichen oder exekutorischen Verfügungen, sowie bei den beschränkt dinglichen Rechten, insbesondere bei Pfandrechten. Im französischen Recht ist die Einbeziehung in die Immobiliarvollstreckung sogar mit dem gleichzeitigen Ausschluß (besonderer) Mobiliarvollstreckung verbunden[14], so daß die Pertinenzen insofern auch ihre Fähigkeit, besonderer Gegenstand des Sachenrechts zu sein, verlieren. Andererseits bleiben sie von den übrigen, mit der Integration verbundenen sachenrechtlichen Wirkungen verschont: ihr Eigentumsstatus bleibt unberührt; auch bleiben sie nicht nur besonderer, sondern auch selbständiger Gegenstand von Besitz, Ersitzung und Vindikation[15].

---

[14] Vgl. Code de procédure civile, Art. 594.

[15] Sieht man von der eben erwähnten Besonderheit des französischen Zwangsvollstreckungsrechts einmal ab, so ist der Rechtsstatus, in den die Pertinenzen versetzt werden, trotz der im einzelnen unterschiedlichen Gesetzesfassungen in allen

γ) Es ist offensichtlich, daß diese von den Naturrechtsgesetzbüchern eingeführten Neuerungen die Instrumentalsachen in einer dem römischen Recht unbekannten Weise mit der Hauptsache rechtlich verknüpft haben. Schon die in den Gesetzbüchern enthaltenen allerdings nicht zwingenden Vorschriften, die eine Einbeziehung der Pertinenzen in das Hauptsachengeschäft vorsehen, führen, selbst wenn man sie nur als Auslegungsregel versteht[16],

---

drei Kodifikationen im wesentlichen gleich. — Während das ALR durch eine Generalklausel bestimmt, daß *Pertinenzstücke . . . , solange sie bei der Hauptsache sind, an allen Rechten derselben* (*teilnehmen*) (I 2 § 105), enthalten CC und ABGB nur eine Immobilitätserklärung (CC Artt. 517, 524; ABGB § 293 S. 2), die die Pertinenzen dem allgemeinen Liegenschaftsstatus unterwirft, und darüber hinaus einige exemplarische Spezialbestimmungen, die dort deren Teilnahme am Recht der Hauptsache vorsehen, wo sie von besonderer Bedeutung ist: beim Kauf (CC Art. 1615), bei der Schenkung (CC Art. 1064), beim Vermächtnis (CC Art. 1018) und bei der Hypothek (CC Art. 2118; ABGB § 457). Trotz dieser fragmentarischen Regelungen im französischen und vor allem im österreichischen Gesetzbuch, ist hier die Teilnahme der Pertinenzen an allen die Hauptsache betreffenden Rechtsgeschäften und auf ihr ruhenden dinglichen Rechten ebenso gemeint, wie andererseits der Ausschluß ihrer Teilnahme am Eigentums- und Besitzstatus der Hauptsache im preußischen Recht, dessen Generalklausel insofern zu weit formuliert worden war (hier war die Eigentümeridentität nicht Folge, sondern Voraussetzung der Pertinenzierung, vgl. ALR I 2 §§ 60, 108 und unten bei Anm. 19). Entsprechend unterwarf auch die allgemeine Immobilitätserklärung im französischen und österreichischen Gesetzbuch die Pertinenzen nur insoweit dem Liegenschaftsrecht, als ihre Zugehörigkeit zur Hauptsache in Frage stand, während sie als einzelne nach wie vor dem Mobiliarstatus verhaftet blieben (mit Ausnahme freilich der Zwangsvollstreckung nach dem Code de procédure civile, vgl. die vorige Anm.).

[16] Wie es die auch hierin pandektistisch beeinflußte österreichische Jurisprudenz (s. o. Anm. 13) überwiegend getan hat, vgl. *Schiffner* I § 78 (S. 43); *Burckhard* II § 68; *Krainz-Pfaff* I § 270 (S. 717); *E. Demelius*, Pfandrecht, 177; ebenso wohl auch schon *Unger*, dessen Standpunkt in dieser Frage allerdings nicht ganz eindeutig formuliert ist: Einerseits sagt auch er, daß die Pertinenzen „in der Regel in den Verfügungen über die Hauptsache als mit inbegriffen gelten" (S. 437), und daß „alle Zubehörung im technischen Sinne . . . eine *präsumptive* sein (muß)" (S. 450). Andererseits läßt der Satz, „daß die Pertinenz in der Regel *die juristischen Schicksale der Hauptsache teilt*, daß also gewisse Rechtsverhältnisse, in denen die Haupsache steht, gewisse Rechtsverfügungen, welche über die Sache getroffen werden, *sich von selbst* auch auf die Hilfssache beziehen", (S. 440), auch einen Schluß auf eine Dispositivnorm zu, ein Schluß, dessen Berechtigung dann durch den Fortgang desselben Satzes freilich wieder in Frage gestellt wird: „ . . . ohne daß es nötig wäre sie ausdrücklich auch auf die Hilfssache zu erstrecken, da diese eben *als zur Hauptsache gehörig angesehen* und behandelt wird", (vgl. auch die folgende Anm.). — Dagegen hat die Dogmatik des ALR am sachenrechtlichen Verständnis der Pertinentialbindung festgehalten, wie es dem Geist der Gesetzgebung entsprach, vgl. *Förster-Eccius* I § 21, 7b; *Dernburg*, PreußPrivR I § 62.

zu einer gegenüber dem römischen Recht engeren willenstheoretischen Verknüpfung von Haupt- und Instrumentalsache; faßt man sie darüber hinaus als Dispositivnorm auf, so verändern sie bereits den sachenrechtlichen Status der Pertinenz, denn dieser richtet sich nun insoweit nicht mehr ausschließlich nach eigenem, sondern zugleich nach fremdem Recht (dem der Hauptsache nämlich), ist also nicht mehr autonom, sondern heteronom bestimmt. In jedem Falle hat aber die Unterwerfung der Pertinenzen unter auf der Hauptsache lastende dingliche Rechte ihre sachenrechtliche Autonomie (wenn auch noch nicht ihre Sachenrechtsfähigkeit) beschränkt[17]. Der Ausschluß besonderer Zwangsvollstreckung schließlich hat sogar zu einem partiellen Verlust ihrer Sachenrechtsfähigkeit geführt, der Fähigkeit nämlich, für sich Gegenstand der Zwangsvollstreckung zu sein.

Soweit die Bindung der Instrumentalsache an die Hauptsache sachenrechtlichen Charakter angenommen hat, ist die Instrumentalsache dadurch in eine dingliche Abhängigkeit geraten, die der Abhängigkeit integrierender Sachen von der Gesamtsache wohl weitgehend im Ergebnis, nicht aber in ihren strukturellen Voraussetzungen entspricht. Während nämlich dort die Abhängigkeit Folge der Inkorporation der Einzelache in ein höheres Ganzes und die Einflußnahme des Rechts der Gesamtsache auf die integrierende Teilsache eine der Wirkungen ist, die sich innerhalb einer integrativen

---

[17] Das gilt insbesondere für das *Pfandrecht.* Zwar ließ sich die gesetzliche Einbeziehung der Pertinenzen in die immobiliarhypothekarische Haftung auch als präsumptive gegenständliche Erweiterung des Verpfändungsvertrages anstatt als eine auf die objektive Zweckbindung der Pertinenz an die Hauptsache gegründete Erweiterung des Pfandobjekts begreifen. Jene Interpretation hätte aber nur dann nahegelegen, wenn ausschließlich die im Verpfändungszeitpunkt vorhandenen Pertinenzen von der Mithaftung betroffen gewesen wären. Eine solche Beschränkung war jedoch nirgends vorgesehen. Im Gegenteil bestimmte das ALR ausdrücklich, daß auch spätere Zugänge von Pertinenzen der Mithaftung unterlagen (I 20 § 446). Auch CC und ABGB wurden in diesem Sinne ausgelegt, vgl. für das *rheinisch-französische Recht: Puchelt* I § 13 S. 26; für das *österreichische: Unger* I 446; *Krainz-Pfaff* I § 270 Anm. 3; *Ehrenzweig* I 2, § 166 V; anders (für das Pfandrecht an Fahrnispertinenzen) nur *E. Demelius,* Pfandrecht, 178. Unter diesen Umständen hätte sich eine willenstheoretische Deutung der Pertinentialverhaftung nur unter Zuhilfenahme der Konstruktion einer (gesetzlich vermuteten) Verfügung über künftige Sachen aufrecht erhalten lassen. Dagegen ließ sie sich zwanglos erklären, wenn man sie rechtsobjektiv als Teilnahme der jeweiligen Pertinenzen am Pfandrechtsstatus der Hauptsache begriff. Anders freilich *Unger* a.a.O., der auch hier bei der willenstheoretischen Konzeption bleibt, die dabei an sich notwendige Hilfskonstruktion einer Verfügung über künftige Sachen aber vermeidet, indem er die Verpfändung einer Sachgesamtheit annimmt, während z. B. *Demelius* die Pfandhaftung künftiger (Mobiliar-)Pertinenzen gerade an jener Schwierigkeit scheitern läßt.

Einheit in vertikaler Richtung und mit Notwendigkeit vollziehen, treten hier zwei für sich bestehende, keiner höheren Einheit angehörige Rechtsobjekte unter Beibehaltung ihrer Vereinzelung kontingent dadurch in sachenrechtliche Beziehungen miteinander, daß der Rechtskreis der einen (der Hauptsache) über dessen eigentliches Substrat hinaus horizontal auf die andere erstreckt wird und deren Rechtskreis mitbestimmt, soweit nicht besondere Rechte daran entgegenstehen, oder soweit diese gegenüber dem von der Hauptsache ausgehenden ausnahmsweise zurücktreten[18]. Allerdings haben die Naturrechtsgesetzbücher bzw. deren Exegeten den Konflikt zwischen dem die Pertinenzen mitergreifenden Recht an der Hauptsache und einem damit unvereinbaren besonderen Recht an der Pertinenz — ein Konflikt, der der Konkurrenz zwischen dem Recht am (zweitstufig integrierenden) Bestandteil und dem Recht an der Gesamtsache entspricht — z. T. von vornherein zu vermeiden gesucht, indem sie die Identität der Eigentümer von Haupt- und Nebensache zum Tatbestandsmerkmal des Pertinenzbegriffs erhoben haben[19]. Dieser Umweg der Problemlösung über den Pertinentialtatbestand (anstatt über die Rechtslagebestimmung der Pertinenz) war notwendig, solange man noch nicht entdeckt hatte, daß der Konflikt zwischen konkurrierenden Rechten an ein und demselben sachenrechtsfähigen Gegenstand, von denen das eine aus dessen eigenem, das andere aus einem fremden, ihm übergeordneten Rechtskreis stammt, durch Anwendung des Subsidiaritätsprinzips sich auf eine sachgerechtere Weise

[18] *Gierke*, DtPrR II § 105 III hat dagegen das aus Hauptsache und Zubehör zusammengesetze Sachganze als „einheitliches Rechtsobjekt" angesehen und damit die funktionelle Einheit von Hauptsache und Zubehör als Integrat qualifiziert. Das ist zutreffend, wenn man im Pertinentialinstitut, so wie es von den Naturrechtskodifikationen geprägt worden ist, die Überlieferung oder Wiederherstellung jener alten deutschrechtlichen Einrichtung sieht, in der auch ungleichartige funktionell auf einander bezogene Gegenstände als gleichstufige Glieder eine sachenrechtsfähige Einheit bildeten. Diese, für die Germanistik des 19. Jahrhunderts charakteristische Betrachtungsweise übersieht jedoch die der romanistischen Tradition verhaftete Konzeption jener Gesetzbücher, die das Zubehörverhältnis eben nicht koordinativ, sondern subordinativ nach dem Modell *res principalis — res accessoria* konstruiert und die daraus zusammengesetzte funktionelle Einheit nicht zum Gegenstand eines einheitlichen Eigentums gemacht haben. Vgl. auch die Einleitung Anm. 4.

[19] Vgl. ALR, I 2 §§ 60, 108; *Zeiller*, ABGB § 294, Anm. 3; *Krainz* I § 95, 2; *Burckhard* II § 68, Anm. 5 (der es allerdings genügen läßt, daß die widmende und die verfügende Person identisch sind); *Ehrenzweig* I 2 § 165 II 2. Anders dagegen *Stubenrauch* I 614; *Unger* I 443 bei Anm. 19; *Schiffner* I § 78 Anm. 15.

lösen ließ, eine Entdeckung, die erst gegen Ende des 19. Jh. *Kohler*[20] gemacht hat[21].

b) Das Pandektenrecht

α) Die Pandektistik hat die durch die Naturrechtsgesetzgebung herbeigeführte sachenrechtliche Verknüpfung von Instrumentalsache und Hauptsache nicht übernommen, vielmehr bis gegen Ende des 19. Jahrhunderts an der römischen Überlieferung grundsätzlich festgehalten. Wohl hat auch sie den gemeinrechtlichen Begriff der Pertinenz aus dem Usus modernus rezipiert und ihm auch, wie die Naturrechtsgesetzbücher, insoweit einen sachenrechtlichen Inhalt gegeben, als nun nicht mehr die (ggfs. zu vermutende) willkürliche Einbeziehung in das jeweilige Verfügungsgeschäft, sondern

---

[20] In seiner Abhandlung über die Lehre von den Pertinenzen in DogmJb 26 (1888), 1 ff. (76 ff.), ebenso dann *Regelsberger*, Pandekten § 102 III A 2, sowie *Gierke*, DtPrR II § 105 III. Hierbei konnte *Kohler* freilich an Gedanken anknüpfen, mit denen die Lehre von der Sachgesamtheit bei der Bestimmung des Verhältnisses zwischen dem Recht an der Gliedsache und dem Recht an der Sachgesamtheit operiert hatte (vgl. die in Teil I, Anm. 205 zitierten gemeinrechtlichen Autoren, später dann *Gierke* a.a.O. § 104 II). Denn auch dort konnten ja konkurrierende Rechte an ein und demselben Gegenstand (der Gliedsache) bestehen; der Unterschied bestand allein darin, daß dort der Gegenstand mit dem doppelten Rechtsstatus integrierendes Glied jenes anderen, höherstufigen Gegenstandes war, an dessen Recht er teilnahm, während die Pertinenz dem konkurrierenden Recht eines ihr fremden Gegenstandes folgen mußte. Anders freilich *Gierke* a.a.O. § 105 III, der auch das aus Hauptsache und Zubehör zusammengesetzte Sachganze als „ein einheitliches Rechtsobjekt" ansah (vgl. hier Anm. 18).

[21] Beide Wege führten zum gleichen Ziel. So wie unter Anwendung des Subsidiaritätsprinzips die hypothekarische Haftung der Fremdpertinenz ausgeschlossen gewesen wäre, weil das auf die Pertinenz mit zu erstreckende Hauptsachenpfandrecht vor dem ihm gegenüber fremden (weil von dem Mutterrecht dieses Pfandrechts verschiedenen), besonderen Eigentum hätte zurücktreten müssen, kam dort die Mithaftung schon mangels Tatbestand nicht in Betracht. Die Parallelität der Ergebnisse blieb übrigens auch dann bestehen, wenn man, wie es zum Teil in Österreich geschehen (vgl. u. Anm. 61), einen gutgläubigen Erwerb der Pertinentialhaftung zulassen wollte. Während sich hier der gute Glaube auf die Pertinentialeigenschaft bezog, hätte er von der Basis des Subsidiäritätsprinzips aus die Sonderrechtsfreiheit der Pertinenz zum Gegenstand gehabt. Selbst dort ließ sich noch das gleiche Ergebnis erzielen, wo man, wie im gemeinen Recht, die Pertinentialbindung nur willenstheoretisch wirken ließ (vgl. unten bγ). Wollte man hier einen gutgläubigen Erwerb zulassen, wie es die bayrische Spruchpraxis getan hat (vgl. u. bei Anm. 61 und 62), so mußte sich der gute Glaube eben auf die Verfügungsbefugnis oder das Pertinentialeigentum des Verfügenden beziehen.

die objektive Sachbeziehung die Pertinentialität begründete. Doch hat sie seinen gegenständlichen Anwendungsbereich nun auf die nach römischem Recht integrierenden (Neben-) Sachen beschränkt[22]. In der Frühpandektistik war er überhaupt mit dem Begriff der (nach unserem Verständnis) nomologisch integrierenden Nebensache des römischen Rechts kongruent und neben der „Accession“ einziger hierfür gebräuchlicher Terminus[23].

---

[22] Zum *Pertinenz*begriff der Pandektistik vgl. vor allem die im Lit. Vz. II 6 und im Quellenregister genannten diesbezüglichen Abhandlungen von *Gesterding* (1818), *Funke* (1827), *Heyne* (1847) und *Kohler* (1888), ferner die eingehenderen Äußerungen zum Thema bei *Wächter*, Erörterungen (1845), 36 ff., und *Göppert*, Org. Erzeugnisse (1869), 55 ff., sowie in den Partikularrechtslehrbüchern von *Wächter* (1842), II § 41, und *Unger* (1856), I §§ 53 und 55, und in den Pandekten von *Kierulff* (1839), § 13 E 3 (S. 330 ff.); *Sintenis* (1844, 3. Aufl. 1869), I § 41,3; *Regelsberger* (1893), § 102 III (S. 378 ff.); *Dernburg* (5. Aufl. 1896), I § 77 (S. 178 ff.); *Windscheid-Kipp* (1906), I § 143 (S. 708 ff.). — Auch in fast allen anderen Pandektenlehrbüchern (mit Ausnahme nur von *Hufeland* und *Vangerow*) wird die Lehre von der Pertinenz behandelt, wenn auch teilweise (vor allem in den älteren) nur kursorisch, so bei: *Thibaut* (1803), I §§ 156, 157; *Schweppe* (1814), I § 191; *Mackeldey* (1814), I § 153; *Wening-Ingenheim* (1822), I § 78 (§ 120); *Mühlenbruch* (1825), II § 226; *Seuffert* (1825), § 64; *Puchta*, Pandekten (1838), § 37; *ders.*, Vorlesungen (1838), § 37; *Göschen* (1838), I § 80; *Roßhirt* (1840), II § 210; *Böcking* (1843, 2. Aufl. 1853) I § 81a; *Arndts* (1852), § 54; *Keller* (1861) § 46; *Brinz* (1871, 2. Aufl. von *Lotmar* 1892), IV § 549,1 aa; *Baron* (1872), § 44; *Bekker* (1886), I § 74; *Wendt* (1888), § 34; *Hölder* (1891), § 35. — Dagegen haben die Lehrbücher zum gemeinen deutschen Privatrecht zum Teil am weiten Pertinenzbegriff des Usus modernus festgehalten, vgl. *Maurenbrecher* (1832), I §§ 185—187; *Roth* (1880), I § 81 II; *Gierke*, II (1905), § 105 — im romanistischen Sinne einschränkend dagegen *Gerber* (1848), I § 59; *Beseler* (1853), I § 78β, und *Stobbe* (1871), I § 65 —, und insoweit auch die durch die Naturrechtsgesetzbücher herbeigeführte sachenrechtliche Verknüpfung von Instrumentalsache und Hauptsache für das gemeine deutsche Recht in Anspruch genommen. Allerdings ist bei den älteren der begriffliche Unterschied zwischen sachenrechtlich und willenstheoretisch begründeter Teilnahme der Pertinenz am Recht der Hauptsache noch nicht scharf erfaßt.

[23] So in den in voriger Anmerkung genannten Pandektenlehrbüchern von *Thibaut*, *Hufeland*, *Schweppe*, *Mackeldey*, *Wening-Ingenheim*, *Seuffert* und *Göschen*, also durchweg bis in das 3. Jahrzehnt (vgl. auch u. bei Anm. 283 bis 289), in der Rechtsprechung mindestens bis zur Jahrhundertmitte (vgl. u. bei Anm. 301 bis 305). In den jüngeren Auflagen der erwähnten Lehrbücher ist die Unterscheidung zwischen integrierendem Teil und Pertinenz zum Teil eingeführt worden. Auch die ältere Literatur zu den Naturrechtskodifikationen hat bezeichnenderweise den darin bereits vorausgesetzten Unterschied zwischen Bestandteil und Pertinenz ignoriert, so z. B. *Winiwarter* (1832) und *Bornemann* (1834), vgl. die Zitate in Anm. 8, 9 und 290.

Soweit nicht beide Begriffe überhaupt synonym verwendet wurden, unterschieden sie sich nicht ihrem Gegenstande nach, sondern bloß funktionell, indem man die Nebensachen *sub specie dispositionis* als Pertinenzen, *sub specie acquisitionis* als Accessionen bezeichnete. Aber auch später, als man den Begriff der Pertinenz zu dem nach besonderen, im Laufe der Zeit wechselnden Merkmalen bestimmten Begriff des „integrierenden Teils" in Gegensatz brachte[24] und nun beide Begriffe nicht mehr bloß funktionell, sondern auch gegenständlich unterschied, reichte sein Anwendungsbereich über den des klassisch integrierenden Bestandes nicht hinaus, so daß die Instrumentalsachen nach wie vor grundsätzlich davon ausgeschlossen blieben[25]. Zwar war man nun eher geneigt, als die Quellen solches nahelegten, bei Verfügungen über die Hauptsache den Parteiwillen im Sinne einer Einbeziehung des Instruments auszulegen, indem man eine das Grundstück und das Instrument umgreifenden Collektivbezeichnung genügen ließ, um dessen Einbeziehung in das Hauptsachengeschäft zu präsumieren; das galt vor allem für das Gewerbeinventar (*instrumentum negotii;* also z. B. durch die Bezeichnung „Fabrik" und dergleichen)[26]. Doch blieb der Zusammenhang von Hauptsache und Instrument nach wie vor außerhalb des Sachenrechts, und blieb die nun bereitwilliger unterstellte Verknüpfung bei Rechtsgeschäften eine solche von Hauptsache und Instrument als Ganzem, anstatt eine solche zwischen Hauptsache und den einzelnen Instrumentalsachen zu werden. Ein auf der Hauptsache lastendes Pfandrecht wurde daher weder auf das Instrument noch auf die einzelnen Instrumentalsachen erstreckt, blieb vielmehr auf die Hauptsache selbst beschränkt. Zwar konnten Hauptsache und Instrument gleichzeitig verpfändet werden. Doch blieben die an Hauptsache und Instrument begründeten Pfandrechte verschiedene rechtliche Individuen; vor allem war das Pfandrecht am Instrument nie Immobiliar-, sondern stets Mobiliarpfandrecht, ein Unterschied, der zunehmend wichtig wurde, seitdem die

---

[24] So in der übrigen in Anm. 22 genannten Literatur, also etwa ab dem zweiten Jahrhundertviertel, wenn man *Gesterding* einerseits, *Winiwarter, Bornemann* und *Göschen* andererseits außer Betracht läßt, in der Rechtsprechung vereinzelt seit der Jahrhundertmitte, allgemein etwa seit 1870. Näheres vgl. unten unter 2a und II 3.

[25] Vgl. hierzu Anm. 42.

[26] Vgl. das Pandektenlehrbuch von *Schweppe* (1814), I § 191 (S. 444) und die Partikularrechtslehrbücher von *Wächter* (1842), II 253 (Anm. 24) und *Unger* (1856), I 452; ferner OLG *Braunschweig* v. 4. 3. 1881 (SeuffArch 36 Nr. 256 [S. 389]).

Partikulargesetzgebung dazu überging, die Immobiliarpfandverwertung besonderen Regeln zu unterwerfen[27].

Was von den Pertinenzen des Usus modernus aus dem restriktiv verstandenen Pertinenzbegriff der Pandektistik ausschied, wurde nun vielfach als „gewillkürte" Pertinenzen bezeichnet und als solches den eigentlichen als „gesetzlichen" Pertinenzen gegenübergestellt. Die Instrumentalsachen waren danach (allenfalls) gewillkürte Pertinenzen. Erst sehr spät und zögernd wurden auch sie in den Bestand der gesetzlichen Pertinenzen (z. T. sogar in den integrierenden Bestand) aufgenommen — eine Entwicklung, die im folgenden darzustellen ist.

β) Der aus den römischen Quellen abgeleitete Grundsatz, daß die einzelnen Instrumentalsachen mit der Hauptsache in keiner Weise rechtlich verbunden sind, und daß nur das Instrument als Ganzes als Gegenstand mutmaßlicher Einbeziehung in Verfügungen über die Hauptsache in Frage kommt, wurde zunächst von gewissen Ausnahmen durchbrochen, die aber bald an Umfang und Bedeutung gewannen und gegen Ende des Jahrhunderts jenen Grundsatz soweit ausgehöhlt hatten, daß jedenfalls bezüglich des gewerblichen Inventars der gemeinrechtliche Zustand dem partikularrechtlichen, durch die Naturrechtskodifikationen begründeten weitgehend angenähert worden war. Diese Ausnahmen bestanden darin, daß jener Grundsatz auf bestimmte Instrumentalsachen nicht mehr angewendet wurde, indem diese aus ihrem instrumentalen Zusammenhang gelöst und als „integrierende" Bestandteile oder als Pertinenzen in unmittelbare Beziehung zur Hauptsache versetzt wurden. Von dieser Überführung aus dem instrumentalen in den integrierenden oder den pertinentialen Bestand wurden nach und nach alle die Sachen betroffen, deren Verbindung mit der Hauptsache zwar bestimmte, im römischen Recht integrationsspezifische Merkmale aufwies, ohne jedoch in den römischen Quellen als integrierende Sachen behandelt zu werden, sei es daß sie dort überhaupt noch nicht vorkamen, sei es daß sie als bloße Instrumental- oder Suppellectilsachen galten.

αα) Ein solches integrationsspezifisches Merkmal war einmal dort gegeben, wo die Instrumentalsache in eine so innige körperliche Verbindung mit der Hauptsache gebracht worden war, daß jene sich ohne Zerstörung, erhebliche Beschädigung oder wesentliche Veränderung von Haupt- oder Nebensache nicht wieder davon trennen ließ. Denn hier wies die Verbindung Merkmale auf, die sowohl für die erst-

[27] Nämlich die später im Text erwähnten Hypothekengesetze (vgl. u. 1 c *α*).

stufigen als auch für gewisse zweitstufige Integrate (nämlich die nicht herstellenden zweitstufigen Gebäudeintegrate) des klassischen Rechts charakteristisch waren[28]. Freilich hatte das römische Recht weder für die erststufige noch für die nicht herstellende zweitstufige (Gebäude-)Integration einen allgemeinen juristischen Voraussetzungstatbestand gekannt (das *„uno spiritu contineri"* des *Pomponius* war nur ein philosophisches Gleichnis gewesen), vielmehr nur konkrete Fallgruppen, die sich als erststufige oder zweitstufige Integrationen im Rechtssinne qualifizieren ließen[29]. Wohl hatten zu letzteren auch einige mit dem Gebäude untrennbar verbundene Inventarstücke gehört (und waren damit schon im klassischen Recht aus dem Instrument, dem sie sonst angehört hätten, ausgegliedert worden)[30]. Doch waren dies seltene Fälle, die überdies nirgend Stücke von Geschäfts- oder Gewerbeinventar betrafen; vielmehr gehörte dieses ausnahmslos zum Instrument. Dieser überkommene Rechtszustand wurde nun in der Pandektistik dadurch fortentwickelt, daß man die untrennbare körperliche Verbindung, die bislang bloß ein für alle erststufigen und für einige nicht herstellende zweitstufige Gebäude-Integrationen charakteristisches *Merkmal* war, nun zu einem *allgemeinen Tatbestand* erststufiger Integration erhob. Dabei hatte man vor allem die Einbeziehung der von den Quellen casuell nicht erfaßten untrennbaren Gebäudeverbindungen im Auge[31]. Das führte zum Ergebnis, daß eine Anzahl von an

[28] In allen Fällen, in denen eine Verbindung von durch ihre Gestalt individualisierten Sachen sich nach klassischem Recht als erststufige Integration darstellte, und ebenso bei der nicht herstellenden, zweitstufig integrierenden Inädifikation, war wenigstens die verbundene Nebensache ohne Zerstörung, Beschädigung oder wesentliche Veränderung nicht wieder lösbar. Bei den beweglichen erststufigen Integraten (*statua, textura* etc.) wurde auch der um das Trennstück verringerte Restbestand zum Torso und damit in seinem Wesen verändert, im Gegensatz zu dem herstellenden Bestand der zweitstufigen Integrate (wie Gebäude oder Schiff), deren herstellende Teile von vornherein auswechselbar waren, so daß die Ergänzung abgetrennter Teile stets möglich und eigentlich nichts anderes als eine partielle Wiederholung des Herstellungsprozesses war.

[29] Vgl. oben Hauptteil A I 3b β, II 1b. 2c, IV 1b.

[30] Nämlich die *scrinia, armaria, pegmata, specularia adfixa* (D. 33. 7. 12. 25), vgl. oben Haupteil A bei Anm. 101 und 102.

[31] Das zeigt sich darin, daß man sich zur Begründung für die Verallgemeinerung, die untrennbare Verbindung als solche habe integrierende Kraft, stets auf die Quellen zu den nicht herstellenden Gebäudeverbindungen, und nie auf die Quellenbeispiele für die erststufigen Integrate berief, deren Rechtsstatus doch nun für alle untrennbaren Verbindungen maßgeblich sein sollte.

sich zum (meist gewerblichen) Instrument gehörigen Sachen aus ihrem instrumentalen Zusammenhang gelöst und statt dessen in eine unmittelbare, noch dazu in die engst mögliche, Beziehung zur Hauptsache (dem Gebäude) versetzt wurden, oder anders gewendet, daß eine weitere Gruppe von Sachverbindungen in die Klasse der (erststufigen) Integrate aufgenommen wurde.

Träger dieser Entwicklung, die im dritten Jahrzehnt des 19. Jahrhunderts mit *Funke*[32] einsetzt, war zunächst allein die Wissenschaft[33]. Erst in der zweiten Jahrhunderthälfte wird sie auch in der Spruchpraxis sichtbar[34], an deren notwendig fallbezogenen, schrittweise differenzierenden Entscheidungen sich der Prozeß dann besonders gut verfolgen läßt. Diese war bei der Bejahung einer in diesem Sinne untrennbaren Verbindung zunächst sehr zurückhaltend[35]. Selbst die Einmauerung einer Maschine, deren Lösung

---

[32] S. 43, 87 f.

[33] Vgl. außer *Funke* a.a.O.: *Mühlenbruch* (3. Aufl. 1836), II § 226, Anm. 5; *Wächter*, Hdb. II S. 256; *Sintenis* § 41 IV 1c bei Anm. 20 (S. 425); *Heyne* S. 910. In der zweiten Jahrhunderthälfte dann vor allem *Unger* I 458 Anm. 79; *Brinz*, I § 146 I 1 (2. Aufl. bei Anm. 7); *Kohler*, DogmJb 26 (1888), 38 Anm. 82; *Regelsberger*, S. 392; *Biermann*, Superficies solo cedit, DogmJb 34 (1895), 206 ff., von denen die beiden letztgenannten allerdings schon einen verwandelten, funktionellen Untrennbarkeitsbegriff verwenden, vgl. dazu sogleich im Text und Anm. 36. Kritisch dagegen *Göppert*, Gesamtsachen 85, und *Bechmann*, Eigentumserwerb 42.

[34] Die älteste mir bekannt gewordene Gerichtsentscheidung, die von der Zugehörigkeit untrennbar verbundenen Inventars zum integrierenden Bestand ausgeht, ist ein Urteil des OAG *Rostock* v. 11. 7. 1856 (SeuffArch 17, Nr. 207, S. 327). Zur gleichen Zeit beginnt auch die Gesetzgebung damit, verbundenes industrielles Inventar in das Fabrikgrundstück zu integrieren, vgl. *Zürich*, PG (1853/55), § 482 und *Bayern*, BGB-Entwurf (1861), I Art. 145 II aE (siehe dazu unten Anm. 164 und 166). Hier wird sogar auf das Erfordernis der Untrennbarkeit verzichtet.

[35] Sowohl vom OAG *Rostock* in seiner soeben erwähnten als auch in der Mehrzahl der späteren Entscheidungen wird die Bestandteilseigenschaft in casu verneint, vgl. die Entscheidungen des OAG *Dresden* v. 1. 11. 1856 (ZRpflVw 16, 266), OAG *Cassel* aus dem Jahre 1860 (SeuffArch 18, 8 [15]: Wohnungsinventar), OAG *München* v. 29. 4. 1871 (770/70, SeuffArch 29, 5 [7]: Mühleninventar) und v. 2. 5. 1871 (2/71, SeuffArch 29, 6 [8]: Maschinen einer Kattundruckerei), BayObLG v. 29. 11. 1880 (I 11/80, BayObLGZ 8, 632 = SeuffBl 46, 134 [137]: Mühleninventar), OLG *Braunschweig* v. 4. 3. 1881 (SeuffArch 36, 256 [389]: Dampfmaschine), RG v. 24. 4. 1883 (III 476/72, RGZ 9, 169: Blocksägemaschine einer Sägemühle), OLG *Rostock* v. 20. 4. 1887 (SeuffArch 44, 164 [264]: Kreissäge eines Sägewerks), RG v. 29. 11. 1892 (III 192/92, SeuffArch 48, 170 [265]: Vollgatter), BayObLG v. 4. 2. 1898 (I 160/98, BayObLGZ 17, 20 = SeuffBl 63, 194: Vollgatter einer Schneidmühle). Auch die landrechtliche Judikatur, die inzwischen gleichfalls von der Zugehörigkeit untrennbar verbundenen Inventars zum erststufig integrierenden Bestand ausging, obgleich es nach dem theoretischen Ausgangspunkt des ALR wegen

auch bei Unschädlichkeit für diese selbst doch stets zu einem unter Umständen erheblichen Eingriff in die Bausubstanz führen mußte, wurde nicht als untrennbare Verbindung anerkannt; vermutlich hätte dazu die Standfestigkeit des Gebäudes selbst auf dem Spiel stehen müssen, ein Fall, der offenbar genausowenig praktisch geworden ist, wie eine drohende Beschädigung der Maschine. Ein praktisch sich auswirkender Wandel trat erst dadurch ein, daß man allmählich nicht nur baustatische, sondern auch wirtschaftlich-funktionelle Lösungshindernisse als integrationsbegründend anerkannte und Bestandteilseigenschaft auch dann annahm, wenn das Inventar zum herstellenden Bestande des Fabrikgebäudes als solchen gehörte, sofern es nur irgendwie (wenn auch lösbar) mechanisch (durch Verschraubung) oder chemisch (durch Zementierung) mit dem Grundstück körperlich verbunden war[36], und daß man bei schweren Maschinen, die zu ihrer Standfestigkeit keiner Verankerung bedurften, am Ende sogar die bloße

seines nicht herstellenden Charakters an sich nicht Substanzteil, sondern nur Zubehör war, hat in den ihren Entscheidungen zugrunde liegenden Fällen Integralität zunächst durchweg verneint, vgl. OT *Berlin* v. 14. 11. 1864 (Striethorst 55, 287: Inventar einer Gutsbrennerei), RG v. 29. 11. 1884 (V 112/84, Bolze 1, 110: Zimmeröfen), v. 26. 10. 1885 (IV 179/85, Gruchot 30, 846: Maschinen), v. 7. 2. 1894 (V 273/93, Gruchot 38, 932: Maschinen), v. 21. 12. 1895 (V 198/95, Gruchot 40, 891: Maschinen), v. 20. 8. 1898 (V 67/98, JW 1898, 371 Nr. 74: Mühleninventar), v. 8. 5. 1899 (VI 72/99, JW 1899, 400: Webstühle). — Die erste mir bekannte Entscheidung, die Integralität von Inventar wegen untrennbarer körperlicher Verbindung bejaht hat, ist die des OLG *Hamburg* v. 17. 1. 1891 (HansGerZ 1891, Civ. Abt. Nr. 117); ebenso dann RG v. 18. 3. 1897 (VI 406/96, SeuffArch 53, 3 [3]: Tischlereimaschinen auf eingemauerten Fundamenten), und vorher, mit Anklängen an den funktionellen Bestandteilsbegriff (s. sogleich im Text) OLG *Celle* v. 28. 9. 1894 (I U 117/94, SeuffArch 50, 157 [264]: Privatgleis) in einem Falle, wo zwei Jahre später das RG jedoch nur Pertinentialität annahm, eine Qualifikation, die dort allerdings zur Rechtsfolgenerstreckung genügte, vgl. RG v. 19. 5. 1896 (III 33/96, Seuff Arch 52, 2 [2]).

36 Die Tendenz, beim maschinellen Inventar den Integrationsgrund der substantiell untrennbaren Verbindung durch den der herstellenden zu ersetzen, tritt allerdings zunächst nicht in der gemeinrechtlichen, sondern in der landrechtlichen Judikatur in Erscheinung, vgl. OT *Berlin* v. 12. 5. 1873 (569 I/3066, mitgeteilt in der nachfolgend zitierten RG-Entscheidung), RG v. 24. 6. 1880 (IV 505/80, RGZ 2, 251), v. 26. 10. 1885 (IV 179/85, Gruchot 30, 846), v. 24. 3. 1887 (IV 346/86, JW 1887, 211 Nr. 23), v. 22. 10. 1890 (V 134/90, RGZ 26, 343), v. 2. 7. 1894 (V 273/93, Gruchot 38, 932), v. 7. 12. 1895 (V 175/95, RGZ 36, 261), v. 27. 2. 1897 (V 291/96, JW 1897, 214 Nr. 38), v. 29. 5. 1899 (VI 94/99, JW 1899, 449 Nr. 49), unter Billigung der landrechtlichen Literatur, vgl. *Dernburg*, PreußPrivR I § 236 Anm. 3; *Förster-Eccius* I § 21, 7 b Anm. 34 und III § 176 Anm. 40; *Koch*, ALR I 2 § 6 Anm. 8; ebenso die österreichische Jurisprudenz, vgl. die Nachweise bei *Ehrenzweig* I 2 §§ 164 I, 165 III. Die gemeinrechtliche Spruch-

Schwerkraft als Verbindungsmoment genügen ließ[37]. Der Umfang des herstellenden Bestandes richtete sich nun nach den produktionstechnischen Erfordernissen des jeweiligen Betriebes und umfaßte den Teil der Ausrüstung, der das Gebäude als Produktionsstätte gerade dieses Gewerbezweiges charakterisierte. Das bedeutete aber, daß die Integration des maschinellen Inventars in Wahrheit überhaupt nicht mehr auf der Untrennbarkeit seiner Verbindung, d. h. der Gefahr substantieller Zerstörung oder Beschädigung im Falle der Trennung, sondern auf der spezifizierenden, das Fabrikgebäude als neue Gesamtsache herstellenden Kraft der Verbindung beruhte.

Mit der Vorstellung, eine Maschine könne überhaupt zum herstellenden Bestande eines Gebäudes gehören, war freilich ein weiterer Ausgangspunkt des klassischen Rechts, das bei der Qualifikation von Inädifikaten als herstellenden und daher integrierenden Sachen von einem einheitlichen Gebäudebegriff ausging, unmerklich verlassen, der klassische Idealtypus des Gebäudes schlechthin durch eine Mehrzahl von funktionell differenzierten Gebäudetypen ersetzt worden. Die Konkretisierungstendenz, die sich hier bei der Bestimmung des Gesamtsachentypus Gebäude zeigt, läßt eine Funktionalisierung des Sachbegriffs erkennen, die für dessen dogmengeschichtliche Entwicklung nun überhaupt charakteristisch wird. Sie findet ihre Parallele in der Konkretisierung des Hauptsachentypus bei der Pertinenzierung des Inven-

---

praxis hat sich dieser Entwicklung zunächst entgegengestellt, vgl. BayObLG v. 29. 11. 1880 (I 11/1880, BayObLGZ 8, 632 = SeuffBl 46, 134), später aber, wenn auch mit Vorbehalten, nachgegeben, vgl. RG v. 18. 3. 1897 (VI 406/96, SeuffArch 53, 3 [3]), während die Theorie sich ihr sofort ohne Zögern angeschlossen hatte, vgl. *Kohler*, DogmJb 26 (1888), 36; *Regelsberger*, Pandekten (1893), I 392 Anm. 27; *Biermann*, DogmJb 34 (1895), 205 ff. Ansätze zu dieser Entwicklung finden sich übrigens schon bei *Wächter*, Hdb. II 256, und *Unger* I 458 Anm. 79, die das „laufende Geschirr" in den Mühlen nicht nur zu den Pertinenzen, sondern zu den Bestandteilen rechnen. Auch das *Zürcher* PG, das in § 482 die mit einer Fabrik usw. „verbundenen Maschinenwerke und Getriebe" als Bestandteile behandelt, ist zu erwähnen, wenngleich dort nicht nur auf das Erfordernis der Untrennbarkeit, sondern auch auf das der Notwendigkeit zur Herstellung des Fabrikgebäudes verzichtet wird. Daß es in der Rechtsprechung gerade die landrechtliche gewesen ist, die in der Montage industrieller Ausrüstung eine Herstellung des Fabrikgebäudes gesehen und die montierten Maschinen damit zu dessen Bestandteilen erklärt hat, ist bezeichnend. Es deutet darauf hin, daß der weitere, naturrechtlich geprägte Eigentums- und Sachbegriff des ALR die konkrete unternehmensrechtliche Bestimmung des Gesamtsachentypus „Gebäude" erleichtert hat.

[37] Vgl. RG v. 21. 12. 1895 (V 198/95, Gruchot 40, 891), vorbereitet in RG v. 7. 2. 1894 (V 273/93, Gruchot 38, 932).

tars, von der sogleich die Rede sein wird[38] [39]. Ein weiterer Unterschied zu den Grundsätzen des klassischen Rechts zeigt sich darin, daß die nun als herstellend qualifizierte Verbindung der Maschine mit dem Fabrikgrundstück ein nicht nur zweitstufiges, sondern erststufiges Integrat entstehen läßt. Auch diese Entwicklung steht in Zusammenhang mit der weiter unten darzustellenden[40] Verwandlung des Gebäudes schlechthin von einem zweitstufigen

---

[38] Vgl. u. β β.

[39] Wie dort bei der Zweckbestimmung der Hauptsache nicht mehr auf die in ihr selbst liegenden, jeder spezielleren Zweckwidmung vorgegebenen Verwendungsmöglichkeiten, sondern eben auf jenen konkreteren Zweck abgestellt wird, dem der jeweilige Besitzer sie gerade gewidmet hat, so wird hier bei der Integritätsbestimmung des Gebäudes als Sachganzen nicht mehr allein darauf gesehen, was ohne Rücksicht auf die Art und Weise seiner in concreto vorgesehenen Verwendung zum notwendigen Bestande von Gebäuden schlechthin gehört, sondern zugleich darauf, was zur Vollendung eines gerade zu jenem besonderen Verwendungszweck errichteten Gebäudes erforderlich ist. Freilich wurde damit die gerade vollzogene Differenzierung des Nebensachenbestandes in Bestandteil und Zubehör wieder in Frage gestellt oder jedenfalls die Abgrenzung beider Gegenstandsgruppen verschwommen. Denn diese Unterscheidung ließ sich nach einer nicht auf die Pertinentialbestimmung beschränkten, sondern auch die Integritätsbestimmung ergreifenden Einführung konkret-funktioneller Kriterien nur aufrechterhalten, wenn man bei der Qualifikation rechtsobjektiver Zusammenhänge zwischen allgemein betriebsbezogenen, d. h. produktionstechnischen, und auf die Einzelsache für sich bezogenen, d. h. konstruktionstechnischen Erfordernissen unterschied, und jene wohl für das Zubehörverhältnis, nicht aber für die Bestandteilseigenschaft genügen ließ, hier also auf die konstruktionstechnisch begründete Notwendigkeit des Zusammenhangs abstellte. Man hätte danach bei der Subsumtion maschinellen Inventars unter den Bestandteils- oder den Zubehörgriff differenzieren müssen: bei den *Gebäuden* zwischen solchen, die von vornherein zur Montage bestimmter Anlagen errichtet und in ihrem Bauprogramm speziell darauf zugeschnitten sind, und sonstigen Fabrikgebäuden, deren Architektur nicht ausschließlich den Bedürfnissen eines bestimmten Produktionsverfahrens angepaßt ist, sondern die sich zur Aufnahme verschiedenartiger Maschinenanlagen eignen, — bei der *Ausrüstung* zwischen derjenigen, deren Entfernung die bautechnisch in einer bestimmten Richtung festgelegte Verwendung des Gebäudes unmöglich macht (Bestandteile), und der übrigen, die für das Gewerbe nicht spezifisch ist oder in einem Betriebsgebäude Verwendung findet, das seinerseits unspezifisch ist und sich ebenso gut für den Betrieb eines anderen Gewerbes einrichten ließe (Zubehör). Diese notwendige Unterscheidung zu treffen, konnte jedoch der spätgemeinrechtlichen Jurisprudenz in der Kürze der Zeit, die ihr bis zum Inkrafttreten von BGB und ZGB verblieb, nicht mehr gelingen. Erst die Zivilrechtsdogmatik unseres Jahrhunderts hat, nach anfänglich fortwirkender Unklarheit, die Aufgabe schließlich im erörterten Sinne lösen können, vgl. die Nachweise bei *Staudinger-Coing* § 93 Randn. 12c und *Enneccerus-Nipperdey*, Allg. Teil d. Bürg. R. I 1, § 125 II 1 b und 2 b γ und δ.

[40] Vgl. unten unter 2 c (insbesondere β und δ zu Beginn).

zu einem erststufigen Integrat, und damit auch der „klassischen“ Gebäudebestandteile, die (anders als das verbundene Inventar) bereits nach römischem Recht zu den integrierenden Teilen gehörten (wie Steine, Gebälk, Dach usw.), von zweitstufig integrierenden in erststufig integrierende Teile.

ββ) Außer den untrennbaren oder herstellenden Inädifikationen des Inventarstücks kam als ein Merkmal zweitstufiger Integration die Widmung zu beständigem Gebrauch der Hauptsache in Betracht. Wir hatten zwar gesehen, daß der prinzipielle Anwendungsbereich dieses Integrationstatbestandes aus den Quellen nicht eindeutig zu entnehmen war[41]. Doch lagen diese Bedenken außerhalb des Blickfelds der Pandektistik und hinderten sie nicht, die *appositio ad usum perpetuum* ebenso wie die untrennbare Verbindung als einen selbständigen Integrationsgrund zu behandeln. Allerdings blieben die Auswirkungen dieses Vorgehens so lange gering, als man den Begriff des *perpetuus usus* im klassischen Sinne interpretierte und nur denjenigen Gebrauch als ständig ansah, der sich aus der Beschaffenheit der Hauptsache selbst für jeden Benutzer ohne Rücksicht auf den jeweiligen Zweck ergab, dem der gegenwärtige Besitzer Haupt- und Nebensache zusammen gewidmet hatte, und der bloßen *usus praesens* begründete. Sie wurde erst erheblich, wenn man dazu überging, jenen allgemeinen, einem jeden Benutzer vorgegebenen Zweck der Hauptsache nach dem konkreten wirtschaftlichen Zweck zu bestimmen, dem der gegenwärtige Besitzer sie gewidmet hatte, die besondere unternehmerische Zweckwidmung der Hauptsache also in deren allgemeine Bestimmung eingehen ließ, und so Betriebszweck und Gebäudenutzen identifizierte. Dadurch wurde die klassische Grenze zwischen *usus perpetuus* und *usus praesens* zugunsten des *usus perpetuus* verschoben mit der Folge, daß die von dieser Grenzverschiebung betroffenen, an sich ja nur dem *usus praesens* der Hauptsache gewidmeten Instrumentalsachen zu Pertinenzen wurden. Eine vollständige Identifikation des Grundstückszwecks mit dem Betriebszweck mußte freilich im Ergebnis dazu führen, daß der Unterschied von *usus perpetuus* und *usus praesens* überhaupt hinfällig wurde und das gesamte Instrument als dem *perpetuus usus* der Hauptsache dienlich anzusehen war.

Mit der Identifikation von Betriebszweck und Gebäudezweck war der Weg vorgezeichnet, den die gemeinrechtliche Jurisprudenz beschreiten konnte, wenn sie den gemeinrechtlichen Pertinenzbegriff in seinem gegenständlichen Anwendungsbereich dem partikularrechtlichen angleichen wollte. Sie

[41] Vgl. oben Hauptteil A unter II 2 c *β ββ* bei Anm. 125 ff.

hat ihn denn auch wirklich eingeschlagen, wenn auch zögernd und ohne ihn zu Ende zu gehen, vor allem aber ohne die Neuheit des Horizontes ganz zu erkennen, der sich für eine an der körperlichen Einzelsache orientierte Sachenrechtsdogmatik auftun mußte, wenn sie zur Qualifikation von Sachbeziehungen auf unternehmensrechtliche Momente zurückgriff und damit einen ersten Schritt tat, den Unternehmensbegriff in das Sachenrecht zu rezipieren.

Schrittmacher für die Rezeption des weiteren, naturrechtlichen Pertinenzbegriffs in das gemeine Recht war hier die Spruchpraxis[42], fast ausschließlich betroffener Gegenstandsbereich das Gewerbeinventar[43]. Die

---

[42] Mit Ausnahme von *Heyne*, der schon 1847 ohne Erfolg dafür eingetreten ist, nach „heutigem römischem Recht" wenigstens das Gutsinventar zu pertinenzieren, weil es in Deutschland nicht vom Bewirtschafter mitgeführt werde, sondern beim Gute bleibe (S. 907 ff.), und der ebenfalls resonanzlos gebliebenen Äußerung *Dernburgs*, daß die *„zum Betrieb notwendigen Geräte"* einer Fabrik oder Brauerei deren Pertinenzen bildeten (so in seiner 1860 erschienenen Pfandrechtsmonographie, I 435), hat die Pandektenwissenschaft sich bis zu *Kohlers* 1888 erschienener Abhandlung über die Pertinenzen gegen die Pertinenzierung der Instrumentalsachen als mit dem römischen Recht unvereinbar gewehrt. Sie argumentierte mit dem klassischen Verständnis des Unterschieds von *usus perpetuus* und *usus praesens* (vgl. D. 19. 1. 17. 7) und der daraus resultierenden Unterscheidung zwischen dem eigentlichen (für die Pertinentialität relevanten) Zweck der Hauptsache selbst, nach dem sich sowohl der Umfang des notwendigen (= herstellenden) Bestandes (der labeonianischen *perfectio rei*, vgl. D. 50. 16.245) als auch des fortwährend nützlichen (D. 19. 1. 17. 7) bestimmen sollte, und den weiteren möglichen (hierfür irrelevanten) Zwecken, denen Haupt- und Nebensache gemeinsam dienten, und denen daher auch die Hauptsache als nicht mehr selber zwecksetzend untergeordnet war. Allerdings wurde die körperliche Verbindung des Inventarstücks mit dem Gebäude vereinzelt als Merkmal, häufiger wenigstens als Indiz dafür angesehen, daß es dem beständigen Nutzen der Hauptsache (des Gebäudes) diente (vgl. dazu sogleich im Text und Anm. 44). Auch die an sich dem ABGB verpflichtete österreichische Jurisprudenz ging unter pandektistischem Einfluß zum Teil von diesem restriktiven Pertinenzbegriff aus, vgl. o. Anm. 13.

[43] Beim *instrumentum fundi* hat auch sie durchweg an der herkömmlichen Behandlung festgehalten, vgl. die bei *Kohler*, DogmJb 26 (1888), 147 ff. zitierten Entscheidungen der OAG *Dresden* von 1837 (?) (ZRpflVw 4, 166 ff., 171 ff.); OAG *Rostock* v. 22. 9. 1862 (Buchka-Budde 5, 58 ff.); OAG *München* v. 2. 5. 1871 (SeuffArch 29, 6 [8]); OAG *Oldenburg* (1879) (SeuffArch 37, 286 [389]); OLG *Darmstadt* v. 11. 5. 1880 (SeuffArch 37, 89 [136]); OLG *Braunschweig* v. 26. 2. und 4. 3. 1881 (SeuffArch 36, 256 [388 f.]); anders offenbar nur die frühe Entscheidung des OAG *Wolfenbüttel* v. 3. 4. 1849 (SeuffArch 22, 158 [241 f.]). Daß das Gutsinventar von der Pertinenzierungsbewegung, die sich bezüglich des Gewerbeinventars in der gemeinrechtlichen Spruchpraxis beobachten läßt, nicht berührt wurde, mag daran liegen, daß sich hier keine Differenzierungsmerkmale anboten, an die eine schritt-

ersten Versuche, einzelne Inventarstücke aus ihrem instrumentalen Zusammenhang zu lösen und unter dem Gesichtspunkt des *perpetuus usus* pertinentiell an die Hauptsache zu binden, lehnen sich noch an die aus dem Usus modernus stammende Vorstellung an, daß Pertinenz eines Hauses im Zweifel alles dasjenige sei, was „niet- und nagelfest" damit verbunden sei[44]. Man glaubte also zunächst, aus dem körperlichen Verhältnis zwischen Gebäude und Inventarstück Anhaltspunkte für eine unternehmensmäßige Bestimmung des Gebäudezwecks gewinnen und aus einer festen, wenn auch nicht gerade untrennbaren[45] körperlichen Verbindung den Schluß ziehen zu können, daß das Inventarstück dem Nutzen des Gebäudes selbst und nicht nur dem seines gegenwärtigen Besitzers und seines Gewerbes gewidmet sei[46]. Der Schluß von der Festigkeit der Verbindung auf ihre Dauerhaftigkeit und von dort weiter auf ihre Zweckdienlichkeit für das Gebäude selbst erwies sich jedoch als fragwürdig. Er ging implicit von einer Prämisse aus, deren Gültigkeit noch nicht anerkannt war, der Prämisse nämlich, daß zur Konkretisierung des Gebäudezwecks die vom jeweiligen Besitzer vorgenommene äußerlich erkennbare Widmung des Gebäudes zu einem bestimmten Betriebszweck genüge. Außerdem erhob er in der Körperlichkeit

---

weise Pertinenzierung hätte anknüpfen können, und man sich angesichts des hier besonders reichhaltigen Quellenbestandes scheute, das Instrument mit den Pertinenzen zu identifizieren.

[44] Vgl. oben Anm. 12.

[45] Denn nach den obigen Ausführungen (vgl. *αα*) hätte die untrennbare Verbindung ja sogar Bestandteilseigenschaft begründet, eine Konsequenz, die jedoch von den älteren Vertretern jener Theorie der integrierenden Kraft untrennbarer Verbindung meist übersehen wurde; das mochte damit zusammenhängen, daß die Unterscheidung zwischen integrierendem Teil und Pertinenz in der älteren Pandektistik auch bei prinzipieller Anerkennung ihrer Notwendigkeit noch nicht folgerichtig durchgeführt wurde. Klar dagegen schon *Mühlenbruch* II § 226 Anm. 5; *Wächter* II 256; *Sintenis* I 431 bei Anm. 45; *Unger* I 458 Anm. 79.

[46] So ein Teil vor allem der älteren *Literatur*, wo die körperliche Verbindung von einigen sogar als pertinentialitätsbegründend, von anderen wenigstens als pertinentialitätsindizierend betrachtet wurde. Im ersteren Sinne z. B. (jeweils an den in Anm. 22 genannten Stellen) *Thibaut*, *Wening-Ingenheim* (unter D), *Göschen*, *Roßhirt*, *Böcking*, *Sintenis* (S. 431 bei Anm. 45), und für das österreichische Recht *Krainz* I § 94; im letzteren Sinne *Seuffert* aaO., *Heyne* (S. 909 f.), *Dernburg* (S. 180 Anm. 12), *Bekker* (unter *β*). Aus der *Rechtsprechung* ist hier eine Entscheidung des OAG *Rostock* vom 18. 5. 1844 (SeuffArch 7, 286 [335 ff.]: Brennerei-Inventar im Konkurs des Betriebsinhabers) zu erwähnen, wo die körperliche Verbindung als Indiz behandelt wird; allerdings wird die Pertinentialität in dieser Entscheidung auch noch auf andere Gründe gestützt, wie auf die Realität der Betriebskonzession und die Notwendigkeit des Inventars *„zur Perfektion desselben"* (Fabrikgebäudes).

der Verbindung ein physikalisches Merkmal zum Kriterium, das für die Beurteilung der Zweckdienlichkeit als einer funktionellen Eigenschaft untauglich war. Die Auffassung, Körperlichkeit der Verbindung könne als solche Pertinentialität begründen oder auch nur indizieren, konnte sich daher nicht durchsetzen[47]. Spätere Versuche, das Inventar dem Pertinentialbestand einzuverleiben, knüpften infolgedessen auch nicht mehr an das bloß symptomatische körperliche Verhältnis zwischen Haupt- und Nebensache an, sondern suchten das Kriterium für die Pertinentialität des Inventars unmittelbar aus unternehmensspezifischen Eigenschaften der Hauptsache selbst abzuleiten. Dabei wurden an den unternehmensspezifischen Charakter des Gebäudes erst strenge, dann ständig geringere Anforderungen gestellt. Ausgangspunkt blieb zunächst der Grundsatz, daß das gewerbliche Inventar nicht den Zwekken des Betriebsgrundstücks, sondern zusammen mit diesem der gewerblichen Tätigkeit und damit den persönlichen Zwecken des Besitzers diente[48]. Eine Identifikation von Betriebszweck und Gebäudezweck wurde zuerst nur dort vorgenommen und Pertinentialität des Inventars mithin nur dort anerkannt, wo die Gewerbeausübung aus tatsächlichen[49] oder rechtlichen[50] Grün-

---

[47] Dagegen offenbar schon die in der Entscheidung des OLG *Braunschweig* v. 4. 3. 1881 (SeuffArch 36, 256 [388 f.]) zitierten Entscheidungen des LG *Wolfenbüttel* v. 30. 10. 1832 und 5. 9. 1833 (vgl. aaO S. 389), ferner wenigstens implicit sämtliche in den folgenden Anmerkungen zitierten Entscheidungen, ausdrücklich OAG *Dresden* von 1855 (ZRpflVw 15, 181) und v. 1. 11. 1856 (ZRpflVw 16, 262), OLG *Darmstadt* v. 11. 5. 1880 (SeuffArch 37, 89 [136]). Desgleichen die Mehrzahl der Pandektisten, so z. B. schon an den in Anm. 22 bezeichneten Stellen *Schweppe, Funke* (77 ff.), und *Mühlenbruch* (Anm. 5), ferner *Puchta, Kierulff* (331 ff.), *Wächter* (255), *Unger* (459), *Arndts, Keller, Windscheid, Brinz, Baron, Kohler* (32), *Regelsberger* (391).

[48] Vgl. die in der vorigen Anmerkung zitierten Entscheidungen, außerdem die des OAG *München* v. 2. 5. 1871 (2/71, SeuffArch 29, 6 [8]), OLG *Oldenburg* von 1879 (SeuffArch 37, 286 [389]) und OLG *Braunschweig* v. 4. 3. 1881 (SeuffArch 36, 256 [388]). Ebenso, bis auf *Kohler* und *Regelsberger*, die gesamte Pandektenliteratur.

[49] Wo die benutzte Energiequelle nicht an beliebigem Orte zur Verfügung stand, wie z. B. bei Mühlen, vgl. die Entscheidungen des OAG *Dresden* von 1852 (ZRpflVw 11, 288) und v. 18. 5. 1866 (ZRpflVw 29, 244), OAG *München* v. 29. 4. 1871 (770/70, SeuffArch 29, 5 [7]), BayObLG v. 29. 11. 1880 (I 11/80, BayObLGZ 8, 632 = SeuffBl 46, 134) und v. 24. 10. 1889 (I 71/89, BayObLGZ 12, 422 = SeuffArch 45, 73 [130]), OLG *Rostock* v. 20. 4. 1887 (SeuffArch 44, 164 [264]); oder weil die zu gewinnenden Bodenbestandteile (Kies) an eine bestimmte Lagerstätte gebunden waren, vgl. RG v. 18. 5. 1896 (III 33/96, SeuffArch 52, 2 [2]).

[50] Bei Realgewerbeberechtigungen, vgl. OAG *Rostock* v. 18. 5. 1844 (SeuffArch 7, 286 [335]), OLG *Braunschweig* v. 26. 2. und 4. 3. 1881 (SeuffArch 36, 256 [389]),

den ortsgebunden oder auf ein Betriebsgrundstück angewiesen war, dessen bauliche Ausstattung durch die spezifischen Bedürfnisse des jeweiligen Gewerbezweiges unverwechselbar geprägt wurde und gegenüber dem Inventar den hauptsächlichen Anlagewert des Betriebes darstellte[51]. Und auch unter diesen Voraussetzungen wurde nur das betriebsspezifische Inventar, d. h. dasjenige pertinenziert, das erforderlich war, um das Betriebsgrundstück zum Betriebe gerade dieses Gewerbes herzurichten[52 53]. Später ließ man es dann genügen, daß das Gebäude nach seiner baulichen Gestaltung die ausschließliche Bestimmung und Eignung für einen ganz bestimmten Betriebszweck erkennen ließ und die fraglichen Inventarstücke (Maschinen) zu denjenigen gehörten, die gerade für diese Betriebsart spezifisch waren; dabei kam es auf das Wertverhältnis zwischen der immobiliaren und der mobiliaren Ausstattung schon nicht mehr an[54]. Immerhin mußten aber Gebäude und Inventarstück noch von vornherein und individuell füreinander bestimmt sein. Schließlich sah man vereinzelt auch von diesem Erfordernis ab und verlangte nur noch, daß das Betriebsgebäude zu irgendeinem gewerblichen Zweck bestimmt und ausschließlich zu gewerblicher Nutzung geeignet war, und das Inventar dem jeweils darin betriebenen Gewerbezweig diente[55]. Dabei erkannte man

---

BayObLG v. 24. 10. 1889 (SeuffArch 45, 73 [131]), aus der Literatur *Mühlenbruch* II § 226 bei Anm. 8 (S. 29) und *Heyne* 912, dagegen aber noch ausdrücklich *Funke* 35.

[51] Mit u. a. dieser Begründung wird durch das Urteil des OAG *München* v. 2. 5. 1871 (2/71, SeuffArch 29, 6 [8]) die Pertinentialität von Maschinen einer Kattundruckerei verneint.

[52] Dieser letzte Gesichtspunkt wird auch schon in der Entscheidung des OAG *Rostock* v. 18. 5. 1844 zur Sprache gebracht (vgl. SeuffArch 7, 286 [335]), vgl. ferner OAG *München* v. 29. 4. 1871 (SeuffArch 29,5 [7]).

[53] Unter diesen, in den letzten Sätzen des Textes umschriebenen, strengen Voraussetzungen hielt auch die Pandektenliteratur *perpetuus usus* für gegeben, vgl. außer den in Anm. 50 Genannten *Funke* 47 und *Sintenis* I § 41 Anm. 52, sowie *Wächter* II 256 und *Unger* I 458 Anm. 79, die beide bezüglich des *„laufenden Geschirrs"* in den Mühlen sogar Bestandteilseigenschaft annehmen.

[54] Vgl. RG v. 2. 12. 1887 (III 114/87, RGZ 20, 204) und BayObLG v. 24. 10. 1889 (I 71/89, BayObLGZ 12, 422 = SeuffArch 45, 73 [130]), wo Pertinentialität aus diesem Grunde bejaht, dagegen RG v. 4. 12. und 15. 12. 1891 (III 184/91, SeuffArch 47, 181 [264]), wo sie verneint wird, weil es an der Konkretheit der Zweckbeziehung fehle.

[55] So sinngemäß als erster wohl *Dernburg*, der in seiner Pfandrechtsmonographie (1860) ohne weitere Einschränkungen zu machen *„die zum Betrieb erforderlichen Geräte"* einer Fabrik zu deren (d. h. also des Fabrikgebäudes) Pertinenzen erklärt

nun und gab es auch zu, daß das Betriebsgrundstück nur noch rechtstechnischer Anknüpfungspunkt für Pertinentialbindung war und der die Pertinentialität begründende funktionelle Zusammenhang nicht durch das als Hauptsache figurierende Betriebsgrundstück, sondern durch den Betriebszweck hergestellt wurde, dem *beide*, Hauptsache *und* Pertinenz gleichermaßen gewidmet waren[56]. Von dort aus war es nur noch ein kleiner Schritt,

---

(I 435, vgl. o. Anm. 42), allerdings eine Begründung für diese Erweiterung des herkömmlichen gemeinrechtlichen Pertinenzbegriffs schuldig bleibt. Merkwürdigerweise bleibt jedoch sein Vorstoß ohne Echo und auch er selbst kommt in seinem Pandektenlehrbuch nicht mehr darauf zurück, setzt sich vielmehr durch seine spätere Kritik an *Kohler* sogar in Widerspruch dazu (vgl. 5. Aufl. 1896, § 77, 1 Anm. 2). Die nächste Stimme, die sich für eine so weitgehende Pertinenzierung des gewerblichen Inventars aussprach, war anscheinend die durch den Cassationssenat des OAG *Oldenburg* (SeuffArch 37, 286 [389 ff.]) im Jahre 1879 aufgehobene Vorentscheidung des dortigen Appellationsgerichts. Bahnbrechend in dieser Richtung wurde erst die (offensichtlich rechtskräftig gewordene) Entscheidung des OLG *Kiel* v. 16. 1. 1885 (II U 212/84, SeuffArch 40, 178 [265]) und daran anknüpfend die grundlegenden Ausführungen *Kohlers* in seiner 1888 erschienenen Abhandlung über die Lehre von den Pertinenzen (DogmJb 26, 1 ff. [117, 120 f.]). Ihnen hat sich *Regelsberger* (1893) (S. 390 bei Anm. 22) angeschlossen. Auch die spätere Rechtsprechung schlug nun diese Richtung ein, wenn sie auch — und zwar in unterschiedlichem Maße — hinter der Kieler Entscheidung zurückblieb (vgl. die Zitate der vorigen Anmerkung; interessant vor allem die differenzierende Stellungnahme des BayObLG). Im österreichischen Rechtsgebiet gehören hierher *Krainz* I § 94; *Ehrenzweig* I 2 § 165 III.

[56] So die in der vorigen Anmerkung genannte Entscheidung des OLG *Kiel* und, mit ausführlicher Begründung, *Kohler* 149 ff., gegen OAG *München* v. 2. 5. 1871 (2/71, SeuffArch 29, 6 [8]) und OAG *Oldenburg* von 1879 (SeuffArch 37, 286 [389]), sowie die gesamte bisherige Pandektistik, welche Pertinentialität noch gerade deswegen verneint, weil das Gewerbeinventar nicht dem Gewerbegrundstück, sondern beide zusammen einem dritten Zweck, nämlich dem des gewerblichen Unternehmens (oder vielmehr dessen Inhaber) diene. Von den nach *Kohlers* Abhandlung erschienenen bzw. neuaufgelegten Pandektenlehrbüchern hat außer *Regelsberger*, der sich *Kohler* und der neuen Rechtsprechung anschloß (vgl. vorige Anmerkung), nur noch *Lotmar* in seiner Bearbeitung der Pandekten von *Brinz* (2. Aufl. 1892, IV § 549, Anm. 11) und *Dernburg* (vgl. die 5. Aufl. seiner Pandekten, 1896, I § 77,1 Anm. 2, dazu u. Anm. 66), und zwar die beiden letzteren beiläufig ablehnend, dazu Stellung genommen, während *Windscheid* sich auf die Darstellung des überlieferten Rechtszustandes und das Zitat von *Kohlers* Abhandlung sowie der neueren Rechtsprechung beschränkt hat, ohne auf die zwischen ihnen bestehenden Gegensätze einzugehen (vgl. ab 7. Aufl. 1891, I § 143 Anm. 6). Daß die Pertinenzierung der Instrumentalsachen dem klassischen Recht widersprach, war einerseits offensichtlich und wurde auch von *Kohler* und *Regelsberger* nicht beschönigt. Andererseits ließ das vor der Vollendung stehende BGB, das sich im großen und ganzen für die Pertinentialregelung in den Naturrechtskodifikationen

auf jegliches unternehmensspezifische Merkmal (also auch auf das Erfordernis einer ausschließlich gewerblichen Nutzbarkeit des Betriebsgebäudes) zu verzichten und in allen Fällen den Grundstückszweck nach dem Betriebszweck zu bestimmen, sowie die Pertinentialität des Inventars auch außerhalb gewerblicher Unternehmen anzuerkennen[57]. Diesen Schritt haben dann BGB und ZGB getan und damit schließlich den durch die Naturrechtsgesetzbücher erreichten Stand vollständig eingeholt[58].

γ) Die rechtliche Behandlung der durch die gemeinrechtliche Jurisprudenz pertinenzierten Instrumentalsachen war dieselbe wie die der „eigentlichen" Pertinenzen des gemeinen Rechts, d. h. derjenigen nach klassischem Recht (zweitstufig) integrierenden Sachen, die bei der Differenzierung des gesamten nomologisch integrierenden Bestandes in sogenannte „integrierende Teile" und Pertinenzen diesen letzteren zugewiesen worden waren[59]. Sie entsprach insoweit derjenigen des Zubehörs in den Naturrechtsgesetzbüchern[60], als auch die gemeinrechtlichen Pertinenzen mit der Hauptsache zwar keine integrierende Einheit bildeten[61], ihren Rechtsstatus aber in gewisser Hinsicht von dem der Hauptsache ableiteten. Allerdings war die Abhängigkeit der Pertinenz von der Hauptsache — und darin liegt ein Unterschied zum partikularrechtlichen Zustand — im gemeinen Recht schwächer ausgeprägt als dort. Sie beschränkte sich auf die Teilnahme der Pertinenz an den die Hauptsache betreffenden Rechtsgeschäften und wurde — auch bei sachenrechtlichen Verfügungen — trotz des nun ausschließlich durch sachenrecht-

---

und gegen das römische Recht entschied, die Problembehandlung nach heutigem römischem Recht nicht mehr so dringlich erscheinen. Die eigentliche Diskussion über den Pertinenzbegriff wurde nun eben nicht mehr de lege lata, sondern de lege ferenda geführt, und hier war man sich über die Überlegenheit der landrechtlichen Regelung gegenüber der römischen grundsätzlich einig; vgl. dazu die Verhandlungen des 20. Deutschen Juristentages von 1889, wo *Max Hachenburg* und *Kohler* über das Thema „Ist die im Entwurfe eines BGB angenommene Behandlung der Pertinenzen zu billigen oder ist eine Änderung derselben wünschenswert?" referierten (Bd. III, 122 ff., 145 ff.).

57 Vor allem also beim landwirtschaftlichen Betrieb. Dies letztere hat — nach *Heyne* (vgl. Anm. 42) — *Kohler* erstmalig wieder gefordert (DogmJb 26 [1888], 117), und auch hierin ist *Regelsberger* (§ 102 III D) ihm gefolgt. Ebenso freilich schon die in Anmerkung 41 zitierte, frühe Entscheidung des OAG *Wolfenbüttel* v. 3. 4. 1849 (SeuffArch 22, 158 [241]).

58 Vgl. unten c β.

59 Vgl. unten 2a.

60 Vgl. oben 1a β.

61 Vgl. auch unten 2a.

liche Kriterien bestimmten Pertinentialtatbestandes nur auf den präsumptiven Willen des Verfügenden gegründet[62]. Diese auf die präsumptive Einbeziehung in das Hauptsachengeschäft beschränkte Aufnahme der Pertinenz in den Rechtskreis der Hauptsache, und ihr völliger Ausschluß von der Teilnahme an deren materiellem Rechtsstatus (einer Teilnahme, die in den Naturrechtskodifikationen wenigstens partiell vorgesehen war), führte zu dem von jenen Gesetzbüchern abweichenden Ergebnis, daß grundsätzlich nur der bei der jeweiligen Disposition gerade vorhandene Pertinentialbestand von der Rechtsfolgenerstrekkung betroffen wurde, während spätere Zugänge davon frei blieben. Die Einbeziehung auch der späteren Pertinenzen war nur möglich, indem man die präsumptive Verfügung zugleich als Verfügung über den Zuerwerb begriff. Hiervor schreckte man jedoch zunächst zurück, und zwar sowohl bei der Verfügung im allgemeinen[63] als auch bei der Verpfändung im besonderen[64], wo der unterschiedliche dogmatische Ansatz von Naturrechtskodifikationen und gemeinem Recht wiederum die größte praktische Bedeutung erlangte. Erst später entschloß man sich dazu, wenn auch zunächst unter Beschränkung auf die voraussehbaren, notwendigen Ergänzungen abgehender Stücke[65]. Auch hier kam man erst gegen Ende des Jahrhunderts zu einer vollständigen Angleichung des gemeinrechtlichen Zustandes an den landrechtlichen, indem man bei der Einbeziehung der Pertinenz in den Rechtskreis der Hauptsache nicht mehr an den Verfügungsakt, sondern unmittel-

---

62 Das war bis zu *Kohler* einhellige Meinung. In der nur präsumptiven Einbeziehung der Pertinenz in das Hauptsachengeschäft im Gegensatz zur unmittelbar auf den integralen Zusammenhang gegründeten Teilnahme des „integrierenden" Teils an der Gesamtsache wurde gerade der spezifische Unterschied im Rechtsstatus von Pertinenzen und integrierenden Teilen gesehen, vgl. besonders deutlich *Wächter*, Hdb. II §§ 40, 41; *ders.*, Erörterungen I 36 ff.; *Heyne* 914; OAG *Rostock* v. 11. 7. 1856 (SeuffArch 17, 207 [328]); RG 24. 4. 1883 (III 476/82, RGZ 9, 170). Zu *Kohler* und der späten Pandektistik vgl. u. Anm. 66.

63 Vgl. *Unger* I 444 ff.

64 Vgl. *Unger* I 446 (unter Berufung auf D. 20. 1. 16 pr und 13. 7. 18. 1). Anders war es nur dort, wo die neuen Hypothekengesetze eine „gesetzliche" Pertinenzierung vorsahen, wie z. B. in Bayern. Hier gründete man die Unterwerfung der Pertinenz unter das Hauptsachenpfandrecht auf „das Gesetz" und interpretierte es extensiv im Sinne einer Einbeziehung auch künftiger Pertinenzen, vgl. die in Anm. 70 genannte Rechtsprechung und Literatur. Anders als die Pandektistik auch die Kodifikationen und deren Auslegung, vgl. o. Anm. 17.

65 So z. B. *Dernburg*, PfandR I 436. Für Verfügungen schlechthin das *sächsische* BGB, § 66.

bar an den materiellen Status der Hauptsache anknüpfte und damit die bloß momentane Verknüpfung in eine perpetuierende verwandelte[66].

Ein weiterer Unterschied zwischen dem landrechtlichen und dem gemeinrechtlichen Pertinenzrecht, der sich gleichfalls aus der nicht sachenrechtlichen, sondern bloß willenstheoretischen Konzeption der Rechtsfolgenerstreckung erklären läßt, besteht darin, daß die Eigentümeridentität zwischen Hauptsache und Nebensache nicht stets zum Tatbestandserfordernis des Pertinenzbegriffs erhoben wurde[67]. Solange man die Teilnahme der Pertinenz am

---

[66] So für das Hypothekenrecht schon RG v. 2. 12. 1887 (III 114/87, RGZ 20, 204), allgemein und grundsätzlich dann *Kohler* 96 u. ö., der erstmalig nicht nur die Teilnahme des Bestandteils am Recht der Gesamtsache, sondern auch der Pertinenz am Recht der Hauptsache nicht mehr auf den hypothetischen Willen des Verfügenden, sondern unmittelbar auf die reale Zweckbindung gründete, und damit als erster nicht nur die Voraussetzungen, sondern auch die Wirkungen der Pertinentialbindung sachenrechtlich begriff. Der Konzeption *Kohlers* ist von den Späteren freilich nur *Regelsberger* (§ 102 III A 2 [S. 388 oben]) eindeutig und ohne Einschränkung gefolgt, während die Reaktion sonst zwiespältig oder ablehnend war. *Dernburg* referiert über die Rezeption des partikularrechtlichen Pertinentialstatus in das gemeine Recht und die damit vollzogene Abkehr vom römischen Recht, ohne kritisch Stellung zu nehmen (I § 77, 1 Anm. 2). Seine Polemik gegen *Kohlers* Theorie von der Dinglichkeit der Pertinentialbindung (ibid. Anm. 2) scheint nur das klassische Recht zu betreffen; doch ist daran merkwürdig, daß *Dernburg* als Beispiele für die (schlechthin nur präsumptiv der Hauptsache folgenden) Pertinenzen die Instrumentalsachen heranzieht, die nach römischem Recht (auch nach *Kohlers* Auffassung) nicht einmal präsumptiv in das Hauptsachengeschäft einbezogen waren, so daß es nicht ausgeschlossen ist, daß er sich, unter Zugrundelegung des weiten, von ihm selbst schon in seiner Pfandrechtsmonographie verwendeten Pertinenzbegriffs, doch gegen die gemeinrechtliche Konzeption der (dinglichen) Pertinentialbindung bei *Kohler* wenden will. *Windscheid* (I § 143, 9. Aufl. bei Anm. 3) beschränkt die Teilnahme der Pertinenz nach wie vor auf Verfügungen über die Hauptsache; doch können seine Ausführungen in Anm. 3, wo er *Kohler* zitiert, ohne ihm insoweit zu widersprechen, den Eindruck erwecken, als wenn er die Teilnahmenorm, soweit er sie postuliert, nicht mehr als Auslegungsregel, sondern als Dispositivnorm versteht. *Bekker* I § 74 S. 309 ff. (311) scheint bei der Präsumptivtheorie stehen zu bleiben. Eindeutig tun dies *Lotmar* bei *Brinz* IV § 549 a, *Hölder* § 35 (S. 164) sowie RG v. 11. 7. 1891 (VI 100/91, RGZ 28, 146 ff. [148]). Auch die Verfasser des BGB haben am willenstheoretischen Verständnis der Pertinentialfolge festgehalten und die Vorschriften, die eine nicht durch den präsumptiven Willen vermittelte Teilnahme der Pertinenz am Rechtsstatus der Hauptsache vorsahen, pragmatisch als „Ausnahme" betrachtet, ohne das diesen zugrundeliegende Prinzip als sachenrechtliches zu erkennen (vgl. Motive III 65 f., und unten bei Anm. 100).

[67] Vgl. *Heyne* 914; *Sintenis* § 41 Anm. 42; *Unger* I 443 bei Anm. 19; *Dernburg* I, (5. Aufl.) 179; *Bekker* I 313; *Regelsberger* 387; RG 11. 7. 1891 (VI 100/91, RGZ 28, 148). Dagegen allerdings OAG *München* 29. 4. 1871 (770/70, SeuffArch 29, 5

Recht der Hauptsache nicht unmittelbar auf deren objektive Zweckbindung, sondern auf den über die Hauptsache verfügenden Willen gründete, konnte es wegen des grundsätzlichen Ausschlusses gutgläubigen Erwerbs zu einem Konflikt zwischen dem Recht der Hauptsache und dem Recht der Nebensache überhaupt nicht kommen. Man sah sich daher nicht veranlaßt, jenen Konflikt durch Beschränkung des Pertinenzbegriffs auf das Eigenzubehör des Hauptsacheneigentümers auszuschließen, wie im Bereich der Naturrechtskodifikationen in Ermangelung eines geeigneteren Konzeptes, nämlich der Anwendung des Subsidiaritätsgrundsatzes, verfahren werden mußte. Anders wurde es allerdings dann, wenn man dazu überging, den Grundsatz *nemo plus iuris ad alium transferre potest quam ipse habet* durch Zulassung gutgläubigen Erwerbs vom Nichtberechtigten einzuschränken, und damit die Möglichkeit eröffnete, auch Fremdzubehör dem Recht der Hauptsache zu unterwerfen. Hiervon schreckte aber die gemeinrechtliche Rechtssprechung im allgemeinen zurück, und schloß z. B. die hypothekarische Haftung von (unter Eigentumsvorbehalt stehenden) Fremdpertinenzen aus[68]. Nur die bayrischen Gerichte erstreckten das Grundpfandrecht zugunsten eines gutgläubigen Pfandgläubigers auch auf das (wiederum jeweils unter Eigentumsvorbehalt stehende) Fremdzubehör, so daß nun auch Fremdpertinenzen, soweit sie bei der Verpfändung vorhanden waren, zugunsten eines gutgläubigen Pfandgläubigers mitbelastet wurden[69]. Später ging die bayrische Rechtsprechung sogar noch einen Schritt weiter, indem sie die Mithaftung der Fremdpertinenzen direkt aus ihrer Pertinenzeigenschaft herleitete, so daß ein Rekurs auf den guten Glauben des Verfügungsempfängers überflüssig und auch der nach der Verpfändung einverleibte Pertinentialbestand der Pfandhaftung unterworfen wurde[70]. In beiden Fällen ging daher die bayrische Rechtsprechung vom Boden des gemeinen Rechts aus noch über das von den Naturrechtskodifikationen vorgesehene Ausmaß pertinentieller Bindung hinaus; denn diese hatten ja bei Nichtidentität der Eigentümer von Hauptsache und Nebensache die Pertinentialität überhaupt verneint und damit

---

[7]), OLG *Rostock* 20. 4. 1887 (SeuffArch 44, 164 [264]), und eigentümlicherweise *Kohler* 69 ff. (auch 67 Anm. 139).

68 RG v. 24. 3. 1883 (II 476/82, RGZ 9, 170). Zustimmend *Dernburg* I (5. Aufl.) § 77 Anm. 15.

69 OAG *München* v. 29. 4. 1871 aaO. Die Berufung auf das bayerische Hypothekengesetz war nicht zwingend.

70 BayObLG v. 7. 10. 1879 (II 13/79, BayObLGZ 8, 4), 29. 11. 1880 (I 11/80, BayObLGZ 8, 632 = SeuffBl 46, 134), 24. 10. 1889 (I 71/89, BayObLGZ 12, 422 = SeuffArch 45, 73 [130]), 4. 2. 1898 (I 160/98, BayObLGZ 17, 20 = SeuffBl 63, 194).

im Ergebnis das Recht der Nebensache dem Recht der Hauptsache stets vorgehen lassen[71].

c) *Die Gesetzgebung des 19. Jahrhunderts, BGB und ZGB*

α) Die Haltung der Gesetzgebung des 19. Jahrhunderts war in der Beantwortung der Frage, ob und inwieweit die Instrumentalsachen pertinenziert werden sollten[71a] nicht einheitlich. Während die vorpandektistischen, noch im Schatten der Naturrechtskodifikationen ergangenen *Hypothekengesetze Bayerns* (1822)[72] und wohl auch *Württembergs* (1825)[73] das Instrument einer wenigstens fakultativen Immobiliarhypothezierung zugänglich machten[74], haben sich die späteren, schon pandektistisch beeinflußten Hypothe-

---

[71] Allerdings hat man bei der Anwendung der Gesetzbücher die Konsequenz dieses Grundsatzes, die darin bestehen mußte, dem Hauptsacheneigentümer nicht gehörende Nebensachen von der Mithaftung auszuschließen, nur im *preußischen* Rechtsgebiet strikt eingehalten, vgl. dort RG 26. 10. 1885 (IV 179/85, Gruchot 30, 846 ff. [849 f.]), während man in *Österreich* später zum Teil einen gutgläubigen Erwerb des Pfandgläubigers zugelassen hat, vgl. OGH *Wien* v. 7. 4. 1904 (GU N.F. VII 2656); v. 30. 11. 1909 (XII 4806); dagegen noch 20. 1. 1904 (VII 2578). Die Zulassung gutgläubigen Erwerbs ist hier bezüglich des maschinellen Inventars durch Gesetz von 1916 als § 297 a ABGB legalisiert worden.

[71a] Zur Überprüfung von Instrumentalsachen in den *erststufig* integrierenden Bestand durch die Gesetzgebung vgl. unten 2 b *δ γγ*.

[72] Hypothekengesetz vom 1. 6. 1822. Vgl. dazu unter anderem den Kommentar von *Gönner* (1823/24), das (alphabetische) Handbuch des Hypothekenrechts von *Lehner* (1825) s. v. Zugehörungen, sowie die Hypothekenrechts-Lehrbücher von *Lehner* (1838), I § 23, und *Regelsberger* (1874), § 47, ferner *Roth*, BayrCivR (1872), II § 115 II I 2. Bibliographie im Quellenregister.

[73] Pfandgesetz vom 15. 4. 1825. Vgl. dazu unter anderem das Hypothekenrechtslehrbuch von *Römer* (1876), 114 f.; ferner: *Reyscher*, WürttPrivR (1837), § 307 ff.; *Wächter*, Erörterungen (1845), I 36 ff.; *Lang*, WürttSachR (1880), II §§ 166 ff. (S. 149 ff.); Bibliogr. im Quellenregister. Ob hiernach die Instrumentalsachen wirklich möglicher Gegenstand immobiliarhypothekarischer Mitverhaftung waren, war nicht ganz zweifelsfrei, vgl. die folgende Anmerkung.

[74] Beide Gesetze gehen vom überlieferten, engen gemeinrechtlichen Pertinenzbegriff aus, der die Instrumentalsachen an sich nicht enthält, und treffen für die hypothekarische Haftung der so verstandenen Pertinenzen („*gesetzliche*" Pertinenzen) zunächst voneinander abweichende Regelungen. § 33 BayHypG läßt sie grundsätzlich mithaften, Art. 3 WürttPfandG dagegen sagt nur, daß sie „*mitverpfändet werden können*", woraus man überwiegend den Schluß gezogen hat, daß selbst deren Mitverhaftung einer besonderen Erklärung bedürfte, eine grundsätzliche, „*gesetzliche*" Mitverhaftung also nicht stattfinde, vgl. *Reyscher* II § 316; *Wächter* aaO.

kengesetze[75] und vor allem auch die aus der pandektistischen Tradition hervorgegangenen Kodifikationen und Kodifikationsentwürfe zunächst nur schwer und schrittweise von dem gemeinrechtlichen Vorbild lösen können. So lassen es die *Entwürfe* bürgerlicher Gesetzbücher für das Ghzm. *Hessen* (1845)[76] und für das Kgr. *Bayern* (1861)[77] bei dem hergebrachten gemeinrechtlichen Zustand überhaupt bewenden. Dasselbe tut die Mehrzahl der jüngeren Hypothekengesetze[78]. Das erste Gesetzbuch, dem es wenigstens teilweise gelingt, sich von den gemeinrechtlichen Bindungen freizumachen, ist das *Privatrechtsgesetzbuch* (PG) für den Kanton *Zürich* (1853/55)[79]. Während auch dieses beim *instrumentum fundi* noch alles beim alten beläßt[80], tut es beim gewerblichen Inventar bereits einen Schritt darüber hinaus, indem es wenigstens einen Teil davon in den Pertinentialstatus, ja manches sogar in den Status eines integrierenden Teils überführt[81]. Es sind dies diejenigen Einrichtungsstücke *„einer Fabrik, Mühle, Säge, Stampfe usw."*, die eine qualifizierte Beziehung zum Gewerbegrundstück haben, nämlich die mit dem Gebäude *„verbundenen Maschinenwerke und Getriebe"* und *„die darin befindlichen und ihrer Konstruktion nach für das Werk berechneten, wenn auch nicht damit verbundenen Vorrichtungen."* Diese letzteren werden zum Zubehör, die verbundenen Maschinenwerke und Getriebe zum Bestandteil er-

---

40 ff., 44 ff.; *Römer* 114 f.; *Lang* II 164 ff. — § 22 Ziff. 3, § 34 BayHypG lassen dann über die gesetzlichen Pertinenzen hinaus eine willkürliche Mitverhaftung der Instrumentalsachen zu, die im Hypothekenbuch einzutragen ist (*„gewillkürte"* Pertinenzen). Entsprechend hat man zum Teil auch für das WürttPfandG angenommen, daß nicht nur die herkömmlichen *(„gesetzlichen")* Pertinenzen, sondern auch die Instrumentalsachen Gegenstand der Mitverpfändung sein könnten, vgl. *Reyscher* II § 316; *Wächter*, Hdb. II 258; *Lang* II 300 f. Anm. 13; (anders *Römer* 116).

75 Vgl. dazu die Darstellungen bei *Viktor von Meibom*, Deutsches Hypothekenrecht, 9 Bde., Leipzig 1871 ff. Einen Überblick über die verschiedenen Hypothekengesetze der deutschen Staaten des 19. Jh. gibt *Gierke*, DtPrivR II (1905) § 156 IV.

76 II 1 Art. 13 ff.

77 I Art. 149—151.

78 Jedenfalls soweit sie bei *Meibom* erläutert werden. Die Gesetzestexte selbst waren mir nicht zugänglich.

79 §§ 475 ff., in der revidierten Fassung von 1887 §§ 49 ff. (vgl. u. Anm. 92). Ebenso die von ihm beeinflußten ostschweizerischen Kodifikationen des 19. Jh., vgl. das PG *Graubünden* (1862), § 176; *Schaffhausen* (1865), §§ 418, 419, 421, 422; PG *Glarus* (1874), §§ 2—5; PG *Zug* (1875), §§ 140—145. Weitere Hinweise bei *Huber*, III 32 ff.

80 § 476 II.

81 § 482.

klärt, und ihre Einbeziehung in das Recht der Hauptsache zunächst exemplarisch beim Kauf[82] und bei der Grundpfandhaftung[83] normiert. Dem Zürcher folgt das Privatrechtsgesetzbuch für die *baltischen* Provinzen des Zarenreichs (1865), welches gleichfalls das Gutsinventar noch in seinem alten Status beläßt[84], dagegen bei *„Fabriken oder Werkstätten"* nun *„die zum Betriebe erforderlichen Maschinen und Werkzeuge"* schlechthin, also ohne die besonderen Erfordernisse des Zürcher PG, in den Zubehörbegriff aufnimmt, allerdings dann ohne die mit dem Gebäude verbundenen zum Bestandteil zu erheben[85]. Auch wird die Einbeziehung des Zubehörs in das Recht der Hauptsache nicht mehr bloß exemplarisch angeordnet, sondern allgemein in der Weise normiert, daß *„an allen Rechtsverhältnissen, welche die Hauptsache betreffen, ... die zu derselbigen gehörigen Nebensachen von selbst Anteil (nehmen)*[86]. Einen weiteren Schritt auf dem Wege einer vollständigen Pertinenzierung der Instrumentalsachen tut das *Bürgerliche Gesetzbuch* für das Kgr. *Sachsen* (1863). Es beschränkt den Pertinenzbegriff nicht mehr auf das industrielle Inventar, sondern nimmt nun erstmalig alle Instrumentalsachen schlechthin in den Pertinenzbegriff auf und läßt sie als *„Zubehör"* gleichfalls ganz allgemein den Verfügungen über die Hauptsache folgen[87]. Dabei werden auch die künftigen Pertinenzen schon in die Verfügungswirkung einbezogen[88]. Merkwürdigerweise macht es dann aber gerade bei der Hypothekenhaftung, also sozusagen im springenden Punkt, den erreichten Fortschritt wieder rückgängig, indem es diese nicht auf Zubehör schlechthin erstreckt, sondern wiederum auf solche Instrumentalsachen beschränkt, die in einem durch besondere Merkmale qualifizierten Verhältnis zur Hauptsache stehen[89], so daß im Er-

---

[82] § 1398.

[83] § 804.

[84] § 566.

[85] § 573. Wird das Gewerbe in einem Gebäude betrieben, das nicht als *„Fabrik oder Werkstätte"* i. S. der Überschrift des siebenten Abschnittes der vierten Abteilung (*„Von den Zubehörungen"*) anzusprechen ist, ist das Inventar kein Zubehör, wie aus § 562 erhellt, während sich dasselbe im Zürcher PG nur aus dem Fehlen einer dahingehenden und sonst zu erwartenden positiven Anordnung in § 479 i. V. m. § 482 ergibt.

[86] § 549.

[87] §§ 65 ff. Vgl. dazu den Kommentar von *Siebenhaar* (1864), das Lehrbuch von *Siegmann,* sowie *Grützmann,* SächsPrivR (1897), I § 62 (Bibliographie im Quellen-Vz.).

[88] § 66.

[89] Sie mußten *„mit dem Grundstücke so verbunden (sein), daß die Verbindung*

gebnis ein Teil des Gewerbeinventars und das gesamte Gutsinventar von der Mithaftung ausgeschlossen bleiben[90]; dafür unterliegen die mithaftenden Pertinenzen dem Grundpfandrecht allerdings nicht bloß aus vermutetem Parteiwillen, sondern infolge zwingender gesetzlicher Unterwerfung unter den Pfandstatuts der Hauptsache. Eine auf spezifische Instrumentalsachen beschränkte Einbeziehung in die hypothekarische Haftung sehen auch die seit der Jahrhundertmitte ergehenden *Berg-* und *Eisenbahngesetze* bezüglich des Bergwerks- und des Bahninventars vor[91]. Erst die *revidierte* Fassung des PG *Zürich* (1887)[92] und die *Basler Hypothekengesetze* (1882)[93] machen dann wieder alle Instrumentalsachen einer wenigstens fakultativen Immobiliarhypothezierung zugänglich, wie es die Hypothekengesetze Bayerns und Württembergs in den zwanziger Jahren schon getan hatten. Das (soweit ersichtlich) einzige auf gemeinrechtlichen Boden ergangene Gesetz, welches die grundsätzliche immobiliarhypothekarische Haftung des gesamten landwirtschaftlichen und gewerblichen Inventars vorsieht und damit sowohl den Anschluß an den landrechtlichen Zustand findet als auch die im BGB und ZGB verwirklichte Lösung vorwegnimmt, ist eine 1879 erlassene *Novelle* zu den *mecklenburgischen Hypothekengesetzen*[94].

---

ohne Verletzung des Bindemittels, des Grundstücks oder der Zubehörung nicht aufgehoben werden kann", vgl. § 411, der die Hypothekenhaftung des Gewerbeinventars, und § 412 (gleichlautend), der diejenige des Gutsinventars regelte. Diese Voraussetzung war beim Gutsinventar praktisch nie gegeben. Beim Gewerbeintentar sah allerdings § 411 zwei weitere Fälle vor, in denen eine Mithaftung des Zubehörs gegeben war, nämlich „*bei Gewerben, welche eine bewegende Kraft benutzen*, (bezüglich der) *zu deren Erzeugung und Übertragung dienenden Vorrichtungen, und bei Mahl- und Schneidemühlen, bei Stampf-, Poch-, Walz-, und Walkwerken jeder Art überdies* (bezüglich der) *zur Erreichung dieses Zwecks selbst dienenden Vorrichtungen, soweit sie mit der Mühle oder dem Werke in irgendeiner Verbindung stehen*". Die größeren und wertvolleren Stücke des gewerblichen Inventars waren damit immerhin in den Haftungsverband einbezogen. Vgl. hierzu auch die Kommentierung durch *Siebenhaar*, ferner *Siegmann* § 17 und *Grützmann* aaO. § 84.

[90] Irreführend für das sächsische Recht ist insofern dessen Darstellung in den Motiven zum BGB, Bd. III 66.

[91] Vgl. hierzu *Kohler*, DogmJb 26 (1888), 161, 180.

[92] § 52, wobei hier allerdings auch diejenigen Instrumentalsachen in den Status bloß gewillkürter Pertinenzen zurückversetzt werden, die in der älteren Fassung von 1853/55 schon zu den dort allein vorgesehenen „gesetzlichen" Pertinenzen gehörten, wie vor allem das industrielle Inventar.

[93] Näheres bei *Huber*, III 32 ff.

[94] VO vom 3. 5. 1879. Vgl. dazu das Hypothekenrechts-Lehrbuch von *Kühlewein* (1880), 40 (Bibliographie im Quellenregister).

β) Mit dem sächsischen BGB, welches den Pertinenzbegriff auf alle Instrumentalsachen erstreckte, die Pertinentialbindung aber grundsätzlich nicht — wie die Naturrechtsgesetzbücher — unmittelbar vom materiellen Rechtsstatus der Hauptsache, sondern nur von den über diese getroffenen Verfügung ausgehen ließ, und jener Novelle zu den mecklenburgischen Hypothekengesetzen, die für ein begrenztes Rechtsgebiet — das Hypothekenrecht — bei allen Pertinenzen in diesem weiten Sinne die unmittelbare Bindung an den Rechtsstatus der Hauptsache herstellte, hatte die pandektistische Gesetzgebung die äußersten Punkte auf ihrem Wege der Rezeption des landrechtlichen Pertinenzbegriffs erreicht. Es sind zugleich die Positionen, die dann auch die Entwürfe zum *Bürgerlichen Gesetzbuch* für das *Deutsche Reich*, einschließlich der Gesetz gewordenen Fassung (§ 97), sowie das *Schweizer Zivilgesetzbuch* (Art. 644 Abs. 2) bezogen haben. Eine Rückkehr zum römischen Recht stand nicht mehr zur Debatte, nachdem auch die gemeinrechtliche Spruchpraxis im Begriffe war, allmählich das gesamte gewerbliche Inventar zu pertinenzieren und im Hypothekenrecht auch dinglich an die Hauptsache zu binden, und im Schrifttum sogar einer umfassenden dinglichen Verknüpfung der pertinenzierten Instrumentalsachen das Wort geredet wurde. Doch hat man sich andererseits auch nicht dazu durchringen können, den gemeinrechtlichen Grundsatz einer nur präsumptiv-willkürlichen Verknüpfung der Pertinenz mit der Hauptsache zugunsten einer sachenrechtlichen Abhängigkeit des Pertinentialstatus vom Hauptsachenstatus aufzugeben, wie es die Naturrechtsgesetzbücher, am deutlichsten das ALR, bereits getan hatten, und wie *Kohler* es erneut gefordert und theoretisch begründet hatte[95]. Man übernahm zwar die Unterwerfung der Pertinenzen unter das Grundpfandrecht in der in den Naturrechtskodifikationen, dem sächsischen BGB, der mecklenburgischen Novelle und in der jüngeren Spruchpraxis vorgesehenen Weise[96], und führte damit im Bereich des Hypothekenrechts in Wahrheit das sonst verleugnete Prinzip der sachenrechtlichen

---

[95] Zuerst in der Abhandlung über die Lehre von den Pertinenzen (DogmJb 26 [1888], 96 u. ö.), ein Jahr darauf dann in seinem dem 20. Deutschen Juristentag erstatteten Korreferat zum Thema „Ist die im Entwurf eines bürgerlichen Gesetzbuches angenommene Behandlung der Pertinenzen zu billigen oder eine Abänderung derselben wünschenswert, und in welchem Sinne" (Verhandlungen, Bd. III [Berlin 1889] 145). Auch der Hauptreferent zum Thema, *Max Hachenburg*, hatte sich die *Kohler*'sche Konzeption zu eigen gemacht (vgl. aaO. 122 ff. [135 ff.]).

[96] Und zwar ohne die Ermöglichung eines gutgläubigen Pfandrechtserwerbs an Fremdpertinenzen, wie sie die bayerische und ein Teil der österreichischen Praxis sowie die spätere Novelle zum ABGB (§ 297 a) bei Maschinen vorsahen (vgl. o. Anm. 69—71).

Bindung durch[97]. Im übrigen hielt man jedoch an dem pandektistischen Grundsatz einer nur präsumptiv-willkürlichen Einbeziehung der Pertinenzen in das Hauptsachengeschäft fest[98] und blieb dabei sogar in einem Punkte hinter der Regelung des sächsischen BGB zurück, indem man von der vermuteten Einbeziehung der künftigen Pertinenzen absah[99]. Die Unterwerfung

[97] Die Einbeziehung aller Instrumentalsachen in den Zubehörbegriff und die hypothekarische Haftung aller Eigenzubehörsachen in diesem Sinne (also ohne die Verwendung eines engeren hypothekenrechtlichen Zubehörbegriffs nach dem Beispiel des sächsischen BGB), und zwar unter Einschluß künftigen Zubehörs, war schon im ersten Entwurf vorgesehen. Vgl. E I § 1067 Nr. 3 i. V. m. §§ 789, 791, und entsprechend E IIa § 1029, E II b § 1104, E III § 1103, BGB § 1120. Ebenso ZGB Art. 850.

[98] Sowohl die Entwürfe als auch die Gesetz gewordene Fassung normieren allgemein nur die Einbeziehung des Zubehörs in Geschäfte, die die Hauptsache betreffen, und zwar im einzelnen in jeweils etwas unterschiedlicher Weise, vgl. E I § 790 („*Rechtsgeschäfte unter Lebenden*"), § 1859 (Vermächtnis); Art. 644 I ZBG („*Verfügungen*"); BGB § 314 („*Verpflichtungsgeschäfte zur Veräußerung oder Belastung*"), ebenso die Entwürfe ab IIa (vgl. IIa §§ 77 h, i; II b §§ 93, 94; III §§ 93, 94); BGB § 926 (Grundstücksveräußerung), § 1031 (Nießbrauchsbestellung am Grundstück), § 2164 (Vermächtnis). Eine eigentümliche weitere Erscheinungsform der Pertinentialbindung hat das deutsche BGB bei der Liegenschaftsveräußerung und Nießbrauchbestellung durch den bereits erwähnten § 926 ausgebildet (auf den § 1031 verweist), wonach der Eigentumsübergang von Eigenzubehör des Veräußerers, sofern er gewollt ist (was vermutet wird), ohne die normalerweise erforderliche Fahrnisübergabe bereits mit dem Übergang des Grundeigentums stattfindet, das Liegenschaftszubehör insofern also dem Liegenschaftsrecht unterstellt wird. Es hat dabei offenbar einem Einwand *Hachenburgs* (aaO. 136) gegen die mißlichen Folgen der willenstheoretischen Konzeption der Pertinentialbindung begegnen wollen, der auf die daraus folgende Konsequenz hingewiesen hatte, daß der Grundstückserwerber, der Grundstück und Zubehör erst nach dem Eigentumserwerb am Grundstück in Besitz nehme, bezüglich des Zubehörs der Vindikation eines Dritten ausgesetzt sei, der die Zubehörsachen vom Veräußerer in der Zeit zwischen Auflassung und Besitzantritt erworben habe. — Eine umfassendere Unterstellung des Zubehörs unter das Recht der Hauptsache sah dagegen der Gegenentwurf von *Bähr*, § 816, sowie früher — noch für den engeren gemeinrechtlichen Pertinenzbegriff — das baltische Privatrecht (§ 550) vor, indem sie die Pertinenzen den „*Rechtsverhältnissen*" der Hauptsache unterstellten. Diese Formulierung läßt bereits auf eine nicht bloß durch präsumptive Verfügungen vermittelte, sondern unmittelbare Unterstellung der Pertinenz unter den Hauptsachenstatus, und damit auf ein dingliches Verständnis der Pertinentialbindung schließen. Sinngemäß lauteten dann auch die Vorschläge *Hachenburgs* und *Kohlers* („*Rechtlich-erhebliche Vorgänge*" bzw. „*Rechtsschicksale*") vor dem Juristentag (vgl. 20. DJT III, 143 [§ 790] und 151 [§ 790]), die jedoch auch dort auf Widerspruch stießen und in die Resolution nicht aufgenommen wurden.

[99] Vgl. Motive III 66.

aller (und zwar hier auch der künftigen) Pertinenzen unter das auf dem Grundstück lastende oder daran zu begründende Pfandrecht erschien daher vor dem Hintergrund der übrigen, als bloße Auslegungsregel für Rechtsgeschäfte formulierte oder jedenfalls gemeinte Rechtsfolgeregelungen als Ausnahme; und auch diese Ausnahme führte man nicht auf das damit partiell verwirklichte Prinzip der Dinglichkeit der Pertinentialbindung zurück, sondern auf „die Besonderheit des Hypothekenrechts", ohne diese in ihrem dogmatischen Gehalt zutreffend zu erkennen[100].

γ) Auch die *vollstreckungsrechtliche* Pertinenzierung der Instrumentalsachen, die von den Naturrechtskodifikationen allein der CPC[101] vorgenommen hatte, konnte nur langsam an Boden gewinnen. Bis gegen Ende der siebziger Jahre ergehen nur vereinzelt Gesetze, die wenigstens bestimmte Gruppen von Instrumentalsachen in die Immobiliarvollstreckung einbeziehen und zugleich dem separaten Zugriff entziehen, wie etwa bezüglich des Gutsinventars das *österreichische* Hofdekret aus dem Jahre 1826[102] oder das *sächsische Exekutionsgesetz* (1838)[103], bezüglich des Bergwerkszubehörs das *österreichische Berggesetz* (1854)[104], bezüglich des Eisenbahnzubehörs die *Eisenbahngesetze Österreichs* (1874)[105], der *Schweiz* (1874)[106] und des *Deutschen Reichs* (1886)[107]. Zu einer allgemeinen Einbeziehung sämtlicher Instrumentalsachen in die Immobiliarvollstreckung kommt man erst in den *Zwangsvollstreckungsgesetzen*, die in den letzten beiden Jahrzehnten des Jahrhunderts in den deutschen Einzelstaaten und schließlich auch für Österreich und für das Deutsche Reich ergehen. Den Anfang machen die *Subhastationsgesetze* für *Bayern* (1879/86)[108], *Preußen* (1884)[109] und *Sachsen* (1884)[110].

[100] Vgl. Motive III 65 f.

[101] Art. 594, vgl. oben bei Anm. 14.

[102] Und zwar vom 7. 4., vgl. hierzu *Kohler*, DogmJb 26 (1888), 161 mit Nachweisen.

[103] Vom 28. 2., vgl. dort § 53 (zitiert nach *Heyne* S. 907).

[104] § 221, vgl. hierzu *Kohler* aaO. 180, *Burckhard* II § 68 (S. 147).

[105] Vom 18. 5. 1874, §§ 5 und 6, vgl. *Stubenrauch* I § 297 Erl. II 5 Anm. 3 (4. Aufl.), *Kohler*, DogmJb 26 (1888), 181 f.

[106] Bundesgesetz vom 24. 6. 1874, Art. 10, vgl. *Kohler* aaO.

[107] Gesetz betreffend die Unzulässigkeit der Pfändung von Eisenbahnfahrbetriebsmitteln, v. 3. 5. 1886 (RGBl. 131).

[108] Art. 7 und 29.

[109] § 16 I, II.

[110] § 83.

Allerdings ist danach die Unterwerfung des Grundstücksinventars unter die Immobiliarvollstreckung — anders als nach dem CPC und den genannten österreichischen Spezialgesetzen — noch nicht ausschließlich. Das Inventar wird zwar von der im Wege der Zwangsvollstreckung angeordneten Beschlagnahme des Grundstücks ergriffen und dadurch von diesem Zeitpunkt an von der Mobiliarvollstreckung ausgeschlossen, bleibt aber bis zur Beschlagnahme der separaten Vollstreckung zugänglich. Erst die *Executionsordnung* für *Österreich* (1896)[111] und die im Zusammenhang mit dem Erlaß des Zwangsversteigerungsgesetzes vorgenommene Änderung der *Zivilprozeßordnung* für das *Deutsche Reich* (1898)[112] übernehmen die in Art. 594 CPC getroffene Regelung, beziehen also nicht nur alle Instrumentalsachen in die Immobiliarvollstreckung ein, sondern schließen sie zugleich von vornherein von der (separaten) Mobiliarvollstreckung aus.

2. Bestandteil

Wie wir gesehen haben, hat die Einbeziehung der Instrumentalsachen in den Pertinentialbestand und die allmähliche, wenigstens partielle Verdinglichung des in dieser Weise gegenständlich neu bestimmten Pertinenzverhältnisses wohl schon zu einer Erweiterung des Geltungsbereiches sachenrechtlicher Gegenstandsbeziehungen, aber noch nicht zu einer gegenständlichen Erweiterung des Sachbegriffs selbst geführt, da ja die aus der Hauptsache und Pertinenz gebildete gegenständliche Einheit noch nicht zu einem eigenen, sachenrechtsfähigen Objekt entwickelt worden war. Die Außengrenze des zu einem Integrat zusammengeschlossenen Sachenbestandes war also insoweit noch unverändert geblieben, nur der Geltungsbereich sachenrechtlicher Gegenstandsbeziehungen, der sich bislang mit dem integrierenden Gegenstandsbereich gedeckt hatte, war jetzt über die Grenzen des integrierenden Bestan-

[111] § 252, vgl. *Ehrenzweig* I 2 § 166 IV. Allerdings bestand in Österreich schon vorher die Tendenz, das an sich nur für das Gutsinventar geltende Hofdekret von 1826 auch auf Maschinen anzuwenden, vgl. *Burckhard* II § 68 Anm. 2.

[112] § 865 Abs. 2 ZPO in der (insoweit noch heute gültigen) Fassung von 1898. Durch die in Abs. 1 enthaltene Verweisung auf das Hypothekenrecht ist die gegenständliche Reichweite des Separatpfändungsverbots die gleiche wie die des Grundpfandrechts. Auch sie beschränkt sich daher auf das Eigenzubehör des Grundeigentümers.

des hinausgewachsen. Im Zusammenhang mit dieser Entwicklung stehen jedoch weitere, die den integralen Bestand selbst betroffen und dort strukturelle oder substantielle Veränderungen hervorgerufen haben. Eine von diesen Erscheinungen haben wir im Zusammenhang mit der Pertinenzierung der Instrumentalsachen bereits kennengelernt: nämlich die Einbeziehung untrennbar verbundener (oder herstellender) Inventarstücke in den (erststufig) integrierenden Bestand[113]. Sie hatte zu einer Vergrößerung der in integrierendem Zusammenhang stehenden Gegenstandswelt geführt. Auf die anderen, am integrierenden Bestand selbst in Erscheinung getretenen Veränderungen wird im folgenden einzugehen sein. Es sind dies Veränderungen, die die zwischen den Integrationsstufen verlaufenden Binnengrenzen und die sachenrechtliche Binnenstruktur der Integrate betroffen und — im Gegensatz zu jener vorhin besprochenen — teilweise auch zu einer Auflösung von integralen Bindungen, und damit zu einer Verkleinerung des integrierenden Bestandes geführt haben.

a) Schrumpfung des integrierenden Bestandes (Ausscheidung der Pertinenz. Verselbständigung erststufig integrierender Grundstücksbestandteile)

α) Hier ist zunächst auf jene gleichfalls schon angedeutete[114], durch die Pandektenwissenschaft eingeführte theoretische Neuerung hinzuweisen, den klassischen integrierenden Bestand — dessen Teile man bis dahin nicht gegenständlich, sondern bloß funktionell unterschied, indem man sie *sub specie dispositionis* als Pertinenzen und *sub specie acquisitionis* als Accessionen begriff — nunmehr dem Gegenstande nach in wesentliche Teile („integrierende", wie *sie* es verstand) und Pertinenzen (im engeren Sinne) aufspaltete und diesen Pertinenzen die für den Rechtsstatus des integrierenden Bestandteils charakteristischen Eigenschaften aberkannte. Man begriff jetzt Pertinentialität zwar noch als eine durch sachenrechtliche Kriterien begründete Eigenschaft, faßte aber die Rechtswirkung der pertinentialen Bindung nur noch willenstheoretisch auf, indem man die Abhängigkeit der Pertinenz von der Gesamtsache auf den mutmaßlichen, verfügenden Parteiwillen stützte und deren Einbeziehung in den Rechtskreis der Gesamtsache auf Verfügungswirkungen beschränkte. Damit wurde für die Pertinenzen der integrierende Zusammenhang mit der Hauptsache aufgelöst. Der von dieser Statusveränderung betroffene, an sich integrierende, aber jetzt nur noch als pertinentiell verbunden aufgefaßte Bestand hat im Laufe des 19. Jahrhunderts in seinen

---

113 Vgl. oben 1 b *β αα*.

114 Vgl. oben bei Anm. 24.

Grenzen geschwankt. Er war von dem wechselnden Gehalt des Integritätsverständnisses abhängig und umfaßte entweder alle nicht herstellenden zweitstufig integrierenden Teilsachen, oder nur eine mehr oder weniger umfangreiche Gruppe von ihnen, die sich von den integrierenden durch die geringere Intensität des körperlichen Zusammenhanges unterschied[115].

---

[115] Zum Begriff und Rechtsstatus des *Bestandteils* (*"integrierenden Teils"*, der *„Accession im engeren Sinne"*) überhaupt und insbesondere in seinem Unterschied zur Pertinenz vgl. aus der gemeinrechtlichen Literatur (Lit. Vz. II 4 und 4a, ferner Quellenregister) vor allem: *Gesterding*, Pertinenzen (1818), 307, 320; *Funke*, Pertinenzen (1827), 9 f., 14; *Wächter*, v. Accession, Weiske I (1839), 11 ff.; *ders.*, Hdb. (1842) II § 40; *Unger*, System (1856) I § 54; *Girtanner*, DogmJb 3 (1859), 154 ff., 177 ff.; *Zaun*, AcP 43 (1860), 211 ff., 300 ff.; *Bechmann*, Eigentumserwerb (1867), passim; *Göppert*, Gesamtsachen (1871), passim; *G. Demelius*, Exhibitionspflicht (1872), 100 ff.; *Kohler*, DogmJb 26 (1888), 30 ff. (IV), 45 ff. (VI); *Regelsberger*, Pandekten (1893) § 102 II; *Biermann*, DogmJb 34 (1895), 169 ff. (182 ff.); *Windscheid-Kipp* (1906), I § 142; — im übrigen vgl. in den Pandektenlehrbüchern von *Mackeldey* (1814), I §§ 153, 247; *Mühlenbruch* (1823), II §§ 225, 256, 257; *Puchta* (1838), §§ 37, 164 f.; *Kierulff* (1839), § 13 E 1; *Roßhirt* (1840), II § 208, 1 u. 2, §§ 254—256; *Böcking* I (1843), § 81; II (1855) § 152; *Sintenis* (1844), I § 41 IV 1, § 50 III; *Arndts* (1852), § 53, §§ 150, 152; *Brinz* I (1857), § 146; *Keller* (1861), § 46, §§ 137 b, 138—140; *Baron* (1872), § 139; *Dernburg* (1884), I §§ 207—209; *Bekker* (1886), I § 71 (S. 294 ff.); *Wendt* (1888), § 132; *Hölder* (1891), § 35. Aus der *partikularrechtlichen* Literatur, die die Kriterien der Abgrenzung zwischen integrierendem Teil (in Preußen „Substanzteil") und Pertinenz unbeschadet des weiteren, die Instrumentalsachen einschließenden landrechtlichen Pertinenzbegriffs übernahm, vgl. in *Preußen: Koch*, ALR-Kommentar (1852), Anm. zu I 2 § 42 und 9 §§ 220 ff.; *Förster* (1864), I § 21, 7a, III § 176 I und III; *Dernburg* (1871), I § 61, § 235, 2 u. 3, § 236; in *Österreich: Stubenrauch* (1853), Erl. II 3a nach § 297, Erl. zu § 404; *Unger* aaO.; *Hofmann-Pfaff* (1877), Erl. zu § 294 und §§ 404 ff.; *Schiffner* (1879), I § 78; *Burckhard* (1883), II § 64; *Krainz* (1885), I §§ 94—96, §§ 235—238; *Pfersche* (1893), I § 2 II, § 4 II; *Ehrenzweig* (1923) I 2 § 164, §§ 235—238. Wo ein Unterschied zwischen Bestandteilen und Pertinenzen noch nicht gemacht wurde und die nach römischem Recht erst- oder zweitstufig integrierenden Teile mit den Pertinenzen identifiziert wurden, finden sich die Ausführungen hierzu in den in Anm. 22 genannten Stellen zum Pertinenzbegriff. Sedes materiae des Rechtsstatus der erst- oder zweitstufig integrierenden Teile ist außerdem sowohl bei diesen älteren Autoren als auch bei den jüngeren, die Bestandteil und Pertinenz unterscheiden, der Eigentumserwerb durch Accession; vgl. dort: *Thibaut* (1803), I § 284; *Hufeland* (1808), I §§ 698, 699, 704—708; *Wening-Ingenheim* (1822), I §§ 55—57 (§ 139); *Göschen* (1838), II 1 §§ 270—273; *Winiwarter* (1832), §§ 101—115; *Bornemann* (1834), II §§ 81—84; vgl. hier die in dieser Anm. oben bezeichneten Stellen. Zur theoriegeschichtlichen Entwicklung vom älteren einheitlichen Pertinenzbegriff zu dessen Aufgliederung in Bestandteils- und Zubehörbegriff (Pertinenz i. e. Sinne) vgl. unten Abschnitt II, zur Pandektistik insbesondere II 3.

β) Neben diese Reduktion des integralen Bestandes ist, ebenfalls seit den Kodifikationen der vorletzten Jahrhundertwende, eine weitere, sowohl praktisch als auch systematisch bedeutsamere zu beobachten, die nicht nur zu einer Ablösung der integralen durch eine pertinentiale Bindung, sondern zu einer ersatzlosen Auflösung des integralen Zusammenhanges geführt hat[116]. Es sind gerade die ihrer wirtschaftlichen Bedeutung nach interessantesten Integrate, die hiervon betroffen wurden: nämlich Grundstücke (in ihrer integralen Ausstattung durch Aussaat, Pflanzung oder Bauführung) und Gebäude. Die bisher erststufig integrierten Ausstattungen, wie (ungetrennte) Feldfrüchte, Pflanzen und Gebäude sind in einem je nach der Gesetzgebung verschiedenen Umfang unter gewissen Voraussetzungen unter vollständiger und ersatzloser Auflösung des integralen Zusammenhanges selbständige Rechtsobjekte geworden. Bei zweitstufig integrierten Grundstücks- und Gebäudeverbindungen, wo ja die Rechtsobjektivität der eingefügten Mobilien ohnehin gegeben war, wurde allein der integrale Zusammenhang aufgelöst.

αα) Den Anfang macht auch hier das ALR, welches gleich in erheblichem Umfang eine Auflösung des integralen Bestandes ermöglicht oder vorsieht. Das ALR löst einmal solche Grundstücks- oder Gebäudeverbindungen aus dem integralen Zusammenhang heraus, die auf Grund eines (dinglichen oder persönlichen) Nutzungsrechts am Grundstück oder Gebäude durch den Berechtigten hergestellt worden sind[117]. Das gleiche gilt für Bauten, die nur zu vorübergehendem Zweck[118] oder zwar ohne Ausübung eines Nutzungsrechts, aber mit Wissen und ohne Widerspruch des Grundeigentümers[119], oder ohne dessen Wissen, aber unter nachträglicher Billigung und Überlassung an den Bauführer[120], durch einen anderen errichtet wurden. In allen diesen Fällen läßt das ALR den verbindenden Nichteigentümer des Grundstücks das Eigentum an den von ihm mit dem Grundstück verbundenen Sachen behalten (oder erwerben), ohne daß irgendein (etwa zweitstufiger) integraler Zusammenhang mit dem Grundstück (oder Gebäude) hergestellt wird. Ist nun in diesen Fällen das integrationshindernde Moment noch in den Umständen zu

[116] Eine gute rechtsvergleichende Übersicht für das 19. Jahrhundert gibt zum folgenden *Biermann*, DogmJb 34 (1895), 169 ff.

[117] Die gesetzliche Regelung ist kasuistisch und lückenhaft. Vgl. I 9 §§ 98, 221, 275; 20 §§ 472—475; 22 §§ 199, 200, 243—246. Vgl. *Biermann* 219 ff. mit Literaturangaben.

[118] Vgl. *Biermann* 227.

[119] ALR I 9 § 332.

[120] §§ 327, 329.

erblicken, unter denen die Verbindung stattgefunden hat (Provisorium oder Rechtsausübung), so eröffnet das ALR darüber hinaus dem Grundeigentümer die Möglichkeit, einen ursprünglich bestehenden integralen Zusammenhang willkürlich (und ohne Aufhebung der körperlichen Verbindung) zu lösen: Mit der Begründung eines fremden Nutzungsrechts am Grundstück wird der Nutzungsberechtigte Eigentümer der seinem Nutzungsrecht unterliegenden, auf dem Grundstück vorhandenen Saaten und Pflanzen[121].

ββ) Auch der CC und das ABGB enthalten Durchbrechungen des römischen Grundsatzes *superficies solo cedit*, wenngleich ihr Umfang sich nicht so eindeutig aus dem Gesetzeswortlaut entnehmen läßt wie beim ALR, vielmehr aus dem Normzusammenhang erschlossen werden muß. Zieht man Spruchpraxis und Schrifttum zu diesen beiden Gesetzen heran, so ergibt sich, daß Grundstücks- und Gebäudeverbindungen, die in Ausübung eines dinglichen oder persönlichen Rechts am Grundstück oder zu nur vorübergehendem Zweck vorgenommen worden sind, in deren Geltungsbereich genauso wenig integrierende Wirkung gehabt haben wie unter dem ALR[122]. Nach französischem Recht, allerdings nicht mehr nach österreichischem, wurde außerdem, ebenso wie nach dem ALR, eine getrennte Verfügung über Gebäude und Pflanzungen für zulässig gehalten, und zwar auf Grund einer Vorschrift, die — hier sogar über das ALR hinausgehend — eine selbständige Ersitzung von Gebäuden oder Gebäudeteilen und von Pflanzen ermöglichte[123].

γγ) Die aus der Pandektenwissenschaft hervorgegangenen Gesetzbücher haben in der Regel, in Übereinstimmung mit dem österreichischen und im Unterschied zum preußischen und französischen Recht, eine Herausnahme der *superficies* aus dem integralen Zusammenhang mit dem Grundstück (bzw. dem Gebäude) wenn überhaupt, dann nur noch in solchen Fällen anerkannt, wo bei der Vornahme der Verbindung objektiv integrationshindernde

---

[121] ALR I 9 § 275.

[122] Aus § 297 ABGB hat man im Umkehrschluß gefolgert, daß zu vorübergehendem Zweck Aufgeführtes beweglich bleibt und daher nicht Zugehör des Grundstücks im Sinne von § 294 wird. In Ausübung eines Nutzungsrechts Eingefügtes ist gleichbehandelt worden. Da § 297 in seiner Exemplifikation aber nur von *„Häuser(n) und anderen Gebäude(n)"* und deren Inventarstücken spricht, hat man eine Verselbständigung anderer Grundstücksverbindungen, insbesondere von Pflanzung und Aussaat, nicht zugelassen (anders nach fortgeltendem Landesrecht, das z. T. ein dingliches *ius plantandi* kannte und dadurch dem Berechtigten Eigentum an den Pflanzungen gewährte) vgl. *Ehrenzweig* I 2 § 164. — Zum französischen Recht vgl. *Biermann* 234 ff.

[123] Aus CC art. 553 herleitbar, vgl. *Biermann* 236.

Momente vorlagen[124]. Nur das *Zürcher* PG[125] hat zur Verselbständigung der *superficies* einen darauf gerichteten Parteiwillen oder dahingehenden Ortsgebrauch noch genügen lassen. Dagegen sehen die Entwürfe für *Hessen* und *Bayern* und das *baltische* Privatrecht eine Verselbständigung überhaupt nicht mehr vor. Das *sächsische* BGB[126] läßt sie nur zu, wenn die Verbindung sowohl in Ausübung einer (vom Eigentum verschiedenen) Berechtigung als auch zu einem bloß vorübergehenden Zweck vorgenommen worden ist. Auch der *erste Entwurf*[127] zum reichsdeutschen BGB verlangt kumulativ die Rechtsausübung durch einen Nichteigentümer und die Absicht zu nur vorübergehender Verbindung, läßt nun jedoch bei Gebäuden (nicht bei Aussaat und Pflanzung) die Verbindung in Ausübung eines dinglichen Rechts am Grundstück bereits genügen, verzichtet hier also auf (weitere) Anhaltspunkte für die vorübergehende Natur der Inädifikation. Der zweite Entwurf in allen seinen Fassungen, das BGB selbst und auch das ZGB haben die Inädifikation kraft dinglichen Rechts als selbständigen integrationshindernden Tatbestand übernommen[128]. Bei der *superficies* überhaupt hat dann der *zweite Entwurf* (IIa)[129] vom Erfordernis der Rechtsausübung abgesehen, d. h. die (vorübergehende) Verbindung durch jeden Nichteigentümer genügen lassen; in der *Bundesratsvorlage* (II b)[130] wird schließlich auch die Nichtidentität von Superficiar und Grundeigentümer nicht mehr vorausgesetzt und damit nur noch auf das tatsächliche Moment der Dauerhaftigkeit des Verbindungszwecks abgestellt, so daß nun der vorübergehende Zweck der Verbindung einer Sache mit dem Grundstück (oder Gebäude) deren Integration darin in jedem Falle ausschließt und der Inädifikation kraft ding-

---

[124] Gemeinrechtlicher Anknüpfungspunkt für die Exemtion der *superficies* aus der integralen Bindung war wiederum die *perpetuus usus*-Stelle *Labeos* bei Ulp. D. 19. 1. 17. 7. Die Pandektistik selbst war hier wenig ergiebig.

[125] § 549 („*Parteiwille*" oder „*örtliche Verhältnisse*"). Daneben schließt jede nur als vorübergehend gedachte Verbindung die Integration aus, § 474 II. Allerdings gelten die Integrationshindernisse der §§ 474 II, 549 nur für Bauten, nicht für sonstige *superficies*, und auch bei den Bauten enthielt § 549 Abs. 2 die Anweisung: „*Die Landschreiber sollen indessen bei Fertigungen von Rechtsgeschäften derartige Spaltungen des Grundstückes möglichst zu verhüten trachten.*"

[126] § 284.

[127] § 785.

[128] IIa § 77 f; IIb § 91; III § 91; BGB § 95 I 2; ZGB Art. 675. Ebenso auch der Gegenentwurf *Bähr* § 823 IV.

[129] § 77 f.

[130] § 91.

lichen Rechts als selbständiges Integrationshindernis an die Seite getreten ist. Die Regelung durch die Bundesratsvorlage ist unverändert[131] in das BGB eingegangen[132], während das ZGB eine Regelung getroffen hat, die der des ersten Entwurfs zum BGB entspricht[133].

b) Verdichtung des integrierenden Bestandes (Verwandlung zweitstufig integrierender in erststufig integrierende Sachen. Angleichung der zweitstufigen an die erststufige Integration)

Diesen in ihrer Gesamtheit integrationsauflösenden Tendenzen stehen andere gegenüber, die bei dem verbleibenden integralen Bestand auf eine Verstärkung des integralen Zusammenhanges hinwirken. Es sind dies Tendenzen, die zu einer Vorverlegung der Grenze zwischen erst- und zweitstufigen Integraten führen, indem entweder bestimmte bisher zweitstufige in erststufige verwandelt werden, oder die Kategorie der zweitstufigen insgesamt der erststufigen bis auf unerhebliche Unterschiede angeglichen wird, um schließlich ganz darin aufzugehen.

α) Die Ursprünge dieser Entwicklung lassen sich bis zur humanistischen Jurisprudenz des 16. Jahrhunderts zurückverfolgen. Im Gegensatz zur Gl. *desiit dominus*, die sich bei der zweitstufigen Integration für einen Fortbestand des Bestandteilseigentums ausgesprochen hatte, hat *Donellus* in seinem Zivilrechtskommentar den Satz aufgestellt, daß jede körperliche Verbindung einer Sache mit einer anderen zur Folge hat, daß der Eigentümer der einen (der Hauptsache) das Eigentum an der anderen (der Nebensache) erwirbt. Er hat ihn von einer auf das „*ius gentium*" gegründeten Norm abgeleitet, des Inhalts, daß der gegenständliche Umfang von Fruchterwerb und Zuwachserwerb sich decken müßten, d. h. daß alles dasjenige durch Verbindung notwendig zu Eigentum erworben werde, was — hätte der Verbindungszusammenhang seit je bestanden — durch Trennung dem Gesamtsachen-Eigentum verloren ginge und sich zu Einzelsachen-Eigentum verselbständigte[134]. Diese donellanische Interpretation der römischen Quellen zu den Accessionswirkungen, die das darin beschlossene dogmatische Problem

---

131 Über § 91 der Reichstagsvorlage.

132 § 95 Abs. 1 S. 1 und Abs. 2. Ebenso schon Gegenentwurf *Bähr* § 823 II.

133 Art. 677 Abs. 1, Art. 678 Abs. 1. Vgl. dazu die Nachweise in einer jüngeren Entscheidung des schweizerischen Bundesgerichts BGE(Z) 92, 227.

134 Vgl. Francofurti 1589, Lib. IV, cap. 23, cap. 27—38. Zur Gl. *desiit dominus* vgl. Hauptteil A Anm. 152.

nach seiner entgegengesetzten Lösung durch die Glosse zum ersten Mal wieder aufgeworfen und zur Debatte gestellt hat, hat danach die aus den Quellen nicht eindeutig zu beantwortende Frage nach dem Eigentumsstatus des zweitstufig integrierenden Fremdbestandteils im Sinne eines *dominium repristinandum* beantwortet: sie kam zu dem Ergebnis, daß das Bestandteilseigentum bei zweitstufigen Integraten während der Verbindung nicht als ruhendes in der Hand des bisherigen Eigentümers fortbestand und nach der Trennung wieder auflebte, sondern durch die Verbindung auf den Eigentümer der Gesamtsache überging und bei Lösung der Verbindung an den ursprünglichen Bestandteilseigentümer zurückfiel[135]. Die Wirkungen der zweitstufig integrierenden Accession unterschieden sich von denen der erststufigen jetzt nur noch durch ihre Dauer: Bei der erststufigen waren Eigentumsverlust auf der einen und Eigentumszuwachs auf der anderen Seite peremptorisch, bei der zweitstufigen dagegen traten beide Zustände nur vorübergehend ein, bzw. es war der Eigentumserwerb durch den Fortfall der Bestandteilseigenschaft auflösend bedingt.

β) An diese Theorie, die sich unter den späteren Juristen[136] zwar nicht völlig hat durchsetzen können, aber in der Literatur des *Usus modernus* vorherrschend wurde[137], haben die *Naturrechtsgesetzbücher* angeknüpft und gehen

[135] Der Heimfall an den Bestandteilseigentümer war freilich von dem von *Donellus* bezogenen Ausgangspunkt aus nicht konsequent. Wenn er den Accessionserwerb als Anologon zum Fruchterwerb rechtfertigte, mußte er die Grundsätze des Fruchterwerbs um so eher dort anwenden, wo dessen Voraussetzungen unmittelbar gegeben waren: bei der Wieder-Lösung des Bestandteils von der Gesamtsache. Folgerichtig hätte er danach nicht Heimfall an den Bestandteilseigentümer, sondern Fruchterwerb durch den Gesamtsacheneigentümer als Eigentümer der Muttersache annehmen müssen. Allein sah er sich hieran durch die eindeutigen, entgegengesetzten Normen des römischen Rechts gehindert. Einen Versuch, seine Theorie der Korrespondenz von Zuwachs- und Fruchterwerb hiermit zu harmonisieren, hat er nicht gemacht. Ein solcher Versuch hätte darin bestehen können, das Heimfallrecht des Bestandteilseigentümers als Fruchterwerbsrecht zu qualifizieren.

[136] Von seinen Zeitgenossen kommt bezüglich der Inädifikate auch *Connanus* zu einem Eigentumserwerb am Bestandteil, weil die Baustoffe nach der Trennung in der Regel nicht mehr in unversehrtem Zustand seien, die Verbindung also eine Substanzänderung zur Folge habe (vgl. Commentaria juris civilis, Parisiis 1553, Lib. III. cap. 6 nr. 7, 8). Das Kriterium der Substanzidentität übernimmt er aus der Spezifikationslehre, die in Anknüpfung an D. 41. 1. 24 und 26pr den Eigentumserwerb des Verarbeiters davon abhängig macht, ob sich die verarbeitete Sache in ihren früheren Zustand zurückversetzen läßt.

[137] Allerdings hat man sich zur Begründung des Eigentumserwerbs weder auf die Autorität noch auf die Argumente des *Donellus* berufen, sondern unmittelbar

nun noch einen Schritt darüber hinaus, indem sie bei der Inädifikation das Eigentum am Baumaterial endgültig unter- und auf den Grund- oder Gebäudeeigentümer[138] übergehen bzw. im Grund- oder Gebäudeeigentum aufgehen lassen[139]. Ein Wiedererwerb des Materialeigentums findet nur noch

auf die Quellen oder (wie z. B. *Pufendorff*) auf naturrechtliche Postulate gestützt. Für einen Eigentumserwerb am zweitstufig integrierenden Bestandteil haben sich u. a. ausgesprochen: *Brissonius*, Lex. iur.civ. (1557), s. v. *accessio; Struve*, Synt. iur. civ. univ. II (1663), Exercit. XLI (ad D. 41. 1), cap. XXIII, XXXVI, XLI; *Pufendorff*, De iure naturae et gentium (1672), Lib. IV, cap. VII § 2;*Lauterbach*, Coll. ad Pand. (1711), Tom. III, D. 41. 1., LXXI, XCII, XCIII; *Stryck*, Usus modernus Pand. (1712), Tom. IV 2, ad D. 41. 1, § XXVI; *Pütter*, Elem. iur. nat. (1750), § 336; *Pothier*, Pand. (1752), Vol. III, D. 41. 1, XV, XXV; *Hofacker*, Inst. iur. rom. (1773), §§ 138, 140; *Glück*, Erl. d. Pand. (1807), Bd. VIII, §§ 578, 579. Bei den meisten von ihnen läßt sich auf den Eigentumserwerb allerdings nur daraus schließen, daß sie den Grundsatz, durch Accession werde Eigentum erworben, nicht ausdrücklich auf erststufig integrierende Verbindungen beschränken. Nur *Pothier* spricht sich ausdrücklich gerade auch bei den zweitstufig integrierenden Sachen für einen Eigentumsübergang aus (aaO. XXV). — Andererseits halten am Fortbestand des Bestandteilseigentum fest: *Vinnius*, Comm. in Inst. (1655), ad I. 2. 1. 29 (*nec tamen*); *Voet*, Comm. ad Pand. (1704), Tom. II, ad D. 41. 1, XXIV; *Berger*, Oecon. iur. (1712), Tom. II tit. II § XVI; *Westenberg*, Princ. iur. sec. ord. Dig. (1712), D. 41. 1 § XCVII; *Heineccius*, Elem. iur. germ. (1736), Tom. II lib. II § 65; *Wolff*, Jus nat. (1742), Tom. II cap. II § 386; *Habernikkel*, Elem. iur. rom. (1764), lib. III tit. 4 II; *Hofacker*, Princ. iur. rom. germ. (1794), Tom. II 2, §§ 957, 961.

138 Auf den vom Grundeigentümer verschiedenen Gebäudeeigentümer nach ALR dann, wenn auf fremdem Grund gebaut wurde und der Grundeigentümer Grundstück und Gebäude dem Bauführer preisgibt (I 9 § 331).

139 Vgl. ALR I 9 §§ 327, 330, 331; §§ 334, 335; §§ 336, 337. CC Art. 553—555. ABGB §§ 417—419. — Zwar spricht keine der erwähnten Vorschriften ausdrücklich von einem Eigentumserwerb an den Materialien durch den Grundeigentümer. Daß Eigentumserwerb gemeint ist, ergibt sich jedoch aus dem Sinngehalt und der systematischen Stellung dieser Normen innerhalb des Gesetzes: aus dem Sinngehalt insofern, als dem Grundeigentümer stets ausdrücklich eine Vergütungspflicht für die verbauten Materialien (ALR I 9 §§ 330, 335, 337; CC Artt. 554, 555; ABGB §§ 417—419) und dem ehemaligen Materialieneigentümer ein Wegnahmeverbot auferlegt wird (ALR I 9 § 334; CC l. c.; wo dies nicht geschehen ist, wie im ABGB überhaupt und im ALR im übrigen, folgt das Wegnahmeverbot aus der Vergütungspflicht bzw. aus dem Wahlrecht des Grundeigentümers nach ALR I 9 § 327), ohne daß irgend von einem Heimfallrecht mehr die Rede ist; aus dem Legalzusammenhang insoweit, als die betreffenden Vorschriften im ALR und ABGB innerhalb des (9.) Titels „*Von Erwerbung des Eigentums*" (und zwar des [6.] Abschnitts „*Von der Erwerbung der An- und Zuwüchse*") bzw. des (4.) Hauptstücks „*Von Erwerbung des Eigentums durch Zuwachs*" stehen, und ihnen im CC eine Generalklausel voransteht, welche den Hauptsacheneigentümer grundsätzlich zum Eigentümer des Zuwachses erklärt (Art. 551).

als Reflex einer Wegnahmepflicht statt, die den auf fremdem Grunde Bauenden gemäß ALR[140] und CC[141] (nicht gemäß ABGB) treffen kann, wenn der Grundeigentümer die Wegschaffung verlangt. Das bedeutet, daß innerhalb des Geltungsbereichs der Naturrechtsgesetzbücher die Gebäude nun entweder völlig aus dem integrativen Zusammenhang mit dem Grundstück heraustraten (vgl. oben a β), oder, sofern sie darin verblieben, nun auch ihren Bestandteilen die bisher fehlende integrale Bindung an das Grundstück selbst vermittelten, so daß die Gebäude jetzt nicht nur als solche, sondern auch hinsichtlich ihrer Inädifikate ein erststufiges Integrat mit dem Grundstück bildeten.

Während ALR und ABGB es bei der Verwandlung der Inädifikate von zweitstufigen in erststufige Integrate bewenden lassen, bei Fahrnisverbindungen dagegen an dem römischen Grundsatz festhalten, daß trennbar verbundene Individualsachen verschiedener Eigentümer auf Verlangen eines von ihnen wieder voneinander zu trennen sind (und daher jedenfalls nach der Trennung ihrem alten Eigentümer wiedergehören)[142], läßt der CC auch hier das Eigentum an der Nebensache endgültig auf den Hauptsacheneigentümer übergehen[143] und beläßt dem ehemaligen Nebensacheneigentümer nur dann ein Wegnahme- (und damit ein Wiederaneignungs-)Recht, wenn seine Sache wesentlich wertvoller ist als die das Eigentum bestimmende Hauptsache[144].

γ) Die *Pandektistik* hatte bei der insoweit eindeutigen, entgegengesetzten römischen Überlieferung freilich nicht so weit gehen können, dem früheren Bestandteilseigentümer das Eigentum am wieder getrennten Bestandteil abzusprechen und dem Eigentümer der Gesamtsache zuzuweisen[145]. Das äußerste, was man sich ohne Entfernung von der Quellenbasis gestatten konnte, war eine auf die Verbindungszeit beschränkte Verdrängung des Bestandteilsei-

---

[140] I 9 § 328.

[141] Art. 555.

[142] ALR I 9 § 298; ABGB §§ 414, 415. Allerdings macht das ABGB in § 416 bei nur zur Ausbesserung einer Sache verwendeten fremden Materialien eine Ausnahme; sie gehen, auch wenn sie trennbar geblieben sind, in das Eigentum des Hauptsacheneigentümers über.

[143] Art. 565.

[144] Art. 568. Ein solcher Fall kann deswegen eintreten, weil die Hauptsache nicht nach ihrem Wert, sondern nach ihrer Funktion bestimmt wird (Art. 567).

[145] Dies Ergebnis ließ sich allenfalls auf dem Umweg über die Ersitzung des Bestandteils erreichen, sofern man diesen für ersitzungsfähig hielt und sich über

gentümers aus seinem Eigentum, sei es, daß man das Bestandteilseigentum nach donellanischem Vorbild dem Gesamtsacheneigentümer zuwies, sei es, daß man — noch weitergehend — den Bestandteil als besonderes Rechtsobjekt überhaupt untergehen und das Eigentum daran im Gesamtsacheneigentum aufgehen ließ, und damit den zweitstufig integrierenden Bestandteil der erststufig integrierenden Teilsache bis auf jenen latenten Fortbestand von Sachenrechtsfähigkeit anglich, der zur dogmatischen Erklärung des Heimfalls nach vollzogener Trennung unumgänglich blieb. Doch konnten sich auch diese Auffassungen, die dem Bestandteilseigentümer wenigstens für die Verbindungsdauer sein Eigentum absprachen, nicht völlig durchsetzen. Die Theorie des Eigentumserwerbs am Bestandteil durch den Gesamtsacheneigentümer war zwar in der ersten Jahrhunderthälfte noch herrschend[146], stieß aber

die aus D. 6. 1. 23.7 und 41. 1. 7. 11 gegen die Ersitzungsfähigkeit sprechenden Bedenken hinwegsetzte. Ging man davon aus, daß der Sachbestandteil gegenüber der Gesamtsache selbständiges, d. h. von ihr unabhängiges Ersitzungsobjekt sei, so ging das Eigentum daran, wenn die übrigen Ersitzungsvoraussetzungen vorlagen, nach Ablauf der Ersitzungsfrist endgültig in das Eigentum des Hauptsacheneigentümers über, wenn dieser Ersitzungsbesitzer des Bestandteils war (diese Auffassung war in der Pandektistik verbreitet und für den Fall, daß die Ersitzungsfrist hinsichtlich der zum Bestandteil gewordenen Sache im Augenblick der Sachverbindung bereits lief, sogar h. M., vgl. dazu und zu den zahlreichen Modifikationen, die dabei gemacht wurden, *Windscheid-Kipp*, I § 152 Anm. 6). Allerdings beruhte der Eigentumserwerb am Sachbestandteil dann in Wahrheit nicht auf der Verbindung, sondern auf der von deren Voraussetzungen ganz unabhängigen Ersitzung: er wäre auch dann eingetreten, wenn der Hauptsacheneigentümer die zu ersitzende Sache in unverbundenem Zustand besessen hätte. Von einem accessionsspezifischen Eigentumserwerb am Sachbestandteil konnte man nur dann sprechen, wenn man ihn für bloß unselbständig ersitzungsfähig, d. h. also eine bloße Teilnahme an der Ersitzung der Gesamtsache für möglich hielt (so z. B. *Savigny*, Besitz [6.Aufl.] § 22 [S. 304, 308] und S. LXVII—LXXII; *Kierulff* 376; unter der Voraussetzung, daß die Verbindung vom Bestandteilseigentümer oder mit dessen Willen vorgenommen wurde, auch *Windscheid* I § 175 a Anm. 2 [seit der 1. Aufl. unverändert], vgl. dazu sogleich im Text). Dann kam aber ein Eigentumserwerb nur in den seltenen Fällen in Frage, wo nicht nur der Bestandteil, sondern auch die Hauptsache, mit der er verbunden worden war, dem Besitzer der Gesamtsache nicht gehörte, so daß die Gesamtsache selbst zu ersitzen war.

[146] Zu ihren Anhängern gehörten: *Hufeland* (1808), I §§ 704, 705; *Schweppe* (1814), II § 262; *Wening-Ingenheim* (1822), I § 139 (§§ 56 u. 57); *Mühlenbruch* (1825), II §§ 256, 257; *Seuffert* (1825), I §§ 144, 145; *Wächter*, Weiske s. v. Accession (1839); *Roßhirt* (1840), II §§ 244, 246; *Sintenis* (1844), I § 50 III; *Böcking* (1855), II 1 § 152; zu ihren Gegnern schon damals: *Thibaut* (1803), § 284 (implicit); *Göschen* (1838), II §§ 271aa, 273aa; *Puchta*, Pandekten (1838), § 164; *Arndts* (1852), § 152 Anm. 2 (unter Berufung auf *Theophilos*); aus der Rechtsprechung das *obiter dictum* des OAG *Rostock* v. 11. 7. 1856 (SeuffArch 17, 207 [327]).

dann als nicht quellengemäß auf zunehmende Kritik[147]. Die Stimmen, die sich aus diesem Grunde für den Fortbestand des Eigentums in der Hand des Bestandteilseigentümers aussprachen[148], bekamen seit der Jahrhundertmitte in der Literatur das Übergewicht vor jenen, die von einem zeitweiligen Rechtsverlust des Bestandteilseigentümers ausgingen[149], ein Vorgang, der von einigen nun in der Tat als Absorption des Bestandteilseigentums durch das Gesamtsacheneigentum, also nicht als bloßer Eigentums*über*gang, sondern als Eigentums*unter*gang verstanden wurde[150]. Nur die Rechtsprechung hielt durchweg an der Theorie des Eigentumsverlustes, und zwar im Sinne eines Eigentumsübergangs, fest[151].

Im übrigen war der Theorienstreit um das *dominium dormiens aut repristinandum* ohne praktische Bedeutung. Denn auch ein zwischenzeitlicher Ei-

---

[147] Die Kritik setzte ein mit den in den fünfziger und sechziger Jahren erschienenen, schon in Anm. 115 zitierten monographischen Arbeiten *Pagenstechers, Girtanners, Zauns, Barons, Bechmanns* und *Göpperts*, vgl. *Pagenstecher* (1857) II, 139; *Girtanner*, DogmJb 3 (1859), 163 ff.; *Zaun* AcP 43 (1860), 300 ff.; *Baron* (1864), 29 ff.; *Bechmann* (1867), 47; *Göppert*, Gesamtsachen (1871), 92.

[148] Zu ihr bekannten sich außer den in der vorigen Anmerkung genannten Autoren die Lehrbücher von: *Unger* (1856), I 444; *Keller* (1861), § 139; *Zrodlowski*, RömPrivR (1877), II 96 ff.; *Dernburg* (1884), I §§ 208, 209; *Bekker* (1886), I § 71 (S. 295); *Hölder* (1891), § 35, sowie *Windscheid* in den späteren Auflagen seiner Pandekten, vgl. 9. Aufl. § 188 Anm. 11 bis 13, widersprüchlich jedoch Anm. 22, wonach nur bei den *pali*, nicht dagegen bei den *tigna* das Bestandteilseigentum in der Hand des vor der Verbindung Berechtigten erhalten bleiben soll. Diese Äußerung ist offenbar als nicht berichtigtes Zeugnis seiner älteren, entgegengesetzten Auffassung stehen geblieben (vgl. 1. Aufl. Anm. 15, dazu sogleich die nächste Anm. hier). Daß *Windscheid* von seinem ursprünglichen Standpunkt eines Eigentumswechsels am Bestandteil aus den *pali* überhaupt Sonderrechtsfähigkeit zuerkennen konnte, ist darauf zurückzuführen, daß er sie eben gar nicht als Grundstücksbestandteile gelten ließ, sondern als bloße Grundstückspertinenzen betrachtete.

[149] Zu ihr gehören aus der Zeit um die Jahrhundertmitte *Brinz* (1857) I § 146 Anm. 13, und der frühe *Windscheid*, vgl. die erste Auflage seiner Pandekten (1862) I § 188 bei Anm. 6, am Ende des Jahrhunderts die großen Modernisten unter den Spätpandektisten *Kohler* und *Regelsberger*, vgl. *Kohler*, Pertinenzen, DogmJb 26 (1888), 50 ff.; *Regelsberger* (1893) § 102 II; außerdem das Pandektenlehrbuch von *Wendt* (1888), § 132, sowie die Abhandlungen von *G. Demelius*, Exhibitionspflicht (1872), 102, und *Biermann, Superficies solo cedit*, DogmJb 34 (1895), 203.

[150] So zunächst ausdrücklich *Brinz* aaO., ebenso dann *Demelius* 107 ff., *Kohler* und *Regelsberger* aaO.

[151] RG v. 23. 5. 1883 (I 205/83, RGZ 12, 157 = SeuffArch 39, 9 [14]), OLG *Hamburg* v. 24. 2. 1883 (HansGerZ 1883, Civ. Abt., Beibl. Nr. 156), v. 17. 1. 1884 (SeuffArch 40, 24 [37]), v. 22. 6. 1889 (HansGerZ 1889, Civ. Abt. Nr. 131), v. 15. 5. 1893 (HansGerZ 1893, Civ. Abt. Nr. 145).

gentumserwerb am Bestandteil durch den Gesamtsacheneigentümer konnte sich für den Teileigentümer nicht schädlich auswirken, da er sein nach der Trennung wieder entstehendes Eigentum nicht vom Gesamtsacheneigentümer, sondern von seinem eigenen ehemaligen Eigentum ableitete, während das Bestandteilseigentum des Gesamtsacheneigentümers ebenso wie alle sonstigen Rechte, denen der Bestandteil wegen seines integrierenden Zusammenhanges mit der Gesamtsache unterworfen war, nachfolgelos untergingen. Die Integrationswirkungen blieben also in jedem Falle auch hinsichtlich ihrer Folgen auf die Integrationszeit beschränkt. Aber auch für die während der Dauer der Verbindung dem (ehemaligen) Bestandteilseigentümer verbliebenen aktuellen Rechte war der Theorienstreit nicht präjudiziell. Sein Wegnahmerecht bzw. sein Trennungsanspruch waren von der Qualifikation des Bestandteilseigentums unabhängig. Diese Rechte standen ihm in jedem Falle zu (abgesehen von der Inädifikation, wo sie in jedem Falle ausgeschlossen waren) wenn er sich nicht dem verbauenden Grundeigentümer gegenüber das Eigentum oder ein Trennungsrecht vorbehalten hatte. War aber ein solcher Vorbehalt vereinbart worden, so stellte sich die Frage der Drittwirkung dieses Vorbehalts auch hier wiederum in gleicher Weise für den, der mit dem vorbehaltenen Trennungsanspruch sein Eigentum, wie für den, der ein bloßes Heimfallsrecht geltend machte.

Wie bei der Pertinenzierung des Inventars war es auch hier wieder die Spruchpraxis, die gleichwohl zu Ergebnissen fand, die das gemeine Recht dem der Naturrechtsgesetzbücher anglich. Sie setzte dort an, wo das Trennungsrecht und die Heimfallwirkungen als am störendsten empfunden wurden, nämlich beim Eigentums- bzw. Trennungsvorbehalt des Lieferanten an einzubauenden Sachen, die in ein mit Grundpfandrechten belastetes Grundstück oder Gebäude einzubauen waren. Die ältesten nachweisbaren Entscheidungen sind ein Urteil des Stadtgerichts *Cassel* aus dem Jahre 1851 und das in derselben Sache ergangene, bestätigende Appellationsurteil des Obergerichts *Cassel* von 1853[152], die beide den Eigentumsvorbehalt des Lieferanten an den verbauten Materialien wegen der zwingenden Natur des Accessionserwerbs für unwirksam erklären, und den im Eigentumsvorbehalt eingeschlossenen Vorbehalt des Trennungsrechts gegenüber dem Hypothekengläubiger nicht haben durchgreifen lassen, und zwar das Obergericht[153] mit der

---

[152] Dieses v. 23. 3., beide mitgeteilt von *Zaun,* AcP 43 (1860), 306 ff.

[153] Das Untergericht mit der zwar in das Tatsächliche ausweichenden, aber dem Problem näherkommenden Begründung, der Vorbehaltseigentümer habe die Unmöglichkeit anderweitiger Befriedigung nicht dargetan, worauf er sich vor Ausübung des Trennungsrechts verweisen lassen müsse.

über das Ziel hinausschießenden und in ihrer Allgemeinheit unhaltbaren Begründung[154], auch der Vorbehalt eines Trennungsrechts sei wegen Verstoß gegen das Trennungsverbot des Zwölftafelgesetzes schlechthin (also nicht nur gegenüber dinglich berechtigten Dritten) unwirksam. Die ersten veröffentlichten, höchstrichterlichen Entscheidungen sind dreißig Jahre jünger; es sind dies zwei Entscheidungen des *Reichsgerichts* aus den Jahren 1883 und 1884[155], sowie eine Entscheidung des OLG *Hamburg* von 1884[156], die sich dem Reichsgericht anschloß. Sie haben das Problem richtig als Widerstreit konkurrierender dinglicher Rechte gesehen und dem Lieferanten die Berufung auf seine Rechte gegenüber dem Hypothekengläubiger als arglistig versagt, wenn dieser bei der Beleihung von jenen Rechten nichts wußte und diese auch nicht eingetragen waren. Beide Entscheidungen taten damit bei den integrierenden Inädifikationen den gleichen Schritt, den die Rechtssprechung des OAG *München* und das BayObLG bei den Pertinenzen bereits getan hatte[157]: Sie ließen das an der integrierenden Sache bestehende Sonder-

---

[154] Die Unhaltbarkeit folgte außer aus der vom Zwölftafelgesetz unberührt gelassenen Dispositionsfreiheit des Eigentümers aus der Erwägung, daß die vom Eigentümer zugestandene Trennung (ihm gegenüber) nicht unzulässig sein konnte, wo sie der Inädifizierende als Gebäudebesitzer sogar eigenmächtig vornehmen durfte, ohne daß man das Trennungsverbot des Zwölftafelgesetzes durchgreifen ließ, solange nur die Trennung nicht zu einem Schaden am Gebäude führte (vgl. D. 5. 3. 39. 1; 6. 1. 37; 25. 1. 9; C. 3. 32. 5. 1; dazu *Windscheid-Kipp* I § 195 Anm. 4 und 11 bis 13; *Monier,* Tignum iunctum 93; *Melillo,* Tignum iunctum 63; [Lit. Vz. II 4 d]).

[155] Vom 24. 4. 1883 (III 476/82, RGZ 9, 169) und 23. 5. 1883 oder 1884 (I 205/83, RGZ 12, 157 = SeuffArch 39, 9 [14]). Die Datierung der letzteren Entscheidung bleibt unklar. In der amtlichen Sammlung wird das Jahr 1884 genannt, eine Angabe, für deren Richtigkeit die relativ hohe laufende Nummer des Aktenzeichens und auch der Zeitpunkt der Veröffentlichung in der amtlichen Sammlung spricht. Dagegen wird sie bei *Seuffert* sowie in der in folgender Anm. erwähnten Entscheidung des OLG *Hamburg* mit 1883 datiert, was allein richtig sein kann, wenn das Entscheidungsdatum der Hamburger Entscheidung selbst stimmt und mit dem darin enthaltenen Zitat wirklich besagte RG-Entscheidung und nicht etwa die des 3. Senats vom 24. 4. 1883 gemeint ist; denn andernfalls hätte die Hamburger Entscheidung eine noch gar nicht ergangene Reichsgerichtsentscheidung zitiert. Daß es sich bei der Entscheidung vom 23. 5. in Wahrheit um zwei verschiedene Entscheidungen handelt, die sich im Jahresabstand folgen und von denen die ältere (auf die sich dann das OLG *Hamburg* bezöge) bei Seuffert, die jüngere in der amtlichen Sammlung abgedruckt wäre, erscheint bei dem wörtlich übereinstimmenden Text in RGZ 12, 157 und SeuffArch 39, 9 (14) als ausgeschlossen.

[156] Entscheidung vom 17. 1. 1884 (SeuffArch 40, 24 [37]). Ebenso später wieder RG v. 29. 11. 1892 (III 192/92, SeuffArch 48, 170 [265]).

[157] Vgl. o. Anm. 67, 68.

recht vor dem Recht an der Hauptsache zurücktreten, wenn dessen Inhaber gutgläubig annahm, daß ein seiner Berechtigung entgegenstehendes Sonderrecht nicht bestehe. Die Quellenstelle, an welche das Reichsgericht anknüpfte, war C. 8. 15. 2, wonach der Eigentümer die Verpfändung seiner Sache durch einen Dritten dem gutgläubigen Pfandgläubiger gegenüber gelten lassen mußte, wenn er diesem sein Eigentum (oder sein Einverständnis) arglistig (*in fraudem creditoris*) vorgespiegelt hatte. Anstelle arglistiger Täuschung des Hypothekengläubigers ließ man nun *„mit Rücksicht auf die Bedürfnisse des modernen Hypothekenwesens"* eine bloß fahrlässige genügen, wobei im Geltungsbereich von Grundbuchordnungen Fahrlässigkeit stets angenommen wurde, weil *„jedermann davon ausgehen müsse, daß sich der Hypothekengläubiger darauf verläßt und nach den als regelmäßig vorauszusetzenden Verhältnissen auch darauf verlassen kann, daß das Grundstück mit den darauf errichteten Gebäuden und allen ihren Bestandteilen ihm diejenige Sicherheit gewähre, welche sich aus der Vergleichung des dem Grundstücke in diesem Zustande beizulegenden Wertes mit der Rangordnung der betreffenden Hypothek ergibt"*. Das Schrifttum nahm diese Judikatur beifällig auf[158]. Anscheinend unabhängig von ihr ist auch *Windscheid*[159] für eine (weitere) Beschränkung in der Ausübung des Heimfallrechts eingetreten, indem er dem ehemaligen Bestandteilseigentümer die Berufung auf sein Trennungsrecht versagt hat, wenn die Gesamtsache von einem Dritten ersessen wurde und die Integration seinerzeit durch den Bestandteilseigentümer selbst oder mit seinem Einverständnis vorgenommen worden war. Diese Durchbrechung des auch von *Windscheid* als gültig anerkannten Grundsatzes, daß die Wirkung der Ersitzung einer Gesamtsache sich nicht auf deren Bestandteile erstrecke, nachdem diese wieder selbständig geworden seien, hat er durch die Erwägung gerechtfertigt, der Bestandteilseigentümer habe hier *„auf das Eigentum an dem Verbundenen als selbständiger Sache definitiv verzichtet, und den Willen an den Tag gelegt, daß er an ihm nur in seiner Eigenschaft als Bestandteil Eigentum haben wolle"*[160].

δ) Die *pandektenrechtlichen Kodifikationen* haben sich die seit *Donellus* in einem Teil der Rechtsliteratur sowie in den Naturrechtskodifikationen zu beobachtenden, auf eine Verdichtung des integrativen Zusammenhangs hin-

---

158 Vgl. *Kohler*, DogmJb 26 (1888), 60 bei Anm. 123; *Regelsberger* § 102 II Anm. 5; *Biermann*, DogmJb 34 (1895), 217. Dagegen noch *Zaun*, AcP 43 (1860), 306.

159 Vgl. *Windscheid* I § 175 a Anm. 2 a. E.; ebenso dann *Regelsberger* § 102 II Anm. 7, unter Berufung auf D. 6. 1. 23. 5, 7; h. t. 59; C. 3. 32. 2.

160 Vgl. Anm. 145.

zielenden Tendenzen weitgehend, wenn auch in unterschiedlichem Ausmaß zu eigen gemacht.

αα) Die allen drei Naturrechtsgesetzbüchern gemeinsame Verwandlung der Inädifikate von zweitstufig integrierenden in erststufig integrierende Sachen, d. h. deren auch die Zeit ihrer Verbindung mit dem Gebäude überdauernde Zuweisung an den Grundeigentümer, ist auch von allen späteren Gesetzbüchern übernommen[161], der Bruch mit der römischen Überlieferung insofern also endgültig geworden.

ββ) Darüber hinaus haben einige von ihnen die nach klassischem Recht unmittelbar mit dem Grundstück zu einem zweitstufigen Integrat verbundenen Sachen (also die *dolia defossa, fistulae, pali vineae,* das *sterculinum* etc.), die bei der Differenzierung des klassischen integrierenden Bestandes in Bestandteile und Pertinenzen dort, wo man einen an der Notwendigkeit der Verbindung ausgerichteten Integritätsbegriff zugrunde legte, diesen letzteren zugewiesen waren[162], zu (nunmehr erststufigen) Integraten erhoben, soweit die Verbindung mit dem Grundstück eine gewisse Festigkeit und Dauerhaftigkeit aufwies (wie dies z. B. für die *dolia* und *fistulae,* nicht aber die *pali* und das *sterculinum* zutraf)[163].

---

[161] Vgl. *Hessen,* BGB-Entwurf, II 3 Art. 42—44; *Zürich,* PG § 548; *Bayern,* BGB-Entwurf, I Art. 144, 145, und III Art. 101; *Sachsen,* BGB § 284; *Baltische* Länder, PG §§ 771, 772, 775, 776; *Deutsches Reich,* BGB §§ 94 II i. V. m. §§ 93, 946 (ebenso alle Entwürfe); *Schweiz,* ZGB Art. 671 I, 642 I. — Mit Ausnahme der Gesetzbücher für Zürich und die baltischen Provinzen, für welche insoweit das unter Anm. 139 zu den Naturrechtskodifikationen Gesagte entsprechend gilt, wird nun der Eigentumserwerb des Grundeigentümers ausdrücklich normiert.

[162] Vgl. oben unter a) und unten II 3 g und h.

[163] So ausdrücklich schon der *bayrische* Entwurf (I Art. 144) und das *deutsche* BGB (§ 94 I 1; ebenso alle Entwürfe, ähnlich auch *Bähr* § 814); unter Beschränkung auf „Wasserwerke" (also die römischen *fistulae, canales* etc.) auch das *Zürcher* PG (§ 474), welches diese (zusammen mit den Gebäuden) als „Liegenschaften" bezeichnet, ohne allerdings (wie dort) deren Einfügung in das Grundstück zu einem Eigentumserwerbsgrund zu erheben, so daß in Wahrheit nur eine zweitstufige Integration vorliegt. Einschränkend schließlich auch das *schweizerische* ZGB, das in Art. 675 I nur bei *„eingegrabenen, aufgemauerten oder unter der Bodenfläche mit dem Grundstück verbundenen Vorrichtungen"* grundsätzliche Eigentümeridentität und damit erststufig integrierende Bestandteilseigenschaft voraussetzt, während es in Art. 676 I bei Leitungen offenbar von bloßer Zubehöreigenschaft ausgeht. Überhaupt abgesehen wird von einer Überführung zweitstufig integrierender Grundstücksverbindungen des klassischen Rechts in den erststufig integrierenden Bestand im *sächsischen* BGB und im *baltischen* PG. Sie scheinen diese, wie die Naturrechtsgesetzbücher und die Pandektisten der *Puchta*schen Richtung, schlechthin als Pertinenzen anzusehen.

$\gamma\gamma$)Vor allem endlich haben einige Gesetzbücher die von der Pandektenwissenschaft (vgl. oben 1 b β *aa*) vorbereitete Überführung von (untrennbar oder herstellend) mit dem Gebäude verbundenem maschinellem Inventar in den erststufig integrierenden Bestand, die dem antiken Recht naturgemäß noch unbekannt war, realisiert und dadurch den Anwendungsbereich erststufiger Integration um eine bedeutsame Gruppe von Sachverbindungen erweitert.

(1) Das Gesetzbuch, in dem diese Neuerung am frühesten ihren legislatorischen Niederschlag gefunden hat, ist das *Zürcher* PG gewesen. Dieses hat die mit einer Fabrik und dgl. *„verbundenen Maschinenwerke und Getriebe"* zu Bestandteilen des Fabrikgebäudes erklärt, und zwar schlechthin, also sogar ohne Untrennbarkeit oder Notwendigkeit der Verbindung zur Voraussetzung der Bestandteilseigenschaft zu machen[164]. Der Eigentumserwerb durch den Grundeigentümer als nomologische Konsequenz der erststufigen Integration ergab sich dann aus den entsprechenden Erwägungen wie bei der Bauführung[165]. Ebenso ist der *bayrische* Entwurf verfahren, der gleichfalls eine Bestimmung enthält, die die Bestandteilseigenschaft von *„eingemauerte(n) oder sonst eingefügte(n) Gewerbsvorrichtungen in Mühlen, Bräuhäusern oder Fabrikgebäuden und dergleichen"* begründet, und die in Zusammenhang mit den Vorschriften über den Verbindungserwerb, die diesen ihrerseits von der Bestandteilseigenschaft der verbundenen Sache abhängig machen, die nomologische Integration des maschinellen Inventars ergibt[166]. Etwas weniger weitgehend, weil unter Beschränkung auf die untrennbar oder zur Gebäudeherstellung notwendig verbundenen, hat auch das *deutsche* BGB Maschinen in den erststufig integrierenden Gebäudebestand aufgenommen. Anders als das Zürcher PG und der bayrische Entwurf enthält es allerdings keine besondere, die (wesentliche) Bestandteilseigenschaft von Fabrikausrüstungen aussprechende Vorschrift mehr. Vielmehr folgt hier die integrierende Natur des untrennbaren Inventars aus der allgemeinen Definition des wesentlichen Bestandteils, die jede untrennbar verbundene Sache zum wesentlichen Bestandteil des Ganzen erklärt[167], die des gebäudespezifischen dagegen aus der besonderen Definition wesentlicher Gebäudebestandteile, die (außerdem) alles, was zur Herstellung eines Gebäudes darin eingefügt wur-

---

164 § 482.

165 Vgl. o. Anm. 161 und 139.

166 I Art. 145 II aE i. V. m. III Art. 101.

167 § 93 (Subjekt des Satzes).

de, zum wesentlichen Bestandteil des Gebäudes bestimmt[168]. Auch die Sachenrechtsunfähigkeit der unter diesen Voraussetzungen integrierenden Fabrikausrüstung resultiert nun aus einer allgemeinen Bestimmung, die den wesentlichen Bestandteilen schlechthin die Fähigkeit abspricht, Gegenstand besonderer Rechte zu sein[169].

(2) Die übrigen, um die Jahrhundertmitte entstandenen Gesetzbücher tragen dagegen den neuen Bedürfnissen, die sich aus der Industriebautechnik für das Recht der Sachverbindungen ergaben, noch keine Rechnung und verharren beim überkommenen gemeinrechtlichen Rechtszustand[170]. Sie alle kennen nur die klassischen Accessionstatbestände. So bleibt z. B. im *sächsischen* BGB, das den Accessionserwerb bei Liegenschaftszuwachs gleichfalls schon von der „Bestandteilseigenschaft" der verbundenen Sache abhängig macht[171], aber ebenso wie die Mehrzahl der älteren Gesetzbücher noch keine allgemeine Definition des Bestandteilsbegriffs enthält und statt dessen nur eine Aufzählung der als Bestandteile anzusehenden Sachgattungen bietet, das verbundene gewerbliche Inventar unberücksichtigt. Daß es in der Tat in keinem Falle Bestandteil, sondern (nur) Pertinenz sein soll, geht mit Eindeutigkeit daraus hervor, daß bei der Einbeziehung der Pertinenzen in die hypothekarische Haftung die (bloße) Pertinentialität der untrennbar oder herstellend verbundenen maschinellen Ausstattung vorausgesetzt wird[172]. Auch der *hessische* Entwurf und das *baltische* PG, die entweder einen vom Pertinenzbegriff verschiedenen Bestandteilsbegriff noch gar nicht kennen oder doch den Accessionserwerb ohne konsequente Bezugnahme darauf regeln, enthalten nur die klassischen Accessionstatbestände und berücksichtigen bei der Inädifikation nur die herkömmlichen Einbauten wie Baumaterial und dgl.[173].

(3) Offen bleibt die Position des *Schweizer* ZGB. Wieweit es von der Bestandteilseigenschaft verbundenen maschinellen Inventars ausgeht, wird aus der Gesetzesfassung nicht völlig deutlich. Auch hier fehlt es sowohl an einer Spezialvorschrift, die es unter bestimmten Voraussetzungen zum Bestandteil erklärt (wie etwa das Zürcher PG oder der bayrische Entwurf), als auch an einer solchen allgemeinen Begriffsbestimmung für den Bestand-

---

168 § 94 II.

169 § 93 (Prädikat des Satzes). Die subjektive Zuordnung ergibt sich aus § 946.

170 Vgl. zum Folgenden auch u. Anm. 394.

171 § 284.

172 §§ 411, 412, vgl. o. Anm. 89.

173 Vgl. *hessischer* BGB-Entwurf II 3 Art. 42—44; *baltisches* PG §§ 771 ff.

teil, aus der sich die Bestandteilseigenschaft der verbundenen Ausrüstung von Fabrikgrundstücken mit hinreichender Bestimmtheit ergäbe (wie etwa im deutschen BGB). Letzteres gilt jedenfalls für das untrennbar verbundene Inventar. Anders als § 93 BGB knüpft nämlich die Legaldefinition des Art. 642 Abs. 2 ZGB nicht an die Unversehrtheit der Trennstücke (die *integritas partium*), sondern an die Unversehrtheit des Ganzen (die *perfectio integri*) an. Nur bei Fahrnisverbindungen folgt aus Art. 727, daß auch der am Trennstück zu erwartende Schaden dieses zum (sachenrechtsunfähigen) Bestandteil macht. Zwar findet diese auf Fahrnisverbindungen beschränkte Regelung ihre Entsprechung bei Grundstücksverbindungen in den Art. 667 ff., wonach das Grundeigentum grundsätzlich alle Bauten und Pflanzen umfaßt (Art. 667 Abs. 2). Seine Erstreckung auf gewerbliches Inventar, dessen Verbindung mit dem Gebäude sich ohne Beschädigung des einen oder des anderen nicht wieder lösen ließe, und dessen grundsätzliche Sonderrechtsunfähigkeit läßt sich dagegen bei objektiver Auslegung dieses Gesetzbuchs allenfalls analog Art. 727 begründen oder mittelbar aus Art. 675 Abs. 1 ableiten, wonach *„Bauwerke und andere Vorrichtungen, die auf fremdem Grunde eingegraben, aufgemauert oder sonstwie dauernd auf oder unter der Bodenfläche mit dem Grundstück verbunden sind, ... einen besonderen Eigentümer haben (können), wenn ihr Bestand als Dienstbarkeit in das Grundbuch eingetragen ist."* — Anders ist die Lage freilich bei der herstellenden Ausrüstung. Hier bietet sich die an der *perfectio integri* ausgerichtete allgemeine Bestandteilsdefinition des Art. 642 Abs. 2 dazu an, maschinelles Inventar in den integrierenden Zusammenhang mit dem Gebäudeganzen aufzunehmen und dabei durch eine unternehmensbezogene Bestimmung des Sachganzen sogar zu einer viel weiter gehenden Integration der industriellen Ausrüstung zu gelangen. Einziger gesetzlicher Anknüpfungspunkt für die Subsumtion maschinellen Inventars unter den Bestandteilsbegriff ist danach eine Definitionsnorm, die bezüglich ihres hier entscheidenden (impliziten) Tatbestandsmerkmals der „Sachganzheit" in noch höherem Maße konkretisierungsbedürftig ist als etwa die vergleichbare Integrationsnorm des § 94 Abs. 2 BGB, die durch ihren spezielleren Anwendungsbereich (nicht Sache schlechthin sondern Gebäude) das Bezugsobjekt immerhin schon etwas konkretisiert und dadurch die Auswahl der integrationserheblichen Kriterien ein wenig einschränkt. Bei dieser vom Gesetz nicht festgelegten, in verschiedener Richtung offen gebliebenen Problemlösung wuchs der Anwendung des Gesetzes durch die Praxis die Aufgabe zu, die Weichen zu stellen. Bezeichnenderweise hat sie dies in einer Richtung getan, die trotz der im Ansatz etwas verschiedenen gesetzlichen Ausgangssituation mit der Entwicklung der deutschen BGB-Jurisprudenz konvergiert. So wird einerseits auch in der

Schweiz inzwischen in fortschreitendem Maße Bestandteilseigenschaft bejaht und Sachenrechtsfähigkeit verneint, wenn die Lösung für die Trennstücke schädlich wäre[174]. Andererseits wird auch dort der an der *perfectio integri* ausgerichtete Bestandteilsbegriff des Art. 642 Abs. 2 ZGB nicht dazu benutzt, die zum Betriebe notwendige maschinelle Ausrüstung auch dann zum Bestandteil zu erklären, wenn ihre Verbindung mit dem Grundstück sich wieder lösen läßt, ohne daß die Trennstücke dadurch ihre spezifische technische Verwendungsfähigkeit verlieren[175]. Die in der späten Judikatur zum ALR sichtbaren und von der Spätpandektistik übernommenen Ansätze, nicht nur die Hauptsache für das Zubehör, sondern auch den notwendigen herstellenden Bestand der *res composita* produktionstechnisch (und nicht konstruktionstechnisch) zu bestimmen[176], sind also in der Schweiz nicht aufgenommen worden, obwohl der allgemeine Bestandteilsbegriff des Art. 642 Abs. 2 ZGB dem naturrechtlich-idealistischen Substanzteilbegriff des ALR, auf den jene Rechtsprechung sich berufen hatte, genau entsprach. Auch insofern ist daher die Schweizer Jurisprudenz denselben Weg gegangen, zu dem auch die deutsche schließlich hingefunden hat: Auch hier haben ja die Versuche, die landrechtliche Judikatur nicht nur bei der Anwendung des gemeinen Rechts, sondern auch des BGB zu übernehmen, d. h. also das betriebsspezifische maschinelle Inventar zum gebäudeherstellenden Bestand und über den gleichfalls an der *perfectio integri* orientierten Bestandteilsbegriff des § 94 Abs. 2 zum wesentlichen Gebäudebestandteil zu erklären, nur insoweit durchsetzen können, als Gebäude und Ausrüstung individuell für einander bestimmt sind, indem entweder die Maschine speziell für das Fabrikgebäude konstruiert oder soweit dieses seiner baulichen Anlage nach ausschließlich für die Aufnahme bestimmter Maschinen errichtet und geeignet ist[177].

δδ) Sind die pandektenrechtlichen Kodifikationen demnach bei der Qualifikation von Sachverbindungen als erststufige Integrate — auf das Ganze gesehen — der neueren Entwicklung gefolgt und erheblich über den Rahmen hinausgegangen, den das klassische Recht gesteckt hatte, indem sie Sachverbin-

---

[174] Vgl. z. B. *Arthur Mayer-Hayoz*, Berner Kommentar zum ZGB 4. Aufl., Band IV 1 (Bern 1966), Art. 642 Erl. II 2 b (Randn. 12). — Zum Folgenden vgl. auch o. Anm. 39.

[175] Vgl. aaO. Erl. II 3 a (Randn. 17).

[176] Vgl. o. Anm. 36.

[177] Vgl. für das ZGB: *Mayer-Hayoz* aaO. Randn. 17; für das BGB: *Staudinger-Coing* § 93 Randn. 12 c; *Enneccerus-Nipperdey*, Allg. Teil d. Bürg. R., I 1 § 125 II 1 b und 2 b γ und δ.

dungen zu erststufigen Integraten erhoben haben, die dort entweder nur zweitstufige gewesen waren oder in gar keinem integrierenden Zusammenhang gestanden hatten, so haben sie auf der anderen Seite diesen neuen erststufigen Integraten doch jene Dauerhaftigkeit versagt, die für die erststufigen Integrate des klassischen Rechts kennzeichnend war. Damit sind sie insbesondere von der Position der Naturrechtsgesetzbücher, die auch diese letzte Konsequenz gezogen hatten, wieder abgerückt. Während nämlich dort der Eigentumserwerb des Grundstücks- und Gebäudeeigentümers an den Inädifikaten unwiderruflich und dem Materialeigentümer nur ein Vergütungsanspruch blieb, hat die Mehrzahl der späteren Gesetzbücher[178] dem ehemaligen Fahrniseigentümer unter im einzelnen unterschiedlichen Voraussetzungen ein *Wegnahmerecht* gewährt[179] und damit die römische Tradition in einer abgewandelten Form wieder aufgenommen: Aus dem Anfallrecht, in welches das gemeine Recht das ruhende Eigentum des klassischen Rechts umgedeutet hatte, wurde nun ein Aneignungsrecht. Die Verstärkung des integrativen Zusammenhanges, die durch die Sonderrechtsunfähigkeit der Inädifikate, des untrennbar verbundenen Inventars und der bisher zweitstufig integrierenden Grundstücksverbindungen, sowie deren die Verbindung überdauernde Zuweisung an den Grundeigentümer gegenüber dem klassischen Rechtszustand erreicht worden war, ist daher durch diese Wegnahmerechte wieder in Frage gestellt und darüber hinaus mit einer Schwächung der integrativen Bindung bei allen erststufigen Integrationen bezahlt worden, indem das dem römischen Recht nur ausnahmsweise bekannte Wegnahmerecht sich nun auf alle, also auch auf die schon nach klassischem Recht erststufig integrierenden Grundstücksverbindungen erstreckt[180].

---

178 Nur der *hessische* Entwurf, das *sächsische* BGB und die ersten beiden Lesungen der *Entwürfe* zum *deutschen* BGB sowie der *Gegenentwurf Bähr* folgen auch hier dem Vorbild der Naturrechtsgesetzbücher und sehen ein Wegnahmerecht überhaupt nicht vor.

179 Allein das ZGB (Art. 671 II), ist zu einem regelrechten Trennungs- und Herausgabeanspruch (und damit zur *actio ad exhibendum* des römischen Rechts, die dort freilich gerade bei Inädifikationen nicht gegeben war) zurückgekehrt, wobei aber der Herausgabeanspruch möglicherweise nicht vindikatorisch, sondern recuperatorisch gemeint ist.

180 Das *römische* Recht kannte ein nicht an die Voraussetzungen der *actio ad exhibendum* geknüpftes Wegnahmerecht (*ius tollendi*) nur zugunsten des Hauptsachenbesitzers, der die in seinem Eigentum stehenden Teilsachen selbst mit der ihm fremden Hauptsache verbunden hatte (vgl. z. B. D. 6. 1. 27. 5; h. t. 38; 25. 1. 9). Auch hier war es ausgeschlossen, soweit durch eine Trennung die Hauptsache gegenüber ihrem vor der Verbindung befindlichen Zustand verschlechtert worden wäre

In den Voraussetzungen des Wegnahmerechts (bzw. des Trennungsrechts) folgen die Gesetzbücher unterschiedlichen Prinzipien. Die *Schweizer* Gesetzbücher und das *deutsche* BGB[181] gehen allein von objektiven, nämlich die Wirtschaftlichkeit der Trennung betreffenden Gesichtspunkten aus, wobei das *Zürcher* PG allein auf die Gesamtsache abstellt, während das *deutsche* BGB und das *Schweizer* ZGB in jeweils wiederum verschiedener Weise sowohl dem Erhaltungsinteresse des Grundeigentümers als auch dem Wiedergewinnungsinteresse des Materialeigentümers Rechnung tragen: das PG *Zürich*[182] gestattet die Wegnahme, wenn diese (für die Liegenschaft) unschädlich ist; das *deutsche* BGB[183] läßt sie grundsätzlich zu und schließt sie[184] nur für den Fall aus, daß sie dem Wegnahmeberechtigten nichts nützt, oder wenn der Grundeigentümer diesem den hypothetischen Wert des Trennstücks ersetzt; das *Schweizer ZGB*[185] gewährt den Trennungs- und Herausgabeanspruch *„soweit dies* (i. e. die Trennung) *ohne unverhältnismäßige Schädigung möglich ist"*, stellt also auf einen Wertvergleich zwischen dem Wert des Trennungsstücks einerseits und der Werteinbuße der Gesamtsache andererseits ab. Das *baltische* Privatrecht und der *bayrische* Entwurf machen dagegen das Wegnahmerecht (ausschließlich oder zusätzlich) von subjektiven Merkmalen abhängig, die die rechtlichen Beziehungen des Bauführers zum Baugrund, bzw. desjenigen, der die sonstigen erststufig integrierenden Sachverbindungen herstellt, zum Grundstück betreffen, und knüpfen damit an das auch in den Naturrechtsgesetzbüchern anzutreffende, aus den römischen Quellen abgeleitete Differenzierungsschema an: fremder Baugrund/eigenes Material, eigener Baugrund/fremdes Material, fremder Baugrund/fremdes Material — eine Differenzierung, die in jenen Gesetzbüchern freilich nicht für die Voraussetzungen eines (dort ja gar nicht vorgesehenen) Wegnahmerechts, sondern des Vergütungsanspruchs oder der Wegnahmepflicht getroffen wurde. Das *baltische* Privatrecht kennt ein Wegnahmerecht überhaupt nur beim Bau auf fremdem Grundstück, dort aber ohne Einschränkung[186]. *Bayern* unter-

---

oder der Hauptsacheneigentümer den Wert der Trennstücke ersetzte (vgl. D. 6. 1. 37, 38; 25. 1. 9). Das galt auch für das gemeine Recht, vgl. *Windscheid-Kipp* I § 195 bei Anm. 11 bis 13; *G. Demelius*, Exhibitionspflicht (1872), 123 ff.

181 Erstmals in den Bundesratsvorlagen, vgl. Entwürfe I § 897, II a § 866 einerseits — II b § 936 II 2, III § 935 II 2 anderseits.

182 § 548.

183 §§ 951 II 2, 997.

184 § 997 II.

185 Art. 671 II.

scheidet nach den Besitzverhältnissen am Grundstück: Hat der Besitzer verbaut, so hat er ein Wegnahmerecht, wenn die Trennung für die Liegenschaft unschädlich und ohne unverhältnismäßige Kosten möglich ist[187]; hat der Nichtbesitzer verbaut, so kommt es auf dessen guten Glauben an: Ist er gutgläubig, so kann er unter denselben Voraussetzungen wegnehmen wie ein Besitzer[188], ist er bösgläubig, so hat er ein Wegnahmerecht nur hilfsweise, soweit er nämlich keinen Aufwendungsersatz fordern kann[189].

εε) Bei den trennbaren *Fahrnisverbindungen* ist nur der *bayrische* Entwurf[190] der integrationsfreundlichen Lösung des CC gefolgt, welcher auch hier das Teileigentum sowohl an den untrennbar verbundenen als auch an den trennbaren Teilsachen untergehen ließ, ohne zwischen herstellenden und sonstigen Verbindungen einen Unterschied zu machen, und welcher in keinem Falle ein Heimfallrecht vorsah[191]. Immerhin gewährt auch der bayerische Entwurf ein Wegnahmerecht, und zwar unter leichteren Bedingungen als sein Vorbild[192]. Das *Schweizer* ZGB dagegen sieht einen Untergang des Bestandteilseigentums außer bei untrennbaren nur bei herstellenden Fahrnisverbindungen vor, und läßt insoweit nun nicht nur ein Heimfallrecht, sondern auch ein Wegnahmerecht entfallen[193]. Alle übrigen Gesetzbücher knüpfen an die insoweit mit dem römischen Recht übereinstimmende Regelung von ALR und ABGB an und lassen das Eigentum an den trennbaren Teilsachen fortbestehen[194].

186 §§ 772, 773.

187 III Art. 103 II.

188 III Art. 104 III.

189 III Art. 104 II.

190 III Art. 107.

191 Vgl. o. bei Anm. 143, 144.

192 III Art. 109, 110. Die Voraussetzungen entsprechen im wesentlichen denen des Wegnahmerechts an Inädifikaten, wobei dem Grundstückseigentümer hier der Eigentümer der beweglichen Hauptsache entspricht.

193 Das ergibt sich für die untrennbaren Verbindungen aus Art. 727, für die herstellenden aus Art. 642 Abs. 1. Ein Unterschied zur französischen und bayrischen Regelung, die bei Sachverbindung schlechthin Accessionserwerb eintreten lassen, ist allerdings nur dann gegeben, wenn die weder herstellend noch untrennbar verbundene Sache überhaupt als „accession" bzw. „Bestandteil" und nicht etwa als bloße Pertinenz angesehen wird (sofern wenigstens die Voraussetzungen von Pertinentialität, vor allem also die dauerhafte Widmung für den Hauptsachenzweck gegeben sind). Freilich gingen die Verfasser des bayrischen Entwurfs von diesem weiten Bestandteilsbegriff aus (vgl. u. Anm. 361).

194 *Zürich,* PG § 640 S. 1; *Sachsen,* BGB arg. § 247; *baltische* Länder PG § 790; *Deutsches Reich,* BGB arg. § 947 (entsprechend alle Entwürfe; ausdrücklich in diesem Sinne *Gegenentwurf Bähr* § 885). Auch der *hessische* Entwurf ging von einem Fortbestand des Teileigentums aus, wie sich aus den Motiven zu II 3 Art. 46, 47 (S. 96)

3. Das Ergebnis der institutionengeschichtlichen Entwicklung

Die Veränderungen, welche die Integralstruktur der körperlichen Sache und deren Funktion im Sachenrechtssystem in der Rechtsentwicklung seit dem Ende des 18. Jahrhunderts erlitten hat, lassen sich wie folgt zusammenfassen:

a) Die erststufigen Integrate

Die Kategorie der erststufigen Integrate ist, wenn auch unter Lockerung des integrativen Zusammenhanges und unter Veränderung ihres gegenständlichen Anwendungsbereiches, erhalten geblieben, einer Veränderung, die im Ergebnis zu einer Erweiterung des erststufig integrierenden Bestandes und seiner Erstreckung auf alle wirtschaftlich ins Gewicht fallenden integrierenden Sachverbindungen geführt hat.

Die Schwächung des integrativen Zusammenhanges besteht darin, daß er dort, wo nicht alle das Integrat konstituierenden Bestandteile schon bei Herstellung der Verbindung dem Eigentümer des Integrates gehört haben, nur noch unter dem suspensiven Effekt eines Wegnahme- oder Trennungsrechts fortbesteht, welches dem durch die Integration um sein Eigentum gebrachten Teileigentümer unter gewissen Voraussetzungen zusteht, und dessen Ausübung zur Desintegration führt; ein Suspensiveffekt, den das römische Recht nur bei den zweitstufigen Integraten und auch dort nur unter bestimmten Voraussetzungen[195] kannte. Was die nunmehrigen erststufigen Integrate gleichwohl von den zweitstufigen des klassischen Rechts unterscheidet (und ihre Qualifikation als erststufige nach wie vor rechtfertigt), ist die nach wie vor totale[196] Sachenrechtsunfähigkeit ihrer Teile, insbesondere der endgültige Eigentumserwerb an den Teilsachen durch den Eigentümer des Integrates, ein Eigentumserwerb also, der auch nach einer späteren Lösung der Verbindung fortbesteht (es sei denn, sie sei durch die Ausübung

---

ergibt; der Trennungsanspruch des Art. 46 war danach nicht, wie das Wegnahmerecht der Art. 109, 110 des *bayrischen* Entwurfs, rekuperatorisch, sondern vindikatorisch.

[195] Vgl. Anm. 180.

[196] Wenn man vom Wegnahmerecht absieht, als dessen Gegenstand der wegzunehmende Teil erscheint, und welches als dingliches Aneignungsrecht zu qualifizieren ist.

eines Wegnahmerechts erzwungen), und schließlich die Abhängigkeit des Wegnahmerechts von den weiteren Voraussetzungen, die eine dem Gesamtsacheneigentümer nicht genehme, unwirtschaftliche Zerstörung des Integrates verhindern.

Die Veränderung seines gegenständlichen Anwendungsbereiches besteht einerseits darin, daß bei bestimmten, bisher zu einem erststufigen Integrat zusammengeschlossenen Sachverbindungen, nämlich bei erststufig integrierenden Grundstücks- oder Gebäudeverbindungen, der integrale Zusammenhang völlig und ersatzlos aufgelöst worden ist. Allerdings ist nach einem zunächst umfangreicheren Katalog von Auflösungstatbeständen als Ergebnis einer rückläufigen Entwicklung in den pandektenrechtlichen Kodifikationen nur noch die Vorläufigkeit der Verbindung, bei Gebäuden im Verhältnis zum Grundstück außerdem die Vornahme in Ausübung eines dinglichen Rechts als Auflösungstatbestand bestehen geblieben. Andererseits sind Sachverbindungen, die bisher ein nur zweitstufiges Integrat miteinander bildeten, oder in bloß instrumentalem Zusammenhang standen, in erststufige Integrate verwandelt worden. Auch von dieser Entwicklung, die etwas später einsetzte als die vorerwähnte, im Gegensatz zu jener aber in der Pandektistik nicht rückläufig wurde, sondern stetig weiter fortgeschritten und erst zu Beginn unseres Jahrhunderts zum Stillstand gekommen ist, wurden vor allem, wenn auch nicht ausschließlich, Grundstücks- und Gebäudeverbindungen betroffen: zunächst die herstellenden Gebäudebestandteile, dann in zunehmendem Maße auch nicht herstellende Teilsachen, sofern sie mit dem Gebäude untrennbar verbunden worden sind, zeitweise sogar trennbar Verbundenes, sofern es mit dem Gebäude eine betriebstechnische Einheit bildete, stellenweise schließlich auch Sachen, die unmittelbar mit dem Grund und Boden in feste und dauerhafte Verbindung gesetzt worden sind.

b) Die zweitstufigen Integrate

Die Kategorie des zweitstufigen Integrates ist, nach fortschreitender Schrumpfung seines Anwendungsbereiches zugunsten der erststufigen Integration in der Gesetzgebung und Angleichung der ihm eigentümlichen integralen Bindung an die erststufige Integration in der Wissenschaft[197], entweder überhaupt verschwunden[198] oder, unter Wiederherstellung seiner originalen

[197] Vgl. die in den Anmerkungen 146 und 149 genannten Autoren.

[198] So der CC und der *bayrische* BGB-Entwurf, die bei allen Sachverbindungen das Bestandteilseigentum auf den Hauptsacheneigentümer übergehen lassen (CC Art.

Struktur, nur noch für einen wirtschaftlich vergleichsweise unbedeutenden Kreis von Sachverbindungen, nämlich die herstellenden, trennbaren Fahrnisverbindungen, bestehen geblieben[199]. Sie umfaßt insoweit unter Ermangelung von Neuzugängen nur noch den von der Umwandlung in erststufige Integrate verschont gebliebenen Rest.

c) Die Pertinenzen (das Zubehör)

Die Integration ist nicht mehr der einzige Modus sachenrechtlicher Verknüpfung verschiedener Sachen. Auch Glieder nicht integrierender Sachmehrheiten beginnen, in sachenrechtliche Beziehung zueinander zu treten, indem unter gewissen Voraussetzungen der dingliche Rechtsstatus einer einzelnen Gliedsache (der Hauptsache) den dinglichen Rechtsstatus anderer Gliedsachen (Nebensachen, Pertinenzen) beeinflußt, oder sogar die Zugehörigkeit zu einer solchen Sachmehrheit für bestimmte Nebensachen mit einem partiellen Verlust der Rechtsobjektivität verbunden ist. Eine rechtsinhaltliche Einflußnahme hat sich zunächst vor allem darin geltend gemacht, daß Pfandrechte (bzw. diesen funktionell gleichstehende hoheitliche Bannrechte, wie sie sich aus Pfändung, Beschlagnahme und dergleichen ergeben), die eine unbewegliche Hauptsache betreffen, sich zugleich auf die Nebensachen erstrekken. Darüber hinaus macht sich eine Tendenz bemerkbar, die nicht integrierenden Nebensachen auch sonst am Recht der Hauptsache teilnehmen zu lassen, indem man sie entweder schlechthin subsidiär dem dinglichen Rechtsstatus der Hauptsache unterwirft und damit ihre Teilnahme am Recht der Hauptsache unmittelbar auf ihre Zugehörigkeit zu dem rechtsobjektiven Zweckverband gründet, oder indem man wenigstens Rechtsgeschäfte, die bezüglich

553—555, vgl. Anm. 139, 143; *bayrischer* BGB-Entw. I Art. 144, 145, III 101, 107, vgl. Anm. 161, 163, 166, 190), und das *Schweizer* ZGB, das bei allen Sachverbindungen, die Bestandteilseigenschaft begründen, auf dem Wege über die grundsätzliche Erstreckung des Gesamtsacheneigentums auf die Sachbestandteile in Art. 642 I gleichfalls zu einem Eigentumserwerb des Haupsacheneigentümers kommt, und bei den übrigen (also den trennbaren, nicht herstellenden Fahrnisverbindungen und gewissen Grundstücksverbindungen) einen integrierenden Zusammenhang überhaupt nicht mehr anerkannt (vgl. Anm. 193, 163).

199 So die übrigen Gesetzbücher (also ALR, ABGB, der *hessische* BGB-Entwurf, das *Zürcher* PG, das *sächsische* BGB, das *baltische* PG und das *deutsche* BGB), die am Grundsatz, daß nur das untrennbar Verbundene in einerlei Eigentum zu stehen braucht, jedenfalls bei Fahrnisverbindungen festhalten (vgl. Anm. 142 und 194) und nur bei Gebäude- oder Grundstücksintegraten auch trennbar Verbundenes (wie das zur Gebäudeherstellung Eingefügte oder u. U. auch das fest mit dem Grundstück Verbundene) dem Liegenschaftseigentümer zusprechen (vgl. Anm. 139, 161, 163).

der Hauptsache getroffen werden, als vermutlich zugleich die Nebensache meinend, in ihren Wirkungen darauf erstreckt und auf diese Weise jene Teilnahme auf dem Umweg über die Vermutung eines darauf gerichteten, das jeweilige Geschäft tragenden Parteiwillens ermöglicht. Eine Beschränkung der Fähigkeit, besonderer Gegenstand von Sachenrechten zu sein, hat insofern stattgefunden, als Grundstückspertinenzen die Fähigkeit verloren haben, besonderes Vollstreckungsobjekt zu sein.

Die Bedingungen, die erfüllt sein müssen, damit das Verhältnis funktionell einander zugeordneter Sachen als Pertinentialverhältnis qualifiziert wird, haben sich seit dem Ende des 18. Jahrhunderts, als die Ablösung des Pertinenzbegriffs vom Sachteilbegriff begann, gewandelt, mit dem Ergebnis, daß die Außengrenze des Pertinenz-Bestandes immer weiter vorgeschoben worden ist. Voraussetzung ist allerdings bis heute geblieben, daß das Aggregat eine Binnenstruktur besitzt, die sich auf das hierarchische Verhältnis einer den aggregativen Zweck repräsentierenden Hauptsache zu diesem Zweck dienlichen Nebensachen zurückführen läßt. Prototyp eines solchen pertinentialen Verbandes war das landwirtschaftlich oder gewerblich genutzte Grundstück zusammen mit seinem Inventar, wobei im Falle des Gewerbegrundstücks die Dauerhaftigkeit der Zweckwidmung sich zunächst in typischen Erscheinungsformen äußern mußte. Später hat man jede Art von Sachbeziehung, die sich in das Schema Hauptsache — Nebensache einordnen ließ, für pertinenzfähig erklärt, insbesondere auch eine solche, in welcher eine bewegliche Sache Hauptsache war. Nur haben Grundstücke niemals Nebensachen von beweglichen Sachen und seit der neueren Gesetzgebung überhaupt keine Nebensachen mehr sein können.

d) Gesamtwürdigung und Ausblick

Überblickt man diese Entwicklung im Zusammenhang und vergleicht sie mit dem römischen Ausgangspunkt, so springt die Tendenz zu einem fortschreitenden und verstärkten sachenrechtlichen Verständnis von Sachbeziehungen ins Auge. Einerseits sind bereits vorhandene integrale Bindungen durch die weitgehende Umwandlung zweitstufiger in erststufige Integrate verstärkt worden. Andererseits ist durch die Entwicklung des Pertinenzbegriffs eine neue Kategorie sachenrechtlicher Bindung geschaffen worden, die einen ständig wachsenden Kreis von bisher nur wirtschaftlich einander zugeordneten Sachen in eine sachenrechtliche Beziehung miteinander bringt. Dabei steuert die Rechtslage pertinential verbundener Sachen einem Zustand zu, welcher der Rechtslage zu einem zweitstufigen Integrat verbundener Sachen entspricht, und unterscheidet sich hiervon nur dadurch, daß die aus den Gliedern gebildete Einheit selbst nicht sachenrechtsfähig ist.

Zwar stehen der Verstärkung vorhandener integraler Bindungen und der Neuschöpfung der Kategorie der Pertinentialität Auflösungserscheinungen im integralen Bereich gegenüber: Die Kategorie der drittstufigen Integrate ist allenthalben, die der zweitstufigen stellenweise verschwunden und wo nicht, in ihrem Anwendungsbereich und ihrer Bedeutung erheblich geschrumpft; die erststufigen Integrate haben sich durch das Wegnahmerecht funktionell und durch die Ausnahmetatbestände vom Grundsatz *„superficies solo cedit"* gegenständliche Einbußen gefallen lassen müssen. Die funktionelle Schwächung der erststufigen Integrate durch die Einführung des Wegnahmerechts ist wirtschaftlich jedoch von untergeordneter Bedeutung, da dieses nur unter Vorbehalten gewährt wird, die eine dem Gesamtsacheneigentümer nicht genehme, unwirtschaftliche Zerstörung des Integrates ausschließt. Vor allem aber wird jener Schrumpfungsprozeß durch den oben erwähnten Expansionsprozeß mehr als ausgeglichen. Die aus der integralen Bindung entlassenen, bisher erststufig integrierenden Grundstücks- und Gebäudebestandteile sind, soweit ihnen nennenswerte Bedeutung zukommt, zum Teil in ein Pertinentialverhältnis zu anderen Grundstücken getreten. Im übrigen ist bei bedeutenderen Objekten von längerer Lebensdauer die Exemtion aus dem integralen Grundstücksverband wegen der ausnahmslosen zeitlichen Begrenzung der beschränkten dinglichen Rechte nur eine vorübergehende. Bei den bisher zweitstufigen Integraten, die nicht in erststufige umgewandelt worden sind, ist dort, wo die Kategorie zweitstufiger Integrate verschwunden ist, die integrale Bindung durch eine pertinentiale ersetzt worden; die Schrumpfung des Anwendungsbereichs ist ausschließlich den erststufigen Integraten zugute gekommen. Bei den drittstufigen Integraten ist auch zur Zeit ihrer größten Ausbreitung der integrale Zusammenhang so schwach gewesen, daß ihre Auflösung von untergeordneter Bedeutung war. Im übrigen ist teilweise (nämlich beim Instrument) an die Stelle der losen, drittstufig-integralen Bindung der Glieder aneinander deren festere pertinentiale Bindung an eine bisher außerhalb des integralen Verbandes befindliche Sache getreten und dadurch ein loserer Verband durch einen festeren ersetzt worden.

Die wirtschaftliche Bedeutung des hier ins Auge gefaßten dogmengeschichtlichen Prozesses besteht vor allem darin, daß er durch die Verfestigung der integralen und Neueinführung der pertinentialen Bindung dem Realkredit solidere und größere Haftungsverbände zur Verfügung gestellt hat. Da der Prozeß der Umwandlung zweitstufiger in erststufige Integrate vor allem die Grundstücks- und Gebäudeverbindungen betroffen und außerdem das Grundstück entweder der alleinige oder doch der wichtigste Anknüpfungspunkt für eine Pertinentialbindung gewesen ist, ist diese Entwicklung vor allem dem Bodenkredit zugute gekommen, der sich dadurch neben Aktie und Obligation zu dem wichtigsten Finanzierungsmittel für den steigenden industriellen Investitionsbedarf hat entwickeln können. Durch die Pertinenzierung des Inventars, die gerade durch dessen Unterwerfung unter die auf dem Grundstück ruhenden oder darauf zu legenden Lasten ihren Anfang genommen hat, sind dem Grundpfandrecht Werte zugeführt worden, die ihm bis dahin unzugänglich waren[200]. Die Verwandlung zweitstufiger in erststufige Integrate hat zwar den gegenständlichen Umfang der Haftung nicht mehr erweitern können, da sich das Grundpfandrecht stets auf das gesamte Grundstück in allen seinen integrierenden Bestandteilen ohne Rücksicht auf den Integritätsgrad bezog; sie hat dem Grundpfandrecht aber eine größere Effektivität verliehen, indem er die Möglichkeit konkurrierender Drittrechte an den ihrer Rechtsobjektivität nun völlig entkleideten Bestandteilen ausschloß. Ein solches Maß an Effektivität war bei der Pertinentialverhaftung noch nicht gewährleistet: sie fand dort ihr Ende, wo ihr Sonderrechte an der rechtsfähig gebliebenen Pertinenz entgegenstanden (vorbehaltlich nur der Möglichkeit eines gutgläubigen Pfandrechterwerbs durch den Grundpfandgläubiger, einer Regelung, die sich allerdings auf die Dauer nur in Österreich hat durchsetzen können). Es war dies zugleich die neue, freilich im Vergleich zu früher weit vorgeschobene Grenze des Haftungsverbandes, auf den der Bodenkredit sich nun stützen konnte. Der Unterschied zwischen (erststufig integrierendem) Bestandteil und Pertinenz: Verlust der Rechtsobjektivität bei Integration, andererseits deren Fortbestand bei Pertinenzierung, wurde für das Kreditwesen in erhöhtem

200 Die Pertinenzierung des landwirtschaftlichen und gewerblichen Inventars und seine Unterwerfung unter die Grundpfandhaftung war freilich theoretisch nicht der einzig mögliche Weg, dem besonderen Sicherungsbedürfnis der Kapitalgeber gerecht zu werden, das sich aus dem im Vergleich zum vorindustriellen Zeitalter erheblich gewachsenen Kreditvolumen ergab. Ein anderer Weg dahin hätte über das Pfandrecht an der Sachgesamtheit führen können, sei es in Gestalt eines Unternehmenspfandrechts, sei es der Generalhypothek. Dazu hätte es allerdings einer besseren, d. h. vor allem differenzierteren Entwicklung des Rechts an Sachgesamtheiten, der drittstufigen Integrate also, bedurft, und damit dogmengeschichtlicher Voraussetzungen, die nicht gegeben waren. Einer nur an der Einzelsache orientierten Sachenrechtsdogmatik und einer Gesetzgebung, deren Schöpfer einer solchen Tradition zwangsläufig verhaftet waren, blieb daher in der konkreten historischen Situation nur jener eine Weg über die gegenständliche Erweiterung des Einzelsachenpfandrechts, nämlich des Pfandrechts am Grundstück, gangbar. Hinzu kam, daß man im Grundbuchwesen bereits ein praktikables Instrument der Verlautbarung vorfand.

Maße bedeutsam, seitdem der mit dem Eigentumsvorbehalt arbeitende Lieferantenkredit, vor allem bezüglich der immer umfangreicher und kostspieliger werdenden Maschinenausrüstung, im Vordringen war. Mit der Qualifikation einer Sache als Bestandteil oder Zubehör entschied sich zugleich deren Zuordnung zugunsten Grundpfandgläubiger oder Vorbehaltseigentümer. Wurde nämlich die Sache zur Pertinenz, was überhaupt nur insoweit in Frage kam, als Pertinentialität nicht Identität der Eigentümer von Haupt- und Nebensache voraussetzte, so blieb das Vorbehaltseigentum unbelastet bestehen und die Sache, solange dieses bestand, von der grundpfandrechtlichen Verhaftung frei (es sei dann, der Grundpfandgläubiger konnte ein Pfandrecht daran gutgläubig erwerben). Wurde die Sache dagegen erststufig integrierender Bestandteil, so ging das Vorbehaltseigentum unter und räumte das Feld nicht nur dem Grund- (bzw. dem Gebäude-) Eigentum, welches sich nun auf die sachenrechtsunfähig gewordene Sache miterstreckte, sondern auch dem Grundpfandrecht, welches an dem Integrat bestand. Die vor allem bei großen, wertvollen Maschinen, die meist in irgendeiner Weise mit dem Fabrikgrundstück oder -gebäude befestigt waren, kritische und folgenschwere Entscheidung, ob sie Pertinenz oder (erststufig integrierender und daher sonderrechtsunfähiger) Bestandteil waren, hing davon ab, welche Anforderungen man an die integritätsbegründende Festigkeit der Verbindung stellte, bzw. inwieweit man der maschinellen Ausstattung für das Gebäude wesensbestimmende oder herstellende Bedeutung beimaß. Der Streit um die Bestimmung dieser Kriterien, der seine Wurzeln in der extensiven Interpretation des Substanzteilbegriffs durch die landrechtliche Judikatur des ausgehenden 19. Jahrhunderts hatte, entbrannte in ganzer Schärfe allerdings erst nach Inkrafttreten des BGB, dessen Legaldefinitionen (§§ 93, 94) zum Begriff des wesentlichen Bestandteils wegen der unvermeidlichen Unbestimmtheit seiner Merkmale (Wesensveränderung, Herstellung) sowohl eine extensive als auch eine restriktive Auslegung ermöglichte. Er wurde, bis man sich im zweiten Jahrzehnt dieses Jahrhunderts auf eine mehr restriktive Interpretation einigte, mit wachsender Heftigkeit und unter breitester Beteiligung der Juristen ausgefochten. Er erhielt seine besondere Note dadurch, daß die am Ergebnis interessierten ökonomischen Gruppen — die Banken einerseits, die Maschinenindustrie andererseits — auf seinen Ausgang Einfluß zu nehmen versuchten und das Dilemma einer Jurisprudenz sichtbar wurde, die von ihren rein begriffsjuristischen Argumenten aus zu Ergebnissen kam, die einer auf gerechten Ausgleich der widerstreitenden Interessen gerichteten Betrachtungsweise zufällig erscheinen mußte.

II. DIE THEORIEGESCHICHTE DES BESTANDTEILS- UND ZUBEHÖRBEGRIFFS

Die bisherigen Ausführungen haben sich darauf beschränkt, den nomologischen Aspekt der Veränderungen darzustellen, die seit dem Ausgang des 18. Jahrhunderts im Strukturbild integraler und assoziativer Sachverbindungen sichtbar geworden sind. Im folgenden sollen die begriffs- und systemgeschichtlichen Hintergründe dieses Prozesses untersucht werden. Ein solcher Rückgriff von der Institutionengeschichte auf die Theorie- und Systemgeschichte liegt für eine dogmengeschichtliche Betrachtung des hier in Frage kommenden Zeitraumes besonders nahe, da man sich in ihm in besonders ausgeprägtem Maße bemüht hat, das überlieferte Recht nicht nur systematisch zu erklären, sondern auch zu rechtfertigen und infolgedessen die Wechselwirkung von Institutionen- und Systementwicklung besonders eng gewesen ist. Man muß daher damit rechnen, daß institutionelle Neuerungen, zumal auf einem systematisch so zentralen Felde wie dem der Integralstruktur von Sachen, mit neuen systematischen Erkenntnissen korrespondieren, wenn nicht durch sie bedingt sind.

1. Die Naturrechtslehre

Der Zeitpunkt, in dem die im vorigen Abschnitt dargestellte Rechtsentwicklung eingesetzt hat, legt es nahe, deren systematische Voraussetzungen im Naturrecht des 18. Jahrhunderts zu suchen. Sie müßten darin bestehen, daß man dem pomponianischen Integralsystem, das die Binnenstruktur der Sache erklärt, ein anderes System an die Seite stellte, mit dessen Hilfe sich die Außenbeziehungen verschiedener, nicht als integrale Einheit verstandener Sachen zueinander darstellen lassen, und innerhalb dessen ein vom Begriff des integrierenden Teils verschiedener Pertinenzbegriff seinen Platz finden kann.

a) Die Theoriegeschichte bis zu Hofacker

Sieht man die Naturrechtslehrbücher und die durch naturrechtliche Vorstellungen geprägten systematischen Gesamtdarstellungen des gemeinen Rechts daraufhin durch, so muß man jedoch die erstaunliche Feststellung machen, daß ein solcher Versuch erst gegen Ende der naturrechtlichen Epoche im Werk des Tübinger Rechtsgelehrten *Carl Christoph Hofacker* (1749—1794)[201] gemacht worden ist[202]. Wahrscheinlich ist die mehr rechtsethische als rechtsontologische Orientierung des Vernunftrechts des 18. Jh. dafür verantwortlich zu machen, daß innerhalb des Sachenrechts das Augenmerk weniger auf apriorische Strukturen der Rechtsobjekte als auf die Arten und Rechtfertigungen ihrer Zuweisung an das beherrschende Subjekt gerichtet worden ist[203]. Jedenfalls hat man sich jeweils in dem meist sehr knapp gehaltenen allgemeinen Teil, in dem Begriff und Arten der Sache dargestellt werden, darauf beschränkt, mit gewissen Ergänzungen die gajanischen Einteilungsprinzipien wiederzugeben, ohne diese aus ihrer parataktischen Isolierung zu befreien und in ein geschlossenes System einzubringen[204]. Man ist dem gajanischen Vorbild sogar soweit gefolgt, daß die bei *Gaius* noch nicht vorkommende pomponianische Unterscheidung in *corpora unita, connexa* und *ex distantibus constantia* als solche ebenfalls nicht erscheint, also nicht einmal die integrierende Sachverbindung als ontologisches Phänomen gesehen wird, und Sachverbindungen überhaupt — wiederum wie bei *Gaius* —

[201] Zur Person und zum Lebenswerk dieses Juristen vgl. *Stintzing-Landsberg*, Geschichte der deutschen Rechtswissenschaft, Bd. III 1. Halbbd., München-Leipzig 1898, S. 359 ff., Noten S. 229 ff. Bibliographische Daten zu seinem Lehrbuch vgl. u. Anm. 208.

[202] Außer den im Quellenregister aufgeführten Lehrbüchern von *Pufendorff, Heineccius, Nettelbladt, Wolff, Pütter, Selchow, Habernikkel* und *Hofacker* sind daraufhin untersucht worden: *Hugo Grotius* (1583—1645), De iure belli ac pacis libri tres, Parisiis 1625; *Samuel Pufendorff* (1632—1694), Elementorum iurisprudentiae universalis libri duo, Hagae Comitum 1660; *Samuel Cocceji* (1679—1755), Novum systema iurisprudentiae naturalis et romanae, Berolinae 1740.

[203] Bei *Wolff* wird die subjektive Zuweisung der Sache sogar zum obersten Gliederungsprinzip des Sachenrechts erhoben, vgl. Tom. II cap. I; ähnlich die anderen Naturrechtslehrbücher.

[204] Das lag bei den Institutionenlehrbüchern freilich nahe, vgl. *Heineccius*, Elem. iur. civ. sec. ord. Inst., Lib. II tit. 1; doch kommt man auch bei freieren systematischen Konzepten nicht darüber hinaus, vgl. etwa *Nettelbladt*, Tom. II lib. 1 sect. 2. In den meisten Naturrechtssystemen fehlt es an einer Realontologie des Sachenrechts überhaupt, vgl. z. B. *Pufendorff, Heineccius* (Elem. iur. nat. et gent), *Wolff, Pütter, Selchow*, lc.

bloß als Voraussetzungen von Eigentumserwerb in Betracht gezogen werden[205].

Haben danach die Naturrechtler bis auf *Hofacker* kein geschlossenes, die integralen und inter-objektiven Sachstrukturen nebeneinander darstellendes und auf ein einheitliches Prinzip zurückführendes System entwickelt, so sind doch hier und dort immerhin gewisse Anhaltspunkte zu finden, die dessen Entfaltung vorbereiten. So erscheint z. B. die klassische Unterscheidung von *res principalis* und *accessio* (so die klassische Bezeichnung) bzw. *res accessoria* (so die naturrechtliche), Begriffe, die sowohl in den römischen Quellen als auch in den meisten Naturrechtslehrbüchern nur im Zusammenhang mit dem Eigentumserwerb oder der Auslegung von Verfügungsgeschäften auftauchen, vor *Hofacker* schon bei *Johann Heinrich Christian Selchow*[206] als ein Einteilungsprinzip im allgemeinen Teil des Sachenrechts, wenn auch ohne systematische Verknüpfung mit der pomponianischen Trichotomie, die auch bei ihm noch gar nicht erwähnt wird. Und selbst dort, wo jene Unterscheidung nur im klassischen Erörterungszusammenhang auftaucht, wie etwa bei *Christian Wolff* und *Johann Stephan Pütter*, werden Formulierungen gebraucht, die die Erkenntnis eines prinzipiellen Unterschiedes zwischen integrierenden und accessorischen Sachverbindungen bereits voraussetzen[207], ohne daß freilich diese Erkenntnis bei der Entfaltung des Sachbegriffs fruchtbar gemacht wird.

---

[205] Vgl. z. B. *Pufendorff*, De iur. nat. et gent., lib. IV cap. VII; *Heineccius*, Elem. iur. civ. sec. ord. Inst. §§ 354 ff.; *Wolff*, Tom. II cap. II §§ 348 ff.; *Nettelbladt*, Tom. II lib. 1 sect. 9 §§ 120 ff. Anders nur *Habernikkel*, Lib. 3 tit. 1, wenn auch nicht bzgl. der *res* unmittelbar, sondern der *iura in rem singularia — iura universalia.*

[206] § 552. Die klassische *accessio* i. S. von Nebensache, d. h. als Gegensatz zu „Hauptsache" erscheint in den Quellen zuerst bei *Gaius*, 18 Ed. prov. = D. 33. 8. 2, später bei *Ulpian*, 20 Sab. = D. 34. 2. 19. 13. Vgl. auch oben Teil A Anm. 58.

[207] Nämlich bei *Wolff* die aristotelische Gegenüberstellung von *forma* und *materia* in den Definitionen der *specificatio* (§ 339) einerseits und der *accessio* (§ 348) andererseits: Während die *specificatio* ein *„actus"* ist, *„quo ex materia quadam efficitur res alterius speciei"*, ist die *accessio* *„ipsa rei cuiusdam ad alteram certam formam iam habenti adiectio, ut eidem quomodocumque cohaereat, vel inexistat"*. Daraus folgt, daß „Form"-konstituierende oder verändernde Verbindungen keine Accessionen sind, und daß formkonstituierende Teile eine andere Qualität haben müssen als accessorische (nämlich, aristotelisch gesprochen, eine essentielle, im Gegensatz zur accidentiellen). Auch bei *Pütter* wird eine Unterscheidung zwischen konstituierenden und accessorischen Teilen nahegelegt: Wie *Wolff* an die aristotelische, so knüpft er an die stoische Tradition an und stellt der *accessio* die *rei substantia* gegenüber (§ 333, ebenfalls beim Accessionserwerb). Ähnlich wie *Pütter* auch *Heineccius*, Elem.

b) Carl Christoph Hofacker

(Das Integrationsprinzip der perfectio integri)

Das geschieht vielmehr zum ersten Male im Institutionen-Lehrbuch von *Hofacker*[208]. Sein Entwurf läßt bereits die theoretischen Ansatzpunkte der oben beschriebenen nomologischen Veränderungen von Sachgefüge und Sachbeziehung sichtbar werden.

α) In seinem *„generalia de iure rerum"* überschriebenen dritten Buch seines Werkes gibt *Hofacker* unter sectio I. *(de rerum divisione)*, cap. I *(de rerum divisione ex qualitate naturali)* eine durch römische Quellenzitate belegte, allgemeine Rechtslehre von der Sache[209]. Der Sachbegriff, von dem er ausgeht, ist ontologisch, nicht nomologisch. Er entfaltet ihn durch eine systematische Darstellung der natürlichen Eigenschaften (*qualitates naturales*) der Sache. Als oberste Gliederungsprinzipien stellt er nebeneinander die Einteilung der Gattung in Arten (*divisio generis in species)* und die Teilung des Ganzen in (Bestand-)Teile (*partitio integri in partes*)[210]. Innerhalb der *divisio generis in species* unterteilt er dann die Sachen unter Anknüpfung an *Pomponius*, den er zitiert, *in res singulares sive discretae* und in *res connexae sive universales*[211], wovon jene dem pomponianischen *corpus unitum*[212], diese den *corpora connexa aut ex distantibus constantia*[213] ent-

---

iur. nat. et gent. § CCL. Auch *Hofacker* wird später seinen Integritätsbegriff von diesem stoischen „Substanz"-Begriff ableiten (vgl. u. bei Anm. 235, 236).

[208] Und zwar bereits in seiner ersten, unter dem Titel *Institutiones iuris romani methodo systematica adornatae* (Gottingae 1773) erschienenen Auflage. Die beiden folgenden, unter jeweils veränderten Titeln veröffentlichten Ausgaben bringen keine grundsätzlichen Veränderungen mehr und führen nur das neue systematische Konzept detaillierter durch. Das gilt vor allem für die stark erweiterte letzte Auflage, die im Folgenden allein zitiert werden wird. Die 2. Auflage trägt den Titel *Elementa iuris civilis Romanorum* (Gottingae 1784), die 3. und letzte *Principia iuris civilis Romano-Germanici* (Tubingae 1788 ss., in drei Bänden, von denen der zweite Halbband des zweiten Bandes und der dritte Band posthum von *Christian Gmelin* 1794 bzw. 1798 ebendort herausgebracht worden sind. Die gesamte Auflage wurde dann in Tübingen 1800 bis 1803 noch einmal unverändert nachgedruckt).

[209] Tom. II 1, lib. III sect. I cap. I §§ 716 ff. Ihnen entsprechen in den *„Institutiones"* die §§ 67 ff., in den *„Elementa"* die §§ 189 ff.

[210] § 716.

[211] § 717.

[212] *Pomponius*-Zitat bei § 718 Anm. a.

[213] *Pomponius*-Zitat bei § 739 a und g.

sprechen. Abweichend vom *corpus unitum* des *Pomponius* werden aber unter *res singulares* sowohl körperliche als auch unkörperliche Gegenstände verstanden[214]: eine Folge der seit *Alciat* üblichen Identifikation des pomponianischen *corpus* mit der gajanischen *res*, die ja schon seit *Gaius* in *res corporalis* und *res incorporalis* unterschieden wird.

Schon der Rückgriff auf das pomponianische Integralsystem bei der Entfaltung des Sachbegriffs durch *Hofacker* war für die Naturrechtslehre seiner Zeit etwas Neues. Doch geht *Hofacker* noch einen Schritt weiter und entwirft nun ein mit dem pomponianischen Integralsystem koordiniertes System von Beziehungen nicht integrierender Sachen[215]. Die systematische Klammer zwischen beiden findet er in einer Unterscheidung der *res* (*singulares*) in *res absolute aut relate consideratae,* also in einer Unterscheidung der Betrachtungsweise von Sachen als absolute und als aufeinander bezogene Gegenstände[216]. Die Beziehung Hauptsache — Nebensache (*res principalis — res accessoria*) wird nun als Ergebnis dieser relativen Sachbetrachtung verstanden und tritt der Gliederung Sachganzheit — Sachteil, die sich aus der absoluten Betrachtung ergibt, in Gegensatz.

β) Das auf diese Weise systematisch geortete Verhältnis Hauptsache — Nebensache wird von *Hofacker* im einzelnen folgendermaßen beschrieben: Die Abhängigkeit einer Sache als Nebensache von einer anderen, der Hauptsache, tritt in einem *adhaerere* oder *adiungi* der Nebensache gegenüber der Hauptsache in Erscheinung. Dabei macht er nun erstmalig die wichtige Einschränkung, daß sie nicht *„partes essentiales"* der Hauptsache sein dürfen[217]. Als Begründungstatbestände für eine solche nicht essentielle Verbindung nennt er *natura, ars, hominis destinatio aut consuetudo.* Die Sachen, die in einer derart begründeten Abhängigkeit von einer anderen stehen, nennt er *accessio* und unterteilt sie in *res accessoriae sive pertinentes, impensae* und *fructus*[218]. Von ihnen interessiert hier nur die erste Gruppe[219]. *Hofacker* definiert sie formal als solche Sachen, die zwar von der Hauptsache *salva huius substantia* fehlen dürfen, aber mit ihr derart verbunden sind, daß sie

---

214 § 719.

215 §§ 727—732, ergänzt durch die Behandlung der *res una universalis* in §§ 738, 739.

216 § 718.

217 § 727. Entsprechend *Institutiones* § 71, *Elementa* § 197.

218 § 727.

219 §§ 728—732.

als deren Teil gelten[220], und unterteilt sie dann einerseits in solche, die (*rei*) *ipsius condicione* akzessorisch sind, weil sie *partem et augmentum ... rei alterius principalis* bilden oder *propter rem istam* gehalten werden, andererseits in solche, die auch ohne körperliche Verbindung zu beständigem Gebrauch der Hauptsache bestimmt sind und bestimmungsgemäß gebraucht werden. Als Beispiele für die *ipsius rei condicione* akzessorischen Sachen nennt er als *Grundstücksaccessionen* ungetrennte Früchte, Steine, Bäume einerseits (*accessiones naturales*), Servituten und andere Grundstücksrechte andererseits; als *Gebäudeaccessionen* auf der einen Seite alles Eingebaute, Befestigte und Eingegrabene (*accessiones naturales*), auf der anderen Seite Schloß, Schlüssel, Hausgärten (soweit sie *diu ad aedes pertinent*), *instrumenta domus*[221]. Für die zweite Gruppe, die durch Zweckwidmung akzessorischen Sachen, werden keine Beispiele genannt; stattdessen werden die Voraussetzungen näher erläutert, unter denen die Zweckwidmung zur Pertinenzierung führt. Als solche werden unter Berufung auf die *perpetuus-usus*-Stelle *Labeo*'s genannt die Dauerhaftigkeit der Zweckwidmung (im Gegensatz zur bloß vorübergehenden, wobei die Bestimmung *ornatus custodiaeve causa* als vorübergehende betrachtet wird)[222] und deren Effektivität[223]. Als Rechtsfolge der Pertinenzierung erkennt *Hofacker*, daß die *res accessoria „non amplius sua specie aestimetur, sed induat naturam rei principalis, cui iuncta est"*. Die Zugehörigkeit der *res accessoria* zur *res principalis* äußert sich also darin, daß jene alle rechtserheblichen Eigenschaften der Hauptsache übernimmt. Hieraus folgert *Hofacker*, daß die Besitzergreifung an der Hauptsache auch zum Besitz an der *res accessoria* führt, und daß durch die Veräußerung der Hauptsache auch die Nebensachen *etiam non expressae, translatae censeantur*. Die Aufhebung der Akzessorietät geschieht nach *Hofacker* durch willkürliche Trennung der Nebensache von der Hauptsache, die der willkürlichen Verbindung (sozusagen als *actus contrarius*) korrespondiert. Die Wirksamkeit der Trennung als Auflösungsgrund steht jedoch unter dem Vorbehalt, daß *facultas bona divellendi ademta eorundemque reuniendorum necessitas lege statuta sit, quod in praediis rusticorum frequentius receptum est*[224].

---

220 § 728.

221 § 729.

222 Besagte *perpetuus-usus*-Stelle ist D. 19. 1. 17. 7. Der Ausschluß von Zierat und Leuchtkörpern wird mit D. 50. 16. 245, also gleichfalls einem *Labeo*-Zitat begründet (vgl. § 730 Anm. b).

223 § 730.

224 § 732.

γ) Die den *res singulares* gegenübergestellten *res universales*[225] unterteilt *Hofacker*, wiederum an *Pomponius* anknüpfend, in solche, *quae* (i. e. *universitas*) *constat corporibus connexis eiusdem generis, ex quibus singula speciem non retinent* (den pomponianischen συνημμένα) und in solche, *quae constat rebus distantibus diversi generis vel speciei, quarum singulae coniunctae speciem suam retinent* (den pomponianischen *corpora ex distantibus constantia*). Die erste Gruppe exemplifiziert er durch das Schiff, die *superficies (qua continetur omne quod supra solum est aedificatum vel plantatum)* und das Gebäude (*aedes, quae constant solo et superficie*); die zweite unterteilt er in Gesamtheiten, die nur aus körperlichen Sachen (*grex, biga, penus, supellex*) und solche, die aus körperlichen und unkörperlichen Sachen bestehen (*patrimonium, peculium, hereditas*)[226]. Der Unterschied zwischen diesen *res universales* und den aus *res* (*singularis*) *principalis* und *res* (*singularis*) *accessoria* gebildeten Beständen sieht *Hofacker* darin, daß bei der *universitas* die diese konstituierenden Gliedsachen *„partes corporis constituti substantiales"* und nicht (nur) *„tamquam accessoriae ad rem unam principalem"*[227] sind. Damit greift er seinen bei der Definition der *res accessoria* gemachten Vorbehalt wieder auf, in welchem er bei der akzessorietätsbegründenden *coniunctio* fordert, daß sie nicht aus der Nebensache eine *„pars essentialis"* der Hauptsache mache[228].

δ) Die Disjunktion der Begriffe Sachteil (*pars essentialis*) und Pertinenz (*res accessoria*), die sich für *Hofacker* daraus ergibt, daß das pomponianische Integralsystem und jenes andere, das die Beziehung *res principalis — res accessoria*, d. h. zwischen nur accessorisch, nicht essentiell verbundenen Sachen, zu erklären versucht, jeweils an solche Sacheigenschaften anknüpfen, die einander prinzipiell ausschließen, klingt später bei der Lehre vom natürlichen Eigentumserwerb (*acquisitio dominii ex iure gentium*)[229] noch einmal an. Hier hatten bereits *Wolff* und *Pütter* die (*confectio rei*) *alterius speciei* als Spezifikation der *rei cuiusdam ad alteram certam formam iam habenti adiectio, ut eidem quomodocumque cohaereat* als Accession gegenübergestellt[230]. Ebenso, wenn auch nicht ganz mit derselben Deutlichkeit, un-

[225] §§ 738 f.

[226] § 739.

[227] § 738.

[228] § 727.

[229] Tom. II 2 Lib. IV, sect. I, tit. II (§§ 922 ff.). Vgl. *Institutiones* §§ 130 ff., *Elementa* §§ 262 ff.

[230] Vgl. o. Anm. 207.

terscheidet *Hofacker* innerhalb der *„accessiones industriales"* (worunter er Spezifikation und Accession im engeren Sinne zusammenfaßt)[231] die *confectio novae speciei* als Spezifikation[232] von der *adiunctio, quando quippe res alteri rei, augendae huius vel ornandae gratia iungitur ita, ut utraque corpus unum faciat*[233]. Die ausschließliche Erwähnung von *augere* und *ornare,* nicht aber von *conficere,* als Verbindungszwecke deutet darauf hin, daß auch *Hofacker* sich nur die accessorische Verbindung als *adiunctio,* die herstellende dagegen stets als *specificatio* vorgestellt hat, und zwar auch dann, wenn eine von den das Ganze constituierenden Sachen die *species* des Ganzen bereits repräsentiert. Daraus ergibt sich eine prinzipielle Entsprechung von *pars essentialis* und *specificatio* einerseits, *res accessoria* und *adiunctio* (*accessio* im engeren Sinne) andererseits, ohne daß freilich die Objekte der Spezifikation und Adjunktion sich mit dem Begriff der *pars essentialis* bzw. der *res accessoria* decken. Das folgt für das Verhältnis von *res adiuncta* und *res accessoria* schon aus dem nur für jene geltenden Erfordernis der *effectio unius corporis;* beide Begriffe können danach allenfalls im Verhältnis von Oberbegriff und Unterbegriff zueinander stehen: Die *res adiuncta* wäre eine Klasse der *res, quae ipsarum condicionibus accessoriae sunt,* und zwar diejenige, deren *condicio* als *pars et augmentum* auf eine willkürliche Handlung (*ars*) zurückzuführen ist[234]. Aber auch *res specificata* und *pars essentialis* sind nicht identisch; auch hier ist der letztere Begriff der weitere, weil er auch diejenigen Teile der Sache umfaßt, die nach vollendeter Spezifikation zur Ergänzung schadhafter Teile, also nicht *conficiendi,* sondern *reficiendi causa* eingefügt worden sind. Wie die Verbindung solcher Ersatzteile rechtlich zu qualifizieren sein soll, sagt *Hofacker* nicht. Möglicherweise würde er auch sie als *adiunctio* bezeichnen, so daß der Gegenstandsbereich der *res adiuncta* in dem der *res accessoria* nicht einmal ganz aufgehen, vielmehr beide Bereiche sich überschneiden würden.

ε) Vergleicht man das *Hofacker*'sche, aus der „Natur der Sache" abgeleitete System von integrierenden (substantiellen) und accessorischen Sach-

---

[231] § 947.

[232] § 953.

[233] § 956.

[234] Der Ausschluß bloß *ornandi causa* vorhandener Sachen von der Gruppe der *res accessoriae* (vgl. § 730 Anm. b, oben bei Anm. 218) beschränkt sich offenbar auf solche, die nicht *„ipsius condicione" partes rei principalis* sind, deren Accessorietät vielmehr nur auf Zweckwidmung beruhen könnte. Die *res ornandi gratia alteri iuncta* (§ 956, vgl. oben bei voriger Anmerkung) ist daher auch als *res ipsius condicione accessoria* eben stets *„res accessoria"*.

verbindungen mit dem von uns verwendeten, am positiv-römischrechtlichen Status miteinander verbundener Sachen orientierten Integrationsschema, so fallen folgende Unterschiede auf:

aa) Zwar kommt auch *Hofacker* zu einer Zweiteilung der Sachverbindungen in solche, die in ihrer Gesamtheit eine durch die Teilsachen integrierte Obersache bilden, und in andere, die diese Fähigkeit nicht besitzen. Die Grenze zwischen beiden Gruppen zieht er aber, seinem realontologisch-naturrechtlichen Ausgangspunkt gemäß, an anderer Stelle als dort, wo sie liegen müßte, wenn man die Gleichheit der Rechtslage nach dem in Bezug genommenen positiven gemeinen Recht zum Gliederungsprinzip erhöbe. Sie liegt für *Hofacker* dort, wo die miteinander in Verbindung gesetzten Einzelsachen nicht mehr in gleicher Weise idealtypische Bestandteile des Ganzen, d. h. für die Herstellung oder Erhaltung der (präsumptiven) Obersache in deren idealtypischer Gestalt, die *perfectio integri* also, nicht mehr (in gleichem Maße) notwendig sind; mit *Hofacker's* Worten: wo die Einzelsachen nicht mehr *partes integrantes, qui unam substantiam efficiunt, veluti partes domum, fundum constituentes*[235] oder *partes corporis constituti substantiales*[236] sind. Nur soweit ein Bestand aus in diesem Sinne substantiellen Teilen besteht, wird er seinerseits als Sache, und nur soweit die Einzelsachen in diesem Sinne zum substantiellen Bestand gehören, werden sie als Teile (*partes*) des Ganzen anerkannt. Nicht-substantielle Glieder können nur *quasi partes* sein, d. h. als Teile behandelt werden[237]; sie werden es, wenn sie die Voraussetzungen der Pertinentialität erfüllen und sind dann in Wahrheit *res accessoriae* (= Pertinenzen), aber keine Teile.

Der vom Ausgangspunkt *Hofacker*'s aus als integrierend begriffene und der von uns nach dem überlieferten römischen Recht als sachenrechtsfähige Einheit erkannte Bestand decken sich also nicht. Die erststufigen und zweitstufigen Integrate sind Komplexe, die teilweise nicht mehr unter den *Hofacker*'schen Begriff der *einen* Sache fallen: nämlich die aus den (in unserem Sinne) integrierenden Grundstücksausstattungen und dem Grundstück bestehenden integralen Einheiten erster oder zweiter Stufe (also Aussaat, Pflanzung, Gebäude als erststufige, Brunnen, Wasserleitungen etc. als zweitstufige

[235] § 728 Anm. b. Mit der Berufung auf die „*substantia*" setzt *Hofacker* die Tradition stoischen Sachverständnisses fort, als deren ältere Vertreter wir *Pütter* und *Heineccius* festgestellt hatten (vgl. o. Anm. 207).

[236] § 738.

[237] § 727.

Integrationen) und die nicht herstellenden[238] Gebäude-, Schiffs- und Fahrnisausstattungen in Verbindung mit ihrer Hauptsache.[239] Dabei entspricht das nach *Hofacker* ausschließlich integritätsbegründende Kriterium der Substantialität dem schon für das klassische römische Recht als erheblich vermuteten Prinzip der Notwendigkeit der Verbindung als eines neben anderen integritätsbegründenden Momentes, ohne daß beide im Ergebnis völlig übereinstimmen (z. B. bei den Verschlußmitteln). Andererseits umfaßt der *Hofacker*'sche Integritätsbegriff bei den unverbundenen Gesamtsachen unterschiedslos auch solche, deren Sachenrechtsfähigkeit beschränkt oder zweifelhaft ist: Die *universitas rebus distantibus diversi generis vel speciei constans et corpus unum constituens*[240], die drittstufigen Integrate also, sind bei ihm ebensowenig wie in der zeitgenössischen gemeinrechtlichen Theorie eine problematische Kategorie.

ββ) Sind die *Hofacker*'schen Begriffe der *„res una singularis"* und der *„res una universalis corporibus connexis eiusdem generis constans"* enger als die des erststufigen und des zweitstufigen Integrates, so umfaßt sein Begriff der *res accessoria* (*pro parte alterius, i. e. rei principalis, habita*) mehr als die nach römischem Recht integrierenden Sachen: Er bezieht ausdrücklich das Instrument sowie akzessorische Rechte (*„veluti servitus, regale, iurisdictio"*)[241] ein, Gegenstände mithin, die nach römischem Recht nicht nur keine integrierenden Bestandteile, sondern auch nicht in anderer Weise sachenrechtlich miteinander verknüpft waren.

γγ) Bewegen sich die Abweichungen des *Hofacker*'schen Systems von jenem anderen, an den Rechtslagen orientierten, insoweit allein auf der begrifflich-theoretischen Ebene, so liegt in ihnen doch zugleich der Keim für positive, die sachenrechtliche Lage unmittelbar betreffende Schlußfolgerungen beschlossen, die sich vom überlieferten römischen Recht entfernen. Die systematische Zusammenfassung nicht herstellender Bestandteile zweitstufiger

---

238 Vgl. dazu oben A II 2 c *β ββ* bis *γ*.

239 Wenn Hofacker in § 739 die *superficies* und die *aedes* zu den *res universales* zählt und damit als integrierende Einheiten versteht, so gilt das nur für *superficies* und *aedes* für sich, nicht aber für das mit ihnen besetzte Grundstück als Komplex aus Boden und Ausstattung. Auch das *solum*, das er zusammen mit der *superficies* als integrierende Bestandteile der *aedes* betrachtet, ist nicht das Gesamtgrundstück, das *praedium*, mit allem was darin incorporiert ist, sondern nur die *area coaedificata*, die überbaute Fläche als stereometrische Begrenzung des Gebäudekörpers.

240 § 738.

241 § 728.

Integrate und nomologisch überhaupt nicht integrierender Nebensachen zu *res accessoriae, que pro parte alterius rei (principalis) habentur,* bereitet den Boden für eine integrationsähnliche Verdinglichung der Beziehungen zwischen nomologisch nicht integrierenden Nebensachen und Hauptsache. Ansätze hierzu finden sich schon bei *Hofacker* selbst, nämlich bei dem ganz allgemein formulierten, mit dem römischen Überlieferungsbestand bezüglich der nomologisch nicht integrierenden Sachen nicht mehr in Einklang zu bringenden Satz, daß die *res accessoriae* (also auch Instrument und Rechte) *„illius"* (i. e. *rei principalis*) *„alienatione ... etiam non expressae, translatae censeantur"*.

2. Die Naturrechtsgesetzbücher

a) Das preußische Allgemeine Landrecht

Von den drei Naturrechtsgesetzbüchern hat schon das ALR (und allerdings nur dieses) ganz offensichtlich sich das *Hofacker*'sche Konzept zu eigen gemacht. Sowohl seine Unterscheidung zwischen Substanzteil und Pertinenz als auch das Kriterium ihrer Abgrenzung kehren hier wieder.

α) Zwar kommt der Terminus *Substanzteil* (als Verdeutschung der schon von *Pütter* und *Heineccius* so genannten[242] und dann bei *Hofacker* systembildend gewordenen *pars substantialis*) im Gesetz selbst nicht vor und erscheint nur in den Erläuterungswerken und Lehrbüchern zum ALR[243]. Er ist aber nur eine andere, kürzere Bezeichnung dessen, von welchem das ALR sagt, daß es *„zur Substanz gehöre"*, *„mit ihr"* (d. i. einer anderen Sache) *„nur eine Substanz ausmache"* u. dgl., und dessen Begriffsbestimmung sich aus I 2 § 4 ALR ergibt, welcher lautet:

„Alle Teile und Eigenschaften einer Sache, ohne welche dieselbe nicht das sein kann, was sie vorstellen soll, oder wozu sie bestimmt ist, gehören zur Substanz."

Die *„Teile"* von denen das ALR hier voraussetzt, daß ohne sie die (ganze) Sache nicht das sein kann, was sie vorstellen soll oder wozu sie bestimmt ist, und von denen es ausspricht, daß sie (im Sinne des Gesetzes) zur Substanz gehören sollen, sind nichts anderes als die *„partes integrantes, qui unam substantiam efficiunt" Hofacker*'s.

---

[242] Vgl. o. Anm. 207.

[243] Vgl. statt aller *Förster-Eccius* I § 21, 7 b (5. Aufl. S. 114); *Koch*, ALR, 8. Aufl. Anm. 6 zu I 2 § 4, u. ö.

β) Der Terminus „*Pertinenzstück*", dem als Synonym „*Zubehör*" an die Seite gestellt wird, wird vom Gesetz selbst verwendet und sein Begriff in I 2 § 42 definiert:

„*Eine Sache, welche zwar für sich selbst bestehen kann, die aber mit einer anderen Sache in fortwährende Verbindung gesetzt worden, wird ein Zubehör oder Pertinenzstück derselben genannt.*"

Auch er entspricht den *res, quae rei alteri, cuius maior est species, principali ideo dictae ... adhaerent aut adiunguntur, ut tamen pars essentialis rei principalis non fiant* bei *Hofacker*. Dabei ist der Pertinenzbegriff des § 42, anders als in der Literatur des Usus modernus, nun nicht mehr als bloßer Sammelbegriff für alle Gegenstände gemeint, die bei Verfügungen über eine funktionell übergeordnete Sache dieser folgen, mögen sie mit ihr in integrierendem Zusammenhang stehen oder nicht, sondern wie schon bei *Hofacker* als Komplementärbegriff zum Begriff des Substanzteils. Das ergibt sich nicht nur mittelbar aus anderen Vorschriften (z. B. §§ 43, 44 aaO.), sondern aus der Begriffsbestimmung selbst, und zwar aus der darin enthaltenen Voraussetzung, daß die Sache „*zwar für sich selbst bestehen*" könne. In dieser Formulierung, welche die Disjunktion von Substanzteil und Pertinenz zum Ausdruck bringen soll, verrät sich noch eine weitere Übereinstimmung mit *Hofacker*; er hatte von den (in seinem Sinne) integrierenden Teilen einer *res universalis corporibus connexis eiusdem generis constans* gesagt, daß sie *speciem suam non retinent*[244]. Von derselben Auffassung sind offenbar die Verfasser des ALR ausgegangen und haben, ohne dies in § 4 zum Ausdruck gebracht zu haben, die Substanzteile als unfähig erachtet, *für sich selbst zu bestehen.*

γ) Die Übereinstimmung des Substanzteilbegriffs einerseits und des Pertinenzbegriffs andererseits bei *Hofacker* und dem ALR zeigt sich nicht nur in den sinngemäß sich entsprechenden Definitionen, sondern auch bei einem Vergleich der Subsumtionsbeispiele, die *Hofacker* liefert, mit dem umfangreichen gesetzlichen Pertinenzkatalog des ALR in I 2 §§ 48 ff. Auch dieser enthält sowohl Sachen, die mit einer anderen (der Hauptsache) fest verbunden sind, ohne

[244] § 739 I. Daß *Hofacker* auch von der Pertinenz sagt, daß sie *non amplius sua specie aestimetur* (§ 732 I), ist in Wahrheit kein Widerspruch zu ihrer im ALR gegebenen Begriffsbestimmung, daß sie *für sich selbst bestehen* können müsse (I 2 § 42). Auch *Hofacker* ist davon ausgegangen, daß die Pertinenzen *a priori* selbständige Sachen sind. Sein oben zitierter Satz, der sich wohlgemerkt nicht im Zusammenhang mit ihrer Begriffsbestimmung, sondern ihrer Rechtslagebestimmung findet, setzt diese Selbständigkeit a priori gerade voraus, um sie, a posteriori, für die Sphäre des Rechts aufzuheben.

zu ihrem notwendigen Bestande zu gehören[245], als auch solche, die nur in lockerer oder gar keiner körperlichen Verbindung mit der Hauptsache stehen und nur durch das funktionelle Band der Zweckwidmung mit ihr verbunden sind[246], als auch Rechte[247]. Er umfaßt danach, wie bei *Hofacker*, sowohl Sachen, die nach römischem Recht zweitstufig integrieren[248], als auch solche, die zum *instrumentum*[249] oder zur *suppellex*[250] gehören würden, als auch nicht sachenrechtsfähige Gegenstände (Rechte). Allerdings erscheinen nicht alle Arten körperlich verbundener Nebensachen im gesetzlichen Katalog, die *Hofacker* aufzählt: Es fehlen die nach römischem Recht erststufigen Grundstücksintegrate (Aussaat, Pflanzung, Gebäude). Doch darf hieraus nicht der Schluß gezogen werden, daß das ALR sie systematisch zu den Substanzteilen gezählt hätte, wie es die am Pandektenrecht geschulte landrechtliche Doktrin und Spruchpraxis im Verlauf des 19. Jahrhunderts angenommen hat[251]. Abgesehen davon, daß das Verhältnis dieser Sachen zum Grundstück nicht die in I 2 § 4 vorausgesetzten Eigenschaften hat, ergibt sich ihre Zugehörigkeit zu den Pertinenzen aus I 2 §§ 43, 44. Daß sie in der Regel nach I 2 § 6 für unbeweglich angesehen werden (Ausnahmen sind nur bei der Pflanzung möglich), besagt demgegenüber nichts, da sie alle drei potentiell sachenrechtsfähig bleiben[252], ihre Immobilisierung sie also nicht von Rechts wegen im Grundstück aufgehen läßt. Sie gehören daher systematisch ebenfalls zu den Pertinenzen und haben nur die Eigentümlichkeit, zusammen mit anderen nicht herstellenden Verbindungen, die durchweg, aber nicht ausnahmslos[253], Pertinenzen sind, gleichzeitig einer anderen Kategorie an-

---

245 Vgl. I 2 §§ 80, 82.

246 Vgl. §§ 49—53, 55, 64—66, 68—74, 78, 79, 92, 93.

247 Vgl. *Koch*, ALR (8. Aufl.) Anm. 39 zu I 2 § 48.

248 Ibid. Anm. 36.

249 Ibid. Anm. 37.

250 ALR I 2 §§ 78, 83, 86.

251 Vgl. statt aller *Förster-Eccius* I § 21, 7b (5. Aufl. S. 114); *Koch*, ALR (8. Aufl.) Anm. 32 zu I 2 § 42, Anm. 35 zu § 44.

252 Vgl. oben I 1 2 a *β αα*.

253 Ausnahmen sind auf Naturvorgängen beruhende Grundstücksvergrößerungen (z. B. Anlandungen), welche als mit dem Kerngrundstück consubstantial nach I 2 § 43 ALR dessen Substanzteile werden; ferner das Tierembryo; ferner die untrennbare Vermengung von Quantensachen. Allerdings werden in dem Abschnitt „*Von der Erwerbung der An- und Zuwüchse*“ (ALR I 9, 6. Abschnitt) auch der Erwerb von nicht nur „vermehrenden“ oder „verbessernden“, sondern auch von herstellenden, und aus *diesem* Grunde substantiell werdenden Sachen geregelt, die unter den in I 9

zugehören, nämlich den *An- und Zuwüchsen* im Sinne von I 9 § 222, einem Begriff, dessen Anwendungsbereich sich mit dem der Pertinenzen genausowenig deckt wie bei *Hofacker* die *res adiunctae* mit den *res accessoriae,* und nur eine tatsächliche Voraussetzung für einen (im einzelnen von weiteren Voraussetzungen abhängigen) originären Eigentumserwerb umschreibt, seinen systematischen Standort also nicht auf der ontologischen, sondern der nomologischen Ebene hat. Seine Legaldefinition findet sich daher auch nicht im zweiten (*Von Sachen und deren Rechten überhaupt*), sondern im neunten (*Von Erwerbung des Eigentums*) Titel des ersten Teiles des ALR.

δ) Eine Übereinstimmung zwischen dem ALR und *Hofacker* besteht schließlich in der Rechtslagebestimmung der Pertinenz. Sie ist in I 2 §§ 105 bis 107 wie folgt formuliert:

§ 105:

„Pertinenzstücke nehmen, solange sie bei der Hauptsache sind, an allen Rechten derselbe Teil."

§ 106:

„Sie verlieren diese Eigenschaft nicht, wenn sie gleich einer vorübergehenden Ursache wegen auf eine Zeitlang von der Hauptsache getrennt worden."

§ 107:

„Mit der Hauptsache gehet das Recht auf die Pertinenzstücke, auch auf solche, die nur für einige Zeit von der Sache getrennt worden, auf den neuen Besitzer über."

Diese Rechtssätze klingen wie eine fast wörtliche Übersetzung von *Hofacker* III § 732, Sätze 1 und 2 zu 1:

„Efficitur qualitate rei pertinentis, quod I) illa non amplius sua specie aestimetur, sed induat naturam rei principalis, cui iuncta est, etiamsi ad tempus separata fuerit. Sequitur inde, quod 1) apprehensa possessione rei principalis accessoriae quoque possessae, . . ."

Die von *Hofacker* anschließend (unter 2) für die Veräußerung gezogene Konsequenz:

„quodque (2) illius alienatione hae quoque, etiam non expressae, translatae censeantur"

findet sich im ALR im Titel über die *„Kauf- und Verkaufsgeschäfte"* (I 11) unter § 78 (nun allerdings nicht als Fiktion, sondern als Imperativ):

„Die Sache muß vollständig, und mit allen zu ihr gehörenden Pertinenzstücken übergeben werden."

---

§ 222 definierten Begriff der Zuwüchse nicht passen, nämlich die zum notwendigen Bestande eines Gebäudes gehörenden (fremden) Baumaterialien.

b) Das österreichische Allgemeine Bürgerliche Gesetzbuch und der französische Code civil

Während danach das ALR die spätnaturrechtliche, von *Hofacker* explizierte systematische Einteilung der Sachverbindungen in substantielle und accessorische übernommen hat, bleibt der systematische Standort des ABGB insoweit im Zwielicht, während der CC offensichtlich einen anderen (und zwar älteren) Weg gegangen ist. Weder im ABGB noch im CC kommt ein Substanzteilbegriff vor, der mit dem aus I 2 § 4 ALR ableitbaren vergleichbar wäre[254].

α) Allerdings kennt das ABGB einen Pertinenzbegriff, der dem des ALR und *Hofacker*'s insofern entspricht, als auch er eine von der Pertinenz verschiedene Hauptsache voraussetzt und seinem Inhalte nach sowohl mit einer anderen Sache körperlich verbundene (hier als *Zuwachs* bezeichnete) als auch körperlich nicht verbundene, aber den Zwecken dieser anderen gewidmete Sachen umfaßt, folglich einen Gegenstandsbereich deckt, der über den römischen Bestand erst- und zweitstufig integrierender Sachen hinausreicht (§ 294)[255]. Doch fehlt in der Begriffsbestimmung des § 294 die Beschränkung auf accessorische Verbindungen, wie sie in I 2 § 42 ALR durch die Apposition *„die zwar für sich selbst bestehen kann"*, bei *Hofacker* durch ausdrücklichen Ausschluß der *pars essentialis* zum Ausdruck gekommen war. Es bleibt danach offen, ob die herstellenden Teilsachen von den Urhebern des ABGB ebenfalls als Pertinenz begriffen worden sind (was nach der Fassung des § 294 jedenfalls nicht ausgeschlossen ist und dem älteren, undifferenzierten Sprachgebrauch von Pertinenz im Usus modernus entspräche)[256], oder ob auch sie den Pertinenzbegriff komplementär zu einem Substanzteilbegriff verstanden und aus praktischen Gründen auf dessen gesetzliche Formulierung oder auch nur Andeutung verzichtet haben[257]. Eine den §§ 105 bis 107

---

[254] Nur der Terminus „Substanz" erscheint in § 293 ABGB, wo Beweglichkeit und Unbeweglichkeit definiert werden und die Beweglichkeit einer Sache von der Möglichkeit ihrer Ortsveränderung „ohne Verletzung ihrer Substanz" abhängig gemacht wird. Diese Vorschrift, die I 2 § 6 ALR, nicht aber § 4, entspricht, setzt einen Substanzbegriff voraus, ohne daß jedoch eine Beziehung dieses vorausgesetzten Begriffs zum Pertinenzbegriff des § 294 erkennbar wird.

[255] Wortlaut des § 294 ABGB oben I 1 a *α*.

[256] Vgl. oben I Anm. 5

[257] Ins Auge fällt stattdessen die in § 294 vorgenommene Unterscheidung von „Zuwachs" und (anderen) „Nebensachen", welche bereits *Wächters* Vorstellungen zu artikulieren scheint.

ALR I 2 entsprechende Rechtsfolgebestimmung für die Pertinenz fehlt ebenfalls. Bei Immobiliarpertinenzen wird sie durch eine Immobilitätserklärung (§ 293 S. 2 ABGB) ersetzt, womit an eine noch ältere systematische Tradition angeknüpft wird, die zu einer allgemeinen Systematik der Sachverbindungen noch gar nicht gediehen war, und welcher z. B. der CC allein verpflichtet ist (s. sogleich).

β) Dem *Code Civil* ist eine systematische Einteilung der Sachverbindungen in substantielle und accessorische völlig fremd; hier fehlt es sogar an der Artikulierung eines Pertinenzbegriffs, die, wie im ABGB, wenigstens einen Rückschluß auf einen als komplementär vorausgesetzten Substanzteilbegriff zuließe. Der CC verzichtet vielmehr völlig auf die Verwendung eines geschlossenen Systems der Sachverbindungen und beschränkt sich darauf, Rechtslagen von miteinander in Beziehung gesetzten Sachen zu bestimmen. Eine allgemeine Rechtslagebestimmung ist nur für solche Sachen getroffen, die zu einem Grundstück in Beziehung stehen: Sie sind der Rechtslage des Grundstücks angeglichen, indem sie für unbeweglich, *immeubles*, erklärt sind[258]. Ihre Immobilisation bedeutet hier, daß sie das Rechtsschicksal des Grundstücks teilen, zu welchem sie gehören. Zur Gruppe der *immeubles* zählen danach gleicherweise das Grundstück selbst[259] als auch alle sonstigen Sachen, die körperlich mit ihm verbunden[260] oder (durch seinen Eigentümer) ihm zur Bewirtschaftung ständig gewidmet sind[261], also, um im Sinne von ALR und ABGB zu formulieren, sowohl die Hauptsache als auch die Nebensachen. Weil die Pertinenzierung (soweit überhaupt durchgeführt) gesetzesystematisch allein durch die Beilegung einer rechtserheblichen Eigenschaft, nämlich der Unbeweglichkeit, erreicht wird, die dann auf alle dem Pertinenzverband angehörigen Gegenstände, einschließlich des Grundstücks, in gleicher Weise zutrifft, unterbleibt daher nicht nur eine begriffliche Unterscheidung zwischen substantiellen und accessorischen *Verbindungen* von Sachen, sondern sogar zwischen den *Sachen selbst* in Hauptsache und Nebensache. Die einzige vom Gesetz gemachte Unterscheidung der *immeubles* in *immeubles par la nature* und *immeubles par leur destination*[262]

---

[258] Wortlaut des Art. 524 CC oben I 1 a *α*.

[259] Dieses sowie das darauf errichtete Gebäude sind *immeuble par leur nature* (Art. 518), desgleichen Pflanzungen (Art. 520) u. a.

[260] Vgl. Art. 524.

[261] Ibid.

[262] Vgl. Art. 517.

richtet sich nach einem anderen, allerdings unausgesprochen gebliebenen und nur aus den gesetzlichen Exemplifikationen ableitbaren Kriterium: der Fähigkeit der Sache, *unbeschadet ihrer Substanz von einer Stelle zur anderen gebracht* (so die Formulierung in I 2 § 6 ALR), bzw. *ohne Verletzung ihrer Substanz von einer Stelle zur andern versetzt* (so § 293 S. 1 ABGB) werden zu können. Zu den *immeubles par la nature* gehören danach nicht nur das Grundstück in seiner Substanz, sondern zugleich die *(naturaliter)* unbeweglichen Accessorien, und auch diese (z. B. das Gebäude) wiederum sowohl in ihrem notwendigen als auch in ihrem *(naturaliter* unbeweglich) accessorischen Bestand, während die *immeubles par leur destination* die *(naturaliter)* beweglichen Accessorien umfassen. Im Ergebnis ist daher der von einer integrativen oder assoziativen Bindung betroffene Gegenstandsbereich bei Grundstücks- und Gebäudeverbindungen im CC etwa derselbe wie im ALR und ABGB, wenn man die praktische Bedeutungslosigkeit der nach ALR und ABGB außerdem möglichen Mobiliarpertinenzen in Betracht zieht.

Der systematische Umweg, den der CC bei der begrifflichen Erfassung integraler und assoziativer Sachstrukturen geht, indem er die rechtserhebliche Eigenschaft *einer* (als Hauptsache natürlich gedachten) Sache, die Unbeweglichkeit, auf andere (als Nebensachen gedachte) überträgt und dann als integrative Klammer benutzt, welche die Einheitlichkeit der Rechtslage zu gewährleisten hat, läßt den CC als Zeugen einer älteren systematischen Tradition erscheinen, die zu einer autonomen, über *Pomponius* hinausgehenden Systematik der Sachverbindungen noch nicht vorgedrungen war. Der CC erscheint daher, in dieser Hinsicht, als das systematisch rückständigste, das ALR als das insoweit fortgeschrittenste der drei großen Naturrechtsgesetzbücher, während das ABGB hier eine Mittelstellung einnimmt.

3. Die Pandektistik sowie Gesetzgebung und Spruchpraxis im 19. Jahrhundert

a) Überblick

Die im späten Naturrecht angebrachte Ergänzung des pomponianischen Integralsystems durch ein Assoziativsystem, welches Sachbeziehungen als Subordinationsverhältnis zwischen Haupt- und Nebensache begriff, war in der gemeinrechtlichen Literatur schon seit Beginn des 19. Jh. Gemeingut geworden. Ein Kapitel über „Haupt"- und „Nebensachen" im Rahmen der Lehre von den Sachen fehlt in keinem, auch in keinem der älteren Pandektenlehrbücher. Dagegen hat sich die Unterscheidung zwischen (ideell) integrierenden, substantiellen Teilsachen eines pomponianischen Integrates und nicht integrierenden, accessorisch einer Hauptsache zugeordneten Nebensachen, eine Unterscheidung, die sich aus der Subsumtion einer Einzelsache unter das eine oder andere System ergeben mußte, erst später durchgesetzt. Die älteren Pandektenlehrbücher rechnen nicht nur die (nach *Hofacker*) accessorischen, sondern auch die substantiellen Sachteile mit zu den Nebensachen, wie sich aus den jeweils beigebrachten Beispielen ergibt, und zwar ohne dabei auf einen Unterschied zwischen Substantialität und Accessorietät hinzuweisen. Das pomponianische Integralsystem wird meist in einem anderen Kapitel dargestellt oder erwähnt, ohne daß auf das Verhältnis der integrierenden Bestandteile zueinander und zum Ganzen genauer eingegangen wird. Erst recht bleibt das Verhältnis des coordinativen pomponianischen Systems zum subordinativen Haupt- und Nebensachen-System im Dunklen. Beider Anwendungsbereiche überschneiden sich, ohne daß dies bewußt gemacht, geschweige denn begründet wird. Ein disjunktives Verständnis von Substantialität und Accessorietät nach dem Vorbilde *Hofacker*'s und des ALR und damit die bereits durch das späte Naturrecht geleistete Koordination der beiden Gliederungsprinzipien zeigt sich zunächst nur andeutungsweise bei *Gesterding* (1818)[263], *Mühlenbruch* (1825)[264] und *Maurenbrecher* (1832)[265], entschiedener schon bei *Funke* (1827)[266], um erst seit den um 1840 erscheinenden Pandekten- bzw. Partikularrechtslehrbüchern von *Puchta* (1838)[267], *Kierulff* (1839)[268], *Roßhirt* (1840)[269], *Wächter* (1842)[270], *Böcking* (1843)[271] und *Sintenis* (1844)[272] Allgemeingut zu werden. Daß man zwischen integrierenden Teilen (Bestandteilen) und Pertinenzen (Zubehör) unterscheiden müsse, wird nun allerdings so selbstverständlich, daß später einige es überhaupt mit einem Hinweis darauf bewenden lassen, ohne über die Abgrenzungskriterien, insbesondere also den zugrunde gelegten Integritätsbegriff, überhaupt noch ein Wort zu verlieren.

---

263 Vgl. u. bei Anm. 306 ff.

264 Vgl. u. bei Anm. 341, 345.

265 Vgl. u. bei Anm. 344.

266 Vgl. u. bei Anm. 316 ff.

267 Vgl. u. bei Anm. 362 ff.

268 Vgl. u. bei Anm. 342, 345.

269 Vgl. u. bei Anm. 343.

270 Vgl. u. bei Anm. 328 ff.

271 Vgl. u. bei Anm. 347.

272 Vgl. u. bei Anm. 374.

Dies könnte den Eindruck erwecken, als sei mit der Rezeption der spätnaturrechtlichen Unterscheidung aller einem Sachgefüge angehörigen Sachen in integrierende und accessorische die theoriegeschichtliche Entwicklung abgeschlossen. Das ist jedoch nicht der Fall. In Wahrheit macht sich bereits während dieses Rezeptionsvorgangs eine Tendenz bemerkbar, den Integritätsbegriff umzudeuten, indem der idealistisch-naturrechtliche Ausgangspunkt bei der Abgrenzung von Substantialität und Accessorietät (= Pertinentialität) mit einem naturalistisch-positivistischen verbunden oder zu dessen Gunsten völlig aufgegeben wird.

Das geschieht zunächst dadurch, daß die Substantialität von Sachteilen nun nicht mehr ausschließlich auf deren Funktion als herstellende spezifizierende Glieder des Ganzen, deren Vorhandensein zur Vollendung der ganzen Sache in ihrem typischen Bestande gehört, sondern alternativ auf die Intensität des physikalischen Zusammenhanges gegründet wird, dessen Lösung zu einem Eingriff in die physikalische Substanz der Sachteile führen würde (*Funke*)[273]. Damit wird der ontologisch integrierende Gegenstandsbereich, der bei *Hofacker* nur die herstellenden Bestandteile umfaßte, um die untrennbar verbundenen erweitert. Schließlich wird jeder dauerhafte körperliche Sachzusammenhang ohne Rücksicht auf seine Intensität als integrierend erachtet, sofern er durch einen wirtschaftlichen Zweck gedeckt wird, eine Einschränkung, die jedoch zum nur theoretisch notwendigen Ausschluß sinnloser Sachkonglomerate dient[274]. Damit ist die (sinnvolle und für die Dauer hergestellte) Cohaesion zum alleinigen Kriterium der Substantialität erhoben worden, die danach überhaupt nicht mehr als eine idealistisch, sondern als eine ausschließlich mechanistisch verstandene realontologische Eigenschaft begriffen wird. Das bedeutete, daß der ontologisch integrierende Bestand außer den herstellenden nicht nur die untrennbaren, sondern schlechthin alle irgendwie körperlich zu einem Ganzen verbundenen Sachen umfaßte, sofern nur die Verbindung auf Dauer berechnet und nicht geradezu sinnlos war. Die Folge war, daß die Integralität nun nach denselben

[273] Vgl. unten unter d), insbesondere bei Anm. 322 f.

[274] Daß sinnlose oder zufällige Sachverbindungen keinen integrierenden Charakter haben, wird zwar erst später — z. B. bei *Hölder* (vgl. Pandekten S. 136 und unten Anm. 356) — ausdrücklich hervorgehoben, doch wird man von vornherein bei allen Vertretern des naturalistischen Integritätsbegriffes davon ausgehen müssen. Soweit ein entsprechender Hinweis fehlt, wird man den Ausschluß sinnloser Agglomerate für selbstverständlich gehalten haben. Insofern war daher auch der prinzipiell auf die *mera corporalis cohaesio* abstellende und insoweit eben naturalistische Integritätsbegriff von vornherein durch ein funktionelles Moment modifiziert.

Kriterien zu bestimmen war wie der Accessionserwerb, d. h. die (wenigstens vorübergehende) Veränderung des Eigentumsstatus, die eine Sache durch körperliche Verbindung mit einer anderen erleidet. Ontologische Substantialität und nomologische Accessionalität wurden dadurch zu bloß unterschiedlichen Aspekten ein und desselben Tatbestandes, wenn nicht gar überhaupt miteinander indentifiziert. Dieser auf die physische Cohärenz als solche abstellende Integritätsbegriff ist zuerst bei *Wächter* konsequent ausgebildet[275] und dann für das Integritätsverständnis der Mehrzahl der jüngeren Pandektisten bestimmend geworden[276], freilich nicht für alle.

Diese übrigen sind vielmehr einen anderen Weg gegangen, den — fast gleichzeitig mit *Wächter* — *Puchta* gewiesen hat[277]. Er hat unter Anknüpfung an *Funke* die Erweiterung des nur den herstellenden Bestand enthaltenden naturrechtlichen Integritätsbegriffs auf die untrennbar verbundenen Sachen beschränkt und, anders als *Funke*, nun gleichfalls idealistisch begründet, indem er den idealistischen Gehalt der über die Festigkeit der Verbindung entscheidenden Kriterien sichtbar gemacht hat. Hierdurch hat er einen neuen, rein idealistischen Integritätsbegriff gewonnen, der sich von dem älteren naturrechtlichen prinzipiell nur dadurch unterscheidet, daß die Integrität des Ganzen nicht mehr allein von dessen Bedürfnissen, sondern außerdem von den ideell-integrativen Belangen der Teilsache bestimmt wird, so daß ein körperlicher Zusammenhang nicht nur dann als integrierend betrachtet wird, wenn seine Aufrechterhaltung für die Vollständigkeit des Ganzen, sondern auch, wenn sie zur Integrität der Teilsache erforderlich ist, wobei sich deren Integrität wiederum nach ideellen Merkmalen bestimmt. Allerdings bleibt es nun bei einer bloßen *Korrespondenz* zwischen ontologischer Integration und nomologischer Accession, diese Entsprechung wird sogar dadurch vervollkommnet, daß den beiden Klassen nomologisch verbundener Sachen — nämlich den erststufig und den zweitstufig integrierenden — nun zwei Klassen ontologischer Integrate — die untrennbar und die herstellend verbundenen — gegenübertreten. Die *Kongruenz* von ontologisch und nomologisch integrierendem Bestand ist dagegen nun nicht mehr gegeben oder läßt sich nur durch Reduktion des von der nomologischen Integration betroffenen Bestandes auf den ontologisch integrierenden Bereich aufrechterhalten, weil die nicht untrennbar verbundenen und auch nicht herstellenden Grundstücksintegrationen (die *vincta fixaque* des *Celsus*) aus dem ontologisch integrierenden Bestand

---

275 Vgl. unten e), insbesondere Anm. 332.

276 Vgl. unten f).

277 Vgl. unten g, insbesondere Anm. 369, und h).

herausfallen[278]. Auch tritt der prinzipielle Unterschied von ontologischem und nomologischem Aspekt nun wieder deutlicher hervor, was u. a. darin zum Ausdruck kommt, daß die integrierenden Teile nicht mehr vorwiegend unter dem nomologisch verstandenen Gesichtspunkt der Nebensächlichkeit betrachtet und zusammen mit den Pertinenzen abgehandelt, sondern durchweg im Zusammenhang mit der Lehre von der Sacheinheit, jedenfalls aber getrennt von den Nebensachen dargestellt werden.

Da der Pertinenzbegriff gleichwohl insofern Komplementärbegriff zum Begriff des integrierenden Teils blieb, als beide zusammen den nomologisch integrierenden Bestand erststufiger und zweitstufiger Integrate des römischen Rechts ausmachten, konnten die pandektistischen Veränderungen des spätnaturrechtlichen Integritätsbegriffs und die daraus resultierende Erweiterung des (ontologisch) integrierenden Gegenstandsbereichs nicht ohne Einfluß auf den Begriff der Pertinenz und den Umfang des davon betroffenen Sachbestandes bleiben. Da die Außengrenze sachenrechtlich verbundener Gegenstandseinheiten nach dem für verbindlich betrachteten römischen Recht festlag und im gemeinen Recht bis in das späte 19. Jahrhundert hinein grundsätzlich respektiert wurde, wenn sie auch durch das bloß willenstheoretische Verständnis der Pertinentialbindung an Bedeutung verloren hatte[279], mußte die Erweiterung des ontologisch integrierenden Bestandes auf Kosten des Pertinentialbestandes gehen, der danach jedenfalls auf die trennbaren und nicht herstellenden Verbindungen (im wesentlichen auf das *vincta fixaque*) beschränkt wurde, bei Zugrundelegung des naturalistischen Integritätsbegriffs sogar auf einige wenige, nur periodisch und lose eingefügte Nebensachen wie Weinbergpfähle, Schlüssel, Winterfenster und dgl. zusammenschrumpfte. Andererseits machte die Erhebung der Cohaesion als solcher oder wenigstens ihrer Notwendigkeit für *perfectio integri* oder *integritas partis*, und die damit verbundene Überführung aller oder doch einer erheblichen Anzahl von *res accessoriae coniunctae* aus dem pertinentialen in den inte-

[278] Und zwar nicht nur die bloß lose mit dem Grundstück verbundenen Sachen, die leicht auswechselbar und als Mehrheit über das Grundstück verstreut sind (wie Weinbergpfähle und Dünger) und die daher auch für das naturalistische Integritätsverständnis *Wächters* nicht mehr zum integrierenden Bestand gehören (vgl. u. bei Anm. 337), sondern auch das ortsfest und dauerhaft Eingefügte (z. B. Leitungsanlagen), das von *Wächter* gerade dazu gerechnet wird. Nur die erststufig integrierenden Grundstücksverbindungen des klassischen Rechts (Aussaat, Pflanzungen, Bauführung), woran in den Quellen ohnehin nicht gedacht wird, wenn von *vincta fixaque* die Rede ist, bleiben als untrennbar auch nach *Puchta* integrierende Sachen.

[279] Vgl. oben I 1 b α und γ.

grierenden Bestand den Weg frei für eine Ersetzung der bisher üblichen nomologischen durch eine rein ontologische Bestimmung des Pertinenzbegriffs. Dieser ließ sich nun statt durch den Rechtsstatus der dazugehörigen Sachen (also ihre teilweise Unterstellung unter das Rechtsschicksal der Hauptsache, das *„quasi partes haberi"*) einheitlich durch die Zweckdienlichkeit und Zweckwidmung für die als fertig vorausgesetzte Hauptsache bestimmen[280]. Das dadurch gewonnene ontologisch-funktionale Verständnis des Pertinenzbegriffs wurde zugleich zur theoretischen Voraussetzung seiner „Umfunktionierung" zu einem nach dem Vorbild der Naturrechtskodifikationen erweiterten, unternehmensbezogenen, und nicht bloß auf den *perpetuus usus rei ipsae* fixierten Zubehörbegriff[281].

Im folgenden soll nun der Versuch gemacht werden, die hiermit skizzierte theoriegeschichtliche Entwicklung[282] an Hand der dafür wesentlich er-

---

[280] So zuerst mit aller Deutlichkeit *Unger* 450.

[281] Vgl. I 1 b *βββ*.

[282] Sie legt freilich die Frage nach ihren allgemeineren rechtstheoretischen und philosophischen Voraussetzungen nahe, eine Frage, deren Untersuchung reizvoll wäre, auf deren Behandlung an dieser Stelle jedoch verzichtet werden muß. Die rechtstheoretischen Grundlagen der Pandektistik und ihre philosophischen Anknüpfungspunkte und Bedingungen sind bislang zu wenig erforscht, als daß jene Frage sich ohne umfangreiche, den Rahmen dieser Arbeit sprengende eigene Vorarbeiten beantworten ließe. Die vorliegende Darstellung kann daher ihrerseits nicht mehr als eine die Quellen aufbereitende, auf das zum Thema gewählte theoretische Detail fixierte Vorarbeit zu einer theoriegeschichtlichen Fundamentaluntersuchung sein. Gleichwohl muß auch sie bereits mit den verständnistheoretischen Schwierigkeiten rechnen, denen jede rückschauende Betrachtung theoriegeschichtlicher Erscheinungen ausgesetzt ist, ausgesetzt deswegen, weil der Entwicklungszusammenhang, so wie er sich der ex-post-Betrachtung darstellt, den Trägern dieser Entwicklung selbst, also den Urhebern der theoriegeschichtlichen Zeugnisse, noch verborgen war. Selbst dort, wo eine Identität der Problemerkenntnis zwischen dem historischen Betrachter und seinem Objekt schon vorhanden ist, fehlt es doch vielfach noch an der Identität der Fragestellung im einzelnen, und die Äußerungen, die aus der Rückschau sich dem Entwicklungszusammenhang einfügen, sind vom Autor selbst in ihrer Konsequenz gar nicht erkannte *obiter dicta*. Nur so ist es zu erklären, daß von einigen Autoren (z.B. *Girtanner* und *Bechmann*, aber auch *Rosshirt*, *Bekker* und *Windscheid*, vgl. u. Anm. 382—384 und 386) die zu erwartende Stellungnahme zum Problem der Abgrenzung des Bestandteils- vom Zubehörbegriff bzw. zur Integritätsbestimmung vollständig fehlt. Aber auch dort, wo dies anders ist, ist der „objektive Erklärungsinhalt" der theoriegeschichtlichen Quellen — wenn diese dogmatische Metapher hier erlaubt ist — mit der subjektiven Vorstellung des Autors nicht immer identisch und reicht oft darüber hinaus. Ihre Inanspruchnahme für den Nachweis eines objektiven theoriegeschichtlichen Zusammenhangs, wie er

scheinenden Zeugnisse gemeinrechtlicher Literatur und ihre Spiegelung in Gesetzgebung und Rechtsprechung im einzelnen nachzuzeichnen. Sie läßt nach dem obigen Überblick fünf Entwicklungsstufen erkennen.

b) Der undifferenzierte, ältere Pertinenzbegriff der Frühpandektistik

Die theoriegeschichtlich älteste Stufe ist die des Usus modernus, dessen theoretische Konzeption hier unter Außerachtlassung der systematischen Errungenschaften des Naturrechts bis in das 19. Jahrhundert hineinwirkt. Auf dieser Stufe ist der vom Pertinenzbegriff gegenständlich verschiedene Substanzteilbegriff des späten Naturrechts (also *Hofacker*'s und des ALR) noch nicht rezipiert, jedenfalls noch nicht nachformuliert worden. Vielmehr werden das coordinative Integralsystem und das subordinative Haupt- und Nebensachenschema als konkurrierende, sich nicht gegenseitig ausschließende Gliederungsprinzipien und wird unter Pertinenzen sowohl der substantielle als auch der accessorische Bestand verstanden. Der Pertinenzbegriff bleibt danach ausschließlich durch den partiell-nomologischen Aspekt der Verfügungsbetroffenheit bestimmt und unterscheidet sich von demjenigen des Usus modernus nur dadurch, daß er bloß noch diejenigen Nebensachen umfaßt, die nicht nur nach dem ausdrücklichen oder zu vermutenden Parteiwillen des Einzelfalls, sondern grundsätzlich der Hauptsache folgen, und daß er sich dadurch gegenständlich mit dem Begriff der nomologisch integrierenden Sachen des römischen Rechts deckt.

Dieser Stufe läßt sich, wenn auch mit Vorbehalten, zunächst das ABGB zurechnen, unbeschadet der freilich nicht auszuschließenden Möglichkeit, daß sein gesetzlich formulierter Pertinenzbegriff restriktiv gemeint ist und — wie im ALR — die Substanzteile nicht umfassen soll, unbeschadet aber auch seiner noch älteren systemgeschichtlichen Rudimente, die in den Immobilitätserklärungen zum Ausdruck kommen und die den allein mit dieser systematischen Fiktion arbeitenden Code Civil auf eine noch frühere Stufe verweisen. Hierher gehören weiterhin, von nun an allerdings unter Ausscheidung derjenigen „Pertinenzen" des Usus modernus, die nicht zu den erststufigen oder zweitstufigen Integraten gehörten, die Mehrzahl der Pandektisten bis zum Ende der dreißiger Jahre des

sich aus gegenwärtiger Sicht darstellt, ist daher nur um den Preis einer gelegentlichen Überinterpretation der Quellen möglich. Diese erscheint jedoch legitim soweit es sich — wie hier — nicht um die Deutung individueller Gedankeninhalte in ihren historischen Bedingtheiten, sondern um den Aufweis der ihnen innewohnenden objektiven Tendenzen der theoriegeschichtlichen Entwicklung geht.

Jahrhunderts, d. h. alle mit Ausnahme von *Gesterding, Mühlenbruch* und *Funke*[283]. Es sind dies (in der Reihenfolge des ersten Erscheinens ihrer Pandektenlehrbücher): *Thibaut* (1803)[284], *Schweppe* (1814)[285], *Mackeldey* (1814)[286], *Wening-Ingenheim* (1822)[287], *Seuffert* (1825)[288] und *Göschen* (1838)[289] sowie die Autoren der älteren Partikularrechtslehrbücher[290]. Hierher

---

283 Vgl. oben a, mit Ausnahme ferner von *Hufeland*, der als einziger in seinem zwischen denen von *Thibaut und Schweppe* erscheinenden Pandektenlehrbuch auf die Beziehungsverhältnisse von Sachen untereinander und deren integrale Binnenstrukturen überhaupt nicht, also nicht einmal unter dem einseitigen Aspekt von Haupt- und Nebensächlichkeit eingeht, vgl. *Gottlieb Hufeland* (1760—1817, *Stintzing-Landsberg* III 1, 512 ff., Noten 318 ff.), Lehrbuch des in den deutschen Ländern geltenden gemeinen und subsidiärischen Civilrechts, Bd. I (Gießen 1808) § 78. Sein Werk muß daher als zum Thema unergiebig außer Betracht bleiben. Das gleiche gilt für das eine Generation später erscheinende, unter den Zeitgenossen so berühmte Pandektenlehrbuch von *Vangerow*, wo zwar die Pertinenz als ein Unterbegriff des Nebensachenbegriffs erwähnt wird, aber ebenso wie der Oberbegriff als bloße Leerstelle erscheint und mit keinem Satz erläutert wird, vgl. *Karl Adolf von Vangerow* (1808—1870, *Stintzing-Landsberg* III 2, 602 ff., Noten 264 f.), Leitfaden für Pandektenvorlesungen (ab 6. Aufl. u. d. Tit. Lehrbuch der Pandekten), Bd. I (Marburg 1838, 7. Aufl. 1863) §§ 71, 73. *Savigny* schließlich, dessen Namen man vor allem vermissen wird, ist in seinem „System des heutigen römischen Rechts" zu einer Darstellung der Lehre vom Rechtsobjekt und damit auch zur Lehre von den Sachbeziehungen nicht mehr gekommen.

284 *Anton Justus Friedrich Thibaut* (1772—1840, vgl. *Stintzing-Landsberg* III 2, 69 ff., Noten 88 ff.), System des Pandektenrechts, Jena 1803 (8. Aufl. 1834, 9. Aufl. besorgt von *Alexander August* v. *Buchholz*, 1846), § 265.

285 *Albrecht Schweppe* (1783—1829, vgl. *Stintzing-Landsberg* III 2, Noten 124 f.), Das römische Privatrecht in seiner Anwendung auf deutsche Gerichte, Altona 1814 (4. Aufl. Göttingen 1830), § 191.

286 *Ferdinand Mackeldey* (1784—1834, vgl. *Stintzing-Landsberg* III 2, Noten 120 f.), Lehrbuch des heutigen römischen Rechts, Gießen 1814 (10. Aufl. 1833, 11./12. Aufl. herausgegeben von *Konrad Franz Rosshirt*, 1837—1842, 13./14. Aufl. von *Johann Adam Fritz*, Wien 1851—1862), § 155.

287 *Johann Nepomuk* v. *Wening-Ingenheim* (1790—1831, vgl. *Stintzing-Landsberg* III 2, 92 f., Noten 42 f.), Lehrbuch des gemeinen Civilrechts, München 1822 (5. Aufl. besorgt von *Konrad Fritz*, 1837), § 78 (§ 120).

288 *Johann Adam Seuffert* (1794—1857, vgl. *Stintzing-Landsberg* III 2, 597 ff., Noten 261 ff.), Praktisches Pandektenrecht, Würzburg 1825 (4. Aufl. besorgt von *Ernst August Seuffert*, 1861), § 64.

289 *Johann Friedrich Ludwig Göschen* (1778—1837, vgl. *Stintzing-Landsberg* III 2, 287 ff., Noten 117 f.), Vorlesungen über das gemeine Civilrecht (aus dessen hinterlassenen Papieren herausgegeben von *Albrecht Erxleben*), Göttingen 1838.

290 z. B. *Winiwarter* (1832, vgl. o. Anm. 9) und *Bornemann* (1834, vgl. o. Anm. 8).

gehören schließlich Gesetzgebung und Spruchpraxis, und zwar durchweg bis zur Jahrhundertmitte, z. T. bis weit in die zweite Jahrhunderthälfte hinein. Von den *Privatrechtsgesetzbüchern* und Gesetzesentwürfen halten am undifferenzierten Pertinenzbegriff[291] des Usus modernus und der Frühpandektistik fest der Entwurf eines BGB für das Ghzm. *Hessen* (1846)[292], sowie noch in der zweiten Jahrhunderthälfte einige der Zürcher Gruppe angehörigen Kantonalgesetzbücher[293]. Das Privatrechtsgesetzbuch für *Zürich* selbst (1853/55)[294] ist dagegen das erste, das Sachteil und Pertinenz unterscheidet. Dasselbe tun dann — mit Ausnahme der vorerwähnten Kantonalgesetzbücher — alle folgenden Privatrechtskodifikationen bzw. Kodifikationsentwürfe des deutschen Rechtskreises, also der Entwurf eines BGB für das Kgr. *Bayern* (1861)[295], das BGB für das Kgr. *Sachsen* (1863)[296], das PG für den Kanton Schaffhausen (1865)[297], das Privatrechtsgesetz-

[291] Bei der Entwicklung des Pertinenzbegriffs in der Gesetzgebungsgeschichte des 19. Jahrhunderts ist die Geschichte seiner theoretischen Differenzierung in Bestandteil und Zubehör von der Geschichte seiner gegenständlichen Erweiterung auf die Instrumentalsachen zu unterscheiden. Beide Entwicklungen sind nicht völlig synchron verlaufen. Jene, von der an dieser Stelle allein die Rede ist, setzt sich etwas früher und weitergehend durch als diese. So hält die Kodifikationsgesetzgebung der Jahrhundertmitte auch dort, wo bereits zwischen Bestandteil und Zubehör unterschieden wird (wie im *bayrischen* Entwurf und den Gesetzbüchern von *Zürich, Schaffhausen,* den *baltischen* Ländern und *Sachsen*), entweder in Übereinstimmung mit der Pandektenwissenschaft bis *Kohler* noch am gemeinrechtlichen Ausschluß des Instruments fest (so der *bayrische* Entwurf), oder beschränkt die Erweiterung des Pertinentialbestandes auf das industrielle Inventar (*Zürich, Schaffhausen, baltische* Länder), oder pertinenziert zwar alle Instrumentalsachen, beschränkt aber deren Einbeziehung in den Pfandnexus des Hauptsachengrundstücks auf eine qualifizierte Gruppe industrieller Pertinenzen (so das *sächsische* BGB). Selbst das *deutsche* BGB, das ebenso wie das *Schweizer* ZGB den allen Instrumentalsachen eingeräumten Pertinentialstatus ohne Ausnahmen auch im Hypothekenrecht gelten läßt, hat ja durch das bloß willenstheoretische Verständnis der Pertinentialbindung nomologisch noch nicht die ganze Konsequenz aus seinem begrifflichen Ausgangspunkt gezogen (vgl. dazu o. I 1 c *β*).

[292] II 1 Art. 13 ff.

[293] *Graubünden* (1862), § 178; *Glarus* (1874), §§ 2 bis 5; *Zug* (1875), §§ 140 bis 144. Einzelheiten bei *Huber* III 32 ff.

[294] §§ 475 ff.; Fassung von 1887: § 49 ff.

[295] I Art. 143—146; Art. 149—151.

[296] § 65 ff.

[297] §§ 417, 420, 424, 425, §§ 418, 419, 421, 422.

buch für die *baltischen* Provinzen des Zarenreiches (1865)[298] sowie schließlich das BGB für das *Deutsche Reich* (1896)[299] und das *schweizerische* ZGB (1907)[300], einschließlich deren sämtlicher Entwürfe. Noch langsamer als in der Gesetzgebung wird die Unterscheidung von Bestandteil und Zubehör in der *Rechtsprechung* heimisch. Das erste veröffentlichte, mir zugängliche Erkenntnis, welches eine (bewußte) systematische Unterscheidung zwischen Substanzteil und Pertinenz wenigstens andeutungsweise erkennen läßt, ist zwar schon im Jahre 1847, bezeichnenderweise zum ALR ergangen[301], die erste gemeinrechtliche im Jahre 1850[302]. Doch bilden diese beiden, zusammen mit einem halben Dutzend späteren Entscheidungen[303], nur Vorläufer einer Entwicklung, die sich erst mit einer frühen Reichsgerichtsentscheidung aus dem Jahre 1880[304] in der Spruchpraxis allgemein durchsetzt, zu einer Zeit, als der Substanzteilbegriff inzwischen längst nach anderen als den *Hofacker*'schen Kriterien bestimmt und daher auch von der Rechtssprechung nicht mehr in seinem Sinne verstanden wurde. Allerdings bleibt die Unterstellung, die Judikatur habe bis 1880, von den genannten Beispielen abgesehen, einen (wie auch immer zu bestimmenden) Unterschied zwischen Substanzteil und Pertinenz nicht gekannt, insofern fragwürdig, weil keiner der entschiedenen Fälle zweifelsfrei unter den (älteren, von *Hofacker* und dem ALR verwendeten) Substanzteilbegriff subsumierbar gewesen wäre; sie läßt sich allenfalls darauf stützen, daß auch in den Entscheidungen, die bereits zwischen Substanzteil und Pertinenz unterscheiden, Substantialität verneint und bloß Pertinentialität bejaht worden ist. Eindeutiges Zeugnis für den alten, undifferenzierten Pertinenzbegriff ist daher

---

298 § 551, §§ 557 ff.

299 §§ 93—96; §§ 97, 98.

300 Art. 642 II; Art. 644 II, 645.

301 OT *Berlin* v. 22. 11. 1847 (OTE 15, 23).

302 OAG *Darmstadt* v. 6. 5. 1850 (SeuffArch 12, 301 [404]).

303 OAG *Rostock* v. 11. 7. 1856 (SeuffArch 17, 207 [327]); *München* v. 29. 4. 1871 (770/1870, SeuffArch 29, 5 [7]) und 2. 5. 1871 (2/71, SeuffArch 29, 6 [8]).

304 v. 24. 6. 1880 (IV 505/80, RGZ 2, 251), eine Entscheidung, die ebenso wie eine um ein Jahr ältere, in demselben Sinne getroffene des OAG *München* v. 13. 6. 1879 (5004, SeuffBl. 44, 249), zum ALR ergangen ist. Die erste gemeinrechtliche Entscheidung, welche nicht nur zwischen Bestandteil und Pertinenz unterschieden, sondern Bestandteilseigenschaft bejaht hat, stammt vom OLG *Hamburg*, 7. 11. 1881 (HansGZ 1881, Beibl. 85). Das RG hat sich erst kurz vor der Jahrhundertwende erstmalig für Bestandteilseigenschaft nach gemeinem Recht ausgesprochen, nämlich in der Entscheidung v. 18. 3. 1897 (VI 406/96, SeuffArch 53, 3 [3]).

allein eine Entscheidung des OAG Dresden aus dem Jahre 1852[305]: Sie verrät den Mangel einer Unterscheidung zwischen Substanzteil und Pertinenz dadurch, daß sie beide Termini synonym gebraucht.

c) *Franz Gesterding*
(Das Integrationsprinzip der perfectio integri)

Auf diese älteste Stufe folgt eine zweite jüngere, auf welcher der von *Hofacker* und dem ALR vorgezeichnete theoretische Stand inzwischen vollständig erreicht, aber noch nicht überschritten ist; wo also einerseits mit dem naturrechtlichen Einteilungsprinzip in Haupt- und Nebensachen auch dessen von *Hofacker* bezeugte Abgrenzung gegenüber dem pomponianischen, integralen Einteilungsprinzip, und damit auch die aus dieser Abgrenzung sich ergebende Disjunktion von (integrierendem) Substanzteil und (accessorischer) Pertinenz übernommen, andererseits aber der *Hofacker*'sche Ansatz für die Unterscheidung in Substanzteil und Pertinenz noch nicht verlassen worden ist, und auch in der Rechtslagebestimmung sich nichts geändert hat.

Da die oben angedeuteten Tendenzen zu einer Fortbildung des *Hofacker*'schen Systems schon früh einsetzen, wird diese Stufe außer dem ALR nur durch einen einzigen Juristen vertreten, nämlich den Greifswalder Gelehrten *Franz Gesterding*[306], und auch dort nur andeutungsweise und nicht ohne innere Widersprüche. So bezieht auch er in seiner 1817 erschienenen Abhandlung über das *System des römischen Rechts von den Pertinenzen*[307] die ideell integrierenden Teile in seine Untersuchung noch mit ein, was an die ältere Entwicklungsstufe erinnert, auf welcher die zeitgenössischen gemeinrechtlichen Publikationen ja noch ausschließlich stehen[308]. Immerhin weist er darin bereits auf den ontologischen Unterschied zwischen *„den wesentliche(n) Teile(n), die das Ganze konstituieren"*[309] und den accessorischen Pertinenzen hin. Nur bagatellisiert er den Unterschied, da zwischen beiden *„in der Sphäre des Rechts kein Unterschied"*[310] sei, ein Gesichtspunkt, welcher den Gedanken an eine von der Rechtslage

---

[305] ZRpflVerw 11, 289.

[306] 1761—1841, ADB IX, 127. Bei *Stintzing-Landsberg* kommt er nicht vor.

[307] Und zwar als Abhandlung Nr. 10 in seinem Sammelwerk „Alte und neue Irrtümer der Rechtsgelehrten", S. 301 bis 390; Greifswald 1818.

[308] Vgl. die oben unter b (bei Anm. 284 bis 290) Zitierten.

[309] S. 307.

[310] S. 307.

ausgehende Systembildung schon vorbereitet. Daß *Gesterding* unter *„wesentlichen Teilen, die das Ganze constituieren"*, grundsätzlich dasselbe versteht wie *Hofacker* unter den *partes substantiales*, ergibt sich aus den Beispielen, die er für integrierende und accessorische Teile eines Gebäudes bringt: integrierend sind für ihn *„Hintergebäude, die einzelnen Zimmer und Gemächer"*[311], accessorisch („Nebenteile") die *„Area, auf welcher das Haus steht, Hof und Garten samt Ställen, Lusthäusern, Bäumen und Pflanzen sowie (unter gewissen Voraussetzungen) angrenzende Liegenschaften"*[312]. Allerdings ist die Unterscheidung zwischen *„wesentlichen Teilen"* und *„Nebenteilen"* durch *Gesterding* ein bloßes *obiter dictum*, denn ebenso wie später *Funke* geht es ihm nicht in erster Linie um eine Differenzierung des bisher ungegliederten Pertinentialbestandes des Usus modernus, sondern um dessen Reduktion von dem weiteren Kreis von Gegenständen, die bei Verfügungen über eine andere Sache in diese Verfügung (notwendig oder willkürlich) einbezogen sind, auf den engeren Kreis der nach römischem Recht integrierenden Sachen[313]. Dem entspricht es auch, daß er den Unterschied zwischen *„wesentlichen Teilen"* und *„Nebenteilen"* nomologisch für irrelevant erklärt. Im übrigen ist diese bei *Gesterding* bloß theoretische Unterscheidung mindestens terminologisch nicht konsequent durchgeführt. So erscheint der Terminus *„Pertinenz"* bei ihm z. T. in einem engeren, auf die *„Nebenteile"* beschränkten, z. T. in einem weiteren, auch die *„wesentlichen Teile"* umfassenden Sinne[314].

---

311 S. 320. 312 S. 321.

313 S. 303 f., 307 u. ö.

314 So z. B. im Titel seiner Abhandlung und sogleich in deren Eröffnung (S. 307): *„Unter Pertinenzen werden verstanden Sachen, die mit einer andern in Verbindung stehen und zwar in einer solchen, daß sie als zu einem Ganzen vereinigte Teile anzusehen sind. Besonders werden darunter verstanden Sachen dieser Art, welche sich zu der Sache, womit sie verbunden sind, verhalten wie Nebensachen zur Hauptsache."* Auch der an späterer Stelle stehende Satz (S. 326), daß *„Mobilien, die zum Zwecke späterer Verbindung angeschafft sind (Ersatzziegel), vor der Vornahme der Verbindung nicht Pertinenzen werden"* impliziert den weiteren Pertinenzbegriff, wenn man den Satz (was naheliegt) so versteht, daß die Baumaterialien, also herstellende Sachen und damit *„wesentliche Teile"*, nach Vornahme der Verbindung Pertinenzen werden sollen. Freilich ist es auch nicht ganz ausgeschlossen, daß er die Baustoffe wegen ihrer Auswechselbarkeit nicht für „wesentlich" gehalten und unter integrierenden Teilen überhaupt nicht die zur Herstellung des Ganzen notwendigen, ursprünglich unverbundenen Einzelsachen, sondern nur Teilkomplexe des Ganzen verstanden hat. Hierfür könnte sprechen, daß er die integrierenden Sachen nur durch solche Teilkomplexe exemplifiziert (S. 321 vgl. oben im Text bei Anm. 312).

Die Rechtslagebestimmung der Pertinenzen (einschließlich der integrierenden Teile) durch *Gesterding* entspricht derjenigen *Hofacker's* und des ALR. Er sagt von ihnen, daß sie *„an dem Schicksal der Hauptsache teilnehmen, da (sie) Accessorien und Teile der Hauptsache sind“*[315]. Auch die folgende Exemplifikation ist dieselbe wie bei *Hofacker*: Der Besitzerwerb an der Pertinenz durch Besitzerwerb an der Hauptsache und die Veräußerung der Pertinenz durch Veräußerung der Hauptsache.

d) Gottlob Leberecht Funke
(Das Integrationsprinzip der perfectio integri aut integritas partium)

Von der dritten Stufe an wird der durch *Hofacker* und das ALR vorgezeichnete, in der Pandektistik erstmals durch *Gesterding* (und auch dort ja nur andeutungsweise) erreichte systematische Stand bereits wieder verlassen, indem an dem Unterschied zwischen Teilen und Pertinenzen zwar festgehalten wird, die Kriterien für die Qualifikation einer Sache als Teil oder Pertinenz aber anders bestimmt werden.

Am Anfang dieser Fortentwicklung, und zugleich auf der dritten Stufe des gesamten hier betrachteten begriffsgeschichtlichen Prozesses steht der Chemnitzer Advocat *Gottlob Leberecht Funke*[316] mit seiner 1827[317] erschienenen Monographie über *Die Lehre von den Pertinenzen.* Wie *Gesterding* interessiert ihn der Unterschied zwischen substantiellem und accessorischem Bestand nur am Rande, da es auch ihm in erster Linie um die Abgrenzung des nomologisch integrierenden Bestandes, so wie er sich aus dem positiven gemeinen Recht ergibt, von den nur willkürlich miteinander verknüpften Sachen geht, also um die Beschränkung des undifferenzierten Pertinenzbegriffs des Usus modernus auf erst- oder zweitstufig integrierende Sachen[318], wobei er erstmalig kritisch untersucht, inwieweit die Maschinenausrüstung gewerblicher Unternehmen unter diesen Pertinenzbegriff fällt[319]. Gleichwohl nimmt auch er Ge-

[315] S. 307.

[316] Seine Lebensdaten habe ich nicht ermitteln können. Er wird im letzten Viertel des 18. Jahrhunderts geboren und um die Mitte des 19. gestorben sein.

[317] In Chemnitz.

[318] Vgl. §§ 1 u. 16, sowie passim.

[319] Vgl. S. 6, 32 ff., 159. Es ist auch rechtsgeschichtlich nicht uninteressant, daß die in unserem Zusammenhang früheste Auseinandersetzung mit den Rechtsfragen des „Maschinenwesens“ aus Deutschlands ältester Industrielandschaft, dem damaligen Kgr. Sachsen stammt.

legenheit, auf den begrifflichen Unterschied zwischen *„Hauptteilen"* und *„außerwesentlichen Nebenteilen"* (= Pertinenzen im engeren Sinne) innerhalb des nomologisch integrierenden Bestandes hinzuweisen. Wie *Hofacker* und *Gesterding* argumentiert er ontologisch und sagt, *„daß die Pertinenzen ein in seinen Hauptteilen vollendetes Ganzes"* voraussetzen[320] und daher von ihnen zu unterscheiden seien. Inhaltlich geht er nun aber — und darin liegt das Neue gegenüber diesen beiden früheren[321] Juristen — über *Hofacker* und *Gesterding* hinaus: Zu den von den Pertinenzen zu unterscheidenden *Hauptteilen* zählt er nicht nur diejenigen, die die *„Vollendung (des Ganzen) nach seiner individuellen Beschaffenheit und Bestimmung durch (ihre) Mitwirkung beding(en)"*, und die er später *„wesentliche Bestandteile"* nennt, sondern auch diejenigen, die *„unzertrennlich mit einer Sache verbunden"* sind[322]. Die Einbeziehung untrennbar verbundener Teile in den *Hauptteil*-Begriff (und folglich ihre Herausnahme aus dem Pertinenzbegriff) begründet er mit der *Natur*

---

[320] Zur Unterscheidung von Hauptteilen und Pertinenzen und zum Pertinenzbegriff vgl. S. 9 f: *„Die Pertinenzen sind, ihrer Haupteigenschaft nach, Nebensachen, die durch die Beziehung, in der sie zu einer Hauptsache stehen, ohne besondere Bestimmung, den rechtlichen Verhältnissen derselben unterworfen sind. Der Grund, auf welchem die Pertinenzqualität beruht, muß daher ein solcher sein, dem die Kraft beigelegt werden kann, eine Beziehung zwischen zwei verbundenen Gegenständen zu begründen, wodurch die eine den rechtlichen Verhältnissen der anderen unterworfen wird. Eine solche Beziehung aber kann, außer dem Gesetze, welches eine Sache für Pertinenz erklärt, oder auch nur allgemeine Bestimmungen deshalb enthält, nur das Verhältnis begründen, nach welchem eine Sache als außerwesentlicher Nebenteil eines Ganzen erscheint. Denn daß die Beziehung, nach welcher eine Sache als Teil eines Ganzen erscheint, Pertinenzqualität begründet, beruhet auf dem Grundsatze: was vom Ganzen gilt, gilt auch von seinen Teilen, und daß die Pertinenzen ein in seinen Hauptteilen vollendetes Ganzes voraussetzen, und nur als außerwesentlicher Nebenteil gedacht werden können, ist ebenso klar, da sie außerdem mit den wesentlichen Teilen verschmelzen und keine besondere Kategorie bilden würden. Außer diesem Verhältnisse aber, ist kein Grund denkbar, aus welchem eine Sache den rechtlichen Eigenschaften einer anderen durch sich selbst als unterworfen angesehen werden könnte. Sonach beruhet die Beurteilung der Pertinenzqualität aus diesem Gesichtspunkte, auf der Frage: was ist ein Ganzes und in welchem Verhältnis muß diese eine Sache zu diesem stehen, um als Nebenteil angesehen zu werden . . ."* (S. 9 f.). Zu den Voraussetzungen von Pertinentialität im einzelnen vgl. S. 10 ff.

[321] Mit Ausnahme von *Mühlenbruch*, dessen „Doctrina Pandectarum" (Tom. 2) schon 1825, also zwei Jahre vor *Funkes* Pertinenzen, erschienen ist und ebenfalls Ansätze erkennen läßt, auch nicht-ideell integrierende Sachverbindungen aus dem Pertinenzbegriff herauszunehmen. Näheres s. u. bei Anm. 346.

[322] S. 14.

der Sache[323], ohne allerdings zu sagen, inwiefern dieses Argument nunmehr zu dieser neuen Betrachtungsweise zwingt. Anhaltspunkte dafür, daß er durch die Erweiterung des „Hauptteilbegriffs" diesen an einen allein an der Rechtslageveränderung der verbundenen Sache orientierten Begriff des Zuwachses hat angleichen wollen, fehlen. Sie würden auch mit dem von *Funke* festgehaltenen Ergebnis in Widerspruch stehen, daß Hauptteile und Pertinenzen (also gerade die nicht zuwachsartig verbundenen Sachen) in gleicher Rechtslage sich befinden. Man wird daher die ontologische Argumentation mit der Natur der Sache ernst nehmen und in ihrem Ergebnis schon einen Übergang von einem idealistischen zu einem naturalistischen Integritätsverständnis sehen müssen.

Der Rechtsstatus, den *Funke* den Hauptteilen zuerkennt, ist wegen der von ihm angenommenen Identität der Rechtslage mit den außerwesentlichen Nebenteilen aus seiner Rechtslagebestimmung für die Pertinenzen zu entnehmen. Dort heißt es, daß sie *„durch die Beziehung, in der sie zu einer Hauptsache stehen, ohne besondere Bestimmung, den rechtlichen Verhältnissen derselben unterworfen sind"*[324]. Sie entspricht der *Hofacker*'schen Bestimmung, daß die *„res accessoria ... induat naturam rei principalis"*, und daß sie *„etiam non expressa(e) translata(e) censea(n)tur"*[325]; des ALR, daß *„die Pertinenzstücke ... an allen Rechten derselben* (d. i. der Hauptsache) *teil"*(nehmen)[326]; *Gesterding's*, daß die Pertinenzen *„an dem Schicksal der Hauptsache teilnehmen"*[327].

e) Carl Georg von Wächter
(Das Integrationsprinzip der mera corporalis cohaesio in perpetuum facta)

Auf der vierten Stufe wird der idealistische Ansatz bei der Bestimmung der Sachintegrität, der von *Funke* wenigstens als konkurrierender Ansatz noch beibehalten worden war, schließlich vollständig aufgegeben. Das geschieht eindeutig und konsequent zum ersten Male durch *Carl Georg Wächter*[328] (1839/1842/1845)[329].

---

[323] S. 14.

[324] S. 9.

[325] III § 732, Sätze 1 und 2 zu 1).

[326] I 2 § 105.

[327] S. 307.

[328] 1797—1880, *Stintzing-Landsberg* III 2, 386 ff., Noten 612 ff.

[329] Und zwar zuerst in seinem Kapitel „Accession" in *Weiskes* Handlexikon Bd. I (1839), 9 ff., dann präzisiert in seinem „Handbuch des im Königreich Württemberg geltenden Privatrechts", Stuttgart 1842, Bd. II §§ 40, 41, schließlich ausführ-

α) *Wächter* kennt keine „Hauptteile" mehr, wie *Funke*, sondern nur noch die (ganze) Hauptsache und Nebensachen, in welch letzteren bei ihm die „Hauptteile" *Funkes* aufgehen und worunter nun alles zusammengefaßt wird, was nach römischem Recht zum nomologisch integrierenden Bestand gehört — außer eben der Hauptsache selbst, die jetzt mit dem aus Hauptsache und Nebensachen bestehenden Ganzen — dem Integrat — identifiziert wird. Erst innerhalb der Nebensachen wird dann zwischen „integrierenden" und nicht integrierenden unterschieden und jene mit den Teilen, diese mit den Pertinenzen identifiziert, welche letztere nun erstmalig den Sachteilen schlechthin als die andere, geringere Art heteronom bestimmter Sachen gegenübertreten[330]. Alleiniges Kriterium dafür, ob eine Nebensache *„wirklicher Bestandteil"* oder (nur) Pertinenz ist, ist nun die Körperlichkeit der Verbindung und die dadurch herbeigeführte „Unselbständigkeit" der verbundenen Sache, während die ideell integrierende Verbindung nur noch als Unterfall des *„physischen"* Bestandteils[331] erwähnt wird und ebenso als Nebensache

licher erläutert in seinen „Erörterungen aus dem römischen, deutschen und württembergischen Privatrechte", Stuttgart 1845, 36 ff. Im folgenden wird nur aus dem Handbuch zitiert.

[330] Auch bei *Gesterding* und *Funke* erschienen die Pertinenzen noch als „Teile", wenn auch als „außerwesentliche Nebenteile", und selbst *Hofacker* hatte den *res accessoriae* die Sachteilqualität nicht eigentlich abgesprochen; vielmehr wurde bei ihnen die disjunktive, gegenstandsbegriffliche Unterscheidung zwischen integrierendem und nicht integrierendem Sachbestand innerhalb des Teilbegriffs (als Oberbegriff) getroffen. Der uns heute selbstverständliche Satz, daß Teileigenschaft (= Bestandteileigenschaft) und Zubehöreigenschaft einander ausschließen, ist — nachdem auch *Puchta* schon 1838 in seinem Pandektenlehrbuch davon ausgegangen war (vgl. u. Anm. 372) — zuerst von *Wächter* grundsätzlich formuliert und erst seitdem allgemein anerkannt worden (nur *Dernburg* greift noch einmal auf miteinander konkurrierende Bestandteils- und Zubehörbegriffe zurück, vgl. u. Anm. 353 und 357, wobei auch er aber von der prinzipiellen Verschiedenheit der Momente ausgeht, die einerseits Bestandteilseigenschaft, andererseits Zubehöreigenschaft begründen).

[331] Sie allein wird von *Wächter* als „integrierend" bezeichnet (*„integrierende Teile"*, § 40 I, S. 243). Terminologisch bleibt er danach dem naturrechtlichen Integritätsbegriff verpflichtet. Das darf jedoch nicht darüber hinwegtäuschen, daß der Begriff der Integrität i. S. von Sachganzheit bei *Wächter* einen anderen Inhalt bekommen hat. Zwar meint er, wenn er von „integrierenden Teilen" spricht (anders als möglicherweise *Mühlenbruch* und *Kierulff*, vgl. Anm. 346), dasselbe wie *Hofacker* und *Gesterding*. Doch hat das mit dem in Wahrheit zugrunde gelegten Begriff der Sachganzheit nichts mehr zu tun, wenn man unter dem ontologisch integrierenden Bestand einer Sache alles das versteht, was *diese* Sache in ihrer individuellen Beschaffenheit als Ganzheit ausmacht. Denn dazu gehört nach *Wächter* auch dasjenige körperliche Verbundene, das nicht erforderlich ist, das Ganze in seinem not-

erscheint wie alle anderen nomologisch integrierenden, nicht herstellenden Sachen auch[332]. Die ontologische Differenz zwischen dem Verhältnis des Ganzen zu den Teilen, die dieses in seinem idealtypischen Bestande konstituieren, und dem Verhältnis des fertigen Ganzen zu anderen Sachen, die mit ihm in körperliche oder funktionelle Beziehung getreten sind, ist innerhalb des formal gewordenen Nebensachenbegriffs infolge der Identifikation von *res principalis* und *res composita integra* irrelevant geworden. Damit ist in Wahrheit die systematische Errungenschaft des späteren Naturrechts, nämlich die disjunktive Qualifikation aller Gegenstandsbeziehungen in (ideell) integrierende oder accessorische, d. h. das komplementäre Verständnis des coordinativen pomponianischen Integralschemas und des subordinativ-assoziativen Hauptsache-Nebensache-Schemas, ignoriert und insoweit der Entwicklungsstand der Frühpandektistik mit ihrem undifferenzierten Pertinenzbegriff noch nicht überwunden worden[333]. Worin *Wächter* darüber hinaus

wendigen Bestande zu konstituieren, anders als bei *Hofacker*, wo die individuelle Ganzheit einer Sache allein nach ihrem idealtypisch notwendigen Bestande bestimmt wurde.

[332] Die entscheidende Stelle in seinem Handbuch lautet (§ 40, S. 242 f.): „*Hauptsache ist in Beziehung auf eine andere sich zu ihr verhaltende Sache diejenige, welche selbständig für sich als Rechtsobjekt besteht, Nebensache (accessio, s. g. res accessoria, accessorium) ist die einer anderen Sache untergeordnete, ganz oder wenigstens in gewissen Beziehungen unselbständige Sache, eine Sache, welche zu einer anderen, sei es durch ihr natürliches Verhältnis oder durch juristische Bestimmung, entweder als unselbständiger Teil oder wenigstens als eine zu ihr gehörige und ihr folgende sich verhält. Bei diesen Nebensachen ist es von Wichtigkeit, zwei voneinander verschiedene Gattungen derselben zu unterscheiden: I. Nebensachen im engeren Sinne oder (Neben-)Teile einer Sache (Accessionen im eigentlichen Sinne, physischer Zuwachs). Es sind dies solche Sachen, welche ein wirklicher Bestandteil der Hauptsache selbst sind, mit ihr ein physisch Verbundenes ausmachen und als wahrer physischer Zuwachs zur Hauptsache erscheinen, sei es, daß sie entweder zur Vollendung des Ganzen gehören (integrierende Teile), oder wenigstens einen Körper mit dem Ganzen bilden und durch diese ihre Selbständigkeit verlieren . . . II. (§ 41 S. 246) die Pertinenzen oder Zubehörungen einer Sache. Es sind dies einzelne Sachen, welche aber zu einer anderen (mit ihnen physisch nicht zu einem Ganzen verbundenen) Sache in einer solchen Beziehung stehen, daß sie als zur Sache gehörig behandelt und betrachtet werden und daher in der Regel in Verfügungen über die Sache als mitbegriffen gelten, ohne jedoch mit der Sache in einer solchen Verbindung zu stehen, welche sie zu einem wirklichen Teile der Sache macht, wie z. B. der Deckel eines Brunnens, die Vorfenster eines Hauses, welche wegnehmbar sind und bloß zu Zeiten eingesetzt werden, die zu einem Hause gehörige Hofstelle, Hintergebäude und dgl. . . . .*“

[333] Der weite Nebensachenbegriff *Wächters* und der undifferenzierte Pertinenz-

führt und so an die Ergebnisse der Koordination jener beiden Systeme durch *Hofacker* anknüpft, ist allein die Unterscheidung der Sachen, die einer anderen (sei es als einem zu konstituierenden Ganzen, sei es einer fertigen Hauptsache) zugeordnet sind, in zwei Gruppen, die sich durch die Art und Weise ihres ontologischen Zusammenhangs unterscheiden, freilich mit dem einen Unterschied, daß das Kriterium nicht mehr idealistisch, sondern naturalistisch ist, so daß nun der Sachteil als solcher in seiner Eigenschaft als körperlich verbundene Nebensache zur Pertinenz als der unverbundenen in Gegensatz tritt.

β) Mit der *Wächter*schen Einteilung der einer anderen rechtlich zugeordneten Sachen in (körperlich verbundenen) *Zuwachs* und (körperlich nicht verbundene) *Pertinenzen* geht eine Neubestimmung der Rechtslage dieser Sachen einher. Während *Gesterding* und *Funke* zwischen den „wesentlichen" bzw. „Hauptteilen" einerseits und den Pertinenzen im engeren Sinne andererseits der Rechtslage nach keinen Unterschied machten — wie sie ja auch begrifflich beide Gegenstandsgruppen noch als „Teile" verstanden —, treten die beiden Klassen nun bei *Wächter* auch ihrer Rechtslage nach deutlich auseinander. Eine allein auf die rechtsobjektive Verbundenheit gestützte Teilnahme am Recht der Hauptsache wird nur noch beim Zuwachs anerkannt; bei den Pertinenzen verflüchtigt sie sich zu einer von Rechts wegen vermuteten, bloß willkürlichen Einbezogenheit der Nebensache in die Verfügungsgeschäfte, die der Berechtigte bezüglich der Hauptsache vornimmt[334]; nur die Begründung der Pertinentialeigenschaft, welche jene Rechtsfolge (die Präsumption der gewillkürten Einbeziehung nämlich) auslöst, bleibt an objektive, sachenrechtliche Voraussetzungen geknüpft (Zweckdienlichkeit, Dauerhaftigkeit der Zweckwidmung). Dagegen wird beim Zuwachs das rechtliche Band gegenüber der Bindung, die *Gesterding* und *Funke* bei Pertinenzen und „wesentlichen" bzw. „Hauptteilen" in gleichem Maße für gegeben erachtet hatten, verstärkt, indem der Grundsatz *„res accessoria sequitur rem principalem"* in einem umfassenderen Sinne verstanden wird als bisher. Sowohl *Hofacker* und *Gesterding* als auch die den undifferenzierten Pertinenzbegriff verwendenden Frühpandektisten hatten seine Exemplifikation noch auf zwei Fälle

---

begriff der Frühpandektistik sind nicht nur kongruent, sondern identisch: sie sind durch dieselben — formalen — Momente, nämlich die Abhängigkeit einer Sache von einer anderen, bestimmt; vgl. *Wächter* § 40 Anm. 2, wo die Nebensächlichkeit auch des ideell integrierenden Teils ausdrücklich damit begründet wird, daß er (in gleicher Weise wie die *res accessoriae*) dem Ganzen untergeordnet sei.

[334] § 41 S. 247.

beschränkt, nämlich den Besitzerwerb an der Nebensache, der durch den Besitzerwerb an der Hauptsache, und den abgeleiteten Rechtserwerb an der Nebensache, der durch den Rechtserwerb an der Hauptsache vermittelt wird. Dabei wurde nicht immer deutlich, ob diese beiden Fälle als (die beiden einzigen in Betracht kommenden) Anwendungsfälle jenes Grundsatzes verstanden werden, dieser also primär, als Rechtssatz gemeint war, oder aber ob er ein bloßer Rechtserkenntnissatz sein sollte, der von den beiden exemplifizierenden Sätzen als den primären Rechtssätzen abzuleiten war. *Wächter* versteht diesen Grundsatz nun eindeutig normativ und erweitert seinen Anwendungsbereich, indem er aus ihm auch einen originären Eigentumserwerb an der Nebensache folgert: Aus dem dispositiven *„sequitur"* wird das zwingende *„cedit"*[335].

γ) Die allein auf die Körperlichkeit der Verbindung abstellende Bestimmung der ontologischen Sachintegrität hat zu einer tiefgreifenden Veränderung sowohl des Bestandteils- als auch des Pertinenzbegriffs geführt. Die Erhebung der Körperlichkeit der Verbindung und des dadurch herbeigeführten *„Verlustes der Selbständigkeit"* zum Kriterium des ontologischen Bestandteilsbegriffs hat diesen mit dem nomologischen Begriff des Zuwachses als desjenigen Bestandes, der durch Verbindung seinen Eigentumsstatus verändert, identifiziert und damit die ontologische auf die nomologische Integrität zurückgeführt. Die Einbeziehung auch der nicht herstellenden Verbindungen (und zwar ohne Rücksicht darauf, ob sie untrennbar sind oder nicht) in den ontologisch integrierenden Bestand hat den Pertinenzbegriff, dem sie nach *Hofacker* als *„res ipsius condicione accessoriae"* angehört hatten, auf die *„res propter principalem habitae"*, die ihre Nebensacheneigenschaft allein auf die Zweckwidmung stützen können, beschränkt. Da andererseits der als pertinentiell anerkannte Bestand über den Kreis der nomologisch integrierenden Sachen noch nicht hinausreicht, insbesondere also die Instrumentalsachen noch nicht umfaßt, schrumpft der Anwendungsbereich des Pertinenzbegriffs bei Mobilien[336] auf ein Minimum von unbedeutenden Nebensachen zusammen, die nur periodisch oder ohne festen Standort mit

---

335 § 40 S. 244. Zur unterschiedlichen Bedeutung von (*rem*) *sequi* und (*rei*) *cedere* in den Quellen vgl. z. B. D. 19. 1. 54. 1 einerseits, D. 34. 2. 19. 13 andererseits.

336 Anders bei Pertinential-Immobilien, also Grundstücken oder Gebäuden, die dem dauernden Zweck des Hauptgrundstücks oder -gebäudes gewidmet sind, und deren Wert natürlich ins Gewicht fiel. Doch wurden diese Pertinential-Immobilien durch die Einführung des formellen Grundstücksbegriffs in den Grundbuchgesetzen, spätestens durch das BGB und die Reichs-Grundbuchordnung von 1897, ihrer bloß pertinentiellen Natur entkleidet und zu Grundstücksbestandteilen.

dem Ganzen verbunden sind, und die daher auch nach *Wächter* nicht zum nomologisch integrierenden Bestand des gemeinen Rechts zählen[337]. Darüber hinaus wurde durch die Rückführung der ontologischen auf die nomologische Integrität die Beibehaltung des Pertinenzbegriffs als eines Unterbegriffs nomologisch integrierender Nebensachen auch grundsätzlich problematisch, eine Erkenntnis, die aber erst *Göppert*, etwa dreißig Jahre nach *Wächter*, aufgegangen ist[338]. Die Beibehaltung des Pertinenzbegriffs blieb unter dieser Voraussetzung nur dann legitim oder jedenfalls nur dann sinnvoll, wenn man entweder die Disjunktion von Bestandteil und Pertinenz aufhob, wie später *Dernburg*, oder die Beschränkung des Pertinenzbegriffs auf durch bloße Zweckwidmung verbundenen Sachen zum Anlaß nahm, ihm durch ein gewandeltes Verständnis des *perpetuus usus*, d. h. durch Einbeziehung des Instruments, einen neuen gegenständlichen Inhalt zu geben, wie die Spruchpraxis in den letzten Jahrzehnten des Jahrhunderts, *Kohler* und *Regelsberger* sowie schließlich die Mehrzahl der Kodifikationen seit der Jahrhundertmitte[339].

f) Das Integrationsprinzip der mera corporalis cohaesio in perpetuum facta seit Wächter

α) Der von *Wächter* erstmalig[340] präzis formulierte naturalistische Integritätsbegriff, der die Sachintegrität ausschließlich nach dem körperlich zusammenhängenden Bestande bestimmt und darin zugleich das Kriterium gegenüber der bloßen Pertinentialität sieht, läßt sich in Andeutungen schon früher, nämlich in den Pandektenlehrbüchern von *Mühlenbruch* (1825)[341],

---

[337] Z. B. Schlüssel, Brunnendeckel, Winterfenster, Weinbergpfähle, Dünger. Dagegen gehörten hier, anders als bei *Funke* und *Puchta*, die *vincta fixaque* im wahren Sinne des Wortes, also die fest und dauerhaft dem Grundstück inkorporierten Sachen wie Wasserleitungen und dgl., zum integrierenden Grundstücksbestand.

[338] Vgl. Anm. 339.

[339] Vgl. u. d. h. alle mit Ausnahme des *bayrischen* Entwurfs, vgl. oben bei Anm. 77, 79 bis 92 und nach Anm. 94.

[340] Innerhalb des deutschen Rechtskreises. Überraschenderweise kommt in *Frankreich* zur gleichen Zeit *Victor Napoléon Marcadé* (1810—1854) zu demselben, ebenso grundsätzlich formulierten Ergebnis in seinen Éléments du droit civil français, Paris 1842, vgl. 5. Ed. (als „Explication du Code Civil", 1858), Vol. II p. 336 s.; über und gegen ihn *Kohler*, DogmJb 26 (1888), 31 ff.

[341] *Christian Friedrich Mühlenbruch* (1785—1843, vgl. *Stintzing-Landsberg* III 2, 375 ff., Noten 176 f.), Doctrina Pandectarum, Tom. 2., Halle 1825 (Ed. IV. 1838); deutsch unter dem Titel: Lehrbuch des Pandektenrechts, Halle 1835, (2. Aufl. von *Madai*, 1844), §§ 225, 226.

Kierulff (1839)[342] und *Roßhirt* (1840)[343] sowie im Privatrechtslehrbuch von *Maurenbrecher* (1832)[344] nachweisen[345]. Aber abgesehen davon, daß er bei diesen Autoren bloß naiv vorausgesetzt, also nicht prinzipiell begründet wird, wird er von ihnen auch nicht konsequent beibehalten. Vielmehr finden sich bei ihnen allen zugleich noch Anklänge an den idealistischen Integritätsbegriff *Hofackers*[346]. Dasselbe gilt für das ein Jahr nach *Wächters*

---

342 *Johann Friedrich Martin Kierulff* (1806—1894, vgl. *Stintzing-Landsberg* III 2, 592 ff., Noten 261), Theorie des gemeinen Civilrechts, Altona 1839, Bd. I (alles Erschienene), § 13 E (S. 328 ff.).

343 *Konrad Eugen Franz Rosshirt* (1793—1873, *Stintzing-Landsberg* III 2, 340 ff., Noten 160 ff.), Gemeines deutsches Civilrecht, Heidelberg 1840, Bd. II, §§ 208, 210

344 *Romeo Maurenbrecher* (1803—1843, *Stintzing-Landsberg* III 2, 398 ff., Noten 189), Lehrbuch des heutigen gemeinen deutschen Privatrechts, Bonn 1832 (2. Aufl 1840), Bd. 1 §§ 185—187.

345 Auf ein solches Integritätsverständnis deutet hin, daß diese vier Autoren alle von einem disjunktiven Verhältnis von Pertinenz und integrierendem Teil ausgehen (vgl. die jeweiligen Pertinenzdefinitionen, *Mühlenbruch* § 226, 1. Satz, *Maurenbrecher* § 185, *Kierulff* § 13 E 3 [S. 330], *Rosshirt* § 208 Nr. 3, § 210, 1. Satz) und außerdem *Kierulff* bei der Bestimmung des Integritätsbegriffs ausdrücklich auf die Lehre vom Eigentumserwerb verweist (§ 13 E 1, S. 329), während *Mühlenbruch* seinen die Pertinenzen umfassenden Nebensachenbegriff durch Juxtaposition von Accessionen und Pertinenzen exemplifiziert (vgl. § 225) und *Maurenbrecher* und *Rosshirt* die integrierenden Sachen als „natürliche" Teile den Pertinenzen als „juristische", bloß als Teile behandelten gegenüberstellen.

346 Das zeigt sich bei *Mühlenbruch* daran, daß er die *„durch Einschließung oder Vermauerung fest und unmittelbar verbundenen Dinge"* als Beispiele für Gebäudepertinenzen, und *„was fest mit dem Grundstück verbunden ist"* für Grundstückspertinenzen erwähnt (vgl. § 226 I 1 und II 1, bezeichnend ferner Anm. 11). Ähnlich *Kierulff*, wenn er sagt, daß *„Cohäsion einer Sache mit einem Hause die Pertinenzqualität begründen kann"* (vgl. S. 334), und daß ganz besonders *„die feste Verbindung derselben mit dem Gebäude ... einen Schluß auf die ihr gegebene Bestimmung, demselben als Pertinenz zu dienen"*, zulasse. Solche Exemplifikationen sind nur unter Zugrundelegung eines rein idealistischen Integritätsverständnisses möglich, sofern man überhaupt zwischen integrierenden Teilen und Pertinenzen als disjunktiven Begriffen unterscheidet, was sowohl *Mühlenbruch* als auch *Kierulff* nach ihren Pertinentialdefinitionen ja grundsätzlich tun (vgl. o. Anm. 345). Bezeichnenderweise werden andererseits ideell integrierende Teile unter den Pertinentialbeispielen nicht genannt (anders als z. B. bei *Maurenbrecher* und *Böcking* [vgl. u. Anm. 348]). Dies alles deutet darauf hin, daß sowohl *Mühlenbruch* als auch *Kierulff* in ihren Pertinenzkapiteln — im Widerspruch zu ihren jeweils vorausgehenden Ausführungen zum Nebensachenbegriff im allgemeinen und den Kriterien seiner Untergliederung — noch von dem naturrechtlichen, ausschließlich idealistisch bestimmten Integritätsbegriff ausgegangen sind. Bei *Maurenbrecher* und *Rosshirt* schließlich läßt sich das Kriterium der „Natürlichkeit" im Gegensatz zum juristischen gleichfalls naturrechtlich-idealistisch deuten.

Handbuch erschienene Institutionenlehrbuch von *Böcking* (1843)[347], wo außerdem sogar noch Anklänge an den undifferenzierten Pertinenzbegriff der Frühpandektistik spürbar sind[348]. Erst später wird der naturalistische Integritätsbegriff *Wächters* von denjenigen, die ihn zugrunde legen, konsequent

---

[347] *Eduard Böcking* (1802—1870, vgl. *Stintzing-Landsberg* III 2, 476 ff., Noten 211 f.), Institutionen, ein Lehrbuch des römischen Privatrechts, Bonn 1843 (2. Aufl unter dem Titel: Pandekten des römischen Privatrechts aus dem Standpunkte unseres heutigen Rechtssystems, oder Institutionen des gemeinen deutschen Civilrechts, Bd. I, Bonn 1853), § 81 f (S. 283 f.), wo gleichfalls nicht herstellende, fest verbundene Grundstücks- und Gebäude-Bestandteile als Pertinentialbeipiele genannt werden.

[348] Vgl. Bd. II (2. Aufl. Leipzig 1855) § 152 § m (2. Aufl. S. 147), wo auch *„dem Hauseigentümer nicht gehörende Gebäudeteile wie Fenster, Türen"* als *„Pertinentien des Hauses"* bezeichnet werden. Ähnlich auch *Maurenbrecher* § 186.

[349] *Alois Brinz* (1820—1887, *Stintzing-Landsberg* III 2, 842 ff., Noten 352 ff.), Lehrbuch der Pandekten, Bd. 1, Erlangen 1857 (3. Aufl. 1884), §§ 144, 146; Bd. 4, Erlangen 1871 (2. Aufl. besorgt von *Philipp Lotmar*, Erlangen / Leipzig 1892), § 549, 1a *α*. Allerdings läßt seine Darstellung, wenngleich sie keine Widersprüche mehr enthält wie diejenigen von *Mühlenbruch*, *Maurenbrecher*, *Kierulff*, *Roßhirt* und *Böcking*, nur mittelbar einen Schluß auf sein Integritätsverständnis zu. Aus seinen Ausführungen zur Sacheinheit (I § 144) und zur Accession (I § 146) ergibt sich nur, daß der Gegenstandsbereich ontologischer Integration und nomologischer Accession sich decken (vgl. § 146 Satz 1), und daß nicht nur das untrennbar Verbundene, sondern auch das lösbar Verbundene nicht für sich Gegenstand von Sachenrechten (Eigentum) sein kann, weil der Gedanke der Sacheinheit dies ausschließe (eine Sache — ein Recht). Wann und inwieweit „Einheit" gegeben ist, wird jedoch in § 144 nicht gesagt. Erst das Zitat von *Göppert* (in der 3. Aufl. S. 544 Anm. 19: „mehrere zu gemeinschaftlichem Zweck verbundene Dinge" = *Göppert*, Gesamtsachen, 47 f.) deutet darauf hin, daß *Brinz* von dem naturalistischen Integritätsbegriff *Wächters* ausgeht. Dasselbe tun dann seine Erörterungen zum Pertinenzbegriff (IV § 549 1), den auch er wie alle übrigen außer *Dernburg* als Komplementärbegriff zum Bestandteilsbegriff versteht, und dessen Kriterium er darin sieht, daß die als Pertinenz in Frage kommende Sache *„keinen körperlichen Teil"* der Hauptsache bilden dürfe (aaO. Satz 1). Das bedeutet — da Sachen, die in einer accessorischen Dauerbeziehung zu einer anderen stehen, entweder Pertinenz oder Teil sein müssen — daß die Pertinentialität ausschließende Körperlichkeit der Verbindung als solche unter diesen Umständen genügt, die Bestandteilseigenschaft zu begründen. Hinzu kommt schließlich das an dieser Stelle angebrachte Zitat von D. 19. 1. 17 pr (Anm. 3), dessen *„quae adfixa non sunt"* (von *Brinz* gesperrt und in Gegensatz gestellt zu den als integrierend erachteten *„vincta fixaque"* der Grundstücke) als Pertinentialbeispiel dienen soll.

[350] *Friedrich Ludwig Keller* (1799—1860, vgl. *Stintzing-Landsberg* III 2, 465 ff.. Noten 208 f.), Pandekten (Vorlesungen, aus dem Nachlaß des Verfassers herausgegeben von *Emil Friedberg*), Leipzig 1861, §§ 45, 46; vgl. z. B. S. 87: *„Beide"* (i. e. Teil und Pertinenz) *„sind geschieden durch das Merkmal der Cohäsion, welche freilich auch wieder ihre großen Abstufungen hat."*

durchgeführt, wie bei *Brinz* (1857/71)[349], *Keller* (1861)[350], *Göppert* (1869/71)[351], *Roth* (1880)[352], *Dernburg* (1884)[353], *Burckhard* (1884)[354], *Wendt*

---

[351] *Heinrich Robert Göppert* (1838—1882, vgl. *Stintzing-Landsberg* III 2, Noten 360), Über die organischen Erzeugnisse, Halle 1869 S. 50—80; ferner: Über einheitliche, zusammengesetzte und Gesamtsachen nach römischem Recht, Halle 1871. Seine Ausführungen in der zweiten, den pomponianischen Integraten gewidmeten Schrift könnten zwar noch Zweifel aufkommen lassen, ob er nicht doch nur herstellende Sachen als zweitstufig integrierend anerkennt und damit einen auf untrennbar (die ἡνωμένα) und herstellend Verbundenes beschränkten Integritätsbegriff zugrunde legt. Denn er sagt dort (S. 48) im Anschluß an seine Definition der σώματα ἐκ συνημμένων als Körper, *„welche aus mehreren zu gemeinschaftlichem Zweck mechanisch verbundenen Dingen bestehen: Außer frumentum u. dgl. bleiben auch solche Dinge ausgeschlossen, welche zwar miteinander verbunden sind, aber ohne Gemeinschaft oder Bestimmung, so daß sie nicht als einheitliche Sache erscheinen, sondern trotz der Verbindung als mehrere einzelne Dinge verharren"*. Daß dagegen auch er den *„gemeinschaftlichen Zweck"* nicht nur im Sinne der *perfectio integri* sieht und Integralität in Wahrheit doch schon mit der Körperlichkeit der Verbindung als solcher gegeben sein läßt, sofern sie nur dem Zweck des Ganzen entspricht, ergibt sich aus dem Pertinenzkapitel seiner älteren Monographie über die Organischen Erzeugnisse (S. 50 ff.), auf die er übrigens an jener Stelle (Gesamtsachen, S. 48 Anm. 12) verweist, vgl. z. B. Org. Erzeugnisse S. 60 unten: *„Sie"* (i. e. die Quellen) *„fragen immer nur, ob etwas pars einer Sache, portio aedium, ob es fundi, aedium sei oder nicht und erklären für eine solche pars allemal dasjenige, was mit dem Ganzen physisch verbunden ist, sofern es perpetui usus causa dazu getan worden, und lassen die dadurch begründete Teileigenschaft auch trotz vorübergehender Trennung fortdauern, beides gleichviel, ob es sich um Balken und Dachziegel oder um die weithin sich erstreckenden Röhren einer gewiß nicht zur ‚Vollendung' des Hauses gehörenden Wasserleitung handelt"*, ferner S. 64 unten: *„Es würden für den Pertinenzbegriff nur noch diejenigen sogen. Pertinenzen übrig bleiben, welche nicht in körperlichem Konnex mit der Hauptsache stehen."*

[352] *Paul v. Roth* (1820—1892, *Stintzing-Landsberg* III 2, 936 f., Noten 372 f.), System des deutschen Privatrechts, Tübingen 1880, Bd. 1 § 81.

[353] *Heinrich Dernburg* (1829—1907, vgl. *Stintzing-Landsberg* III 2, 931 ff., Noten 389 f.), Pandekten, Berlin 1884 (5. Aufl. 1896, 6. Aufl. unter Mitwirkung von *Johannes Biermann*, 1900, 8. Aufl. besorgt von *Paul Sokolowski*, 1911), I § 77, vgl. 5. Aufl. S. 180 Anm. 11: *„Die Frage, was ein Sachteil ist, ist eine physikalische, was Pertinenz, bildet eine wirtschaftliche"*.

[354] *Max Eugen Burckhard* (1854—1912, vgl. Österr. Biogr. Lex., Köln/Graz 1957, s. v.), System des österreichischen Privatrechts, Bd. 2., Wien 1884, § 64, § 67.

[355] *Otto Wendt* (1846—1911), Lehrbuch der Pandekten, Jena 1888, vgl. § 32, 5 (S. 72 f.), § 34 (S. 76 f.), wo es heißt, daß *„die Cohärenz der Teile diesen"* (i. e. die Schöpfung eines *corpus unum*) *„Erfolg notwendig erzeugt"* (S. 72 f.), und wo andererseits bei der Pertinenz die *„körperliche Selbständigkeit"* (bei *„wirtschaftlicher Unselbständigkeit"*) als charakteristisches Merkmal hervorgehoben wird (S. 76 f.).

(1888)[355] und *Hölder* (1891)[356]. Auch an der Identifikation der (ontologischen) Integralität mit der nomologischen Accessionalität wird von allen diesen späteren Pandektisten festgehalten. In anderen mit der Bestimmung des Integritätsbegriffs zusammenhängenden Fragen sind jedoch auch sie z. T. andere Wege gegangen, so z. B. bei der Konzeption des Pertinenzbegriffs und seiner Abgrenzung gegenüber dem Begriff des integrierenden Sachteils, sowie in der Bestimmung des systematischen Verhältnisses von Integralität und Accessorietät (Nebensächlichkeit). So sind z. B. mit Ausnahme von *Hölder* alle übrigen Lehrbuchautoren von der systematischen Koordination von integrierendem Teil und Pertinenz als Unterbegriffen eines beide umfassenden Nebensachenbegriffs abgekommen, einer Koordination, die für *Wächter* noch charakteristisch und außer bei ihm bei *Mühlenbruch*, *Kierulff* und auch bei *Sintenis* anzutreffen war. Einen weiteren, noch gewichtigeren Bruch mit *Wächter*, ja mit der gesamten pandektistischen Tradition seit *Gesterding* vollzieht *Dernburg*, indem er die Begriffe Sachteil und Pertinenz nicht mehr als Komplementärbegriffe, sondern als heterologe Begriffe mit sich überschneidendem Anwendungsbereich versteht[357] und damit insofern zur Be-

[355] Text der Fußnote auf der vorigen Seite.

[356] *Eduard Hölder* (1847—1911), Pandekten, Allgemeine Lehren, Freiburg 1891, §§ 30, 35. Nach ihm besteht die zusammengesetzte Sache aus den Teilen, die körperlich zusammenhängen und zugleich praktisch zusammengehören (Vgl. § 35 S. 169, § 30 S. 136). Letzteres tun nicht nur solche Sachen, die zur *perfectio integri* notwendig sind, so daß das *„Ganze als eine durch die Vereinigung der verschiedenen Stücke entstandenen Sache eigener Art erscheint"*, sondern überhaupt alle diejenigen, deren Verbindung von einem diese *„beherrschenden Zweck"* getragen wird, so daß *„das Dasein der einen Sache durch die Einverleibung der anderen (als ihrer accessio,* § 35) *eine Erweiterung erfahren hat"* (vgl. S. 136). Daß danach in Wahrheit jede körperliche Verbindung grundsätzlich einen integrierenden Zusammenhang begründet und nur gänzlich sinnlose Konglomerate ausgeschlossen sein sollen, ergibt sich aus der Umschreibung des negativen Integrationsbestandes: *„Sind verschiedene Sachen durch Zufall aneinander gekittet oder irgendwie aneinander befestigt, so sind sie nicht schon durch diese unter ihnen eingetretene physische Cohärenz zu einer Sache geworden; diese erfolgt vielmehr erst dadurch, daß diese Verbindung absichtlich behufs ihrer Vereinigung zu einem Ganzen vollzogen ist . . ."* (vgl. aaO.).

[357] Vgl. aaO. S. 179 unten: *„Körperliche Verbindung der Nebensache mit der Hauptsache ist für den Pertinenzbegriff nichts Wesentliches. Unrichtig ist aber die vielfach vertretene Behauptung, daß die mit einer anderen körperlich verbundenen und ihr hierdurch eingefügten Sachen nicht Pertinenzen sein können, weil sie"* (wovon auch *Dernburg* ausgeht) *„eben zu Sachteilen geworden seien"*, und die dazu gehörige Anm. 11: *„Die Frage, was ein Sachteil ist, ist eine physikalische, was Pertinenz bildet eine wirtschaftliche"* (vgl. schon hier oben Anm. 353). Ähnlich vor *Dernburg* schon *Gerber*, Dt. PrivR (1848), § 50 Anm. 2.

trachtungsweise der Frühpandektistik zurückkehrt, als auch diese ja den nomologisch integrierenden Bestand nicht gegenständlich aufgliederte, sondern nur funktionell verschieden begriff[358]. Auf der anderen Seite führt *Göpperts* fortschrittlicher Versuch, den klassischen Rechtszustand mit aus dem klassischen Recht selbst gewonnenen Begriffen darzustellen, auch für das gemeine Recht zu dem Ergebnis, die Daseinsberechtigung des Pertinenzbegriffs als eines sachenrechtlichen, die objektive Zugehörigkeit einer Sache zu einer anderen bezeichnenden Begriffs überhaupt zu leugnen[359]. Auch diese letzte Konsequenz aus einem mechanistischen, mit dem nomologischen Zuwachsbegriff korrespondierenden Integrationsprinzip (welches *Göppert* nun kritisch den Quellen entnimmt), bringt ihn in Gegensatz zu *Wächter*: Hatte dieser doch die Pertinenz dem Sachteil als einen hiervon zwar scharf zu unterscheidenden, aber als „Nebensache" gleichfalls durch rechtsobjektive Kriterien bestimmten Begriff gegenübergestellt und ihm insofern seinen Platz innerhalb des Sachenrechts angewiesen, wenn er auch wegen des auf wenige unbedeutende Accessorien beschränkten Anwendungsbereiches dort nur noch ein Schattendasein fristete, und überdies die bloß willenstheoretisch verstandene Wirkung der pertinentialen Zweckbindung den sachenrechtlichen Ausgangspunkt wieder verleugnete.

β) Aus der *Kodifikationsgesetzgebung* des 19. Jahrhunderts lassen sich das *Zürcher* Privatrechtsgesetzbuch (1853/55) und der *Bayrische* Entwurf zu einem BGB (1861) als Zeugen des naturalistischen Integrationsverständnisses anführen. Obwohl sie — anders als z. B. das baltische Privatrechtsgesetz-

---

[358] Vgl. oben I 1 b und II 3 b. Der inzwischen erreichte, gerade auch bei *Dernburg* sichtbare Fortschritt gegenüber der Frühpandektistik besteht freilich darin, daß der Sachteilbegriff als ein vom Pertinenzbegriff verschiedener Gegenstandsbegriff formuliert ist, mögen auch die gegenständlichen Anwendungsbereiche sich hier wie dort überschneiden.

[359] So daß nun nicht nur, wie bisher, die Rechtswirkungen des Pertinentialverhältnisses willenstheoretisch abgeleitet werden, sondern das Pertinentialverhältnis selbst seines sachenrechtlichen Charakters entkleidet wird, indem es von einem dem verfügenden Willen vorgegebenen objektiven Voraussetzungstatbestand zu einem allein an einer bestimmten Rechtsfolge orientierten Gegenstandsbegriff wird, der nur formal und ex post alles dasjenige zusammenfaßt, was nach dem mutmaßlichen Willen des jeweils Verfügenden dem hauptsächlichen Verfügungsgegenstand folgen soll. Vgl. *Göppert*, Org. Erzeugnisse 50 ff. (64 ff.); ähnlich dann *Hölder*, Pandekten § 35 (S. 164). Mit diesem formalen Pertinenzbegriff ist merkwürdigerweise gerade ein so „moderner" Romanist wie *Göppert* zum Usus modernus zurückgekehrt. Als Unterschied bleibt allein, daß das Fehlen jedes sachenrechtlichen Bandes für den Pertinenzbegriff nun thematisch wird, während seine Existenz für die Pertinenzen des Usus modernus nur irrelevant war.

buch und später das *deutsche* BGB und das *Schweizer* ZGB[360] — auf den Versuch einer allgemeinen Legaldefinition des Bestandteilsbegriffs verzichten, und stattdessen nur bei bestimmten Sachtopoi (Grundstück, Gebäude schlechthin, in Zürich außerdem für betriebsspezifische gewerbliche Bauten) den Bestandteilsinhalt angeben, ergibt sich doch aus der Summe der Einzelbestimmungen und (in Bayern) auch aus den Motiven, daß trotz gewisser (auch bei *Wächter* festzustellender) Unterschiede in den jeweiligen Anforderungen an die Intensität die dauerhafte körperliche Verbindung als solche das integrationsbegründende Prinzip war[361].

---

[360] Vgl. u. bei Anm. 394.

[361] Vgl.:

a) Für die *Grundstücks*bestandteile:

1) *Zürich* PG § 474 I: „*Die Grundstücke, ferner alle auf dem Grundstücke errichteten und mit demselben dauernd verbundenen Gebäude und Wasserwerke sind Liegenschaften*" und § 475: „*Einen Teil des Grundstücks bilden alle darin wurzelnden Pflanzen und Früchte, solange sie damit verbunden sind . . .*" (wobei die Nichterwähnung des Gebäudes an dieser Stelle und dessen Gleichordnung mit dem Grundstück als Liegenschaft in § 474 I damit zusammenhängt, daß nach dem Zürcher Gesetz die Verselbständigung des Gebäudeeigentums gegenüber dem Grundeigentum, und damit zugleich des Gebäudes als besonderen Rechtsobjekts gegenüber dem Grund und Boden, unter leichteren Bedingungen möglich war als nach gemeinem Recht oder auch den übrigen Partikulargesetzen der pandektistischen Ära, vgl. oben I 2 a β insgesamt und bei Anm. 125; grundsätzlich fielen jedoch auch hier Grund- und Gebäudeeigentum zusammen [vgl. § 548], war also auch zwischen Grundstück und Gebäude ein wenigstens nomologisch integrierender Zusammenhang gegeben);

2) *Bayern,* BGB Entwurf I Art. 144: „*Bestandteile des Grundstücks sind insbesondere: die Erzeugnisse desselben, solange sie mit dem Boden zusammenhängen; die mit dem Boden fest verbundenen Gebäude und deren Bestandteile; die beweglichen Sachen, welche mit dem Grundstück in feste und bleibende Verbindung gebracht sind, solange diese Verbindung dauert, wie die Planken und Zäune, die zur Wasserleitung oder ähnlichen Zwecken dienenden Röhren; Schiffmühlen, Badhütten und Marktbuden, welche dauerhaft im Boden befestigt sind*";

b) Für die *Gebäude*bestandteile:

1) *Zürich,* PG § 478: „*Als Teil des Gebäudes wird betrachtet alles, was mit demselben niet- und nagelfest verbunden ist, wie z. B. eingezimmerte Kasten und Schränke, in der Mauer oder dem Getäfer befestigte (nicht bloß angehängte) Spiegel und Bilder, eingemauerte Kessel, Trottwerke; ebenso die lediglich für das Gebäude konstruierten Einschlüsse (Türen, Fenster und Vorfenster, Fensterladen) und Heizeinrichtungen, die für einen größeren Teil des Gebäudes dienen, auch wenn sie nicht festgemauert sind*",

2) *Bayern,* BGB Entwurf I Art. 145: „*Bestandteile eines Gebäudes sind alle beweglichen Sachen, welche mit demselben in feste und bleibende Verbindung ge-*

g) *Georg Friedrich Puchta*

(Das Integrationsprinzip der necessitas coniunctionis)

Der von *Funke* zugrundegelegte ontologische Integritätsbegriff, der sowohl idealistische als auch naturalistische Merkmale enthielt, ohne daß dabei ein höheres Prinzip sichtbar wurde, das die Gegensätze dieser disparaten integritätsbegründenden Momente aufhob, mußte erst auf eine tragfähige theoretische Grundlage gestellt werden, bevor er mit dem geschlossenen *Wächter*'schen Konzept erfolgreich in Konkurrenz treten konnte. Es ist *Georg Friedrich Puchta*[362] (1838)[363] gewesen, dem diese Leistung zu verdan-

---

bracht sind, solange diese Verbindung dauert. Dahin gehören Fenster, Läden, Türen samt Schlössern, Glocken, Öfen, Herde; eingezimmerte oder eingemauerte Schränke; in die Mauer oder in das Getäfel eingelassene Spiegel, Malereien und andere Verzierungen; befestigte Bildsäulen, aufgezogene Tapeten, Gaseinrichtungen, eingemauerte Kessel, Tröge, Wasserbehälter, Krippen, Raufen; dann eingemauerte oder sonst eingefügte Gewerbsvorrichtungen in Mühlen, Brauhäusern oder Fabrikgebäuden und dergleichen";

c) Für Bestandteile von *gewerblichen* Etablissements:

(nur) *Zürich*, PG § 482: *„Als Teil einer Fabrik, Mühle, Säge, Stampfe usw. werden die damit verbundenen Maschinenwerke und Getriebe, und als Zubehörde derselben die darin befindlichen und ihrer Konstruktion nach für das Werk berechneten, wenn auch nicht damit verbundenen Vorrichtungen behandelt ..."*

Daß durch die zitierten Bestimmungen dem integrierenden Bestand prinzipiell der gleiche Rahmen gespannt werden soll wie bei *Wächter*, ergibt als Gegenprobe ein Blick auf die in denselben Gesetzen enthaltenen Exemplifikationen des (auch hier gegenüber dem Begriff des Bestandteils disjunktiv verstandenen) Zubehörbegriffs. Dort erscheinen aus dem nomologisch integrierenden Bestand des klassischen Rechts als Nichtbestandteile und bloße Pertinenzen dieselben Sachen wie bei *Wächter* (Dünger, Rebstickel [*Zürcher* PG §§ 476 I, 477 a], Vorfenster, Schlüssel und dgl. [*Bayrischer* BGB Entwurf I Art. 150 II]). In den Motiven zum *bayrischen* Entwurf wird überdies die Körperlichkeit der Verbindung als solche prinzipiell als Kriterium der Bestandteilseigenschaft gegenüber der Pertinentialität genannt, vgl. zu I Art. 149 (Satz 3). *„Während die Bestandteilseigenschaft einer Sache im Verhältnis zu einer anderen Sache lediglich auf der körperlichen Verbindung mit der letzteren beruht, ist für die Pertinenzqualität einer Sache in Beziehung zu einer bestimmten anderen Sache die Bestimmung des Eigentümers, daß die Sache als Nebensache der letzteren dienen soll und der Umstand maßgebend, daß die zur Zubehörung bestimmte Sache tatsächlich und auf die Dauer in ein dienendes Verhältnis zur Hauptsache gebracht ist."*

[362] (1798—1846, *Stintzing-Landsberg* III 2, 439 ff.; Noten 202 ff.).

[363] Pandekten, Leipzig 1838 (3. Aufl. 1845, ab 4. Aufl. herausgegeben von *Adolf August Friedrich Rudorff*, 1848/71, 12. Aufl. von *Schirmer*, 1876), § 37; Vorlesun-

ken ist. Etwa zur gleichen Zeit wie *Wächter* hat er den Weg zu der von *Funke* schuldig gebliebenen theoretischen Begründung gewiesen, indem er den idealistischen Gehalt der über die Festigkeit der Verbindung entscheidenden Kriterien angedeutet hat. Mit ihm wird zugleich die fünfte und letzte Stufe in der Entwicklung des Integritätsbegriffs betreten.

α) Auch *Puchta* geht von einem disjunktiven Verhältnis von Bestandteil und Pertinenz aus und versteht unter Teilen solche Sachen, die zusammen mit anderen eine ontologisch verstandene integrale Einheit bilden, unter Pertinenzen dagegen solche, die in einem loseren ontologischen Zugehörigkeitsverhältnis zu einer anderen Sache stehen[364]. Während jedoch die Mehrzahl der bisher in Betracht gezogenen Juristen (vor allem *Kierulff* und *Wächter*) die sachontologischen Beziehungsverhältnisse innerhalb der Lehre von den Sachen geschlossen darstellten und die Begriffe von Teil und Pertinenz in diesem Zusammenhang als Begriffe für die substantiellen Glieder solcher Beziehungsverhältnisse entwickelten, stellen sie sich bei *Puchta* als (mittelbares oder unmittelbares) Resultat einer attributiven Differenzierung des Sachbegriffs dar[365]. Wie *Puchta* diesen überhaupt bloß durch eine aneinandergereihte Erläuterung der sachspezifischen Eigenschaften entfaltet, so erscheint bei ihm auch die integrale Binnenstruktur der Sache und das Pertinenzverhältnis nur im Spiegel von Sacheigenschaften, und zwar den spezifischen Eigenschaften von eben denjenigen Sachen, die eine gegliederte Integralstruktur besitzen bzw. die pertinentiell mit einer anderen verbunden sind: Teilbarkeit und Pertinentialität. Beide werden zusammen mit Produktivität und Accessionalität als diejenigen Eigenschaften dargestellt, *„die ein Verhältnis unter mehreren Sachen enthalten oder bewirken“*[366]. Der Pertinenzbegriff ergibt sich unmittelbar aus der Definition der Pertinentialität als deren substantivische Fassung: Pertinenzen sind alle diejenigen Sachen, welche die als Pertinentialität definierte Eigenschaft besitzen. Der Teilbegriff dagegen läßt sich nur mittelbar aus der Bestimmung von „Teilbarkeit“ ableiten, indem der Effekt des Teilbarkeitsurteils: das Zusammengesetztsein der Sache aus Teilen, in die Betrachtung einbezogen wird; dabei wird der Teilbegriff frei-

---

gen über das heutige römische Recht, Leipzig 1838 (6. Aufl. besorgt von *Rudorff*, 1872), § 37. Im Folgenden wird aus der 6. Aufl. seiner Vorlesungen zitiert.

364 Vgl. § 37, S. 86 einerseits, 87 andererseits.

365 Diese attributive Gliederung des Sachbegriffs ist als solche freilich nicht neu und kommt schon in den Lehrbüchern des 18. Jahrhunderts vor.

366 § 37, 1. Satz (S. 85).

lich nicht neu gewonnen, sondern bloß reproduziert, weil „Teilbarkeit" einen Teilbegriff schon voraussetzt.

β) Teilbarkeit ist nach *Puchta „die Möglichkeit einer Teilung der Sache unter mehrere Berechtigte"*[367]. Von den drei Arten der Teilbarkeit, die er unterscheidet, kommt hier nur die letzte in Betracht, da nur bei ihr das Objekt selbst als teilbar gedacht wird; es ist die Teilbarkeit, bei der die mehreren Berechtigten *„dasselbe Recht"*, und zwar *„jeder an einem Teil"* (der Sache) haben. Diese Teile, aus denen das Objekt als zusammengesetzt gedacht wird, sind entweder *„körperliche"* oder *„intellektuelle"*. Nur jene wiederum sind es, die die Sache selbst als ontologische Ganzheit integrieren und als ontologische Einheiten den Pertinenzen an die Seite treten. Nur ihr Begriff ist daher zu untersuchen.

Der von *Puchta* als solcher nicht definierte Begriff dieses Teils erscheint bei ihm in der Gestalt zweier Unterbegriffe, die zusammen den durch den Oberbegriff umfaßten Gegenstandsbereich erschöpfen sollen: des *„integrierenden"* beziehungsweise *„wesentlichen"* und des *„nicht wesentlichen"* Teils[368]. Beide unterscheiden sich durch die Wirkung, welche eine (Wieder)-Auflösung der die Teileigenschaft begründenden Verbindung auf die *„Natur"* der Teilsache ausüben würde: Würde sie zu einer *„wesentlichen Veränderung"* von deren Natur führen, so ist der Teil *„wesentlich"*; anderenfalls ist

[367] S. 86.

[368] S. 86. Die in der Frühpandektistik noch unbekannte, oben zuerst bei *Wächter* festgestellte gegenständliche Unterteilung des ontologisch integrierenden Bestandes in zwei Gruppen wird daher von *Puchta* bereits vorweggenommen und wächst hier — anders als bei *Wächter*, der sich ihrer nur zur Exemplifikation des Sachteilbegriffs bediente — über eine bloße Klassifikation des Vorgegebenen hinaus, weil jetzt die artspezifischen Merkmale der einen oder der anderen Gruppe für die Teilqualität konstitutiv sind. Ein weiterer Unterschied gegenüber *Wächter* besteht in der Terminologie. Während dieser, insofern noch naturrechtlichen Vorstellungen folgend, aus dem die ontologische Einheit bildenden Bestand die herstellenden Teile als besondere Gruppe hervorhob und als *„integrierend"* bezeichnete, sind gerade sie in *Puchtas* Terminologie die *„außerwesentlichen"*, *„nicht integrierenden"*, und ist umgekehrt gerade das in anderer Weise mit dem Ganzen zu einer Einheit Verbundene — wofür nach *Puchta* nur noch das Untrennbare in Frage kommt — *„wesentlicher"*, *„integrierender"* Teil. Wiederum wie bei *Wächter* bleibt dabei aber zu beachten, daß die Bezeichnung *„integrierender Teil"* an sich irreführend, weil zu allgemein ist. Denn auch bei *Puchta* reicht der ontologisch integrierende Bestand, d. h. die Summe derjenigen körperlich miteinander verbundenen Sachen, die in ihrer Gesamtheit sich zu einem höheren Sachganzen zusammenschließen, über die als *„integrierend"* bezeichneten Gegenstände hinaus.

er nicht wesentlich. Dem ontologischen Unterschied beider Teilarten entspricht ein nomologischer: Die *„wesentlichen“* Teile sind sonderrechtsunfähig, wenn nicht gar sachenrechtsunfähig; die nicht wesentlichen bleiben sonderrechtsfähig[369]. Welche Momente das *„Wesen“* des Sachteils bestimmen, d. h. in seiner Individualität identifizieren sollen, bzw. welche Merkmale der Sachteil aufweisen muß, damit seine Trennung vom Ganzen zu einer Wesensveränderung führt, deutet *Puchta* nur an. *„Wesentlich“* soll eine Verbindung, und damit auch der verbundene Teil, überall dort sein, wo er *„die Eigenschaft eines Glieds hat“*. Was *„Glied“* in diesem Zusammenhang bedeuten soll, sagt *Puchta* nicht. Er nennt nur Haus und Pflanze als Beispiele — sie sollen Glieder des Bodens sein —, doch ergibt sich aus dem *„auch“*, daß in erster Linie an etwas anderes gedacht ist. Da der von *Puchta* den *„wesentlichen Teilen“* zuerkannte Rechtsstatus: die Sachenrechtsunfähigkeit, nach den römischen Quellen außer Gebäuden und Pflanzen vor allem den Teilen eines lebenden Organismus (Mensch, Tier) und dessen plastischer Abbildung (Skulptur) eigen ist, liegt es nahe, daß er an den ursprünglichen Wortsinn von *„Glied“* anknüpfen und alle diejenigen Teile als wesentlich betrachten will, die mit dem übrigen Ganzen in ähnlicher Weise verbunden sind wie die Glieder eines organischen Ganzen. Die Frage nach dem *tertium comparationis* bleibt offen. Ein Vergleich mit den für den nicht wesentlichen Teil beigebrachten Beispielen, welche sämtlich herstellende, aber lösbare Verbindungen betreffen (*„Plätze eines Grundstücks, Rad am Wagen, Stein im Haus“*), macht es wahrscheinlich, daß es in der Untrennbarkeit gesehen werden oder daß diese es wenigstens indizieren soll. Die durch die Lösung einer solchen Verbindung hervorgerufene Beschädigung oder Zerstörung des Teils wäre es dann, worin *Puchta* die *„wesentliche Veränderung seiner Natur“* erkennt. Allerdings ist es nicht ganz sicher, ob er wirklich jede in diesem Sinne untrennbare Verbindung als wesentlich ansieht und ob nicht weitere, einer *„Glied“*-Vorstellung gerecht werdende Merkmale hinzukommen müssen, etwa die Notwendigkeit des Teils zur Herstellung des Ganzen. Gebäude

---

[369] Vgl. S. 86. Die Stelle bei *Puchta* lautet: *„... Hier sind zwei Fälle zu unterscheiden: 1) die Verbindung ist eine wesentliche, so daß die Trennung die Natur des Teils wesentlich verändert, integrierende Teile. Dies ist überall der Fall, wo der Teil die Eigenschaft eines Glieds hat, auch das Haus, die Pflanze ist so ein Teil des Bodens. Nach diesen Teilen ist die Sache unteilbar, nur der Eigentümer des Ganzen kann Eigentümer des Teils sein, oder eigentlich ein besonderes Eigentum an dem Teil findet gar nicht statt. 2) Die Verbindung ist eine nicht wesentliche, die Trennung macht den bisherigen Teil nicht zu einem anderen Wesen. Nach diesen Teilen ist die Sache teilbar, diese Teile können im Eigentum verschiedener Personen stehen.“*

und Pflanze wären dann freilich nur fiktive Glieder des Bodens, deren Einbeziehung in den Kreis der *„wesentlichen"* Teile nur von der Rechtsfolge her, also nomologisch zu erklären wäre; andererseits würden Pertinenzen, die untrennbar mit der Hauptsache verbunden wurden, dadurch nicht zu (wesentlichen) Teilen werden, vielmehr ihren Pertinentialcharakter beibehalten.

Lassen sich danach die Grenzen desjenigen Bestandes, dessen Teile *„wesentlich"* zu einem Ganzen verbunden sein sollen, nicht mit Eindeutigkeit ziehen, so hat *Puchta* durch das Postulat, der Teil müsse *„die Eigenschaft eines Gliedes"* haben, immerhin einen, wenn auch vagen Hinweis, darauf gegeben, wie das Verhältnis des Teiles zum Ganzen beschaffen sein muß, damit der Teil ein *„wesentlicher"* sei. Übernimmt man diese Terminologie, so läßt sich sagen, daß die Gliedeigenschaft einer Sache innerhalb eines körperlich zusammenhängenden Ganzen konstitutiv sowohl für ihre Qualifikation als Teil dieses Ganzen im allgemeinen als auch für ihre Qualifikation als *„wesentlicher"* Teil im besonderen ist, wobei Untrennbarkeit der Verbindung für die Zuerkennung dieser Eigenschaft notwendig, aber möglicherweise nicht genügend ist. Gänzlich ungesagt bleibt dagegen, welche Art die körperliche Verbindung einer Sache mit einer anderen sein muß, damit sie (wenigstens) als nicht wesentlicher Teil eines Ganzen erscheinen kann. Daß die Körperlichkeit der Verbindung allein nicht ausreichen kann, ergibt sich aus *Puchtas* Pertinenzbegriff[370], der einerseits gegenüber dem Teilbegriff disjunktiv verstanden wird, andererseits aber die Körperlichkeit der Verbindung nicht als negatives Merkmal enthält. Die für die nicht wesentlichen Teile angeführten Beispiele, welche ausschließlich herstellende Teile nennen, legen die Annahme nahe, daß die Angewiesenheit des körperlichen Ganzen auf die mit ihm verbundene Einzelsache deren Eigenschaft als (nicht wesentlicher) Teil begründen soll.

γ) Der von *Puchta* vorausgesetzte Sachteilbegriff ist danach, ebenso wie bei *Funke*, zweifach bestimmt. Teil sind einmal alle diejenigen körperlich miteinander verbundenen Sachen, die zur Herstellung eines von den Einzelstücken verschiedenen Ganzen in seinem wesentlichen Bestande erforderlich sind. Insofern stimmen *Puchta* und *Funke* nicht nur bezüglich des betroffenen Gegenstandsbereiches, sondern auch hinsichtlich des die Teileigenschaft begründenden Prinzips überein. Teil ist ferner alles, was derartig mit anderem körperlich zusammenhängt, daß es als Glied eines körperlichen Ganzen erscheint und als solches so innig mit dem übrigen Bestande des Ganzen zusammenhängt, daß seine Lösung zu einer Veränderung (nämlich Zerstö-

[370] S. 87, Näheres hierzu sogleich bei Anm. 372.

rung oder Beschädigung) des Teils führen würde (so daß sich die von den zwei verschiedenen Teilbestimmungen betroffenen Gegenstandsbereiche z. T. überdecken, wie beim Arm der Statue, dessen Lösung sowohl den Teil als auch das Ganze zum Torso macht). Auch der durch dieses letztere Moment bestimmte Teilbegriff *Puchtas* findet eine Entsprechung bei *Funke* in denjenigen *„wahren Teilen"*, deren Teileigenschaft auf *„untrennbarer Verbindung"* beruht. Doch ist das integritätsbegründende Prinzip inzwischen ein anderes geworden. Während *Funke* allein an das physikalische Merkmal der Untrennbarkeit des körperlichen Zusammenhangs anknüpfte, ohne die Zulänglichkeit dieses Merkmals für die Begründung eines integrativen Zusammenhangs darzutun, ist dies bei *Puchta* nur noch Symptom eines durch andere, idealistische Momente gestifteten Zusammenhanges, die durch das Gleichnis des Gliedes angedeutet, wenn auch nicht expliziert werden. Da auch die Integralität des *„nicht wesentlichen"* Teiles nun durch idealistische Momente bestimmt wird, gewinnt *Puchta* die bei *Funke* verlorengegangene Einheitlichkeit des Integrationsgrundes zurück, ohne zu einer durchgängig naturalistischen Bestimmung Zuflucht zu nehmen, welche, wie bei *Wächter* und seinen Weggenossen zu sehen war, zu einer Aufgabe eines autonomen ontologischen Integritätsbegriffs führen sollte: Teil ist nun alles dasjenige, körperliche Verbundene, was in einer so engen Beziehung zum Ganzen steht, daß es als dessen Glied erscheint, oder welches zur Herstellung oder Aufrechterhaltung des Ganzen in seiner typischen Gestalt erforderlich ist. Der nun ausschließlich idealistischen Bestimmung der Teileigenschaft im allgemeinen entspricht eine ebenfalls idealistische Fassung des die beiden Unterbegriffe des Sachteils unterscheidenden Kriteriums: Die *„wesentlichen"* Teile unterscheiden sich von den nicht wesentlichen dadurch, daß sie sich ohne *„Wesensveränderung"* nicht mehr voneinander trennen lassen; sie selbst sind zur Wahrung ihrer Integrität auf die Aufrechterhaltung des das Ganze integrierenden Zusammenhanges angewiesen.

δ) Eine für den Teil schlechthin gültige Rechtslagebestimmung trifft *Puchta* nicht; er beschränkt sich auf die oben bereits erwähnte Rechtslagebestimmung der beiden Teilarten: der wesentliche Teil steht notwendig im Eigentum des Herrn der ganzen Sache, wobei offenbleibt, ob der Teil als solcher als Sachenrechtsobjekt überhaupt existiert oder nicht[370a]. Der nicht wesentliche Teil kann dagegen Gegenstand besonderer Rechte sein, genauer: Er kann

---

[370a] Immerhin scheint *Puchta* der letzteren Auffassung zuzuneigen, wenn er sagt: *„oder eigentlich ein besonderes Eigentum an dem Teil findet gar nicht statt"*, vgl das Zitat in Anm. 369.

einem anderen Subjekt zugeordnet sein als das Ganze[371]. Die Integration läßt die bisherigen am Teil begründeten Rechte fortbestehen. Inwiefern er am Rechtsschicksal der ganzen Sache teilnimmt, wird nicht erörtert; seine grundsätzliche Teilnahme wird offenbar als selbstverständlich vorausgesetzt.

ε) Der Pertinenzbegriff *Puchtas* weist in seinen positiven Merkmalen keine Besonderheiten auf; charakteristisch gegenüber der *Wächter*schen Gruppe ist nur der Fortfall des negativen Merkmals der körperlichen Verbindung, eines Merkmals, das bei dem idealistischen Integritätsbegriff Puchtas entbehrlich wurde. Sein Inhalt ergibt sich aus der Definition der Pertinenzqualität[372]. Eine spezifische Rechtslagebestimmung für die Pertinenz fehlt dagegen. *Puchta* begnügt sich mit dem Hinweis, daß *„die Pertinenzqualität besonders zur Sprache (kommt) bei Veräußerungen in Beziehung auf die Frage: was? z. B. beim Kauf, Vermächtnis*[373]. Inwiefern nicht wesentlicher Teil und Pertinenz sich ihrer Rechtslage nach unterscheiden, wird nicht ausgeführt.

---

[371] Vgl. das Zitat in Anm. 369. Damit ist *Puchta* — ähnlich wie dann später, wenn auch auf anderem Wege und in vollkommenerer Weise *Göppert* — sowohl in der ontologischen als auch in der nomologischen Behandlung des Sachteils jedenfalls im Ansatz zum klassischen römischen Recht zurückgekehrt. Die Profilierung des Unterschiedes zwischen „wesentlichen" und „nicht wesentlichen" Teilen spiegelt ihre Eigenschaften als Teile eines ἡνωμένον oder eines συνημμένον ebenso wieder, wie die Profilierung des Unterschiedes von Sachenrechtsunfähigkeit bei den einen und Fortbestand der Sachenrechtsfähigkeit bei den anderen deren klassischem Rechtsstatus entspricht. Eine Abweichung vom römischen Recht besteht nur noch darin, daß die nicht herstellenden zweitstufig integrierenden Sachen aus dem (ontologisch wie nomologisch) integrierenden Bestand ausgeschieden und zu Pertinenzen geworden sind, eine Abweichung, die bei ihm allerdings weiterreicht als bei *Wächter* und den übrigen Vertretern des naturalistischen Integritätsbegriffs und die erst von *Göppert* ganz korrigiert wird (vgl. o. Anm. 359).

[372] S. 87: *„Pertinenzqualität ist eine Eigenschaft, die eine Sache dadurch erhält, daß sie ohne wirklicher Teil einer anderen Sache zu sein, doch so behandelt wird, quasi pars, Teil durch die Bestimmung, die ihr gegeben ist. Erfordernisse: 1. die Sache muß gänzlich für den Dienst der Hauptsache bestimmt sein, keine selbständige Bestimmung haben. Diese innere Verbindung macht sie zur Pertinenz, nicht die äußere (fixa, vincta sind nicht immer Pertinenzen, und es gibt Pertinenzen, die nicht befestigt sind). 2. Beständigkeit der Bestimmung; eine temporäre Wegnahme hebt die Pertinenzqualität nicht auf. 3. Die Bestimmung muß auch in Wirklichkeit getreten sein, z. B. Pfähle in den Weinberg gebracht."*

[373] S. 88.

b) Das Integrationsprinzip der necessitas coniunctionis seit Puchta

α) Der von *Funke* noch naiv verwendete und dann von *Puchta* in seinem einheitlich idealistischen Gehalt sichtbar gemachte neue Integritätsbegriff, der wie seinerzeit der naturrechtliche durch das Moment der Notwendigkeit der Verbindung bestimmt wird, aber diese Notwendigkeit nicht, wie jener, allein an der *perfectio integri,* sondern alternativ an der *integritas partis* ausrichtet, ist nach *Puchta* zunächst bei *Sintenis* (1844)[374], *Arndts* (1852)[375]

---

[374] *Carl Friedrich Ferdinand Sintenis* (1804—1868, *Stintzing-Landsberg* III 2, 600 f., Noten 263 f.), Das praktische gemeine Civilrecht, Leipzig 1844 (3. Aufl. 1869), I § 41 IV 1 u. 3. — Allerdings erscheinen seine Äußerungen zunächst etwas widersprüchlich. Seine Bestandteilsdefinition — nach *Wächter* die erste, die sich in einem pandektistischen Lehrbuch findet — läßt sogar auf ein nur an der *perfectio integri* orientiertes Integritätsverständnis im Sinne von *Hofacker* und *Gesterding* schließen: *„Darunter"* (d. i. den Bestandteilen) *„sind alle die Sachen zu verstehen, welche ein Ganzes nach seiner individuellen Beschaffenheit und Bestimmung als vollendet herstellen, so daß es durch sie bedingt wird"* (§ 41 IV 1). Dieser Eindruck wird noch verstärkt durch seine Pertinentialdefinition: *„Pertinenzen . . . sind solche außerwesentliche Nebenteile einer Sache, welche deren Zweck dienen sollen und können"* (§ 41 IV 3). Andererseits sagt er, daß die Bestandteilseigenschaft begründet werde durch *„feste körperliche Verbindung zwischen zwei oder mehreren Sachen, durch die sie zu einer werden"* (§ 41 IV 1), wobei er auf die Parallelität zum Accessionserwerb hinweist, nennt dann als Beispiele für Grundstücksbestandteile u. a. *„die Bauten, die noch mit dem Boden zusammenhängenden Feld- und Baumfrüchte und sonstigen Erzeugnisse"* (§ 41 IV 1a) und definiert schließlich Gebäudebestandteile als *„alles, was zu demselben"* (d. i. dem Gebäude) *„in seiner Vollendung als solchem mit Rücksicht auf ihre Bestimmung gehört, wobei nicht notwendig alle solche Teile in einer unzertrennlichen Verbindung mit dem Gebäude zu stehen brauchen, sondern darüber deren Natur entscheidet; und demnächst alles unzertrennlich mit ihm Verbundene, was wenigstens auf seinen Zweck Bezug hat"* (§ 41 IV 1c), eine Definition, die für Fahrnisbestandteile entsprechend gelten soll (§ 41 IV 1d). Umgekehrt wird dann von den Pertinenzen gesagt, daß untrennbare Cohäsion Pertinentialität ausschließe, was nur heißen kann, daß sie stattdessen eine engere Zugehörigkeit zur Hauptsache, nämlich Bestandteilseigenschaft begründen soll. Diese weiteren Ausführungen zeigen, daß *Sintenis* — anders als seine allgemeinen Bestandteils- und Pertinenz-Definitionen vermuten lassen, — doch von einem Integritätsbegriff ausgeht, dessen gegenständlicher Anwendungsbereich dem von *Funke* (auf den er sich bei § 41 IV 1c beruft) und *Puchta* zugrundegelegten entspricht; andererseits verraten jene dem vorausgesetzten Integritätsbegriff nicht entsprechenden Begriffsbestimmungen, daß *Sintenis* sich von dem idealistischen Integritätsverständnis noch nicht völlig gelöst hat.

[375] *Karl Ludwig Arndts* (1803—1878, *Stintzing-Landsberg* III 2, 49 ff., Noten 221 f.), Pandekten, München 1852 (ab 10. Aufl. besorgt von *L. Pfaff* und *F. Hoffmann*, 14. Aufl. Stuttgart 1889), § 53 (Satz 3), wo von einer Sache die Rede ist,

und *Unger* (1856)[376] wiederzufinden, von denen allerdings *Arndts* die Position *Puchtas* nur andeutungsweise erkennen läßt und bei *Sintenis* und *Unger*

---

die mit einer zusammengesetzten, deren Teil sie ist, *„zwar körperlich, aber nicht wesentlich zusammenhängt"*, und von ihr gesagt wird, daß sie *„einem anderen gehören (könne) als dem Eigentümer des zusammengesetzten Ganzen"*. *Arndts* setzt danach die von *Puchta* her bekannte Unterscheidung von „wesentlichem" und „nicht wesentlichem" körperlichem Zusammenhang voraus, ohne allerdings eindeutig erkennen zu lassen, wonach die „Wesentlichkeit" sich bestimmen soll. Da er weiter oben (Satz 1 aaO.) bei der Definition der Unteilbarkeit nicht wie *Puchta* auf die „wesentliche Veränderung" des *Teils,* sondern auf die Gefahr der Zerstörung des Wesens des zu teilenden *Ganzen* abhebt, erweckt er zunächst den Anschein, als wolle er — anders als *Puchta* — die Wesentlichkeit des körperlichen Zusammenhangs nach der Trennungsschädlichkeit für das Ganze und nicht nach derjenigen für den Teil bestimmen. Die „wesentlichen" Teile *Arndts* wären dann gerade mit den „nicht wesentlichen" *Puchtas* identisch und entsprächen den *„partes substantiales" Hofackers*. Da nun *Arndts* - anders als *Hofacker* - nicht (nur) zwischen *partes substantiales* und *res accessoriae,* sondern außerdem zwischen (wesentlichen oder nicht wesentlichen) Teilen und Pertinenzen unterscheidet, würde daraus folgen, daß die Teilqualität als solche nur auf den körperlichen Zusammenhang gegründet werden kann, da bei Identifizierung der wesentlich zusammenhängenden mit den herstellend verbundenen Sachen für die nicht wesentlich zusammenhängenden nur der (schlichte oder qualifizierte) körperliche Zusammenhang als dasjenige Moment in Frage kommt, das die Bestandteilseigenschaft begründet, und damit für die Bestandteilseigenschaft schlechthin der körperliche Zusammenhang als das allein konstitutive Moment übrigbleibt. Daraus ergäbe sich ein Integritätsverständnis wie bei *Wächter* oder — allenfalls — wie bei *Funke,* nicht aber wie bei *Puchta,* der die Bestandteilseigenschaft ja gerade nicht auf den bloßen körperlichen Zusammenhang, sondern auf die Notwendigkeit der Verbindung für die Integrität des Ganzen oder des Teils gründet. Im Widerspruch zu einer solchen Deutung *Arndts'* steht dann aber, daß dieser den „nicht wesentlich zusammenhängenden Teilen" Sonderrechtsfähigkeit zuerkennt und dies gerade mit den Quellenstellen über die zweitstufig integrierenden herstellenden Sachen belegt. Daraus folgt, daß er im dritten Satz die „Wesentlichkeit" des Zusammenhangs anders als im ersten, nicht mehr nach dessen Notwendigkeit für die *perfectio integri,* sondern für die *integritas partis* bestimmt. Dem entspricht dann auch sein im Pertinenzkapitel (§ 54) aufgestellter Satz, daß zur Pertinentialität die unmittelbare körperliche oder mechanische Verbindung (nicht erforderlich sei, aber auch) nicht genüge, was immerhin voraussetzt, daß diese die Zubehöreigenschaft jedenfalls nicht ausschließen kann, und gerade das müßte sie ja tun, wenn sie bereits Bestandteilseigenschaft begründen würde, wo doch Zubehör nur sein kann, was nicht „wirklicher Teil" ist — eine Prämisse, von der auch *Arndts* offenbar ausgeht, wenn er sagt, daß Pertinenzen als Teile (bloß) „behandelt" werden (ohne es also in Wahrheit zu sein). Ein weiteres Indiz dafür, daß *Arndts* nichts anderes gemeint haben wird als *Puchta,* ist die auch an diesen Stellen offensichtliche enge Anlehnung seines Pandektenlehrbuchs an das *Puchta*sche Vorbild.

376 *Joseph Unger* (1828—1913, *Stintzing-Landsberg* III 2, 917 ff., Noten 383 ff.),

zugleich noch Spuren eines naturalistischen Integritätsverständnisses zutage treten[377]. Sie verschwinden erst bei *Förster* (1864)[378], *Kohler* (1888)[379] und

---

System des österreichischen allgemeinen Privatrechts, Bd. 1, Leipzig 1856 (5. Aufl. 1892), §§ 52—55. Seine Lehrbuchausführungen zum Bestandteil- und Zubehörbegriff sind — neben denjenigen *Wächters* — nicht nur die ergiebigsten, die sich in der gesamten systematischen Literatur des 19. Jh. finden, sondern gehören zusammen mit den Werken *Funkes, Wächters, Göpperts* und *Kohlers* überhaupt zu den grundlegenden Beiträgen, die das Jahrhundert zum Thema beigesteuert hat. Freilich ist auch seine Darstellung nicht ganz frei von gewissen Unklarheiten, worauf schon *Burckhard* hingewiesen hat (vgl. Bd. 2 § 67 Anm. 3 und 4). *Unger* erweckt nämlich zunächst den Anschein, als gründe er, wie *Wächter,* auf den er sich auch beruft (vgl. S. 438 Anm. 7), die ontologische Integrität einer Sache allein auf den dauerhaften physischen Zusammenhang ihrer Teile (vgl. S. 428). Dafür sprechen auch die Kriterien, nach denen er die Gattung der Bestandteile in drei, zugleich durch unterschiedliche Rechtsstatus gekennzeichnete Klassen untergliedert (§ 52, S. 419 ff.), nämlich erstens die untrennbar verbundenen Teile, von denen er sagt, daß sie *„nicht nur ihre physische Einzelexistenz verlieren, sondern überhaupt die Möglichkeit eigener Selbständigkeit ganz entbehren“* (S. 427), und die er als sachenrechtsunfähig erkennt, — zweitens solche Teilsachen, die sich zwar ohne Schaden zu nehmen lösen lassen, aber doch so *„fest“* miteinander verbunden sind, daß sie *„ihre physische Einzelexistenz (separatum corpus) verlieren“* (S. 421 unten), und die den Rechtsstatus zweitstufig integrierender Sachen haben sollen, — schließlich solche Teilsachen, deren Verbindung eine so geringe Intensität aufweist, daß sie *„als physische Einzelsachen fortbestehen“*, deren Bestandteilseigenschaft überhaupt nur darauf beruht, daß sie (nach *Ungers* Terminologie) *„integrierende wesentliche Bestandteile des Ganzen“ sind,* d. h. *„zur Vollendung des Ganzen (gehören)“* und *„wesentlich erforderlich (sind), damit die Sache das sei, was sie sein soll“* (S. 421 oben), und die den Rechtsstatus bloßer Pertinenzen haben sollen. — In der Ausweisung dieser letzten Gruppe als besonderer Klasse von Bestandteilen, die einerseits den Rechtsstatus bloßer Pertinenzen haben, andererseits als Bestandteile dadurch charakterisiert sind, daß sie allein ihrer herstellenden Qualität die Bestandteilseigenschaft verdanken, deutet sich freilich schon eine Verwandlung des bei ihm bis dahin scheinbar rein naturalistischen Integritätsbildes an. Vollends zeigen dann die beigebrachten Beispiele, daß auch *Unger* in Wahrheit von einem Integritätsverständnis ausgeht, das an die Notwendigkeit der Verbindung zur *perfectio integri* oder *integritas partis* anknüpft. Denn nur in der ersten Klasse der Bestandteile, die die untrennbar verbundenen umfaßt, erscheinen nicht herstellende Sachen (Pflanze im Boden, Gebäude). In den beiden anderen dagegen kommen nur herstellende Teilsachen vor (in der zweiten die Bretter eines Schiffs oder Kastens, das Gebälk der Wand, die Ziegel des Daches, die Fenster und Türen des Hauses — in der dritten der Schlüssel im Schloß, der Ladestock am Gewehr, Steuerruder, Mastbaum und Segel am Schiff). Das Bild wird durch die sich anschließende Darstellung des Pertinenzbegriffs bestätigt (§ 55, S. 435 ff.). Dort erweckt *Unger* darüber hinaus sogar den Anschein, als wolle er zu den Bestandteilen, die auch er zu den Pertinenzen in ein disjunktives Verhältnis setzt, nur die herstellenden Teile rechnen, vgl. S. 436: *„Die Pertinenzen setzen Sachen voraus,* *welche ein fertiges vollendetes Ganzes bilden, zu denen sie hinzutreten, um ihren Zwecken zu dienen, um sie zu bewahren, zu schützen, um sie besser gebrauchen zu können usw. Daraus ergibt sich einerseits, daß Pertinenzen nicht integrierende, d. h. zur Vollendung wesentliche Bestandteile der Sachen sind, da sie zu einer schon vollendeten Sache hinzutreten, andererseits . . .*" Nur weil untrennbar verbundene Sachen — im Gegensatz zu (bloß) fest verbundenen, wie z. B. Blitzableiter (S. 441 Anm. 11) — unter seinen Pertinentialbeispielen überhaupt nicht erscheinen, darf man ihn wohl so verstehen, daß der im Pertinenzkapitel dem Pertinenzbegriff entgegengesetzte Bestandteilsbegriff kein anderer sein soll als der vorher entwickelte und untrennbare Sachen auch dann umfaßt, wenn sie nicht das Ganze ideell integrieren. Daraus resultiert dann ein Pertinentialbestand, der wie bei *Funke*, *Puchta* und *Sintenis*, alle weder herstellenden noch untrennbar verbundenen zweitstufig integrierenden Sachen des klassischen Rechts umfaßt, und der, anders als die Bestandteile, auch von *Unger* ontologisch nicht weiter differenziert wird. Nur die Verschiedenheiten des Rechtsstatus deuten kongruente ontologische Grenzlinien innerhalb des Pertinentialbestandes an: die fest verbundenen Pertinenzen werden — nicht anders als die in gleicher Weise verbundenen Bestandteile (also deren zweite Klasse) — als zweitstufig integrierende Sachen anerkannt und heben sich dadurch von den übrigen Pertinenzen — und der dritten Klasse der Bestandteile — ab, daß deren Teilnahme am Recht der Hauptsache sich auf die mutmaßliche Einbeziehung in den verfügenden Willen beschränkt.

377 Vgl. die vorigen drei Anmerkungen.

378 *Franz August Alexander Förster* (1819—1878, *Stintzing-Landsberg* III 2, 929 f., Noten 388 f.), Preußisches Privatrecht, Berlin 1864 (4. und folgende Auflagen in der Bearbeitung von *M. E. Eccius*, 1880 ff.), Bd. 1 § 21, 7, vgl. dort unter b (6. Aufl. 1892 S. 115): „*Zum Begriff der Pertinenz gehört also, daß im Falle der Trennung sowohl die Hauptsache als auch die Nebensache wesentlich unverändert selbständige Ganze bleiben.*" Damit ist gemeint, daß die Nebensache eben nicht bloße Pertinenz, sondern Substanzteil wird. „Wesentliche Veränderung" bedeutet nichts anderes als „Versehrung der Substanz" (also der Integrität) des Ganzen oder des Teils, vgl. dazu die vorangehenden Sätze.

379 *Josef Kohler* (1849—1919), Zur Lehre von den Pertinenzen, DogmJb 26 (1888), 1—184 (Kap. IV, S. 30 ff.). Er verwirft ausdrücklich die Lehre, die allein den physischen Zusammenhang zum Kriterium für die Bestandteilseigenschaft erhebt (und als deren Vertreter er nicht *Wächter*, sondern den Franzosen *Marcadé* zitiert, vgl. S. 31 f.) und versucht dann auf induktivem Wege am Beispiel des Grundstücks den Kreis der integrierenden Sachen abzustecken. Er bejaht zunächst die Bestandteilseigenschaft für das Gebäude als Ganzes (S. 33 ff.); ferner für „*alles, was zum Hause gehört, d. h. alle Dinge, welche mit dem Bauwerke in physischer Verbindung stehen und dazu dienen, das Haus zu vervollständigen, d. h. dasjenige zu bieten, was zur Bestimmung des Hauses als solchen gehört*" . . . „*auch wenn die physische Verbindung keine besonders innige ist*" (S. 35), also das zur *perfecto integri* Notwendige; schließlich für „*dasjenige, . . . was zwar nicht dazu nötig ist, um den Begriff des Bauwerkes zu vervollständigen und seinen Charakter herzustellen, was aber mit dem Hause in eine der Bautechnik ent-*

Regelsberger (1893)[380], von denen dieser als erster das Moment der Notwendigkeit der Verbindung für die *perfectio integri* oder die *integritas partis* als einheitliches Integrationsprinzip formuliert[381].

β) Die schon von *Puchta* selbst gezogene systematische Konsequenz, nämlich die Gliederung des Sachteilbegriffs in den Begriff des unselbständigen, weil als Einzelobjekt ohne seine Zerstörung nicht mehr ablösbaren und daher als solchen nicht mehr existenzfähigen, und den des selbständigen Bestandteils, dessen Verbindung nicht seiner selbst wegen, sondern zur vollständigen Auf-

---

sprechende strenge innige Verbindung tritt . . .", z. B. das „*eingemauerte*" (S. 37), d. h. also diejenigen Sachen, die zu ihrer eigenen Unversehrtheit auf den Fortbestand der Verbindung angewiesen sind. Umgekehrt lehnt er bezüglich sonstiger, d. h. weder herstellender noch untrennbarer Verbindungen die Bestandteilseigenschaft ab: „*Was dagegen nicht in dieser durch die Bautechnik gegebenen Weise*" (d. h. durch Einmauerung und dgl.) „*verbunden ist, was nur aufgestellt, montiert, angenagelt, eingelassen ist, das ist — sofern es nicht zu den oben erwähnten charakteristischen*" (d. h. herstellenden) „*Gebäudeteilen gehört — kein Bestandteil des Bauwerks; es kann höchstens Pertinenz sein*" (S. 39). Der auf diese Weise von *Kohler* induktiv gewonnene Begriff des integrierenden Teils deckt danach genau denselben Gegenstandsbereich wie bei *Funke* und *Puchta*. Allerdings läßt auch er, wie seinerzeit *Funke*, die beiden Integrationsgründe — die herstellende Natur des Bestandteils einerseits, die Intensität der physischen Verbindung andererseits — unvermittelt nebeneinander stehen, ohne das einheitliche Prinzip, auf das sie sich zurückführen lassen, sichtbar zu machen, wie *Puchta*, oder gar zu formulieren, wie später *Regelsberger* (vgl. folgende Anmerkung).

380 *Ferdinand Regelsberger* (1831—1911, *Stintzing-Landsberg* III 2, 853, Noten 358), Lehrbuch der Pandekten, Bd. 1, Leipzig 1893, § 96 III, § 102, vgl. hier II (S. 385): „*Sachbestandteile gibt es, wie früher (§ 96 III) ausgeführt, zwei Arten: solche die nicht ohne die Hauptsache bestehen können, und solche, ohne welche die Hauptsache nicht bestehen kann*".

381 Vgl. die vorige Anm. Wie schon für den naturalistischen Integritätsbegriff *Wächters* gibt es übrigens auch für den auf herstellende und untrennbare Verbindungen beschränkten von *Funke* und *Puchta* in der französischen Rechtswissenschaft jener Zeit eine Parallele. Hier sind es *Jean Charles Florent Demolombe* (1804—1888) und der Belgier *François Laurent* (1810—1887), die einen an der Notwendigkeit der Verbindung orientierten Integritätsbegriff zugrundelegen und demjenigen *Marcadés* (vgl. o. Anm. 340) auch polemisch entgegensetzen, während sich das Bewußtsein der Gegensätzlichkeit beider Integritätsbegriffe in der deutschen Rechtswissenschaft erst allmählich, nämlich seit *Kohler*, durchsetzt, vgl. einerseits *Demolombe*, Cours de Code Napoléon, Vol. IX, Paris 1870, Nr. 288 f., andererseits *Laurent*, Principes du droit civil, Vol. V. Paris 1871, Nr. 477 f., beide zitiert bei *Kohler*, DogmJb 26 (1888), 32 f. Anm. 66 f.

rechterhaltung des höheren Ganzen in seinem wesentlichen und charakteristischen Bestande notwendig ist, ist auch von anderen übernommen worden, die die Prinzipien, nach denen der gegenständliche Umfang des integrierenden Bestandes bestimmt werden soll, weder offenlegen noch erkennen lassen, wie *Girtanner* (1859)[382], *Windscheid* (1862)[383], *Bechmann* (1867)[384], *Baron*

[382] *Wilhelm Girtanner* (1823—1861, *Stintzing-Landsberg* III 2, 804, Noten 220), Die Rechtsstellung der Sache und der Eigentumsbegriff mit besonderer Berücksichtigung auf Sachgesamtheiten, Accession und Miteigentum, DogmJb 3 (1859), 58—298 (177—189). Allerdings zieht *Girtanner* die Grenze zwischen erststufigen und zweitstufigen Integraten etwas anders als *Puchta*, indem er zu jenen außer den untrennbaren auch die herstellenden und außerdem alle in der Absicht dauernder Verbindung vom Eigentümer eingefügten Teile zählt (vgl. S. 182), andererseits aber als herstellend nur solche Teile betrachtet, die in ihrer konkreten Individualität und nicht nur der Gattung nach zur Herstellung des Ganzen nötig, also nicht beliebig auswechselbar sind (wie z. B. Ziegel, Steine, Balken etc. des Hauses, vgl. S. 184). Die Einbeziehung aller vom Eigentümer *ad perpetuum usum* eingefügten Sachen in den erststufig integrierenden Bestand ist eine Folgerung aus *Girtanners* Prämisse, daß das Eigentum das Recht der Bestimmung über die Sache sei und daher die juristische Existenz der Sacheinheit als Sachenrechtsobjekt auf dem integrativen Willen des Eigentümers beruhe, die Sachmehrheit als Sacheinheit zu beherrschen (vgl. S. 180).

[383] *Bernhard Windscheid* (1817—1892, *Stintzing-Landsberg* III 2, 854 f., Noten 361 f.), Lehrbuch des Pandektenrechts, Bd. 1, Düsseldorf 1862 (7. Aufl. 1891, 8./9. Aufl. herausgegeben von *Theodor Kipp*, Frankfurt 1900/06), § 142. Bei ihm bleibt der im Pertinenzkapitel (§ 143) aufgestellte, mit D. 19. 1. 1. 17 pr belegte Satz, daß *„Verbindung für den Begriff der Zubehörung weder erforderlich noch genügend"* sei (9. Aufl. S. 709 f.), der einzige Anhaltspunkt, der einen Rückschluß auf den von ihm vorausgesetzten Integritätsbegriff (als denjenigen *Puchtas)* nahelegen mag. Dagegen geben seine Ausführungen über den Sachteilbegriff, dem er sogar ein eigenes Kapitel (§ 142) unmittelbar vor dem Zubehörbegriff widmet, auch im Zusammenhang mit der in Bezug genommenen Darstellung über die Sacheinheit (§ 138) keinen Aufschluß darüber, nach welchen Kriterien es sich richten soll, was an der körperlichen Einzelsache als *Sachteil* zu ihrem Bestande gehören soll und was nicht. Aus den dort in den späteren Auflagen immer reichlicher zitierten Beispielen von Literatur und Rechtsprechung ist, auch soweit sie sich ihrerseits eindeutig klassifizieren lassen, kein sicherer Anhalt zu gewinnen, weil die Zitate Zeugnisse divergierender Integritätsverständnisse ohne kritische Stellungnahme miteinander vereinen. Dies zeigt ebenso wie die Tatsache, daß die in ihrem Integritätsverständnis voneinander abweichenden Darstellungen jener Autoren selbst vielfach unpolemisch gehalten sind, daß man sich der grundsätzlichen Unterschiede, die die rückschauende Betrachtung zutage treten läßt, nicht durchweg bewußt war, vgl. schon Anm. 381 und weiter oben Anm. 282.

[384] *August Bechmann* (1834—1907, *Stintzing-Landsberg* III 2, 853 f., Noten 358 f.): Zur Lehre vom Eigentumserwerb durch Accession und von den Sachgesamtheiten, Kiel 1867. Die vor der Hand erstaunliche Tatsache, daß selbst aus dieser

(1872)[385] und *Bekker* (1886)[386]. Selbst ein Teil der dem naturalistischen Integritätsbegriff *Wächters* verpflichteten Autoren wie *Keller, Göppert, Dernburg*

Monographie ebensowenig wie aus dem für die Dogmatik des Sachbegriffs sonst grundlegenden, 250 Seiten langen Aufsatz von *Girtanner* Aufschlüsse darüber zu gewinnen sind, nach welchen Kriterien innerhalb einer körperlich verbundenen Sachmehrheit die Grenzen der *res composita* als geschlossenem Sachindividuum zu ziehen sind, läßt sich teilweise dadurch erklären, daß diese Fragestellung sich vor allem bei der Abgrenzung des Bestandteils- vom Pertinenzbegriff aufdrängt, und es beiden Autoren nicht darum, sondern um die Erforschung integraler Binnenstrukturen und damit nur um die Grenzziehung zwischen den einzelnen Integrationsstufen, nicht aber um eine Abgrenzung des integrierenden vom nicht integrierenden Bestande ging. Im übrigen wird man jedoch auch hier den Verdacht hegen dürfen, daß die letztere Frage in ihrer ganzen Problematik nicht gesehen worden ist, vgl. o. Anm. 381 und 282.

385 *Julius Baron* (1834—1898, NDI 2, 276 [weder bei *Stinzing-Landsberg* noch in der ADB berücksichtigt]), Pandekten, Leipzig 1872 (9. Aufl. 1896). Wie bei *Windscheid* bleibt bei ihm als einzig in Betracht kommender Anhaltspunkt der auch hier wieder mit D. 19. 1. 17 pr belegte Satz von der Irrelevanz der Körperlichkeit der Verbindung für die Zubehöreigenschaft (§ 44). Zum Sachteilbegriff äußert er sich — darin anders als *Windscheid* — überhaupt nicht, nicht einmal andeutungsweise — wie z. B. *Arndts* —, und auch seine Ausführungen zur Teilbarkeit (§ 39) und zur Sacheinheit (§ 37) beantworten nicht die Frage, wonach sich die Grenzen des integrierenden Bestandes einer körperlichen Einzelsache bestimmen sollen. Allerdings lehnt sein Lehrbuch, wie schon dasjenige von *Arndts,* auch in den hier einschlägigen Abschnitten sich im übrigen deutlich an *Puchta* an und unterscheidet sich von seinem Vorbild hier nur durch einige Kürzungen, darunter gerade derjenigen Stellen, aus denen sich bei *Puchta* der dort zugrundegelegte Integritätsbegriff ergab. Auch hierin ist wahrscheinlich eher eine Unterschätzung ihrer Bedeutung als mangelndes Einverständnis mit *Puchta* zu sehen, so daß man wohl davon ausgehen darf, daß *Baron* ebenso wie *Arndts,* — und letzten Endes wohl auch *Windscheid* und der in der folgenden Anmerkung gewürdigte *Bekker* — von *Puchtas* Integritätsbegriff ausgegangen ist.

386 *Ernst Immanuel Bekker* (1827—1916, *Stintzing-Landsberg* III 2, 692 f., Noten 354 ff.), System des heutigen Pandektenrechts, Bd. 1, Weimar 1886, § 71 (S. 291 ff.), § 74 (S. 311 ff.). Auch bei ihm sind Rückschlüsse auf sein Integritätsverständnis nur aus seinen Ausführungen zum Pertinenzbegriff zu gewinnen (§ 74), weil dem Bestandteilsbegriff selbst, den auch er als einen dem Pertinenzbegriff entgegengesetzten voraussetzt, kein eigener Abschnitt gewidmet ist, und das Kapitel „Einheit und Identität" (§ 71), wo die *tria genera corporum* behandelt werden, auch bei ihm keine Äußerungen darüber enthält, nach welchen Kriterien die substantiellen Grenzen des integrierenden Bestandes bestimmt werden sollen. Selbst in seinem ausführlichen und originellen Pertinenzkapitel weicht er einer ausdrücklichen Beantwortung der damit korrespondierenden Frage nach dem Abgrenzungskriterium zwischen Pertinenz und Sachteil zunächst aus, indem er sagt (S. 312 Mitte), es sei *„wegen des bestehenden Widerstreits der Meinungen untunlich, die tatsäch-*

und *Hölder* heben den Unterschied zwischen dem untrennbaren und dem trennbaren integrierenden Bestand (welch letzterer hier freilich nicht herstellend zu sein braucht) in seinem rechtlichen Status nun stärker hervor, indem sie nur jenen im Status der Sachenrechtsunfähigkeit belassen, diesen dagegen wieder als sachenrechtsfähig anerkennen[387]. Andererseits haben gerade die jüngeren unter den dem *Puchta*schen Integritätsbegriff verpflichteten Autoren wie *Kohler* und *Regelsberger* das dadurch wieder schärfer herausgearbeitete ontologische Profil von *res unita* und *res composita* auf seiner nomologischen Kehrseite eingeebnet, indem sie den Bestandteil schlechthin (also auch den trennbaren) für sachenrechtsunfähig erklärten und das Eigentum des früheren Bestandteilseigentümers nicht als *dominium permanens tantummodo dormiens*, sondern als *dominium extinctum separatione modo repristinandum* betrachteten[388].

γ) Die *Rechtsprechung* ist, seitdem sie überhaupt zwischen Teilen und Pertinenzen unterscheidet (also seit der Jahrhundertmitte)[389], stets von einem Integritätsbegriff ausgegangen, der bei nicht herstellenden Verbindungen Un-

---

lichen Voraussetzungen dieser Pertinenzqualität im engeren Sinne" (d. h. der Eigenschaft solcher Nebensachen, die im Zweifel im Eigentum des Hauptsacheneigentümers stehen) „*nach allen Seiten hin befriedigend festzustellen*". Erst in den folgenden Sätzen wird der vorausgesetzte Integritätsbegriff transparent. Dort wird die „*für die Dauer hergerichtete Kohärenz*" als Merkmal der „*Pertinenzen im engeren Sinn*" gegenüber denjenigen „*im weiteren Sinn*" bezeichnet (unter letzteren versteht er alle Nebensachen, die im Zweifel den Verfügungen über die Hauptsache folgen); das bedeutet, daß diese Kohärenz zur Begründung der Bestandteilseigenschaft offenbar nicht ausreicht. Andererseits wird unmittelbar davor die Reichsgerichtsentscheidung RGZ 9, 169 als Muster dafür zitiert, wie sich „*Pertinenzien von Stücken der Hauptsache sich leidlich unterscheiden*" lassen; *Bekker* macht sich danach deren Auffassung zu eigen, daß erst „*diejenige Verbindung einer Sache mit einer anderen, durch welche die eine ihre selbständige Existenz gänzlich verliert und integrierender Teil der anderen wird*" — also die untrennbare Verbindung — anstelle von Pertinentialität Bestandteilseigenschaft begründet. Da er außerdem freilich ohne Rücksicht auf die Art der Verbindung die herstellenden Sachen zu den Teilen („Stücken") des zusammengesetzten Ganzen rechnet (§ 71 S. 292 Ziff. 2), ergibt sich letzten Endes auch für *Bekker* der nämliche integrierende Bestand wie bei *Puchta*, was auch hier die Annahme nahelegen mag, daß diesem Ergebnis zugleich eine wortlose Übereinstimmung mit den integritätsbegründenden Prinzipien *Puchtas* zugrundeliegt.

387 Vgl. die in Anm. 147, 148 zitierten Stellen.

388 Vgl. die Zitate in Anm. 149.

389 Vgl. o. Anm. 301 ff.

trennbarkeit erfordert[390]. Auch die in den beiden letzten Jahrzehnten von der landrechtlichen Judikatur des Reichsgerichts[391] inaugurierte und von der Literatur[392] zum Teil übernommene extensive Auslegung des Integrationsgrundes der *perfectio integri* wird nur unter der Voraussetzung verständlich, daß die Cohaesion als solche den integrierenden Zusammenhang noch nicht begründen kann. Sie beruhte bekanntlich darauf, daß man bei der Anwendung der für die *perfectio integri* entscheidenden Kriterien immer mehr zu einer individualisierenden Betrachtung überging, die ideelle Integrität des Ganzen also nach seiner spezifischen betriebstechnischen Zweckbestimmung und Ausrüstung bestimmte, und dabei gleichzeitig das Moment der Untrennbarkeit allmählich in den Hintergrund treten und schließlich überhaupt nicht mehr als alternativen Integrationsgrund gelten ließ[393], und führte damit am Ende zu einem allein auf die *perfectio integri* abstellenden Integritätsbegriff zurück, der sich vom naturrechtlichen nur durch die Spezialisierung der Gestalttypen unterschied.

δ) Aus der *Gesetzgebung* schließlich sind das *baltische* Privatrechtsgesetzbuch, die Bürgerlichen Gesetzbücher für *Sachsen* und das *Deutsche Reich,* und auch das *Schweizer* Zivilgesetzbuch an dem an der Notwendigkeit der Verbindung orientierten Integritätsbegriff verpflichtet. Ihnen allen ist gemeinsam, daß sie als Sachteile („*integrierende Teile*" im baltischen Privat-

---

[390] Vgl. OAG *Rostock,* 11. 7. 1856 (SeuffArch 17, 207 [327 ff., 329]); OAG *München,* 29. 4. 1871 (770/1870, SeuffArch 29, 5 [7]), und 2. 5. 1871 (2/1871, SeuffArch 29, 6 [8 f.]); RG, 24. 4. 1883 (III 476/82, RGZ 9, 169 ff. [171 ff.]); OLG *Hamburg,* 17. 1. 1884 (SeuffArch 40, 24 [37 ff., 38]); OLG *Rostock,* 20. 4. 1887 (SeuffArch 44, 164 [264]); RG, 29. 11. 1892 (III 192/92, SeuffArch 48, 170 [265]); OLG *Celle,* 28. 9. 1894 (I U 117/94, SeuffArch 50, 157 [264]); RG, 10. 1. 1899 (III 263/98, JW 1899, 108 Nr. 55). Vgl. auch oben Anm. 303, 304.

[391] Vgl. RG, 24. 6. 1880 (IV 505/80, RGZ 2, 251); 26. 10. 1885 (IV 179/85, Gruchot 30, 846); 24. 3. 1887 (IV 346/86, JW 1887, 211 Nr. 23); 22. 10. 1890 (V 134/90, RGZ 26, 343); 3. 5. 1893 (V 27/93, Gruchot 37, 961); 7. 2. 1894 (V 273/93, Gruchot 38, 932); 7. 12. 1895 (V 175/95, RGZ 36, 261); 21. 12. 1895 (V 198/95, Gruchot 40, 891); dagegen allerdings ausdrücklich BayObLG, 29. 11. 1880 (I 11/80, BayObLGZ 8, 632 = SeuffBl 46, 134). Vgl. zu dieser Entwicklung schon oben bei Anm. 36.

[392] Vgl. *Förster-Eccius* I § 21, 7 b (6. Aufl. S. 115, Anm. 34); *Dernburg,* Preuß. PrivR I §§ 61, 62; *Kohler,* DogmJb 26 (1888), 36, 120; *Regelsberger* (1893), S. 392 Anm. 27; *Biermann,* DogmJb 34 (1895), 205 ff.

[393] So zuerst die in Anm. 391 zitierte Entscheidung von 1885, desgleichen die von 1893 sowie alle folgenden; aus dem Schrifttum nur *Biermann,* DogmJb 34 (1895), 203 ff.

recht, „*Bestandteile*" im sächsischen und deutschen BGB sowie im Schweizer ZGB) außer den herstellenden grundsätzlich nur untrennbar verbundene Sachen gelten lassen; allein das deutsche BGB geht einen Schritt darüber hinaus, indem es bei Grundstücksverbindungen Festigkeit und Dauerhaftigkeit genügen läßt, wohingegen das sächsische BGB sogar etwas dahinter zurückbleibt, indem es nicht herstellende untrennbare Gebäudeverbindungen aus dem integrierenden Bestand ausschließt[394]. Während jedoch das bal-

---

[394] Gemeinsam ist ihnen freilich auch, daß sich dies nur aus dem Gesamtzusammenhang ergibt, während die Begriffsbestimmungen irreführend oder unvollständig sind.

a) Sowohl das *baltische* Privatgesetzbuch als auch das *Schweizer* ZGB erwecken zunächst den Eindruck, als gingen sie von dem naturrechtlichen, auf herstellende Teile beschränkten Integritätsbegriff aus, vgl. einerseits *baltisches* PG § 551: „*Zu den integrierenden Teilen der Hauptsache gehört alles dasjenige, was mit ihr in unmittelbarem Zusammenhange steht und zum Wesen derselben gehört, so daß ohne diese Bestandteile die Hauptsache, ihrer Benennung und ihrem Begriffe nach, gar nicht bestehen oder nicht als vollendet angesehen werden kann*", andererseits *ZGB* Art. 642 II: „*Bestandteil einer Sache ist alles, was nach der am Orte üblichen Auffassung zu ihrem Bestande gehört und ohne ihre Zerstörung, Beschädigung oder Veränderung nicht abgetrennt werden kann*", wobei sich aus dieser Bestimmung eindeutig ergibt, daß die Untrennbarkeit sich nicht wie sonst auf die *integritas partis*, sondern auf die *perfectio integri* beziehen soll. Daß sich der Sachteilbegriff in dem also Definierten nicht schöpft, vielmehr neben diesen herstellenden auch die untrennbar verbundenen Sachen Teile des Ganzen sein sollen, ergibt sich für das *baltische* PG zunächst andeutungsweise aus § 547, wo es im Widerspruch zur Definition des § 551 heißt, daß der „*Zuwachs*" oder die „*Accession im engeren Sinne*" „*auch unter den integrierenden Bestandteilen der Hauptsache seien*", konkreter dann aus den Vorschriften über den (auf untrennbare Verbindungen beschränkten) Accessionserwerb, die den gegenständlichen Umfang des Zuwachsbegriffes ausfüllen (§§ 771 ff.) und wo z. T. die Accessionen ausdrücklich als „*Teil*" bezeichnet werden (so z. B. das Gebäude als Teil des Bodens in § 771). Auch für das *Schweizer* ZGB folgt die Bestandteilseigenschaft untrennbar verbundener, nicht herstellender Sachen erst aus den Vorschriften über den Accessionserwerb (so für Pflanzungen aus Art. 678 I i. V. m. Art. 671 I, für das Gebäude und sonstige Grundstücksverbindungen aus Art. 675 I i.V. m. Art. 671 I; für Mobilaraccessionen aus Art. 727 II; zur Problematik der Behandlung untrennbarer, nicht herstellender Gebäudeverbindungen vgl. o. bei Anm. 173 ff).

b) Dagegen setzt das *deutsche* BGB umgekehrt gerade den Bestandteilsbegriff voraus und definiert nur dessen Unterbegriff „*wesentlicher Bestandteil*". Hierunter versteht es zunächst alle untrennbaren, dann aber auch gewisse sonstige Verbindungen, nämlich die herstellenden Gebäudeintegrate und das unmittelbar mit dem Grund und Boden fest Verbundene (das *vincta fixaque* und die erststufigen Grundstücksintegrate des römischen Rechts, die ja in der Regel zugleich untrennbar sind), vgl. § 93: „*Bestandteile einer Sache, die voneinander nicht getrennt werden können,*

tische Privatrecht, das sächsische BGB und das Schweizer ZGB den Unterschied der beiden Arten von Sachteilen systematisch nicht transparent

ohne daß der eine oder der andere zerstört oder in seinem Wesen verändert wird (wesentliche Bestandteile), können nicht Gegenstand besonderer Rechte sein", ferner § 94 Abs. 2: *„Zu den wesentlichen Bestandteilen eines Gebäudes gehören die zur Herstellung des Gebäudes eingefügten Sachen"*, und Abs. 1, S. 1: *„Zu den wesentlichen Bestandteilen eines Grundstücks gehören die mit dem Grund und Boden fest verbundenen Sachen, insbesondere Gebäude, sowie die Erzeugnisse des Grundstücks, solange sie mit dem Boden zusammenhängen"* (siehe dazu auch oben bei Anm. 161 und 164). Erst die *Motive* geben Aufschluß über den vorgestellten Inhalt des vom Gesetz vorausgesetzten Bestandteilsbegriffs, und zwar auch sie nicht an der Stelle, wo man es erwarten sollte (nämlich im Kapitel [5] über die Sachbestandteile), sondern im Zubehörkapitel [7], vgl. Bd. III S. 62. Dort heißt es zum Unterschied zwischen Bestandteil und Zubehör, er sei *„darauf zurückzuführen, daß die Bestandteile einer Sache zur Vollendung derselben dienen, die Nebensachen (= Zubehör) dagegen, unter Wahrung ihrer Selbständigkeit, der Hauptsache hinzugefügt sind, weil diese sonst ihrer wirtschaftlichen Bestimmung nur unvollkommen entsprechen würde"*. Wenngleich auch dieser Satz nicht genau stimmt, da auch nicht herstellende Sachen als *„wesentliche Bestandteile"* eben Bestandteile sind, kann man daraus schließen, daß außer den Tatbeständen, die die Eigenschaft des wesentlichen Bestandteils begründen, nur die *perfectio integri* als Integrationsgrund in Frage kommt und damit die körperliche Verbindung als solche die Bestandteilseigenschaft nicht begründen kann. Dieser Schluß wird bestätigt durch den auf der folgenden Seite (63) enthaltenen Satz, daß körperliche Verbindung für die Zubehöreigenschaft nicht erforderlich sei; dies impliziert, daß sie möglich ist, ohne daß das Zubehör damit zum Bestandteil wird.

c) Das *sächsische* BGB schließlich verzichtet überhaupt auf eine Definition des — auch bei ihm nicht differenzierten — Bestandteilsbegriffs und beschränkt sich stattdessen auf eine Enumeration der Immobiliarbestandteile, die sich dann bezeichnenderweise auch nicht unter den „Allgemeinen Bestimmungen" in der Abteilung „Von den Sachen" (§§ 59 ff.) (wie z. B. die Pertinentialdefinition in § 65), sondern im Anschluß an die Vorschrift über den Eigentumserwerb durch „Verbindung beweglicher Sachen mit unbeweglichen" (§ 284) befindet. Dort wird der (endgültige) Verbindungserwerb davon abhängig gemacht, daß die verbundene Mobilie Grundstücksbestandteil wird und in den beiden folgenden Paragraphen gesagt, bei welchen Sachen diese Eigenschaft gegeben sei: Es sind dies einmal die klassischen erststufig integrierenden Grundstücksbestandteile Samen, Pflanze, Baum (§ 285) und Gebäude (§ 286, 2. Halbsatz), die alle durch das Merkmal der Untrennbarkeit charakterisiert sind, ferner die in ein solches Gebäude verbauten Baumaterialien (§286, 1. Halbsatz), also die herstellenden Bestandteile des Gebäudes, die hier allerdings — anders als bei *Puchta* und im klassischen Recht, aber in Übereinstimmung mit allen übrigen Gesetzbüchern seit den Naturrechtskodifikationen — nun erststufig integrierende Sachen werden. Danach wird der integrierende Bestand bei den Grundstücksbestandteilen durch die Merkmale der *integritas partium*, bei den Gebäudebestandteilen durch die der *perfectio integri* bestimmt. Die scheinbare Regelungslücke bezüglich der nicht herstellenden, dafür aber untrennbar verbundenen Gebäudeausstattung werden lassen[395], hebt das deutsche BGB die untrennbar verbundenen (und die ihnen gleichgestellten, zur Gebäudeherstellung notwendigen oder fest mit dem Boden verbundenen) Sachen als *„wesentliche Bestandteile"* auch begrifflich von den übrigen, also den herstellend integrierenden[396], ab[397] und

---

wird (anders als im Schweizer ZGB, wo sie gänzlich offenbleibt), in anderem Zusammenhang mittelbar geschlossen: im Hypothekenrecht geht § 411 davon aus, daß auch die (nicht herstellenden) Sachen, die *„auf einem zum Betriebe eines Gewerbes eingerichteten Grundstück"* mit diesem *„so fest verbunden sind, daß die Verbindung ohne Verletzung des Bindemittels, des Grundstücks oder der Zubehörung nicht aufgehoben werden kann"*, nur Zubehör sind (sofern sie im übrigen dessen Voraussetzungen erfüllen). Da das Gesetz insofern auch keinen Verbindungserwerb vorsieht, bleiben sie — obwohl die *integritas partium* eine Aufrechterhaltung der Verbindung erfordern würde — außerhalb des integrierenden Bestandes: ein Ergebnis, das einer quellengetreuen Reproduktion des römischen Rechts ohne Rücksicht auf die technischen Neuerungen des Industriezeitalters genau entsprach und über das ja auch verschiedene andere Kodifikationen der Jahrhundertmitte (wie der hessische Entwurf und das baltische PG) noch nicht und selbst das schweizerische ZGB noch nicht eindeutig hinausgegangen waren (vgl. o. Anm. 158). War somit der integrierende Bestand beim Grundstück und beim Gebäude eindeutig bestimmt — und zwar mit Ausnahme der untrennbaren Maschinenausrüstung in Übereinstimmung mit *Puchtas* Kriterien — so schweigt sich das Gesetz über den Bestandteilsbegriff bei beweglichen Sachen aus. Hier wird auch der Accessionserwerb ohne Rückgriff darauf geregelt (§§ 247 ff.). Doch bleibt nach allem auch hier nur ein an den Grundsätzen der *perfectio integri* und der *integritas partis* ausgerichteter Integritätsbegriff denkbar. Der in § 247 normierte endgültige Eigentumserwerb des Hauptsacheneigentümers an der untrennbar verbundenen Nebensache macht diese zum — nomologisch — erststufig integrierenden Bestandteil, wobei in § 249 die Trennbarkeit ganz im *Puchta*schen Sinne von der Rückführbarkeit der verbundenen Sachen in ihren ursprünglichen „wesentlichen" Bestand abhängt (hier klingt zugleich die Verwandtschaft zur Spezifikationslehre des *Paulus* an, die den Spezifikationserwerb des Verarbeiters nur eintreten ließ, wenn die Rückführung unmöglich war, D. 41. 1. 24 und 26pr u. ö.). Die integrierende Natur herstellender Bestandteile schließlich mußte sich auch für das sächsische BGB logisch zwingend aus der Rechtsnatur der zusammengesetzten Sache als Sachenrechtsobjekt ergeben, weil es ohne Annahme von Bestandteilen, die in ihrer Gesamtheit zur Konstituierung des Ganzen notwendig sind, überhaupt nicht vorstellbar ist.

[395] Die Bestandteilsdefinitionen des *baltischen* PG und des *Schweizer* ZGB täuschen ja, wie in der vorigen Anmerkung gezeigt, einen einheitlichen, ungegliederten Bestandteilsbegriff vor, der auf die herstellenden Verbindungen beschränkt ist, während das *sächsische* BGB seinen undefinierten Bestandteilsbegriff ausdrücklich nur für die (sämtlich erststufig integrierenden) Immobiliarbestandteile (also die untrennbaren Grundstücks- und die herstellenden Gebäudeverbindungen) verwendet und seine Anwendung auf (erststufig oder zweitstufig integrierende) Fahrnisbestandteile voraussetzt.

[396] Dazu, daß diese mit den (nicht wesentlichen) Bestandteilen gemeint sein müssen, vgl. die vorige Anmerkung.

folgt damit dem Vorbild *Puchtas* sowohl darin, daß die alternativen Integrationsweisen überhaupt gegenstandsbegrifflich expliziert werden, als auch in der systematischen Methode (der untrennbar verbundene Sachteil als Spezialbegriff des Sachteils schlechthin) als auch in der Terminologie („wesentlicher Bestandteil" und „Bestandteil"). Allerdings hat es diesen systematischen Ausgangspunkt modifiziert, da es ja gewisse (bloß) herstellende Teile — eben die herstellenden Gebäudebestandteile — und sogar gewisse weder untrennbar noch herstellend verbundene Sachen, also Pertinenzen im Sinne *Puchtas* — nämlich die bereits erwähnten festen Grundstücksverbindungen — den untrennbaren Sachen gleichgestellt hat[398]: Sie gelten gleichfalls als „wesentlich"[399] und werden damit auch nomologisch zu erststufig integrierenden Sachen[400]. Da es gerade die Qualifikation der *vincta fixaque* gewesen war, worin der Unterschied zwischen dem naturalistischen Integritätsbegriff *Wächters* und dem idealistischen *Puchtas* sich praktisch auswirkte, indem sie dort zur Bestandteilseigenschaft, hier zum Zubehör führte, ist das deutsche BGB durch die zusätzliche Einbeziehung der *vincta fixaque* in den an sich nach den Grundsätzen der *perfectio integri* und *integritas partis* bestimmten integrierenden Bestand im Ergebnis freilich bei einem Bestandteilsbegriff angelangt, der nicht mehr dem selbstgewählten idealistischen Ausgangspunkt, sondern gerade dem entgegengesetzten naturalistischen Ansatz entspricht.

---

[397] Vgl. §§ 93 und 94.

[398] Bezüglich der herstellenden Gebäudebestandteile freilich in Übereinstimmung mit allen anderen pandektistischen Gesetzbüchern, die hier mit der gemeinrechtlichen Tradition brechen und jene nach dem Vorbild der Naturrechtskodifikationen in erststufig integrierende Sachen verwandeln, vgl. o. bei Anm. 161 und sogleich Anm. 400.

[399] §§ 93, 94.

[400] § 94. Entsprechend bezüglich der Gebäudeintegrate *Hessen*, BGB-Entwurf II 3 Art. 42—44; *Zürich*, PG § 548; *Bayern*, BGB-Entwurf I Art. 144, 145; III Art. 101; *Sachsen*, BGB §§ 284, 286 2. Halbsatz; *Baltische* Länder, PG §§ 771 ff.; *Schweiz*, ZGB Art. 671 I, 642 I.

4. Das Ergebnis der theoriegeschichtlichen Entwicklung

Die Theoriegeschichte des Bestandteils- und Zubehörbegriffs seit dem Ende des 18. Jahrhunderts läßt sich danach wie folgt zusammenfassen:

a) Die systematische Rechtsliteratur des 18. Jahrhunderts hatte der ontologischen Struktur von Gegenstandskomplexen noch keine besondere Beachtung geschenkt. Sie hatte weder die durch *Pomponius* nach der Konsistenz des integralen Zusammenhanges vorgenommene Dreiteilung der Sachen zum Anlaß genommen, über diejenigen Kriterien nachzudenken, die über die Zugehörigkeit eines Gegenstandes zu einem derartigen Sachganzen als dessen Glied entscheiden, noch die Frage gestellt, welche Struktur andere Abhängigkeitsverhältnisse von Sachen untereinander aufweisen, die nicht zu einem integrierenden Ganzen zusammengeschlossen sind, und wie diese beiden verschiedenen Arten interobjektiver Verknüpfung sich systematisch zueinander verhalten. Der Inhalt auch damals gängiger Begriffe wie *pars rei, accessio, res accessoria, pertinentia* sowie ihr Verhältnis zueinander blieben unreflektiert. Die Begriffe wurden entweder synonym verwendet oder dienten allein der Kennzeichnung nicht ontologisch bestimmter Gegenstandsgruppen, nämlich solcher, die von der gleichen Rechtsfolge betroffen waren (z. B. vom Eigentumswechsel durch Sachverbindung bei der *accessio,* oder von der Teilnahme an Verfügungen, die über eine andere Sache getroffen worden waren, bei der *pertinentia*): Gegenstandsgruppen, die daher zwar nicht mehr notwendig identisch miteinander waren, sich aber doch mindestens teilweise deckten und jedenfalls nicht in einem Ausschließlichkeitsverhältnis zueinander standen.

b) Erst durch *Hofacker* trat darin eine Wandlung ein, indem nun die *partes rei substantiales sive integrales* als diejenigen, die zur *perfectio rei* erforderlich sind, den *res accessoriae cum re principali cohaerentes vel propter eam habitae*, die zu einer fertigen Hauptsache durch körperliche Verbindung oder Zweckwidmung in Beziehung gesetzt sind, als Komplementärbegriffe gegenübergestellt wurden. Damit war zum ersten Mal der Komplex ontologisch miteinander verknüpfter Sachen nach den zwei verschiedenen Funktionsweisen der Verknüpfung gegenständlich aufgegliedert worden. Dieser systematische Fortschritt wurde jedoch in der Folgezeit zunächst kaum beachtet. Nur das ALR und *Gesterding* trugen ihm Rechnung, während die Position des ABGB zwielichtig blieb und sowohl der CC als auch die gesamte übrige

Frühpandektistik auf dem systematischen Stand des Usus modernus verharrten.

c) Erst im zweiten Viertel des Jahrhunderts setzte er sich allmählich durch, aber nun unter veränderten theoretischem Ansatz. Die idealistische Bestimmung der Substantialität nach dem Moment der *necessitas compositionis rei integrae perficiendae gratia* wurde jetzt durch deren naturalistische Bestimmung nach der *mera corporalis cohaesio in perpetuum facta* ersetzt (*Wächter*) oder durch die alternative Bestimmung nach der *necessitas evitandae separationis integritatis partium salvandae causa* ergänzt (*Funke, Puchta*). Das führte zu einer Erweiterung des ontologisch integrierenden, die Sachteile enthaltenen Bestandes auf Kosten der *res accessoriae partem integralem non facientes*, d. h. der bloßen Pertinenzen oder Zubehörungen, und zu einer Korrespondenz des Begriffes des ontologisch integrierenden Bestandteils mit dem des Zuwachses als derjenigen Sache, die durch Verbindung mit einer anderen in ihrem Eigentumsstatus betroffen wird (sei es daß sie ihren früheren als besonderen endgültig verliert wie bei der untrennbaren Verbindung, sei es daß er bloß während bestehender Verbindung seine Aktualität einbüßt, wie bei der trennbaren).

d) Die Schrumpfung des Pertinentialbestandes auf die nicht dauerhaft oder jedenfalls auf die nicht untrennbar körperlich verbundenen, nicht herstellenden Sachen ermöglichte jedoch nun eine einheitlichere, funktionell-ontologische Bestimmung des Pertinenzbegriffs, nämlich — nach Fortfall der *cohaesio* als Pertinenzierungsgrund — allein durch die funktionalen Momente der *habilitas rei ad re principali melius utendum* und der *destinatio ad usum talem perpetuum*, und bereitete damit den Weg für die Rezeption des weiteren, unternehmensrechtlich verstandenen Zubehörbegriffs der Naturrechtskodifikationen in das gemeine Recht. Bestandteil und Zubehör sind zwei Komplementärbegriffe geworden, die sich nicht nur bezüglich des betroffenen Gegenstandsbereichs gegenseitig ausschließen, sondern auch auf entgegengesetzten — nicht nur verschiedenen — ontologischen Gegebenheiten beruhen: der *corporalis cohaesio* oder *necessitas eiusmodi cohaesionis* beim Bestandteil und der (*incorporalis*) *appositio utilitatis causa facta* beim Zubehör.

SCHLUSSBETRACHTUNG

Die letzten beiden großen Privatrechtskodifikationen des deutschen Rechtskreises, die auch in der Regelung der Bestandteils- und Zubehörverhältnisse aus den gerade auf diesem Gebiet entwicklungsträchtigen Ergebnissen der Jurisprudenz des 19. Jahrhunderts die Summe gezogen haben, sind nun schon über sechzig Jahre in Kraft und — wenn man die Entstehungsgeschichte hinzurechnet — schon fast hundert Jahre alt. Der Induktionswiderstand, den auch diese beiden Kodifikationen einem zwanglosen Fortschritt schöpferischer dogmatischer Entwicklung entgegengesetzt haben, ist daher allmählich im Abbau begriffen und gibt zugleich die Einsicht frei, daß auch diese Gesetzbücher nicht ein endlich erreichtes Ziel und nun ewige Gegenwart, sondern selbst bereits historisch und zusammen mit ihren seitherigen Auslegungsergebnissen nichts anderes als das jüngste Kapitel unserer Privatrechtsgeschichte sind. Wenn eine dogmengeschichtliche Untersuchung wie diese mit dem Inkrafttreten der jüngsten im deutschen Rechtskreis heute noch geltende Gesetzbücher abschließt, so kann sie daher nicht den Anspruch erheben, bis an jenen Grenzsaum vorgestoßen zu sein, der die Gegenwart von der Vergangenheit des Rechts trennt, und muß ihr begrenzteres Ziel einbekennen: Sie beschreibt bloß die Vorgeschichte eines seinerseits schon historischen, wenn auch die Gegenwart noch beherrschenden Phänomens. Dessen eigene Wirkungsgeschichte, das hieße hier also die Fortführung der Geschichte des Rechts der Sachbeziehungen unter der Herrschaft des Bestandteils- und Zubehörbegriffs von BGB und ZGB (und der seitherigen Auslegung der entsprechenden Begriffe in den älteren Gesetzbüchern, wie CC und ABGB, aber auch ihrer gesetzgeberischen Ausprägung in den jüngeren, wie dem Codice civile italiano), bleibt noch zu schreiben. Sie hätte eine Fülle von Daten vor sich, die von der alsbald nach Inkrafttreten des BGB entbrannten Kontroverse über die Tragweite des ideellen Integritätsbegriffs bei Maschinenausstattungen[1] zu den Versuchen reicht, das Zubehörverhältnis aus dem Prokrustesbett der Bindung an die körperliche Einzelsache zu befreien und damit zugleich das „Sachenrecht" des BGB als Teilgebiet eines umfassenden Gegenstandsrechts zu begreifen, dessen „sachenrechtliche" Strukturen erst noch aufzudecken und dogmatisch zu entwickeln sind[2]. Sie würde zugleich, stärker noch als es hier geschehen ist, die gleichzeitigen technischen und wirtschaftlichen Veränderungen, also etwa die Wandlungen der industriellen Produktionsweisen (Serienproduktion von Ersatzteilen) und der betrieblichen Ausstattungsbedürfnisse, wie z. B. die zur Energieversorgung notwendigen immobiliaren Anlagen („interpraediale" Versorgungsleitungen als Pertinenzen oder Bestandteile, sei es des Verbraucher-, sei es des Liefergrundstücks, das Hunderte von Kilometern entfernt liegen kann) in ihre Überlegungen einbeziehen müssen. Ihre Darstellung hätte den hier gesetzten Rahmen gesprengt und auf sie mußte daher an dieser Stelle verzichtet werden.

---

[1] Vgl. dazu die bei *Staudinger-Coing* zu § 93 BGB zitierte Literatur und die ebendort unter Anm. 12 c angeführte Rechtsprechung.

[2] Vgl. hierzu u. a. *Kamillo v. Ohmeyer,* Das Unternehmen als Rechtsobjekt, Wien 1906, § 3; *Oskar Pisko,* Das Unternehmen als Gegenstand des Rechtsverkehrs, Wien 1907, § 6; *ders.*, in Ehrenbergs Handbuch II, Leipzig 1918, S. 195 ff.; *Martin Wolff,* Ehrenbergs Handbuch IV 1 (1917), 17; *Friedrich Rostosky,* Der Sachinbegriff im ein- und mehrfachen Zubehörverhältnis, DogmJb 74 (1924), 75 ff.; *Oppikofer,* Unternehmensrecht (1927), 119 ff.; *Franz Wieacker,* System des deutschen Vermögensrechts, Leipzig 1941, 33; *ders.*, Sachbegriff, Sacheinheit, Sachzuordnung, AcP 148 (1943), 57 ff. (91 ff.); *Fritz Brecher,* Das Unternehmen als Rechtsgegenstand, Bonn 1953, 63 ff.; *Wolfgang Siebert,* Zubehör des Unternehmens und Zubehör des Grundstücks, Festschrift Paul Giesecke, Karlsruhe 1958, 59 ff.; *Hermann Hämmerle,* Zur rechtlichen Struktur des Unternehmens, JBl 1966, 445 ff. Zum *Bestandteils*begriff vgl. außer den soeben erwähnten Beiträgen *Wieackers* und der älteren, bei *Staudinger-Coing* zu § 93 BGB zitierten Literatur neuerdings: *Günter Kauke,* Versuch einer dogmatischen Grundlegung der Bestandteilslehre des BGB, Diss. Göttingen 1964; *Karl Michaelis,* Voraussetzungen und Auswirkungen der Bestandteilseigenschaft, Festschrift für H. C. Nipperdey, München/Berlin 1965, I 553 ff.; *Johannes Spyridakis,* Zur Problematik der Sachbestandteile, Tübingen 1968. — Aus der *italienischen* Zivilrechtsdogmatik vgl. *Rasi,* Pertinenze, 304 ff., sowie neuerdings *Lycia Gardani Contursi Lisi,* v. Pertinenze, NDI 12 (1965), 1145 ff., mit weiteren Hinweisen; ferner *Alberto Montel,* v. accessione (dir. civ.). NDI 1 (1957), 132 ff.; *Biondo Biondi,* v. cosa principale ed accessoria, NDI 4 (1959), 1030 f.; *ders.*, v. cosa semplice e composta (dir. civ.), ibid. 1041 ff.; aus der *französischen* letzthin *Gilles Goubeaux,* La règle de l'accessoire en droit privé, Paris 1969.

FSC
www.fsc.org
MIX
Papier | Fördert gute Waldnutzung
FSC® C083411

Kolibri 360 GmbH
Ferdinand-Jühlke-Straße 7
99095 Erfurt, Deutschland
produktsicherheit@kolibri360.de